目录

第一章　以法治国与新闻法治　1

第一节　新闻的时代价值　1
第二节　中国新闻法治的现实困境　9
第三节　新闻法治为何如此艰难　13
第四节　新闻法治的必要性　16
第五节　新闻法治的可能性　20
第六节　推进新闻法治的思路　26

第二章　新闻法治的历史发展　31

第一节　西方新闻法治概述　31
第二节　西方国家主要新闻法规　34
第三节　中国新闻史上的新闻立法　42
第四节　新中国的新闻法治　46
第五节　新闻自律　49

第三章　新闻法律关系　56

第一节　新闻法律关系　56
第二节　新闻法律关系的主体　60
第三节　新闻法律关系的客体　65
第四节　新闻法律关系的内容　67

第四章　新闻权利的享受　81

第一节　新闻的宪法权利　81

第二节　新闻记者的社会权利　88
第三节　新闻记者的职业权利　91
第四节　新闻记者的个体权利　93
第五节　记者被打:侵权与对策　98

第五章　新闻义务的履行　105

第一节　新闻的宪法义务　105
第二节　新闻记者的社会义务　110
第三节　新闻记者的职业义务　112
第四节　新闻记者的个体义务　119

第六章　舆论监督权利的保障　123

第一节　舆论监督在现代社会中的价值　123
第二节　现代社会的舆论监督权　132
第三节　防止滥用舆论监督权　141

第七章　隐性采访中的权利和义务　145

第一节　隐性采访及其意义　145
第二节　隐性采访的适用范围　155
第三节　隐性采访中的道德困惑及原则　164
第四节　隐性采访的法律困惑及禁区　172

第八章　新闻侵害名誉权　178

第一节　名誉和名誉权　178
第二节　新闻侵害名誉权的构成要件　187
第三节　新闻侵害名誉权案的处理　196

第九章　新闻侵害隐私权　204

第一节　隐私和隐私权　204
第二节　新闻侵害隐私权的构成要件　213
第三节　新闻侵害隐私权案的处理　222

新闻传播学新视野丛书

邵培仁　陈　龙　主编

全国30所新闻与传播学院联合编写

新闻传播法学

顾理平　著

江蘇教育出版社
JIANGSU EDUCATION PUBLISHING HOUSE

图书在版编目(CIP)数据

新闻传播法学 / 邵培仁,陈龙著. —南京:江苏教育出版社,2011.12
(新闻传播学新视野)
ISBN 978-7-5499-1387-9

Ⅰ.① 新… Ⅱ.①邵… ②陈… Ⅲ.新闻学:传播学:法学—中国 Ⅳ.①D922.161

中国版本图书馆 CIP 数据核字(2011)第 277810 号

第十章　新闻侵害著作权和肖像权　229

第一节　新闻侵害著作权　229
第二节　新闻侵害肖像权　248
第三节　新闻侵权的预防　257

第十一章　和谐社会建设中的新闻法治　265

第一节　和谐社会是人类追求的终极美境　265
第二节　公平和正义是和谐社会的本质要求　271
第三节　和谐社会建设中的新闻法治　275
第四节　新闻媒体对社会公平和正义的追求　280

主要参考书目　283

后　记　287

第一章 以法治国与新闻法治

“法眼看新闻”，这是新闻传播法学这门学科告诉我们的一个基本理念。新闻法治是新闻业得以健康持续发展的基本前提，在中国提出以法治国的治国方略，全民的法律意识明显增强的社会背景下，这个要求正变得愈加迫切。但是，在现实生活中，中国的新闻法治并没有向我们呈现出这应有的状态。新闻活动中非法行为的存在，更加深了我们的这种认识。新闻法治，正在以另一种方式展示出其紧迫的一面。

第一节 新闻的时代价值

新闻自其产生之日起，便在不断地影响着那个时代的社会和人们，浸漫在繁杂信息中的现代人，更是须臾都无法离开各种信息尤其是新闻信息。“人类进入信息时代”，这是人们对信息作用的最高评价，也从一个侧面说明新闻在现代社会中的作用。

一、新闻的信息传递作用

新闻的基本功能就是传递信息。在农耕社会，信息的传播价值并不大。因为在那样一个时代，人们日出而作，日落而息，农耕技巧也是口传手教，几无变化。随着生产力的发展和贸易的兴起，信息的价值开始体现出来。

对于信息与信息传递的作用，人们是在历史发展的进程中逐渐体会到的。现代社会是一个信息社会。社会组织和社会个体都存在于信息之中，换句话说，社会组织和社会个体的存在价值是通过信息表现出来的。由于受科学技术发展水平的限制和社会交往条件的限制，在古代社会，信息的传递无需也不可能像现代社会这样显得不可或缺。千百年来形成的“日出而作，日落而息”

的典型的农业社会的生活方式，使社会组织和成员不必太多地关注信息而可以成惯性地栖息着。当然，在那样的时代里，信息依然有其存在的价值，譬如说，商品交换需要通过传递实现价值。每一个商品的拥有者，他们自然可以通过拥有较多的信息，而最大限度地实现其商品的价值。但是，人们交际范围的局限使这种信息大都停留在简单的人际传播阶段，因此，信息的价值是极其有限的。譬如教育信息，千百年来也生生不息地薪火相传，但是教育信息的传播和大众传播是有着巨大差异的。教育信息在相当长的时间中是通过人际传播来实现的。在这个时候，人们对信息价值的认识是比较肤浅的。

随着社会的发展，尤其是随着科学技术的进步，世界各国渐次由农业社会进入工业社会。社会的分工也因科技的发展而显得日渐精细，于是，信息的传递，就具备了不可或缺的独特价值。商情信息、战争信息、灾害信息、庆典信息……每一种信息，对于置身于巨大的、有序分工的社会网络中的人们来说，都可能意味着一次巨大的商机。在这样一个有着分工和合作的工业社会中，信息的价值日益凸现。世界最早的通讯社路透社，就是基于伦敦市场交易所的信息需要而应运而生的。但是，信息的繁杂也会使信息的接收者产生某种混乱，换一句话说，信息本身也需要分工，以此来更好地为社会服务。在这种社会的客观需要下，新闻信息传播的专门行业开始出现。新闻业开始进入了其发展的黄金时代。

在并不太早的时间里，一个人想足不出户地生存下去几乎是不可想象的事情。但是在今天，一台电脑、一个鼠标，一个人就能自如地生存下去：网上购物可以保证其随时获得必要的物质条件；网上交易可以使其轻易获得应有的物质财富；网上聊天可以使其随时享受精神的愉悦。如果说，我们以前曾经讲的"地球是一个村落"还只是一种理想的目标的话，那么在今天，由于信息的高速发展，这种理想的目标就完全成了一种现实。特别值得注意的是，被称作"第四媒体"的网络已经开始全方位地介入现代人的生活之中。从我们的先人们发明文字，使用手抄件进行第一次传播起，人类已经经过了印刷媒体、电讯工具及广播电视三次革命，而信息高速公路的开通和网络的建立，则标志着人类的传播业开始了第四次传播革命。"互联网成为拥有数百万个频道的全球交互式电视系统，人们不仅轻易地从网络深处调出所需要的信息和娱乐节目，而且能够通过选择，使你所需要的信息源源不断地发送给你。从目录'频道'的分类新闻或分类信息媒体——如报纸、杂志或股市行情系统，个人计算机在规定时间拨通并检索所需要的信息，实现了你在家庭中坐观世界的梦想。此外，点播公司是网络广播的开拓者，它正在继续扩展其目录选择和发送的方法,可为观众提供数十个频道的节目。互联网带来了一种点面的交流方式:一个人可以在任何时间、任何地点向有关对象提出任何自己关心的问题,即可以不分国别和种族,只要通晓同一种语言就可同时进行交流。通过互联网和你进行交流的对象,会是四面八方的很多人:可能近在咫尺,也可能远隔重洋;可能你认识,也可能你不认识。这种交流方式越来越多地带来人类行为上的奇迹”。[①] 对于第四次传播革命所可能引起的变化,无论是媒体的工作者还是关注者,都应该做好相应的准备。这是因为,我们今天已经真正地置身于信息时代。一个合格的现代人如果不能顺利地收集信息并自如地利用信息,那他可以被视作信息时代的文盲或半文盲。广而言之,一个国家的信息技术不发达,信息传递不流畅,那么就很难获得应有的发展机会,也无法与时代进步的趋势同步。“是什么保证了‘信息社会’这一提法的正当性?在一些纯粹是隐喻意义上的称呼之外,人们通常持有两种主要的定义:第一个着重于新信息传播技术不断增长的重要性;至于第二个,它强调的是传播行为的发展,或者是为了让信息成为价值生产的主要来源,或是如美国经济学家马克·波拉特(Marc Porat)那样,为了验证信息活动相对于‘第二’产业甚至‘第三’产业活动的至上性。”[②]其实,信息社会的价值又何止于此?

在信息社会,新闻信息的快速传递,无论在物质意义上还是在精神意义上都在深刻地影响着人们的生活方式。从物质意义上看,新闻信息的传递不仅使新闻产业本身获得了迅速壮大的机会,也使全体受众的生活变得更加方便。人们可以通过接收新闻信息,方便地享受物质生活带给自己的快乐。新闻信息带给人们精神生活的变化更是令人关注。在现代社会,接收新闻信息,如阅读报纸、观看电视、浏览网页成了人们生活方式的一个有机部分。在人际交往中,新闻信息的交流和评价,新闻事件的表述和判断,新闻观点的赞同或批评……所有这些,都在深刻地影响着人们的生活。在人的社会化过程中,对新闻信息的交流享用成为必不可少的一个环节。人们甚至可以通过某个人对新闻信息的了解和表达来实现评价目标——你是一个什么样的人。但是,无论新闻信息的传播方式发生什么样的变化,在阶级社会里,从对社会影响的角度分析,其重要的宣传舆论价值是不会改变的。中国人民大学舆论研究所的一次读者调查显示,“了解国内外时事”是读者阅报的首要目的。“最大限度满足读者对新闻的需求,满足人民及时充分了解国内外大事的需要,是社会主义报

① 刘建明著:《现代新闻理论》,民族出版社,1999 年,第 34 页.

② [法]贝尔纳·米耶热著:《传播思想》,江苏人民出版社,2008 年,第 87 页.

纸最基本的任务和功能"[①]。这从一个侧面说明了新闻传递信息对社会发展的重要影响作用。今天，新闻的宣传舆论作用最终还是通过信息的成功传递来实现。新闻竞争的焦点所在，就是通过多种新闻信息的传递，争取受众，占有广泛的媒体市场。

二、新闻的记录历史功能

对历史轨迹的追寻有多种途径，在大众传播发达的信息时代，对历史轨迹最便捷最好的追寻方式无疑是检阅新闻。这从另一个侧面说明了新闻在现代社会中的功能。在今天，新闻记者被赋予了多种象征意义，但主要的还是记录者的作用。无论是令人欢欣鼓舞的时代成就，还是令人沮丧悲伤的重大灾难；无论是重要政治事件的变故，还是人民生活的渐进；无论是传统依旧，还是万象更新……社会变革的每一个瞬间都由记者们辛勤地记录着。2003年初春时节，"非典"病魔是如何猖獗的，回放一下中央电视台那一个个令人心悸的镜头，我们自然会再一次被震撼；2006年，青藏铁路通车的盛况如何，翻一翻《人民日报》的报道，我们自然会又一回激动。2008年的汶川地震和北京奥运，中外媒体都有全景展示。即使是股市牛熊更替，房价涨涨跌跌，天气阴晴不定，百姓悲悲喜喜，记者们也每天用他们敏锐的眼光观察着，用他们灵活的双手记录着。记者的作用有多大？新闻的作用有多大，他们的作用就有多大。

"今天的新闻就是明天的历史。"对这句人们耳熟能详的话，我们更多的是从社会责任感的角度来解读的。这没有错，但其本身表达的，实际上也是新闻的一个基本功能——记录历史。随着新闻业的繁荣，新闻的历史记录功能已经越来越强大了。我国新闻媒体的发展十分迅速，媒体的种类也日渐丰富，于是，新闻真正开始全方位地记录社会生活的点点滴滴。社会上曾经发生的令人记忆深刻的事件，随着时间的流逝，总会在我们的脑海里渐渐淡去。只有翻翻老报纸，看看老镜头，才会重新勾起曾经的记忆。对个人是如此，对整个社会也是如此。新闻是历史的初稿。风云际会，诸强争霸，天高云闲，小民乐耕，所有的社会变迁，新闻是最好的写真集。新闻从其本质要求来说，就是必须最大限度地还原曾经发生的历史并把它记录下来。我们知道我们所看到的历史永远不可能是绝对准确，但新闻记者有义务尽最大努力去准确记录曾经发生过的事件，尽最大努力还原历史的真实。

---

① 孙旭培著:《当代中国新闻改革》，人民出版社，2004年，第31页.

三、新闻的服务娱乐价值

新闻具有商品属性，这在现代社会已经是不争的事实。新闻媒体作为新闻的管理运作组织，自然具有企业的特征。在我国，新闻媒体是按照“事业单位，企业管理，独立核算，自负盈亏”的企业经营模式运作的。于是，报刊的发行量、广播电视的收听（视）率就成了各新闻单位最为重视的一个经济指标——它们和新闻媒体的经济利益息息相关，也与新闻从业人员的经济利益息息相关。这是市场经济新体制带给新闻媒体的必然结果。在发行量和收听（视）率的巨大压力下，新闻媒体开始强化新闻的服务功能以取悦受众，于是，新闻除宣传舆论之外的另一大功能——服务功能得到了强化。这些功能主要包括：一是生活服务功能。生活服务功能是新闻媒体最基本的服务功能。在现代社会，人们的生活已离不开新闻媒体。“一天的生活从收听新闻开始”，这几乎成了一种标准化的生活方式。天气预报、招聘信息、商业广告等，人们的生活已经很难和这些信息分离了。二是娱乐服务功能。提供业余时间消遣的休闲文章，或者提供娱乐信息，如旅游信息、歌舞信息、餐饮信息等，这也成了新闻媒体应有的形式要求，而“趣味性”“娱乐性”是不少媒体对新闻写作的基本要求，没有“娱乐性”就很难得到受众更多的关注。三是益知功能。通过媒体，向受众提供背景新闻和科学知识。每当重大的自然变故发生前或发生后，新闻媒体总会通过及时的采访报道，向受众介绍这种变故的来龙去脉，从而满足受众知情的需要。例如，为何某地连日酷热难挡干旱少雨；为何某地突然小虫满城驱之不去……凡此种种，现代媒体总会及时关注。这些服务功能的强化，对于提高新闻媒体的社会影响，起到了十分积极的作用。当然，也有一些媒体走得过了头，以至于引发了不少新闻侵权纠纷等。

当然，我们也必须看到，近年来，由于新闻竞争的激烈和新闻媒体对娱乐性、服务性的过于强调，新闻报道中的问题还时有出现。例如，“一切向钱看”，只注意新闻的“卖点”而不考虑新闻的社会影响，把经济效益放在社会效益之上，甚至为了经济效益而不惜损害社会效益，结果产生了十分不良的社会影响，也损害了新闻媒体的声誉。目前，一些新闻媒体刊发的揭露性报道的数量远远超过正面报道，其后果可能会误导受众，使受众误把个别的现象当做普遍的现象，把局部的东西当做整体。在全局上严重违背了新闻真实性的原则，向受众传递的是不真实的社会。更有甚者，有的新闻媒体大量刊发反映社会阴暗面的社会新闻、法治新闻并对罪犯作案、淫乱活动的细节作绘声绘色的细致描述，不仅起不到警世的作用，客观上其实是在诲淫诲盗。

近年来，虚假新闻屡禁不绝，有偿新闻时有所见，有的新闻媒体为追求“耸人听闻”“轰动效应”，经常刊登未经核实的自由撰稿人的稿件，导致假新闻泛滥。个别新闻媒体甚至公然要求作者编写假新闻，或者用大篇幅和重要版面刊登介绍明星绯闻的文章。有的新闻媒体在加强服务性、指导消费休闲时忽视了这类新闻也有政治倾向性，而传播了腐朽奢靡的生活方式或享乐至上思想等等。例如，某新闻单位为了吸引眼球，以图文报道形式，报道所谓的“人乳宴”——向食客提供人乳。有些新闻单位对来自西方的“奢侈品展示”津津乐道，连篇累牍地报道私人飞机、游艇、稀世珍宝这样一些远离百姓生活的内容，传播奢靡之风。有的新闻媒体不择手段追求“独家新闻”，照抄照转某些西方国家新闻来源的国际事件报道，成为宣传西方国家政治观点的传声筒，违背了自己作为党和人民喉舌的性质。所有这些，都是与我们所论及的新闻媒体的服务功能格格不入的。

新闻媒体想方设法取悦受众以提高发行量和收听(视)率，目的就是向受众推销通过一定的有形物质载体(如纸质载体、电子载体)传递的商品——新闻。在这个时候，新闻就成了一种特殊的商品，这需要通过由此及彼的买卖关系，实现自己的价值。不通过买卖关系完成这种由此及彼的传递，新闻这种特殊商品的价值就无法实现，长此以往，在市场经济条件下的新闻媒体就不可能生存下去。因此，新闻媒体一定会通过各种途径，采取各种办法，来完成这种由此及彼的传递。于是，受众通过购买报纸或付费电视收看电视，实际上就是购买到了一种特殊的商品。既然是一种买卖关系，在法律上，受众和新闻媒体之间就存在着一种法律上的权利义务关系：对受众而言，我的义务是向你提供一定的资金(付钱购报或付费看电视)，我的权利是获知真实有效的新闻信息(包括娱乐等其他信息)；对新闻媒体而言，我的义务是向你提供真实有效的新闻信息，而我的权利则是收取一定的费用。一方不肯履行义务，就是对另一方权利的侵害。这是市场经济的基本要求，也是法治社会的基本要求。但是，新闻媒体无论是在享受权利时，还是在履行义务时，任何时候都不能忘记新闻商品的特殊属性，无论如何都必须考虑新闻的社会公器性质。新闻要考虑服务性，在市场经济条件下尤其如此，但新闻又不能过度考虑基于经济利益的服务性。在权利和义务的权衡中，新闻媒体及其从业人员必须有一种理性的精神和全局的意识。

四、新闻的文化积淀功能

发端于2005年的“湖南卫视超级女声”，在不长的时间里演化为中国大众文化的一个奇观。“超级女声”通过平民选秀、平民参与，满足大众参与的心理诉求与一夜成名的美丽梦想。“超级女声通过大众选大众，有意无意地完成了‘大众’自我价值实现的移情。超女是工具，大众借此完成了一次自我的塑造，见证了一场文化速成。”①“超级女声”及其蕴含的文化意味，比较典型地说明了新闻在文化积淀方面的功能。超女们的欢笑与眼泪、“粉丝”们的狂热与痴迷终会成为过去，但这场“秀”给我国大众文化带来的深刻影响，是谁都不能忽视的。“在电子传媒时代，电视既是一种新兴的权力，同时又是一种新的意识形态。它以非强制性的方式改变并再造着世界，作为一种文化力量，它以不厌其烦或秀色可餐使几乎所有的人都难以抵御不能拒绝。”②类似的例子还有江苏卫视“非诚勿扰”。这个以相亲为旗号的栏目，在主持人、嘉宾、相亲者彼此的互动中，把当今社会的人情世故和价值观以一种特殊的方式表达了出来，产生了令人刮目相看的社会影响力。

新闻总在人们不经意间，关注那些刻意的趋势性的内容。新闻也会在人们不经意间，把一场“秀”推波助澜为一场全民参与的文化运动。“超级女声”和“非诚勿扰”是极端的例子，而更加普通的例子，则几乎每天都在发生。我们今天对时尚的关心——对流行歌曲的了解，对流行明星的熟知，对品牌服饰的追捧，对品牌美食的热衷，虽然也有口口相传的影响，但更多的是新闻的作用。随着新闻媒体对这些内容连篇累牍的关注，它们成了人们日常生活的一部分。除了影响深刻的大众文化外，新闻媒体在政治文化方面的积淀作用也十分强大。孙志刚案、哈尔滨水污染案、佘祥林案、周正龙案……这些重大新闻以及新闻记者对新闻事件深层内幕的追索，使更多的人来关注政治文化中诸如民生、平等、尊重、人权等重大问题，也使社会向更加健康的方向发展。

新闻的文化积淀功能是通过潜移默化的长期过程实现的，这同文化形成自身的特性是紧紧相联的。一条条具体的新闻本身无法成为一种文化，但当这些新闻积累到足够多的数量时，便成了文化的一部分。以人的文化塑造为例，从某种意义上讲新闻传播的过程也是培育人、塑造人的过程。不管是否承认，每个时代的人都有那个时代新闻塑造的痕迹。新闻总是用不同的社会标本，告诉当时社会的人们哪种形态是社会主流人群的形态，而人社会化的要求使人不自觉地把那样的标本作为努力的方向。否则，个体的“人”就会被主流

---

① 许江：《中国当代视觉文化的境遇与责任》，载《光明日报》2007 年 2 月 1 日.

② 孟繁华著：《传媒与文化领导权——当代中国的文化生产与文化认同》，山东教育出版社，2003 年，第 195 页.

社会的“人”所抛弃。生活在信息社会中的人，每时每刻都在受新闻文化的影响。所以，新闻不仅能积淀文化，还能培育社会精神。

五、新闻的舆论监督功能

舆论在现代社会中的重要作用，是谁都无法回避的。舆论的力量，使其可以承担某种社会监督的特殊使命，通过这种强大的心理压力和社会道德力量，保证权力的健康运用。任何一个国家要保证权力的正常行使，都会设置强有力的监督机制。而公共权力与监督权力的对应设置与协调统一，则是世界各国政治民主化与现代化的基本内容。监督机制的设置对于一个社会而言是一项十分复杂的系统工程，其内容包括立法监督、司法监督、政党监督、行政监督、群众监督、舆论监督等，这些不同主体的监督性质各异作用有别，但彼此配合相辅相成，共同组成有机的监督系统。任何一方面的缺失或弱化都可能影响监督机制的整体效应。舆论监督之所以能成为一个国家监督机制中极为重要的组成部分，原因就在于，它根植于公众的权利和利益之中，通过媒体作用，反映公众的呼声，受到公众民主力量的支持。它以其特有的声势对公共权力形成一种巨大的舆论压力，这就有着比其他形式的监督更有力的一面。“让权力在阳光下运行”，这是对舆论监督作用的另一种表达。许多学者都已经认识到了这种监督机制对于现代社会的重大作用。这也从一个方面说明了新闻之于现代社会健康发展的意义。

值得注意的是，从理论上讲，谁都会为舆论监督叫好，但是现实生活中，舆论监督往往处在举步维艰的困难境地之中。产生这种困难的原因是多方面的，但就客观而言，大体上可从被批评者和批评者两方面共同去找原因。就被批评者而言，自己受到批评，并且这种批评是在广泛的范围内被传播的，当然不是件乐意接受的事，所以，他们会出于种种原因而加以干扰抵制，并且会组织一系列有力的反击。控告记者侵害其名誉权，是最为常见的一种反击形式。就批评者而言，有些记者往往自恃舆论监督为一种宪法权利，而会采取一些过分的方法滥用这种权利，导致侵权行为的发生，结果给正常的舆论监督带来了许多不必要的负面影响。许多新闻侵权行为，就是在这样一种前提下出现的。但是，这并不是我们否认舆论监督价值的理由，因为，我们的社会太需要舆论监督了。譬如，我们经常会看到这样的承诺：医生不收红包、法官拒受贿赂、售票员不骂乘客、警察要抓小偷之类，其实，所有这些，哪一条不是当事者应有的工作职责呢？然而，所有的这些却常常需要监督，尤其需要舆论监督来保证实施，这实在是一个值得深思的社会问题。社会标准的降低，意味着良心和道德的堕落。我们的社会，太需要舆论监督的阳光普照了。

新闻对现代社会生活的介入是深入而广泛的，这一方面使新闻在现代社会生活中变得不可或缺，另一方面，由于这种深入而广泛的介入往往伴随着权利和义务的内容，所以，一方权利的滥用，就会导致新闻侵权行为的出现。如何既充分发挥新闻在现代社会中的监督作用，又减少滥用监督权行为的出现，这成了一个十分有价值的社会话题。

第二节　中国新闻法治的现实困境

一、法治国家建设的持续推进和新闻立法的滞后

我们不能说中国是一个没有法治传统的国家，但至少可以说中国传统文化更多地强调的是道德的教化作用，而不是法律的规范作用。在相当长的时期内，更多强调道德教化作用的儒家思想曾经占据着社会的主导的地位。儒家思想更多强调的是等级分明、尊卑有序的道德内化功能，而汗牛充栋的古籍典章中，有太多这样经典的成功的例子。同时，曾经战乱频生、诸侯割据的中国社会，在较短的时间内也不太容易建立起比较统一的刚性规则。这样的文化和社会环境使中国的法治建设曾经在相当长的时期内无法启动——国家领导人借鉴历史的经验相信人治可以治理好国家，普通百姓习惯于人治的治国模式。直到20世纪六七十年代社会乱象丛生的痛苦、八十年代的法治初启动带给中国社会的清新气象，才使中国社会的以法治国的选择成为人心所向。自此以后，中国的法治现代化国家建设有序推进，全民的法律意识持续提升，守住“法的底线”成为人们发自内心的愿望。中国社会，开始了真正意义上的法治时代。从形式层面看，中国自十一届三中全会以来，已颁布了近300部法律，国务院制定的行政法规和各省级人大制定的地方性法规更达近万个。从价值层面看，“高度自主、制度完备、富有效率、充满活力”已成为我国民主政治的特征。公民的民主权利被广泛确认，法律面前人人平等的思想深入人心。一个最简单的事实是：当人们遭遇是非争议时，“讨个说法”、“法院见”成了人们的共识。法律意识，正在以前所未有的速度在人们头脑中养成。

与上述中国法治国家建设持续推进形成强烈反差的是，在新闻业界，法治的进程却明显滞后，其直接的标志，是新闻立法的严重滞后。我们当然不能说《新闻法》没有颁布，中国新闻活动的开展就无法可依。事实上，我国现行的宪法和其他法律、相关部门颁布的行业法规以及新闻业的内部规定这三个层面

都从法律规范的层面对新闻活动进行了规范。同时,《新闻法》没有颁布也不能说新闻法治没有实质性进展。新闻立法过程和完善的过程本身是新闻法治的一个有机部分,它推动了新闻业依法办新闻理念的逐渐确立。但是,没有《新闻法》的颁布,对于中国这样一个大陆法系的国家而言,毕竟是一个标志性的缺陷。一部法律从提出立法并付诸实施到时过近三十年而依然没有出台,这和我国法治现代化国家建设持续推进,立法覆盖面不断增大,立法速度不断加快显然形成严重的不协调和强烈反差。

二、新闻权利和新闻义务的严重失衡

信息时代,新闻业与其他行业相比较体现出其任何一个行业不可取代的独特价值,而新闻记者也因此成为一项令人关注和向往的社会职业。但如果说这个行业尚无法律加以专门保护,或者换句话说,新闻记者还没有一项专门权利得到专门保护,会有人相信吗?但事实就是如此。如前所述,随着我国法治进程的加快,几乎社会各个行业及从业人员的相关权利都得到了专门保护,教育(教师)有教育法,体育有体育法,公务员有公务员法,惟独天天要行使新闻权利的新闻记者却没有受到专门法的保护。譬如,采访权是新闻记者最基本的一项权利,但有哪一部法律对新闻记者的采访权加以保护了呢?答案是否定的。这样说,并不意味着新闻记者没有采访权,而是说新闻记者的采访权还不是一种法定权而只是一种习惯权。正因为采访权不是法定权,所以即使是重要新闻事件的当事人在面对记者提问时都可以回答“无可奉告”,记者对此毫无办法;当新闻记者采访时明明是采访权受到了侵犯,法院判决时却只能比照《民法通则》的规定,以新闻记者的民事权利(生命健康权、财产权)受到侵犯来处理,这是一种极其尴尬的现象。

与新闻记者的权利尚无法通过专门法加以保护不同,新闻媒体及其从业者却需要履行大量的法定义务。一个基本的事实是:新闻记者无法定的权利保护规定,但法定的任何一条义务都必须履行。这对新闻记者而言是极其不公的——法治社会,对从事任何一项职业的人而言,他们身上的权利和义务应该是平衡的。其实,这样的不公还有其他更加充分的表现空间。令人担忧的是,有的时候这些法规本身还是值得讨论的,但还必须遵照执行。例如2005年,中宣部、国家广电总局、新闻出版总署联合下发了《关于新闻采编人员从业管理规定(试行)》,其中的某些条款不仅存在缺少可操作性的问题,甚至在合法性上也存在问题。例如,《规定》第五条关于“回避”的情形中,明确规定“新闻采编人员采访报道涉及地区系本人出生地、曾长期工作或生活所在地”需要回避等规定，显然缺少可操作性。再如，第三条规定“新闻报道在新闻媒体刊发时要实行实名制，即署作者的真实姓名”，这与我国相关的法律精神是不相符的。我国《民法通则》第九十九条规定：“公民享有姓名权，有权决定、使用和依照规定改变自己的姓名，禁止他人干涉、盗用、假冒。”《著作权法》第十条第（二）款规定：“署名权，即表明作者身份，在作品上署名的权利。”规定新闻报道的作者其新闻作品在新闻媒体发表时，要“署作者的真实姓名”，是否属于法律禁止的“干涉”公民“决定、使用”自己的姓名呢？答案似乎是比较清楚的。这种情况之所以出现，与新闻权利的严重缺失是密切相关的。

三、新闻活动中法律是非界限的模糊

这种法律是非界限的模糊包含三种情况。第一，是新闻从业者在法律是非界限上的模糊。近年来几乎所有的新闻媒体都发生了或多或少的新闻纠纷和新闻诉讼案件，除了恶意纠缠和无理缠讼案件外，新闻媒体和新闻记者有失误和败诉的案件中，都隐含着新闻从业者法律是非界限上的模糊不清这个因素。自 1985 年我国发生第一起新闻诉讼案件以来，以新闻侵犯名誉权为主要侵权形式的案件层出不穷，除了其中少量的故意侵权外，绝大多数侵权案源于新闻从业者对我国法律关于名誉权、隐私权等保护规定的不了解或不理解。于是，在新闻报道中因为无中生有、偏听偏信、情绪化等而导致对他人的名誉构成侮辱或诽谤的情况时有发生，而随着网络时代的到来，更有一些人利用网络这样一个大众传播平台，在网络上侮辱谩骂他人，肆意散布他人隐私，导致多个侵权案件发生。例如，有的新闻记者并不清楚自己在采访时，采访对象谈及自己的隐私并不意味着对方同意这样的隐私可以被报道（对方可能只是说明某个结论），只有获得同意的隐私内容报道才不违法。再如，如果某种隐私涉及两人及以上（如夫妻双方的隐私），只有所有的隐私主体同意才可以报道，一个人同意，其他未同意者的隐私同样是被侵犯的。

第二，非新闻从业者在涉及新闻传播活动时法律是非界限模糊。其中较为典型的情形是新闻媒体在开展正当的舆论监督时，往往会受到不同力量的非法干预。这几年，新闻记者在采访过程中受阻被打的例子从来没有消失过。最新的例子是 2011 年 5 月 18 日，新华社记者在采访河北香河圈地案时，遭到多辆车辆跟踪，人身安全受到威胁。在拨打当地“110”求助时，“110”不仅没有立即出警，反而询问记者为什么夜间采访。目前我们当然没有证据可以说“110”这样的作为是由相关权力部门授意，但新闻记者在开展舆论监督时受到类似待遇属家常便饭。我国法律虽然没有明确规定新闻媒体有开展舆论监督的法定权利，但我国宪法第四十一条规定：“中华人民共和国公民对于任何国家机关和国家工作人员，有提出批评和建议的权利；对于任何国家机关和国家工作人员的违法失职行为，有向有关国家机关提出申诉、控告或者检举的权利，但是不得捏造或者歪曲事实进行诬告陷害”。这可以视作新闻媒体开展舆论监督时最好的法律保护。另外，《党内监督条例》等党的文件也多次明确对正当的舆论监督的保护。但现实新闻活动中，保护舆论监督的法规经常成为一纸空文。合法的舆论监督，经常会遭遇非法的干预。除此之外，新闻媒体在开展正常的新闻传播活动时，也会时常受到非法律授权的外在因素的干扰。例如，从今年3月1日起，重庆卫视被禁播广告和电视剧，如果不是媒体自觉行为的话，政府显然有越权干预之嫌——传媒改革的大趋势是传媒由事业单位转变为企业法人，播放什么是法人的自主行为。

第三是一些新闻从业者在新闻传播活动中涉及操作违法。这种情况主要表现为欺骗新闻当事人，新闻性节目虚构新闻事实，随意曝光公民隐私等。例如目前，全国诸多电视媒体都开设有纪实性的电视专题栏目，请当事人讲述家庭、工作中的矛盾、纠纷、冤情、委屈等。但不少节目的操作涉嫌违法。例如，夫妻矛盾发生后，电视台的编导会在未征得夫妻双方任何一方意见的情况下，先告知丈夫（或妻子）你妻子（丈夫）要上电视台的节目了，“你去不去？不去，你妻子（丈夫）讲对你不公平的话，对你不利我们可没办法，不能怪我们没有事先告知”。通过类似的欺骗手段，让夫妻双方在演播厅“自曝隐私”，然后以隐私为卖点博得收视率。遗憾的是，由于在相当长的时期内中国公民的隐私权未受重视，以至于在我国法律中还没有专门的条文对隐私权加以保护，所以许多隐私权主体在自己的权益受损后，不仅不会去寻求法律的帮助，甚至对权益受损并不知晓。中国的这种情况和许多法律健全的西方国家颇为不同。在美国等西方国家，类似总统克林顿和莱温斯基的婚外情隐私被媒体广泛报道，作为公众人物的他们只能忍气吞声（甚至总统还得去法庭接受质询），而如果媒体报道的类似婚外情隐私涉及的是普通公民，是一定会有违法的担忧的。在中国，媒体可以无所顾忌地报道普通公民的婚外情隐私，而对除了文体明星外的其他公众人物却几乎无人敢涉及。这种反差令人深思。

第三节 新闻法治为何如此艰难

一、精神产品的特殊性与社会稳定

与一般产品生产不同，新闻生产特别需要关注产品消费效果，也就是说，新闻这样一种精神产品其质量控制要求远高于其他物质产品。这并不是说其他物质产品并不需要有质量要求，而是说其他物质产品一旦产生质量问题，一般而言伤害的范围较小，持续的时间也较短。新闻产品却与此颇为不同。精神产品在消费过程中产生效果的时间较长，不会立竿见影，但一旦发生作用，影响的时间就比较持久。例如，单篇的新闻很难会对人的价值观和道德理想产生作用，但持久的、大量的隐含了价值取向的新闻作品一定会对人产生持久的、难于改变的影响，也就是说，精神产品的影响不会急风暴雨式，而是和风细雨式，但作用一旦产生，则难于在短期内产生变化。正因为如此，各国政府都会关注新闻产品所传递的社会价值观，希冀通过各种手段，使新闻产品所传递的价值观与政府主张的社会价值观相一致。这是政府始终力求去控制媒体报道内容的政治逻辑。

具有特殊性的新闻这种精神产品与社会稳定到底是一种什么关系？换句话说，通过新闻法治，政府对新闻的行政控制交由法律调控，是否必然会导致不稳定局面的出现？一个基本的前提是：新闻媒体肯定不是不稳定的因素。当一个社会有序、健康地在法定框架内运行时，任何一家负责任的媒体都不会试图给这个社会“添乱”；当一个社会在运行过程中出现偏差时，新闻媒体的“瞭望塔”作用会产生纠偏效应。因此，从宏观的层面说，新闻媒体有效发挥作用只会令社会更稳定。2007 年，我国颁布《政府信息公开条例》，力求用信息公开来规范政府的运行。如果把类似的举措放大到全社会，那么，新闻媒体正是发挥着规范社会运行的“信息公开”作用。试想，如果没有新闻媒体在新闻报道中新闻选择后的导向作用，如果没有新闻媒体在舆论监督中对社会丑恶的抨击作用，如果没有新闻媒体在社会新闻报道中的温情作用，如果没有新闻批评过程中社会压力的宣泄作用，社会的稳定将会是一种什么状态？所以，消除人们对新闻作用的误解在现阶段显得十分重要。但客观现实是，不少人（尤其是掌控了对新闻业调控权的人）对新闻活动似乎存在着天然的恐惧乃至排斥情绪，他们的关注的目光似乎只有媒体的“抹黑”

和“惹事”。

与这个问题相联系的是党的领导和新闻自由。社会上有一种糊涂的认识,认为新闻自由和党的领导似乎天然存在着对立关系,如果从法律层面对新闻自由进行明确保护,就会对党的领导构成挑战(对两者的关系,下文将详细进行探讨)。这种糊涂认识的潜台词是,新闻自由会导致社会的不稳定,党对新闻自由的严格管制才能消除这种不稳定因素。

二、既得利益者的权益自卫与舆论监督的不畅

这里的既得利益者包括财富阶层和权力阶层。中国目前已成为世界第二大经济体。在经济发展的过程中,一些人成为了财富阶层。财富阶层的形成有合理的因果关系:社会财富的增加必然形成一部分(甚至大部分)财富向少数人集中。我们姑且不论这个财富集中的过程是否合法,起码这个财富阶层形成后,他们会通过财富的作用形成特权生存状态,其中,通过财富影响权利资源的分配是自然而然的。权力阶层的形成与财富阶层的形成稍有不同,不论贫富,任何一个社会都会形成权力阶层。权力阶层形成的因果关系是社会管理需要的客观存在。不论这种权力阶层的形成是基于特权阶层的世袭影响,还是基于公平社会对才能展示的认同,一旦身处权力顶层,天然的与权力相对应的尊享需要和主观上的话语强势,自然也会寻求长久拥有这种权力的合法性的外衣。不可否认,法治在更多的时候是一种博弈,而这个过程中,弱势群体从来就不可能有更大的权利表达的机会,他们更多的时候只能是“被关照”。

我们当然不能虚设前提:既得利益者的权益自卫一定是有违社会公平正义的。事实上,合法的财富获得和权力拥有,在现代社会是值得赞赏的事,因为这是一个人(群)才能展示后的应有结果,也是对社会有较大贡献的一个具体体现。“在不影响社会安定的条件下,社会财富向少数人集中,有利于投资,生产力发展的速度越快,社会财富的总量增加也就越快。”①但一个人们耳熟能详的规律告诉我们,缺少监督的权力会导致腐败。现实中的大量个案也在告诉我们任何一种权力确实需要监督和制衡,否则社会的不公会大量出现。新闻媒体的舆论监督似乎天然就与上述两种既得利益者存在冲突。新闻媒体本质要求的对社会公平正义的追求,与既得利益者对既得利益的竭力维护,在既得利益者最看重的权(力)(利)益层面自然产生交锋。在具体表现方式上,舆论监督最有可能会招致这样的不公:财富阶层会

① 朱兴文著:《权利冲突论》,中国法制出版社,2004年,第103页.

通过财富的力量影响舆论监督的正常开展。尤其在今天这样一个市场经济社会，我们经常会听说新闻记者采写的新闻在临刊播时因监督对象是“广告（大）客户”而中途夭折的事件。这种情况其实在西方国家也普遍存在，即在强调对新闻权利保护的理由下，“为商业利益驱动下的堕落开了一个口子”①。权力阶层则通过组织社会力量（宣传部门甚至公安部门）对新闻媒体的舆论监督施加或软或硬的干预。如果放任这些力量对新闻舆论监督的干预，一定会影响社会的健康运行。

三、若干具体影响因素

立法条件不成熟

具体表现为这样一些方面：一是理论准备的不足。新闻立法需要有新闻学专家和法学专家共同努力在法理上探寻规律，解决困惑，寻找理想的权利义务平衡的路径。但事实上，新闻法律关系需要平衡的权利义务十分繁杂，短期内确实难以从学理层面厘清这些关系。另外，新闻传播法律关系问题的理论研究的历史并不长，研究者的人数匮缺，学术储备不足自然可想而知。二是政策储备的不足。在中国社会，立法的推动力量往往需要自上而下发力，来自上层的推动力主要表现为立法措施的制定（组织人员、提供条件、进入程序）。但是，上层这种立法愿望是否强烈几乎无人可知（时不时我们会听到“相关部门”领导关于中国新闻立法条件不成熟的论调，却少有人去“成熟”这种“立法条件”）。

平等原则未被确立

法治的前提是平等。“法律面前人人平等”，这不应该是法治现代化国家建设的一个口号，而应该是现实，是不断付诸实施的行动。新闻法治的前提，无疑应该是确立平等原则，即新闻媒体在履行大量法定义务的同时，必须赋予其相对应的法定权利。具体来说，在未来制定新闻法时，必须认真考虑权利和义务的对等设置。一部科学的法律，必须是权利和义务相平衡，否则，新闻法就会变成新闻管理法，“制度安排的全部合理性在于最大限度地调动每个社会成员创造财富的积极性和潜在能力，否则就是不合理，就应该在革除之列”②。而事实上，在我国的新闻传播活动中，作为传播者的新闻媒体和新闻记者的法定权利长期处在被轻视的状态。

---

① [美]W. 兰斯・班尼特著：《新闻：政治的幻象》，当代中国出版社，2005 年，第 14、15 页.

② 李留澜著：《契约时代——中国社会关系现代化研究》，社会科学文献出版社，2006 年，第 94 页.

具体问题未解决

立法可能涉及的相关问题很多,例如,在中国是否允许私人办报等,一时难以有解。

第四节 新闻法治的必要性

一、中国加入世贸组织以后对新闻活动的法律要求

中国加入世贸组织以后,我们经常能听到这样一句话——“和世界接轨”。譬如说生活方式要“和世界接轨”,于是衣着打扮要考虑阿玛尼、爱玛仕;休闲消费要考虑去星巴克、哈根达斯;“早睡早起身体好”早已成为老土的标记,“玩个痛快,玩得尽兴”则成了一些人的夜生活的原则……当然,我们认同“和世界接轨”的内容是十分丰富的,在生活方式的接轨上,只要条件和精力允许,生活得时尚一些、精致一些或者轻松一些也未尝不可,但“和世界接轨”有一个前提——法律的前提。

中国政府在加入世贸组织之前做的一项十分重要的工作,是对我国现行法律法规中那些和世贸组织制定的规则内容相冲突的部分,进行认真的修订或废除。这是一件不得不为的事情。试想,如果你不承认某一个组织的章程,或者你制定的规章制度与该组织的规章制度是相冲突的,那么,该组织怎么可能接纳你成为其成员呢?所以,我们讲“和世界接轨”的前提是法律规则的接轨。只有在共同认可的法律规则之下,相关组织的成员才可能有平等的地位和共同评判是非对错的原则。当然,我们讲无论新闻还是法律,都是有阶级性的,我们说的那些“和世界接轨”的法律规则,是抽象去了阶级性的法律规则。

法治是世界的发展大趋势,也是世贸组织各成员国共同努力的目标。在这样一种客观的背景之下,中国新闻媒体在和世界各国的组织和个人发生关系时,首先考虑的是法治原则:国际公认的法规是如何规定的,我国法律和相关国家法律对某种行为是否有禁止性规范……在国内开展新闻活动时,当然也应该毫无例外地考虑守法的底线,坚持依法办事。

二、新闻报道中的违法现象令人关注

近年来,随着新闻媒体对社会生活的不断介入和报道领域的不断拓展,新闻报道中的违法现象屡见不鲜,令人忧心。例如,2009 年底著名体育记者李承

鹏等三人出版的《中国足球内幕》一书，以相当的篇幅提到已经退出一线教练岗位的中国足球名宿陈亦明。称陈亦明因赌球欠债已经失踪，并指陈亦明开庄设赌。陈亦明从日本回国后，针对书中的相关描述，在《体坛周报》宣布自己从未消失，也从来没有开庄设赌。此后，《足球》报再次发表据称是《中国足球内幕》一书中没有刊出的内容，指陈亦明是某赌球网站的背后主使，并坚持不会向陈亦明道歉。在此期间，陈亦明和李承鹏相继在各个媒体隔空交火，指责对方。2011 年 6 月 22 日，广州市荔湾区人民法院正式下达案件判决书。被告李承鹏、刘晓新、吴策力及足球报社向原告陈亦明赔偿经济损失 2 400 元；三名作者须向陈亦明赔偿精神损害抚慰金，每人 50 000 元；此外，针对李承鹏在个人博客及电视节目中的侵权行为，李承鹏还须向陈亦明赔偿精神损害抚慰金 30 000 元，而足球报社须向陈亦明赔偿精神抚慰金 20 000 元。除了经济赔偿之外，被告须向原告公开道歉。在本判决书发生法律效力之日起三日内，被告必须连续十天在足球报及足球报电子版的首页版头刊登向陈亦明公开赔礼道歉的声明，李承鹏必须在新浪博客首页显著位置公开刊登向陈亦明赔礼道歉的声明，李承鹏必须删除新浪个人博客中涉案的全部侵权文章，《中国足球内幕》一书再版时，必须删除其侵权内容，足球报社必须在判决生效三日之内删除电子版中的全部侵权文章。不仅仅是中国，世界其他国家记者的违法现象也屡见不鲜。2011 年 7 月，英国新闻界发生了一起令世界新闻界震惊的重大事件——媒体大亨鲁珀特·默多克旗下的重要报纸《世界新闻报》宣布停刊。这份有 168 年历史、有 750 万发行量的报纸停刊的原因不是其他，正是新闻传播中的违法行为。该报雇员通过贿赂警察，窃听失踪女孩、恐怖袭击受害者和阵亡英国士兵家属语音信箱等，获取所谓的“独家新闻”。这样的违法行为令英国社会极为愤怒。无奈之下，该报只能在其出版的第 8674 期报纸头条以巨大的“谢谢，再见”为其悠长的办报历史画上并不圆满的句号。

社会的健康发展需要有新闻媒体这样的监督者。无数事实证明这个监督者为这个社会的健康文明发展作出了积极贡献，但是，这个监督者首先应该守法。譬如说一个大多数人都对庸俗浅薄的事情都不表示反感的社会是不健康的，我们不希望生活在一个不健康的社会中间，所以要努力清除这些庸俗浅薄。但是，一个随时准备以行政手段去满足个人好恶的社会则是可怕的。因为人们将不知道何人有权在何时何地就何种行为在何种范围根据何种标准施以何种处罚。我们当然更不愿意生活在一个可怕的社会中间，我们的国家在这方面的经验教训实在是太多了。

在今天的社会新闻、民生新闻、娱乐新闻报道中，新闻报道中的违法现象几乎可以说是到了随处可见的地步。这是令人不安的。随着我国社会法制现代化建设步伐的不断加快，各个行业、各个部门的法律已在不断颁布与完善。一系列法律的颁布，为我国最终真正实现依法治国提供了前提和可能。鉴于十年动乱期间我国公民所受的身心创伤，近年来，我国的立法比较注意对公民人身自由权利的保护，《宪法》、《民法通则》、《婚姻法》、《继承法》等法律条文中，对公民人身权的保护都有明文规定。因此，一旦新闻报道中存在侵权行为，公民可以根据具体的法律条文状告记者侵权，在法治社会，这是十分正常的一种现象。与此同时，由于我国新闻立法的滞后，新闻记者的许多权利却难以在法律上得到明确，记者们经常陷于无法可依的不幸之中。这种不幸不仅是记者的不幸，也应该说是法治社会的不幸——完善发达的法治社会应该让任何职业的公民都享有全面的、真正意义上的平等权。

三、新闻法治是新闻事业发展的自身要求

新闻需要法治，新闻必须法治。新闻法治的一个重要条件，是新闻法规的完善，尤其是《新闻法》的早日出台。我国已经制定颁布了许多与新闻活动有关的法律法规，这些法律法规对规范新闻活动产生了十分积极的影响作用，但是，缺少《新闻法》，毕竟离真正的新闻法治还有一段距离，所以，我们期盼着《新闻法》能早日出台。我们认为，《新闻法》迟迟出不了台有诸多原因，而其中的重要原因之一，是新闻法学理论研究的欠缺。

长期以来，我们的不少理论研究和学术探讨往往是为论证某项政策或法规服务的。当然，我们认为理论研究为论证政策法规服务也是必不可少的，这可以帮助人们从更加深刻的层面上来理解这些政策和法规的正确性。但是，理论研究不仅仅是某些具体的法律条文的图解或论证，而应该成为其先导，要为它们的发展开辟道路。就新闻立法而言，新闻立法的一个重要前提条件是新闻法学这门学科的成熟。在现代社会中，新闻事业要健康发展就必须借助法律的力量来保障，而新闻法的出台也就必须依赖新闻法规研究的成熟。新闻法学研究应该为新闻立法提供理论依据。有人认为新闻法没有出台就谈不上新闻法学的建立，因为缺少前提和基础。我们认为，在目前新闻立法遇到较多实际困难的情况下，进行新闻法学研究更是十分必要和有益的。新闻法理研究和探讨因为较少禁锢和束缚，必将为新闻立法提供全新的思路，其研究成果也将大大推进新闻立法的过程。应该说，某一项具体法律的制定，必将会以较长期的理论积淀为基础。新闻立法的呼声已有些年头了，为什么迄今没有制定出来，这一方面固然是因为与新闻立法涉及国家的方针大计，涉及诸多敏

感问题和区域而难于出台有关，但另一方面，一个比较重要的原因就是建国以后相当长的时间里，我们忽视了新闻立法的理论研究，缺少理论的积淀和积累，因此也难以为新闻立法提供更多的理论依据。新闻事业的发展要求新闻立法，那么，从事新闻理论研究的工作者就义不容辞地要为新闻立法进行深入系统的新闻法学研究，从而为《新闻法》的出台提供有力的理论支撑。

四、层出不穷的新闻纠纷和新闻诉讼要求新闻法治

近年来，新闻纠纷和新闻诉讼正在呈不断上升趋势，这种纠纷和诉讼的增加不仅牵制了新闻单位的大量时间、精力甚至财力，也在很大程度上伤害了广大新闻记者的敬业进取和开拓精神，给我国的新闻事业带来了不小的伤害。在司法实践中，由于诸多原因，记者往往处在被告的位置，即使最终证明这位记者是无辜的，但一场诉讼下来，他们也总是身心交瘁。

同时，我们也发现，在不少新闻侵权案件中，侵权发生的原因仅仅是因为某些记者法制观念的淡薄或者是法律知识的缺乏。如果记者们在此之前能得到专门的法律知识教育，有些侵权案件是完全可以避免的。例如轰动一时的迟志强告《温州日报》一案，诉讼的直接起因仅仅是因为文章作者不清楚流氓罪和强奸罪的区别，分不清有罪错的公民出狱后其民事的相关权利是不容侵犯的。虽然最终迟志强因种种原因撤诉了，但事件本身留给新闻工作者的教训是十分深刻的。近年来，新闻诉讼案件数量居高不下，没有经历新闻诉讼的新闻媒体可谓凤毛麟角。这种情况的出现，一方面固然与现代人不断增强的维权意识有关，另一方面，也与新闻工作者跟不上社会法治的进程，不能确立较强的法治意识有关。这就要求新闻媒体的管理者采取一切措施，使广大记者明确自己的权利和义务，在新闻活动中避免侵权行为和违法行为。

五、世界范围内的新闻发展趋势要求新闻法治

西方真正意义上的新闻法制化是从资产阶级革命开始的。在最早开始资产阶级革命的英国，弥尔顿首先举起了争取新闻自由的旗帜，并提出了“人民的出版自由是与生俱来的权利”的重要论点。1789 年，法国制宪会议通过的《人权与公民权宣言》明确规定了“各个公民都应有言论、著述和出版的自由”，同时也规定了相应的限制——“但在法律规定的情况下，应对滥用自由承担责任。”随后，新闻法制化逐渐在这些西方国家完善起来。1791 年，美国宪法第一修正案颁布：“国会不得制定法律，确立某种宗教信仰，或者禁制信仰的自由；或者剥夺言论、新闻出版的自由；或者剥夺人民和平集会以鸣不平，请求政府

救济的权利。”我国的历代统治者也在这方面有过一些规定，但总体而言是不完善的。资本主义国家制定的新闻法，为我国新闻立法提供了有益的参考。但是，我们应该看到，资本主义制度和社会主义制度毕竟有着本质的区别，如果照搬照抄西方的新闻法显然是不合适的，也是行不通的。新闻的阶级性特点和法律的阶级性特点都决定了资本主义国家的新闻法只能为我们提供一种参考。例如新闻自由，《新闻法》中对此显然会有所规定，但是，对新闻自由的限制必然会因阶级和国家的不同而存在大的差异。我们必须在对西方国家新闻法研究参考的基础上，制订出符合中国特色的，适合中国新闻学发展的《新闻法》。这是一种时代的要求，我们别无选择。

第五节　新闻法治的可能性

一、新闻法治的良好社会环境

良好的社会环境，是推进法制建设必不可少的外部条件。我们无法想象在战乱频生的社会里，能奢谈法制建设问题；我们同样也无法想象，在以“人治”为主要特征的封建社会里，会有现代意义上的法制体系。因此，对于中国这样一个封建社会历史悠久，传统的思想观念根深蒂固的国家，要真正推进法制化建设，良好的社会环境是多么的重要。令人欣喜的是，这种良好的、宽松的社会环境正在不断得以形成。夏锦文先生从两个方面论证了这种环境的形成：第一，仅从形式意义上看，法律形式化运动波澜壮阔、飞速发展。从1979年以来的19年间我国共颁布法律、法令250余部。国务院制定的行政法规达700多个，各省级人大及常委会制定的地方性法规达3 000多个。有中国特色的现代法律体系正在形成。司法过程的程序化更具合理性，司法诉讼在解决纠纷中的作用和效益在加大。第二，从价值意识上看，法制发展比以往任何时代都注重对法律内在价值精神的弘扬，广泛确认了公民的民主权利和法律面前人人平等等现代法律精神，将“高度自主、法制完备、富有效率、充满活力”作为社会主义民主政治的特征。[①] 如果说这样的变化还显得抽象的话，那么，电影《秋菊打官司》则从一个艺术化的典型例子中，表达了我国公民对法律和法治的渴望。西北农村一个村民因小事同村长吵了起来，骂村长“断子绝孙”（村

① 参见夏锦文著：《社会变迁与法律发展》，南京师范大学出版社，1997年，第190、191页.

长确实只有 4 个女儿)。愤怒的村长因此和村民打了起来,向村民的下身踢了几脚。村民受了伤。村民的妻子秋菊认为"不能往那地方踢"并致其受伤,因此讨要"说法",最终村长受到了法律的处罚。连一名偏僻农村的妇女,都知道自己的权益受到伤害后,可以"讨个说法",这说明了法律精神在我国的普及,也从一个侧面说明了我国法治条件的不断成熟。

面对着这样一种比较良好的社会法治环境和具有了良好法律意识的公民,新闻媒体和新闻记者却未必能及时地或者说有机地融入到这个环境之中。他们的某些做法,甚至与这样的社会环境格格不入。

2007 年,因犯受贿和巨额财产来源不明罪,安徽省卫生厅原副厅长尚军被判处有期徒刑 10 年。但湖北一媒体因刊发有关尚军"以色谋权"的新闻,被诉侵犯了尚军名誉权,安徽省合肥市蜀山区法院 5 月下旬一审判令该刊书面向尚军赔礼道歉,同时赔偿尚军精神损失 6 万元。2006 年 3 月 18 日,曾先后担任过阜阳市中级法院院长、阜阳市副市长、市委副书记、安徽省卫生厅副厅长的尚军因涉嫌受贿罪,被检察机关依法刑事拘留。因为尚军身份的特殊性,其案件的审理受到了不少的关注,不少媒体纷纷推出有关尚军的报道。同年 8 月,湖北一媒体刊出《傍上两个"副省",为何保不住她的亨通仕途》一文。该文讲述:一个利欲熏心的女人,凭借几分姿色,傍上了两位副省级高官,竟然官至副厅级,祸乱一方。这个发生在阜阳的真实故事,既匪夷所思,又令人切齿。最近,随着那两个高官后台的落马,这个"狐狸精"鬼蜮伎俩被暴露在光天化日之下。紧接着,文章以"丢掉自尊'傍'领导,一心一意向上爬";"权欲熏心不知足,以色为本攀高官"等加粗醒目的标题,对尚军进行了全面的报道。文章刊出后,全国乃至国外众多媒体先后以"女高官的桃色新闻"等为标题,进行转载、转播。2007 年 1 月,安庆市中级法院一审判决认定,尚军非法收受他人财物 90 万元,不能说明合法来源财产达 98 万余元,遂以受贿罪和巨额财产来源不明罪,判其有期徒刑 10 年。但判决书中并无尚军以色谋权的内容,也无尚军在"审查期间交代自己与他人的特殊关系"的内容。有了这份判决,尚军以侵犯自己名誉权为由,将刊发此文的湖北该媒体起诉到了法院,要求赔偿精神损害抚慰金。在起诉书中,尚军称,该文采取捏造事实、混淆是非的手段,以所谓"以色谋权"为主线,对其进行恶意诽谤和人身攻击,侮辱了她的人格,在社会上给其造成了极其恶劣的影响。直至今日,她时常精神恍惚,无地自容,真想一死了之;湖北该媒体的报道不仅给其身心健康造成巨大的伤害,同时也伤害了她的家人和亲友。法院审理后认为,《傍上两个"副省",为何保不住她的亨通仕途》一文虚构、捏造尚军"以色谋权"等事实,同时用"狐狸精"、"鬼蜮"等带有侮辱性的言语诋毁尚军名誉，湖北该媒体在刊发此文时，应负责审查核实，但其不予审查核实，便传播、刊发不利于尚军名誉的虚假事实，且被其他媒体广泛转载、转摘，严重侵犯了尚军的名誉权，依法应承担相应的民事责任。

上述事例说明了一个问题：由于我国法制建设进度较快，新闻工作者自身的法制素质远不适合时代的要求。在新闻活动中，新闻记者以热情和道德代替法律，法治观念淡漠、法律知识欠缺等现象还不同程度地存在着。同时，这一事件更说明了一个深层次的问题：社会已为新闻立法提供了一个可能的环境，否则，在一个法治意识不强的社会环境中，一个已判有罪的人，怎么可能告赢一家媒体？她可能连起诉的勇气都没有。因此，这一事件恰恰说明，新闻立法的社会环境成熟了。在相当长的时期里，我们国家的新闻媒体曾经拥有过十分独特优越的地位，是不可冒犯的对象。但是，随着我国法治进程的不断加快和人们法律意识的确立，新闻媒体已经逐渐习惯于人们用法律的视角来评判它的是非得失了，也就是说，新闻媒体已经逐渐融入了法治的大环境中，成为其中的一分子。新闻媒体的这种自觉变化，使我国推进新闻法治有了一个比较好的媒体环境。

二、新闻法治的法学和新闻学基础

十一届三中全会以来，我国的法制建设步伐不断加快，法理学、宪法学、民法学、诉讼法学以及大量部门法学的研究都取得了长足的进步。从 20 世纪 70 年代末到 80 年代初，中国社会经历了一个重大的历史转折。十年“文化大革命”的结束标志着一个新的时代的开始，这种标志是以党和国家将经济建设作为中心为起点的。随着改革开放的深入进行和经济建设的不断发展，人们的思想观念得到了极大的洗礼，现代文明意识不断融入到现代人的头脑中，法律意识作为现代文明意识的重要方面，不断受到重视。人们这种法律意识的强化同党和国家不断推进我国社会主义民主和法制建设的决策是相契合的。从影响中国经济发展几十年的计划经济体制，到作为过渡形式的商品经济，再到今天的社会主义市场经济新体制，党和国家领导人以及每一位公民越来越意识到现代法律制度对于一个国家的意义。于是，一大批有识之士开始了艰苦的法学理论研究，已为我国新闻立法提供理论依据。同时，党和国家也在这段时间制定和颁布了一系列对我国国计民生有重大意义的法律。这些法律有效地保证了我国社会健康有序的发展。总而言之，一大批法学家的理论研究成果和我国一大批比较成熟的法律的颁布，为我国新闻法治提供了比较扎实的法理学基础。

十一届三中全会以后也是中国新闻业进入了飞速发展的新时期。这种飞速发展首先表现在新闻事业的规模上。近年来，随着我国社会经济、政治生活的快速发展，我国新闻事业得到了长足的发展，报纸、期刊、广播、电视等传统媒体除了数量的扩张和布局的完善外，以报业集团、广电集团为代表的新闻媒体的单个规模和竞争力均有提升。与此同时，作为新媒体的网络也有了飞速发展，越来越多的人开始习惯于从网络上获取新闻信息。据中国互联网络2011年7月19日发布的《第28次中国互联网络发展状况统计报告》显示，截至当年6月底，中国网民规模达到4.85亿，微博用户数量则达到1.95亿。

我国新闻业的飞速发展更表现在由竞争带来的新闻观念的转变上。随着社会主义市场经济新体制在我国的推行，传统的新闻模式受到了巨大的挑战。传统的手法、价值取向和运作机制已无法承担好传播新闻信息的重任了。同时，从经济角度来看，新闻媒体要生存下去，必须遵循市场法则。曾经长期占据主导地位的“机关报”“机关台”观念已逐渐为多元的新闻业观念所代替，非机关报、机关台新闻媒体的大量出现，使多元化办新闻成为现实。新闻的指导性功能中，也因此而融进了大量的服务功能。同时，今天的指导观念比之于传统的指导观念，其内涵已宽泛了许多。新闻传播的形式也出现了许多新特点，从单向传播到双向传播，从单纯说教到对话交流，从僵化的传播秩序到开放灵活的新秩序，日益彰显着新闻业所固有的规律。

这种飞速发展最后还表现在新闻理论研究的不断深入上。十一届三中全会以后，新闻学的理论研究开始受到重视，中国社会科学院新闻研究所成立，并在研究生院设立新闻系，招收、培养研究生；各大新闻机构和许多省市陆续成立了新闻研究机构；各高等院校招收新闻系学生，并积极从事新闻学的理论研究和教学实践工作。所有这些，都为新闻学的理论研究打下了坚实的基础。在对新闻学理论的深入探讨中，理论工作者和新闻从业人员可以依据自身特点和优势，从不同的角度自由地探讨曾经长期困扰新闻立法的敏感问题，可以比较容易地在理论上说清党的领导和新闻自由的关系、新闻自由的内涵、新闻的党性和阶级性原则、新闻的指导性和服务性功能等问题。所有这些，都将为新闻法治提供较好的基础。

综上所述，新闻业经过改革开放以后20多年的长足发展，已经为我国新闻法治提供了必不可少的新闻学基础。

我国法理学和新闻学的发展，为我国新闻法学的建立提供了比较好的条件，但是，新闻法学绝不是新闻学和法理学的简单相加，新闻法学是有自身的规律性和学科体系的，两者的成就只能说是为新闻法治提供了必不可少的条件。要建立科学的新闻法学，从而为新闻立法、新闻法治提供法理基础，还必须经过熟悉新闻学和法学的有识之士的艰苦开拓。

三、新闻侵权诉讼客观经验的积累

新闻侵权诉讼客观经验的积累似乎基于偶然的因素，开始也仅主要限于法院的层面。但这种看似偶然的局面，实际上是我国法治进程中的一种必然现象。自 1987 年我国《民法通则》正式颁布实施以来，我国的新闻侵权和新闻诉讼案件急剧上升。新闻侵权诉讼案件的大量出现，一方面说明了我国公民法律意识的加强和我国法制现代化建设不断取得新成果。在十一届三中全会以前，一个公民和新闻媒体打官司，这种事件闻所未闻，在许多人看来也是不可想象的。只有在我国法制建设不断取得新成果，整个国家出现了有法可依的局面后，公民的法律意识才能得到强化，发生新闻侵权诉讼才有可能。应该说，这是一件好事。另一方面，随着我国经济转型，新闻从业者也有对这种转型的适应过程，在这个过程中出现一些不适应甚至因此出现一些侵权事例也是在所难免的。这里的转型既指从计划经济到商品经济的转型，更指从商品经济到市场经济的转型。与经济的转型相伴随的必然是观念的转变。如果新闻从业者不能伴随经济的转型而放下高高在上的“无冕之王”的架子，不能实现从不太懂法到懂法用法这样一个观念的转变，依然以我为中心，特权意识膨胀，就必然导致新闻侵权行为的发生。在社会转型期间，人的观念的转型和知识的更新毕竟有一个比较长期复杂的过程，因此，出现新闻纠纷诉讼确实在所难免。我们这样说，并不是为新闻媒体和记者开脱，并不是说要容忍这种行为存在，而正是要说明新闻法治的重要性和迫切性。

随着新闻侵权纠纷诉讼案件的增多，许多法律和新闻工作者为进行诉讼，或主动或无奈地做了大量的新闻司法实践和研究工作，正是他们的努力，使得许多在全国范围内有广泛影响的新闻诉讼案件有了比较圆满的结局。例如海内外广泛瞩目的影星刘晓庆诉新华社成都军区记者羊慧明案，历经 10 个月，当事双方为在诉讼中处于有利地位均进行了广泛准备。成都市中级人民法院在受理此案后，也就“坚持什么样的办案指导思想”、“如何看待未指名道姓的公开批评”、“羊慧明《大明星偷漏税款百万元，毛阿敏只是小巫见大巫》一文中披露的‘百万元’是否属实”、“被告的行为对原告的名誉权是否构成了侵害”等问题进行了认真的调查研究。最终在法院主持下，法庭调解并达成如下协议：一、羊慧明承认自己文章的失实之处，某些提法不妥，对刘晓庆的名誉造成了不良影响。二、羊慧明表示愿意用公开的形式对刘晓庆表示歉意，即在发表自己文章的成都《家庭与生活报》上撰文澄清事实，待《家庭与生活报》刊登后再由转摘其文章的福建日报《每周文摘》摘登主要内容。三、刘晓庆考虑到羊慧明的原文写作有善意和积极的一面，因此愿意放弃对被告提出的经济赔偿请求。诸如此类的案件的发生不仅使法院和双方当事人关心新闻和法律问题，对许多新闻记者和公众也是一次法律知识教育。

如果我们对近十几年来发生的新闻侵权诉讼案件加以认真而又系统的研究，一定可以从中寻找到带有规律性的内容，将它上升到理论高度，必将会对我国新闻法治提供十分有益的帮助。由于近年来，我国新闻侵权诉讼案件的多发，新闻界和法律界人士都为寻找化解纠纷的合理途径倾注了大量心智，也取得了十分宝贵的经验。这些经验一旦总结出带有规律性的东西，必然会给新闻法治提供有益的借鉴。事实也证明，我国法官在审理新闻侵权案件时，也是比较好地把握住了法律的精神，既考虑侵权者的权利，也考虑受害者的权利，从而获得一个较好的平衡点。新闻法治是离不开这样的鲜活的素材的。

四、一大批专家学者已经开始新闻传播法学的拓荒并取得了初步的成果

早在 20 世纪 80 年代初，随着我国新闻业面临的大发展和新挑战，就有许多有识之士呼吁进行新闻立法，要求新闻法治。1984 年，中国社会科学院新闻研究所开始组建新闻法研究室，我国新闻立法的研究开始走上比较系统的研究道路。自此以后的十余年间，一大批专家学者从各自不同的切入点出发，运用多种方法，对新闻立法进行了比较深入系统的研究，取得了一些阶段性成果，为新闻传播法学的建立创造了比较好的条件。与此同时，一些法律工作者和新闻工作者也进行了初步的探索，取得了一批研究成果。复旦大学、中国传媒大学、武汉大学、华中科技大学等校的新闻学院已经开始尝试开设新闻法规方面的专业课程。南京师范大学新闻与传播学院早在 1995 年开设新闻事业管理专业之后，就把新闻传播法学课作为专业课程的一个重要组成部分，并在新闻系、广播电视新闻系和新闻摄影系学生中开设了新闻传播法学课程，向学生讲授新闻传播法学的历史和现状、新闻侵权和新闻诉讼以及预防新闻侵权的措施等，受到了学生的普遍欢迎和好评。这些工作的开展为我们进一步从事新闻传播法学的研究积累了第一手资料。

新闻传播法学理论研究的逐步成熟，为新闻立法提供了良好的条件。我国新闻立法的呼声已有了多年，在全国人民代表大会上，一些有识之士也将新

闻立法的提案提交大会进行讨论，这些做法无疑会促使更多的人来关注新闻立法工作，关心法律对新闻媒体和新闻记者权利和义务的规定。但是，我们也应该承认，一方面新闻立法涉及许多敏感问题，要真正颁布施行必须做好周详考虑，另一方面我国的新闻传播法学研究和教学毕竟还并没有很成熟，因此，有志于新闻传播法学研究工作的有识之士必须花费更大的力气进行深入艰苦的理论研究，为新闻立法工作提供更好的支持。

西方国家和我国历史上曾经有过的有关的新闻法规和条例为我国新闻法学的研究提供了有益的参考。要从事新闻传播法学研究从而为新闻立法提供理论依据，十分重要的一条就是要研究各国现有的新闻法规，研究相关的历史。我们承认我国的新闻法和西方资本主义国家的新闻法有着本质的区别，但我们必须同时承认，现代法学的发源地是在资本主义国家，西方社会的法制化进程与我国相比更早，相关的法律规定也更完备成熟，因此，我们必须对其进行研究，并进行扬弃，吸收其有益的成分。我国历史上存在的一些有关新闻出版的规定，也可以为我们的研究提供有益的参考。我国历史上曾出现过诸如《大清印刷物专律》之类的规定，对新闻出版问题作出专门的限制。这些规定的内容尽管存在着极大的缺陷，但它们依然不失为一份参考资料，我们可以从中获得一些有益的成分。

法治精神，正在不断融入现代人的血液之中；法治思想，正在成为现代人知识体系中的有机组成部分；依法办事，正在成为现代人的办事准则。我们相信，随着我国法制现代化建设步伐的不断加快和全民法律意识的不断提高，依法办新闻、法眼看新闻一定会成为所有新闻人的共识。

第六节　推进新闻法治的思路

一、法治理念下党的领导和新闻自由

在许多时候，人们会觉得如何处置党的领导和新闻自由的关系是新闻立法面临的最大障碍，但从理论上来说，这个问题是可以有这样一个简单的结论：一旦在新闻法中规定了对新闻自由的保护，党也必须保护新闻自由。从宏观上来看，这对关系并无冲突之处。首先，新闻法治和党的领导是相辅相成的。我国的宪法和法律是在党的领导下制定的，体现着党和人民的意见，代表着全体人民的共同利益，也和我国全体新闻工作者的意志和利益相一致。我

国《宪法》在序言中明确规定:“全国各族人民、一切国家机关和武装力量、各政党和各社会团体、各企业事业组织,都必须以宪法为根本的活动准则,并且负有维护宪法尊严,保证宪法实施的职责”。《党章》总纲中也规定:“党必须在宪法和法律的范围内活动。”《宪法》和《党章》中这些规定的落实,能保证党依法对我国新闻事业的正确领导;反之,党对新闻事业的正确领导,也能保证新闻法治的有效实施。党对新闻业的领导作用,不是体现在党可以越过宪法和法律去随意干涉新闻工作的具体业务,而是体现在党根据宪法和法律原则,从政治、思想和组织上对新闻业实施领导。

其次,新闻自由和党的领导在追求目标上是相一致的。新闻自由是由法律保障的一种自由,所以,这种自由不是一种绝对的自由,而是符合法治精神的自由。实施新闻自由的目的,是为了更好地办好我国的新闻媒体,更好地发挥新闻媒体的作用,更好地使新闻媒体推进我国的建设事业。这和我们党追求的根本目标是相一致的。这种根本利益的一致性,保证了我国新闻事业的健康发展,也保证了我国新闻自由的顺利实施。建设一个法治现代化的国家,这是党所追求的一个目标。一个法治现代化的国家的基本标志是经济、政治和社会生活的基本方面均已纳入到法治的轨道,接受法律的调控和治理;法律具有至高无上的地位和权威,国家中的一切权力均源于法律的规定且其行使是遵照法律的规定进行的;公民在法律面前一律平等,每个公民有权按照自己的意志在法律所允许的范围内活动……法治现代化国家的这些特征,要求我们在行使新闻自由时,同样要符合法治的要求。建设法治国家绝不是某个政党或某个社会组织的事,而是全社会的大事,因此,新闻媒体在实施新闻自由时,必须严格遵循法律及法治社会的要求。

二、以法治原则落实“事后追惩”机制

在日常生活中,我们对可能出现的问题一般都采用“事前预防”的方式,这当然是合乎常理的。在规范新闻传播活动的过程中,如果过多强调“事前预防”,却极易导致新闻权利的受损,使新闻的社会功能难于全面发挥。

“事前预防”强调的义务性规范,更多地要求发挥行政管理力量的调控作用,即通过对新闻传播活动中可能出现的问题及时制订政策加以规范。这种观点认为这样的规范反应快、有针对性、效果好。“事后追惩”则更多的是授权性规范,更多地强调在法律上明确权利,规定义务,不更多地加以行政干预,但一旦新闻传播过程中出现问题,则严格依法惩处。

在相当长的时间里,我国的新闻传播接受的是类似于“事前预防”的规范

模式。管理部门通过间接的“宣传提示”或直接的规范文件，对新闻传播过程中已出现或可能出现的问题加以调控规范。在这种模式下，“事后追惩”往往只作用于比较严重的违规违法行为。事实证明，这样的做法也许并不很理想。以社会各界关注的虚假新闻问题为例。多年来，从中宣部、广电总局、新闻出版总署到地方各级管理部门，几乎每年都会下发各种文件，召开电视电话会议，对预防虚假新闻问题进行规范，但这个问题似乎并无明显改观。上海《新闻记者》每年的十大虚假新闻评比，似乎也有越评越火的趋势（因为可评的虚假新闻素材很多）。如果我们换一种思路，把虚假新闻的治理上升到法律治理的层面，结局也许会有不同。在法治的视角下，新闻媒体（新闻记者）和新闻受众之间就形成了权利和义务关系：新闻媒体（新闻记者）的权利是向受众收取一定的费用如订报费、收视费等，或通过广告支付的方式，要受众收阅广告（主要针对公共电视、广播频道而言），义务是向受众提供快捷真实的新闻信息；受众的权利是要求新闻媒体（新闻记者）为自己提供快捷真实的新闻信息，义务是支付费用或阅读广告。在这种法律关系中，作为标的物的新闻信息一旦有虚假的内容，就意味着产品存在质量问题（新闻为不合格产品）。新闻媒体（新闻记者）没有很好地履行义务，他们的行为违法，必须依法承担相应的法律责任。在这里，先给新闻媒体（新闻记者）授权，即让他们在传播活动中享有更大的自主权，享有充分的新闻自由，但整个传播过程又用义务对这种权利加以约束，而这种约束作用几乎是无所不在的。在这种思路下，虚假新闻因为其违法性而理应随时可以追究其法律责任。

“事前预防式”的政策规范的最大缺陷是头痛医头脚痛医脚，有针对性却往往解决不了根本问题——因为新问题总是层出不穷。“事后追惩式”的法治模式似乎给予了新闻媒体（新闻记者）太多的法定权利，但这些权利的行使是受制约的，并且这种制约无所不在。同时，法治规范比之于政策规范还有一个非常重要的优势是它的可操作性。法治规范中，惩治措施一般都比较明确（如刑法规定不得偷盗，一旦偷盗会获刑若干年），而政策规范一般只是一种倡导，惩治措施要么语焉不详，要么无法实际操作。可以这样说，新闻法治的思路提供了一种本质性的思路，是解决新闻活动中层出不穷的新问题的根本方法。

三、新闻法治是对知情权的有效保障

知情权是指公民有权知道他应该知道的事情，国家应最大限度地确认和保障公民知悉、获取信息尤其是政务信息的权利。知情权的内涵比较丰富，我国法律虽然没有对知情权问题进行明确规定，但在宪法、民法及其他相关法律

中的许多法律规定，都体现了对知情权的保护。在学术界，人们对知情权的讨论还难以有明确的定论。不同学科的学者，从不同的角度，对知情权进行定义，体现出了知情权作为一种普遍权利的基本特性。例如，有学者将知情权的内容分为知情自由（指公民、法人及其他组织根据法律规定，不受妨害地获得国家机关的信息的自由）和知情权利（指公民、法人及其他组织根据法律规定，向特定的国家机关请求公开其信息的权利）两种。[①] 无论如何，在知情权中，"有权知道"和"应该知道"无疑是两个最为关键的要素。"有权知道"，表达了一种权利要求，具有强烈的强制色彩；"应该知道"则在知情内容方面进行了规定，有一定的义务色彩。"知情权作为具有自由权和社会权属性的宪法权利，强调以全体公民的公共利益为归宿，这是构建知情权制度的出发点。"[②]

知情权和新闻权利是相互支撑、密不可分的。美国宪法学者埃默森认为："传播权和知情权构成一个完整的表达自由制度。""应承认知情权是一种独立的，或能充实传统的传播权的合法权利。"[③]一方面，知情权需要通过新闻权利来实现。现代社会信息传播的渠道日渐多样化，但新闻媒体依然是主流的渠道。通过新闻媒体传播信息具有传播速度快、传播成本低、传播面广等一系列特点。同时，随着人们受教育程度的提高和对自身发展要求的增强，阅读新闻信息已成为现代人生活方式的重要组成部分，所以通过新闻传播媒体传播信息可以提高信息传播的价值。人们要更好地享受知情权，就要求对新闻权利加以保护，使新闻媒体可以顺畅地开展新闻传播活动。另一方面，新闻权利需要知情权来保障。新闻权利享受的前提是"首先知道"，否则"新闻"就会变成"旧闻"，这里的首先知道是指新闻记者的采访权应该得到保障，否则，信息无法获得，传递活动也就无法进行。随着人们对知情权的重视，随着国家对公民知情权保障措施的出台，新闻权利将得到更加有力的保障。

新闻权利享受的根本性前提是新闻法治，如前所说，中国的新闻传播活动中有很多义务性规范，但缺少法定的授权性规范。授权性规范的缺少，无法保障新闻既有功能的发挥，也就会影响到全体公民知情权的享受，而这种情况，显然不符合我国法治进程的要求。

在相当长的时期内，或者说，在传统的法律教科书中，人们总是过于强调法律是"上升为国家意志的统治阶级的意志"。其实法律的重要价值还在于它

---

① 参见刘杰著：《知情权与信息公开法》，清华大学出版社，2005 年，第 53—60 页.

② 林爱珺著：《知情权的法律保障》，复旦大学出版社，2010 年，第 45 页.

③ 邱小平著：《表达自由——美国宪法第一修正案研究》，北京大学出版社，2005 年，第 476 页.

的全民性,即法律可以"建立和保持一种可以大致确定的预期,以便利人们的相互交往"。[①] 这种"确定"的预期对每一个现代人的生存和发展无疑是具有十分重要的价值的。我们之所以消费,是因为我们有预期的收入,否则我们只能选择存款。换句话说,我们之所以存款,也是因为我们预期到时可以顺利取出来并获得利息。作为现代社会中的普通一员,新闻从业者在现代社会开展自由的新闻活动时,无疑也必须在这种"确定的预期"之下,以符合规范的言行,顺利地完成新闻活动。新闻需要让无力者有力,让悲伤者忘却悲伤奋力前行,但是,新闻更需要在规范护卫下的真实,更需要为民请命时的理直气壮,也就是说,只有在法治的背景下新闻业才能获得持久健康的发展。而全体社会成员,也必须在这种"确定的预期"之下,应对信息社会的各种信息。这正是新闻法治社会中的理想场景。

---

① 苏力著:《法治及其本土资源》,中国政法大学出版社,1996 年,第 7 页.

第二章　新闻法治的历史发展

新闻法治是新闻业发展到一定阶段后的必然要求。随着新闻业对现代社会介入程度的加深，社会各界包括新闻界自身对新闻法治提出了迫切要求。新闻法治需要在社会诸多因素的共同作用下进行，新闻立法是其中的一个关键因素。新闻立法的发展过程就像其他任何立法过程一样，都有一个历史发展的过程。在探讨新闻立法的过程中，如果割裂历史，割裂联系，孤立地、静止地来研究新闻立法，显然不符合新闻立法自身的发展规律，也不利于科学地制定出《新闻法》。《新闻法》的制订和颁布必须从世界其他国家和我国的立法和司法历史中汲取有益的营养，通过科学的扬弃过程，通过赋予阶级内容和时代精神，使这部法律具备应有的法律内涵和时代特色。因此，我们在研究新闻法治问题时，必须观照中西方新闻立法的简要过程，并从新闻传播法与新闻职业道德、新闻传播法与新闻自律的联接点上，寻找到合乎法律规范和新闻规律要求的新闻法治之路。

第一节　西方新闻法治概述

一、封建统治者的新闻管制与现代新闻事业的发展

现代新闻业的产生和发展同资本主义经济的发展息息相关。马克思在《资本论》中指出：在 14 和 15 世纪，在地中海沿岸的某些城市已稀疏地出现了资本主义生产的最初萌芽。随着资本主义生产的萌芽和发展，资本主义的商业贸易逐渐产生，而要从事商业贸易，了解商品行情和道路交通信息对于从事贸易的人来说至关重要。在这种社会背景下，到 16 世纪，在地中海贸易中心的威尼斯和罗马，就先后出现了以搜集信息为己任的“采访者”和“报道者”。

现存最早的手抄新闻纸《威尼斯公报》，就产生在那个时期。随后，在罗马、米兰、巴黎等地的欧洲城市，也先后出现了手抄新闻纸。

经济的发展总是与政治的发展相辅相成的，在资本主义发展初期也不例外。政治形势对贸易的影响是显而易见的，政局是否稳定，是否发生了战争，贸易地区的政策是否适宜……凡此种种，都会对贸易产生直接的影响，也受到了人们的关注。因此，手抄报纸在纯粹传递商业信息的过程中，就理所当然地加入了政治信息。"这种政治信息，触犯了教庭，于是罗马教皇对于手抄报纸严加限禁。罗马教皇庇佑五世在 1569 年红衣主教会议上严厉指责手抄报纸诋毁教庭。数日后，1 名手抄报纸记者被处死刑。教皇在 1572 年发布'谕旨'，查禁手抄报纸，严惩新闻记者。1587 年又有 1 名记者被断手、拔舌后，被吊死。"[①]这是已知的最早的新闻记者因触犯"法律"而被处死的历史记载。

随着资本主义经济的发展和对信息传递要求的不断提高，到了 16 世纪末 17 世纪初，西方的手抄新闻逐渐发展成了近代报纸。当然，它的发展还同印刷术的传播密切相关。近代报纸一开始就成了资产阶级的耳目喉舌，因此，这一时期欧洲各国的封建统治者对于印刷出版业均建立有审查制度，报纸受到了封建统治者的严格控制，非经特许不准出版。例如英国封建统治者就在 1586 年颁布了一个影响时间相当长的出版管制的蓝本——《星法院法令》，该法令对出版管制作出了 9 条全面规定：

(1) 全体印刷商的印刷机必须在"皇家特许出版公司"登记。

(2) 伦敦市外，除牛津大学与剑桥大学外，禁止印刷。

(3) 除非教会同意，不再允许新的出版商登记。

(4) 特许制的各项规定。

(5) 非法印刷书籍的惩罚。

(6)、(7) 皇家特许出版公司有权搜查和没收非法的印刷品与秘密印刷机。

(8) 印刷商的学徒不得超过 3 人。

(9) 牛津大学和剑桥大学的印刷商各限 1 名学徒。

从《星法院法令》的条款中我们可以看出，封建统治者对新闻印刷出版业只规定了禁止性的规范，几乎不见授权性规范，其管限的特征是显而易见的。

资产阶级并不甘心于自己一味服从的地位，因此，当资产阶级革命爆发后，刊登有资产阶级政治内容的报刊就迅速冲破了禁区。资产阶级革命胜利后，资产阶级从曾经受过的管制经历中得到启示，一开始便十分重视报刊的作

---

① 张隆栋等编著：《外国新闻事业史简编》，中国人民大学出版社，1988 年，第 5 页。

用，资产阶级的报纸迅速由反对封建主义的新闻工具，转变为维护资本主义的新闻工具。

二、弥尔顿的贡献与西方新闻法治的进程

在世界新闻法治史上，英国资产阶级革命家、诗人和政治家约翰·弥尔顿和他的《论出版自由》无疑是最值得谈论的。正是他的一系列光辉论点和努力，为新闻事业及其从业人员争得了一系列应有的权利，极大地加快了新闻法治的进程。

弥尔顿出生于一个富裕的清教徒家庭，他在英国剑桥大学读书并获得硕士学位，随后致力于古代及文艺复兴时期的文学研究，深受人文主义思想影响。从1641年到1660年，他写了许多文章和政治小册子，主要著作除了《论出版自由》外，还有《论国王和官吏的权利》、《偶像破坏者》、《为英国人民声辩》、《再为英国人民声辩》以及光辉诗篇三篇：《失乐园》、《复乐园》和《力士参孙》。政治小册子《论出版自由》是在国会的演说词，于1643年印行，但印行时未经许可，作者也未署名。1644年获许可出版，作者署了名。1778年再版。法国大革命时，该书法文版出版，并于18世纪在英、法、美等国广泛流行，影响日益扩大。

弥尔顿是从反对书报检查角度论证出版自由的。他抨击书报检查制"对作者、对书籍、对学术的尊严和特权，都是一个莫大的污辱"。他认为，人们运用理性可以辨认正确与错误，为此就不应限制人们去了解别人的观点。他相信，只要让真理参加自由而公开的斗争，真理本身就具有战胜其他意见而存在下来的生命力。他呼吁：让我们有自由来认识和抒发己见，根据良心作自由的讨论，这才是一切自由中最重要的自由。他虽然确信自由讨论一定会产生真理，但认为这种自由只配那些诚实、严肃的人享受。他提出的"人民的言论出版自由是与生俱来的权利"的光辉论点，激励了一代又一代的人们，尤其是新闻工作者为自己的权利而斗争。由于弥尔顿和其他人的努力，1765年，英国停止了限制新闻自由的登记法案，1771年英国同意报纸报道议会情况。

对自由的保障是对人类自身尊严的保障。人生来而求自由，生来向往无拘无束的自由生活，可见，对自由的保障是对人天性的最好的守护，也是对人权的最好尊重。但是，现实社会是人类共存的社会，人们对自身自由的追求或者说对自身权利的行使，不可避免地会导致对他人自由和权利的影响，这就涉及权利的协调问题。而协调这个问题的前提是：人的自由和权利不是绝对的。

新闻权利作为人权中的一个重要内容也是如此。人生而有表达思想、评说社会的欲望，这是一种值得加以保护的欲望和权利，但对这种权利的保护同样也存在一个前提：这种权利不是绝对的。人们有权通过新闻媒体传递表达自己思想的权利，但这种权利不可无限夸大，更不能因享受这种权利而对他人的权利构成侵犯。

弥尔顿在世界上第一次提倡出版自由，反对书报检查制度，他的言论不仅激情澎湃，富有感召力，同时也深含哲理，富有说服力。他的这一系列言论，构成了我们今天讨论新闻自由的基石。

在美国，美国著名的启蒙学者、美国资产阶级革命的领导人和开国元勋托马斯·杰斐逊积极倡导《人权法案》，保障出版自由。在他的努力和影响下，国会于1789年通过了宪法十条修正案（1791年生效），即统称的《人权法案》，明确规定了人民有宗教信仰自由、言论出版自由以及集会、请愿等权利。

法国资产阶级大革命，除了确立了资产阶级在欧洲的统治地位外，还在宪法中明确提出了新闻自由的思想。1789年8月26日，法国制宪大会通过《人权宣言》，其中第11条就是关于保障言论、出版自由的条款："思想和意见的自由传播是人类最可宝贵的权利之一，因而每个公民都有言论、著述、出版的自由，但须在法律的范围内对滥用此项自由负有责任。"1881年7月29日，法国制定了人类历史上最早的一部新闻法——《出版自由法》，对新闻出版的权利作了详细规定。西方的新闻立法，就是这样从萌芽走向了成熟。

第二节　西方国家主要新闻法规[①]

一、美国宪法第一修正案

1791年生效。第一条规定："国会不得制定关于下列事项的法律：确立宗教或禁止信仰自由；剥夺人民言论或出版的自由；剥夺人民和平集会及向政府请愿的权利。"这一条款在以后的大量新闻诉讼案例中被法官加以具体解释，成为美国处理新闻法律与道德问题的最高原则，也对其他许多国家产生了巨大影响。

① 资料来源：《中国新闻实用大辞典》，中国新闻出版社，作者王瑞明。

二、法国《出版自由法》

1881年7月29日公布，以后作过多次修改，共5章65条。主要内容是：

(1) 印刷和出版自由。

(2) 登记制。创办日报或定期出版物，在出版物出版之前，向检察官申报即可，贩卖和分送出版物则向居住地省政府或市、镇政府申报即可，无须事先批准，也无须交纳保证金。未经申报即出版日报或定期出版物、从事贩卖或分送出版物活动者，属违法行为，处以罚款或者监禁。

(3) 版本记录制度。除小件印刷品外，所有公开发行的印刷品均须注明印刷者的姓名及住址；定期出版物还须在出版物下端注明经理姓名。

(4) 缴送样品制度。所有印刷品在出版时，其印刷者须向有关政府部门送交两份备案，以便国家收藏。

(5) 版本备案制度。仅适用于日报或定期出版物。此类出版物出版时应由经理署名两份版本，交由共和国检察院备案。

(6) 更正和答复制度。公共当局代理人因日报或定期出版物未能对其职务内事务准确报道，向该日报或定期出版物要求更正时，经理须在最近一期的首要位置免费将更正刊出。更正篇幅不得大于原报道的两倍；对一切日报或定期刊物提及或点名的人的答复，经理须在接到答复后3日内，如3日内无新版则在最近一期上予以刊载。答复应以原文章同样字号铅字在同一位置刊出。篇幅未超出原文章两倍的答复免费刊登。如篇幅超出此限，则仅须付超出篇幅的费用。费用按司法公告标准计价。

(7) 通过新闻及其他出版途径的重罪和轻罪。分4个方面：煽动重罪和轻罪；妨碍公共事务的犯罪；妨害个人的犯罪；伤害外国国家首脑和外交官员的犯罪。犯有上述四方面犯罪之一的，一般都处于罚款或者监禁，或两者同处。

(8) 责任者实行"瀑布"制度。如下人员可作为新闻重罪和轻罪的责任承担者，其次序为：经营和出版者；无上述人员时，作者；无作者时，印刷者；无印刷者时，出卖、散发和张贴者。

(9) 诉讼程序。规定非常详细，规定了从提起诉讼到传讯到审判到上诉等各个环节的程序。

三、英国《诽谤法》

由判例法和制定法组成，而以判例法为主。历史非常悠久，内容非常丰富，包括以下内容：

（1）诽谤的定义。一般认为，如果某人的言论是为了达到下列目的的任意一个，就是诽谤：使被谈论者受到仇恨、讥笑或藐视；使被谈论者受到孤立或冷遇；使社会上一般思维正常的人对被谈论者评价降低；贬低被谈论者在所服务机构、职业或行当中的声誉。

（2）诽谤的构成。一般认为，诽谤由以下几个要件构成：言词是诽谤性的；言词指向原告；言词已经发表。

（3）诽谤诉讼中的答辩理由。言词是真实的；公正评论，即言词是对与公共利益有关事务的公正评论；特权，分有限特权和绝对特权两种，它规定某些种类的言论不受法律追究。绝对特权适用于公正而准确地对英国境内司法程序的同步报道；有限特权则保护公正而准确的同步或非同步的司法报道和对议会活动的报道；如果能够证明被告有恶意，则有限特权这种答辩便不能成立。诽谤言词的发表是无意的和发表者已经作出了更正的承诺；无辜散布。主要是指印刷者、发行者及图书馆等可以此为由不承担责任，等等。

（4）陪审制。诽谤案件的审判需要陪审员参加。

（5）损害赔偿。民事诽谤的责任形式主要是损害赔偿，包括经济损失赔偿和精神损失赔偿两部分。前者是补偿性的，后者主要是惩罚性的。损害赔偿的数额可能是非常非常高的。

（6）刑事诽谤。从历史上看，诽谤既可能是一种民事侵权行为，也可能是一种犯罪。但刑事诽谤是极其罕见的。如犯有刑事诽谤罪，可判处数额可能很高的罚金或两年以下监禁。总的来说，英国的诽谤法已经历了很长的时间，各方面制度比较完善，较好地保护了新闻自由和公民名誉权；但1977年成立的专门调查委员会——福克斯委员会认为诽谤法有许多地方亟须改革。

四、瑞典《出版自由法》

瑞典宪法性文件之一。1812年制定，以后作过多次修改，共14章123条。主要内容如下：

（1）出版自由。瑞典公民均有权在法律范围内不受任何部门或其他公共机关预先设置的障碍的限制出版任何书面材料。

（2）言论自由。瑞典国民有权在出版物上表达自己的思想和意见并就任何主题进行陈述及交流情报资料。

（3）情报自由。瑞典国民均可依法自由使用国家或市政当局保存的任何文件。

(4) 作者匿名权。任何印刷品的作者都没有义务在印刷品上披露自己的姓名,他人除法律另有规定外不得违背作者意愿公开之。这一权利行使的结果是:当有侵犯出版自由的罪行时,作者可以不承担法律责任。

(5) 登记制。瑞典自然人或法人均可以创办印刷企业、出版定期或不定期出版物(定期出版物包括报纸期刊),及从事出版物的发行活动。创办印刷企业和定期出版物只需在有关部门登记即可,无须批准;出版非定期出版物和从事出版物发行活动则连登记也不需要。

(6) 版本记录制度。在瑞典境内生产或将在瑞典境内出版的所有印刷品,均应注明印刷者的名称、地点和印刷年份;定期出版物还须在每期上刊登编者的姓名。

(7) 版本备查制度。印刷者应将其印刷的所有印刷品保留一册,为期一年,以备应警察局的要求进行审查;印刷者还应保留一册其印刷品送司法部或其他代表事后审查。

(8) 缴送样品制度。印刷者应依法向图书馆缴送印刷品样本。

(9) 侵犯出版自由罪。详细规定了涉及叛国罪、煽动战争罪、暴动罪、诽谤国王(王室成员、摄政王)罪、煽动犯罪罪、破坏王国安全罪、造谣惑众罪、种族(肤色、宗教)歧视罪、诽谤国民罪、泄密罪等多项罪行,规定对涉及上述罪行的出版物应予没收、销毁及在战时依法禁止发行一定期限等。

(10)"瀑布"制度。规定谁应对侵犯出版自由承担责任。当一项犯罪发生后首先找编者或业主;如果这二者无法确定则找印刷者;如果印刷者的身份不明则找销售者。

(11) 陪审制度。该法为实体法与程序法的合一,除规定出版机构及有关个人的权利和义务外,还规定了侵犯出版自由案的诉讼程序。其特点是:印刷品是否触犯刑法及该法规定的条款问题由一个 9 人陪审团来审理,除非当事人自己声明愿意不经陪审团而将案件直接提交法院决定。

(12) 行政强制措施。如果有理由相信某印刷品由于侵犯出版自由罪而可没收时,在对问题作出判决前,可以查封;在战时,如遇印刷品可能泄漏军事秘密或为敌方提供有价值的情报时,可以颁布出版禁令。

(13) 损害赔偿制度。侵犯出版自由罪的受害人可依法向责任人请求赔偿。即使不构成犯罪但侵害了他人的合法权益也可请求损害赔偿。

(14) 外国印刷品的国民待遇原则。除非本法或其他法律另有规定,外国国民应受到与瑞典国民相同的对待。在外国出版的印刷品在瑞典国内发行的,无须领取执照,但也须遵守该法及其他法律规定。

五、葡萄牙《新闻法》

1975 年 2 月 26 日颁布，3 月 13 日生效，共 5 章 72 条，是西方发达资本主义国家新闻法中制定较晚的一部。主要内容是：

（1）提出了新闻权的概念，这是其他国家所没有的。新闻权包括传播新闻和获取新闻的权利，具体表现在：①从官方获取新闻的自由；②保守职业秘密的权利；③出版和传播的自由；④经营自由；⑤竞争自由。

（2）新闻自由。指不接受任何新闻检查，也无须经批准、提供担保或预先授权而通过新闻表达思想的自由权利，只受本法、宪法和军事法条款的约束；它还包括对政治、社会和宗教理论，对法律和主权机构、公共管理机构的活动及其工作人员的表现进行讨论和批评的自由。

（3）保守职业活动中获得的国家机密及商业秘密，保守职业秘密，新闻期刊可以从公共机构获取消息，但不允许采访秘密进行的司法程序、被有关部门认定为军事秘密或国家秘密的事件和文件、法定的秘密，以及商业秘密和个人的私生活；不得强迫记者透露消息来源。

（4）出版和传播自由。任何人均不得以任何借口或理由以非法手段扣押或以其他形式妨碍任何出版物的排版、印刷、发行和自由流通。

（5）经营自由。任何集体和具有葡萄牙国籍、居住在葡萄牙并完全享有公民权和政治权的个人都可以投资经营定期出版物；任何个人或集体均可自由出版一次性出版物。另外，该法将通讯社也列入调整范围之内，规定可以自由创建通讯社。报业、出版业和通讯社除完成其主要工作外，只能从事与其主要工作有关的或附注性的活动。以商业团体形式出现的报业完全受葡萄牙法律的约束，总部应设在葡萄牙，其直接或间接的外国资本不得超过总资本的 10%，而且没有表决权。如果报业、出版业是股份公司，则所有股票都应当是记名的，董事或经理则必须是本国人且完全享有公民权和政治权，每年 4 月还应公布社会部分的股东之间的关系和各企业的股份。

（6）竞争自由和反垄断。报业经营者在维护消费者利益和一般物价的情况下，在考虑公正的经济平衡和实际竞争条件后，可自由制定出版物的出售价格、广告牌价和商业盈利数字；政府应通过特别法——反垄断法设法阻止报社和通讯社的集中。

（7）授权政府制订记者章程，并监督实施。记者章程的目的是，从根本上保障记者在公共当局面前从事活动的权利并规定他们应尽的义务，确保其独立性。

(8) 版本记录制度。一次性出版物应注明作者、出版社、印刷厂、发行数量和印刷日期;定期出版物则应在第一页上注明出版物名称、日期、周期和价格,还应注明社长和企业所有者的姓名、社址、印刷厂和印刷车间。

(9) 缴送样本制度。定期出版物和一次性出版物的领导人应在出版物出版后3天之内,派人将该刊物直接送交到或通过邮局挂号寄送指定图书馆和单位。有关单位接到后,必须在5天之后使之为公众服务。

(10) 创办登记制。创办定期出版物、报业、出版业、通讯社、外国通讯社及派驻外国新闻代表要向新闻部登记后才能开始。

(11) 广告和新闻要分开。

(12) 有义务刊登司法公告、行政文告。

(13) 答复权。定期出版物因发表不实或错误消息直接中伤或触犯了任何个人、集体和公共机构的名誉,该出版物必须在收到受害人发出的有正式签字的挂号信后两星期内刊登对其所发表的消息的正式答复。允许该定期出版物在刊登答复文章的同时,发表对该答复的简短注释,指出该答复中不准确的地方、错误的解释以及新增添的内容。对注释允许作新的答复。

(14) 规定了新闻委员会的地位、组成和职权。

(15) 规定了定期出版物出版机构的组织形式,包括社长、社长助理和副社长,编委会的产生、权限、任免等。

(16) 规定了滥用新闻自由应承担的刑事和民事法律责任及诉讼程序。

六、必须冷静观照西方国家的新闻法

西方国家由于现代新闻业发展的历史比较长,因此各种规范制度比较完备。但是,我们必须清醒地看到,新闻活动和其他意识形态领域的一切活动一样,其阶级色彩是非常浓厚的。美国新闻学者彼德森就认为,尽管西方新闻法律始终宣称新闻自由,但这种新闻自由的实现是很不充分的,具体表现为存在如下七条缺陷:(1)常为自己的目的而运用巨大的权力,发行人只宣传自己的意见,特别是有关政治、经济问题,常以自己的意见压制反对意见;(2)屈服于庞大的工商业,有时广告客户控制编辑、政府及社论内容;(3)常常抗拒社会变革;(4)在新闻报道中过分注意浅薄的和刺激的描述;(5)新闻报道常危害公共道德;(6)新闻报道常常无理侵害人的私生活和秘密;(7)已被工商阶级控制,使"思想观念与意见的自由市场"遭受威胁。[①]

① 李瞻著:《世界新闻史》,"国立"政治大学新闻研究所印行,1981年,第24、25页.

法律是统治阶级意志的集中体现，所以新闻法的阶级性比之于单纯的新闻活动就更为明显。以美国为例，从其第一任总统华盛顿起，就从来没有忽视过政府对新闻的控制。美国前国务卿基辛格就认为，不只政府想控制新闻，记者也想讨好政府："新闻工作者在同官员的接触中，有比较大的涉及利害的动机。他必须讨好和奉承这个官员，因为没有官员的善意，他就得不到情况。"因此新闻媒体和政府之间实际上是一种"互相依存的关系，新闻工作者也许很不喜欢这一点，他实际上是起一部分政府的作用"①。

在法律规范中，美国政府对新闻自由的限制也是明显的。如 1931 年的尼尔诉明尼苏达州案中，美国最高法院的多数派意见肯定了这样一项基本概念："出版自由对一个自由国家的性质是必不可少的，但这种自由存在于对出版物免施任何事先约束之中，而并非在刊出后免受触犯刑律的责难。每一个自由的人都拥有在公众面前表达他想要表达的思想感情的权利，禁止这样做就是破坏自由，但是，如果他发表了不适当、有害或非法的言论，就必须为自己的轻率行为承担后果。"在这一基本观念的支配下，联邦最高法院经常作出诸如诽谤、侵害隐私权、藐视法庭和泄漏国家机密等方面的给上述自由划定合理范围的判决，而这些判决在作为英美法系国家的美国是有法律效力的。这项规定实际上规定了美国的追惩制原则。其实，在一向宣称新闻自由的美国，新闻审查制也在一些地方推行着。在世界范围内影响甚广的"美国之音"不但有审核制度，而且成立了专门的"政策室"。"这个室的中心任务就是随时了解美国政府的政策，审查评论稿件；其他那些国际新闻的分析稿件也要先审查后播出。如果政策室没有把握，还须提交交流署审定。美国前总统卡特说：'美国之音是美国对外政策的一个因素。'里根在竞选总统时向选民保证：'美国之音'要'就美国制度对共产主义的优越性向全世界宣传'。"②在"9.11 事件"后，"美国之音"播发了阿富汗塔利班领导人奥马尔的专访而导致其台长和国际广播局局长被撤职。2003 年伊拉克战争期间，美国军方允许 500 名记者随军采访，但每位记者被要求牢记长达 15 页的采访守则，发回的新闻必须得到事前的检查。2005 年 3 月 13 日和 16 日，美国《纽约时报》更是连续刊发文章，称布什政府在伊拉克战争期间以及众多领域"制造新闻"，从而达到为自己政策包装、开道的目的。一篇文章描绘了这样一个电视画面：伊战期间，在有关美军攻占巴格达的新闻报道中，一名欢欣鼓舞的伊拉克裔美国人在美国堪萨斯城对摄制

① [美]基辛格著：《白宫岁月》(第一册)，世界知识出版社，2003 年，第 31 页.
② 苑子熙著：《美国新闻自由探析》，中国广播电视出版社，1985 年，第 14 页.

小组说:“谢谢你,布什。谢谢你,美国。”对普通电视观众而言,这条新闻和任何普通90秒的当地新闻没有什么两样,公众会想当然地认为这是一条现场采访的新闻,反映了画面中人的“心声”。然而,文章揭示出,这一“新闻”其实是美国国务院的“作品”,画面上的伊拉克裔美国人只是个“道具”,而电视媒体为这出“戏”提供了舞台。美国政府之所以要导演这出“戏”,一是因为美国政府自己站出来反复说“伊拉克人民感谢我们”效果毕竟有限;二是因为如果让公众知道政府存在于这条新闻的幕后,那么美国媒体“独立性”的形象就会受损,更不符合标榜的“新闻自由”的原则。《纽约时报》刊载的第二篇文章《现在播出假新闻》披露,在布什政府任内,这种舆论操控得到了扩展和深化。在布什第一个任期的4年里,政府和公关公司签订了价值2.54亿美元的合同,比克林顿政府投入的资金增加了一倍多;20%以上的联邦机构(包括重要部门,如国务院和国防部)“目前在制造假新闻”。这样的例子可谓令人触目惊心。可见,在新闻自由问题上,是从来没有绝对的自由可言的。

有学者在系统分析了西方国家对新闻自由的保护后指出:“言论自由和新闻出版自由作为现代法律的一项基本权利,在不同社会制度中都可以得到承认和实施,虽然它们的形态大不相同。”[①]这些国家普遍支持的观点是:新闻自由的有效保障可以约束国家滥用权力压制人民意见的表达,从而使国家权力在有序状态下运行。当然,即使新闻权利如此重要,对它进行限制也是必然的事情。“所有国家的法律都承认保障表达自由和新闻自由是有限度的,滥用表达自由的权利的行为必须受到法律制裁。”[②]我们在观照西方国家的新闻自由时,必须清醒地分析、辨别其阶级本质,唯其如此,我们才有可能真正吸取其有价值的成分为我所用,否则,必然会走向难于回归的法律误区。

当然,我们必须承认,西方国家在新闻自由法律保障方面作出的努力,对于世界新闻业发展的推动作用是毋庸讳言的。英国学者伊格纳兹·卢森堡指出:“法国国民议会和美国国会的‘这两个关于出版自由的宣言,有深远的影响,在旧世界和新世界,许多国家在获得政治上的自由后,都仿效法国、美国的范例,在宪法或出版法中,规定出版自由已成为现代国家的一个象征。比利时1830年革命胜利后,在宪法中自豪地宣布对言论出版自由不加限制。其他许多国家的宪法也有类似的规定’。”[③]这些先进的思想对于我们今天探讨新闻自

① 魏永征等著:《西方传媒的法制、管理和自律》,中国人民大学出版社,2003年,第21页.
② 同上,第27页.
③ 童兵主编:《中西新闻比较论纲》,新华出版社,1999年,第360、361页.

由问题,同样具有十分积极的意义。

第三节　中国新闻史上的新闻立法

一、中国古代的新闻检查制度

中国是报业历史悠久的国家。一般认为,中国古代的报纸起始于唐代,主要是官报。但是,由于中国封建主义的势力十分强大,影响根深蒂固,所以,资本主义在中国的萌芽时间较晚,发展速度也非常慢,没有像许多西方国家那样在经过资产阶级革命后,报纸业得到飞速的发展。到明末以后,由于印刷术的广泛采用,北京有了专门经营"邸报"的报房,使这种报纸的传播变得较为方便和广泛了。

由于中国是一个大一统的封建国家,封建君主在这个国家中有至高无上的单一的权威,他不可能允许异样的声音存在,所以,我国古代的报纸基本上是为了维护这个封建大帝国而存在的,办报人的观念也始终受着这种观念的影响。从报纸的读者对象看,他们基本上是封建政府的官员和准备入仕的地主阶级知识分子。读邸报、治实学只是作着"入世"的准备,归根到底也是为封建统治服务的。所以,不仅报纸的阶级性一目了然,其内容也是完全可以想见的。因此,对于封建统治者而言,邸报实际上是一种官方的文件,它始终为统治者所用,其内容也不会有碍于自己的统治。

即便如此,封建统治者也没有忽视过对报纸的检查。盛唐时期,由于国运昌盛,经济发达,传媒业也得到了飞速发展。为了适应传媒业的高速发展,唐代的传播媒体分成了三级,第一级"报状",第二级"进奏院状",即"邸报",第三级为"观察使牒"。到了宋代,为了加强对官报的控制,取消了路、州、郡在京设的进奏院,成立了上都进奏院,统管全国的消息和文件编发、发布;后来又进一步实行官报发布前的审查制度。进奏院编好的官报样本,在经过枢密院审查通过后的样本称作"定本",对"定本"的内容不得作擅自改动。宋朝的"定本"制度,是我国新闻史上最早出现的新闻检查制度。

随着报业的发达,宋代还出现了数量不多的"民间报纸",即"小报"。由于宋代统治者对官报采取了"定本"制度,因此"小报"被查禁也就是顺理成章的事情了。但是,"小报"禁而不止,以至于到了明清时期,"小报"在民间还颇有市场,因此,清雍正四年(1726 年)出现了中国新闻史上第一个因办报而丢了脑袋的案例。自此以后，清代统治者对“小报”的查禁就严厉有加，严重影响了中国现代报业的发展。以报刊禁载内容为例，清政府专门制定过《报章应守规则》，包括以下内容：“不得诋毁宫廷；不得妄议朝政；不得妨碍治安；不得败坏风俗；凡关外交、内政之件，如经该管衙门传谕报馆秘密者，该报馆不得揭载；凡关涉词讼之案，于未定案以前，该报馆不得妄下断语，并不得有庇护犯人之语；不得摘发人之隐私，诽谤人之名誉；记载有错误失实，经本人或有关系人声请更正者，即须速为更正；除已开报馆之外，凡欲开设者，皆须来所呈报批准后，再行开设。”类似的规定，在《大清报律》、《大清印刷物件专律》中都有。

二、中国近现代的新闻立法过程

中国新闻史上出现的最早的新闻出版法规是 1906 年由清政府颁布的《大清印刷物件专律》，1907 年又颁布了《大清报律》。这样做是仿效日本的新闻法，将新闻法与出版法分开，以加强朝廷对新闻的管制。这些法律给新闻媒体制定了十分严厉的惩罚规定，例如：“凡造谶纬妖书妖言，及传用惑众者，皆斩。”“各省抄房，在京探听事件，捏造言语，录报各处者，系官改职，军民杖一百，流三千里。”这样严厉的规定目的就在于维护大清帝国的统治。

1912 年 3 月 4 日，南京临时政府内务部宣布清政府原来颁布的《大清报律》无效。在民国报律没有颁布之前，先实行《暂行报律》，主要内容有三条：一、规定报纸杂志出版应先登记；二、宣布“流言煽惑关于共和国体有破坏弊害者，除停止出版外，其发行编辑并坐以应得之罪”；三、规定了报道失实和毁人名誉的责任。该《暂行报律》公布后，全国报界立即予以反对，他们致电临时大总统孙中山，要求立即取消。3 月 9 日，孙中山点名批评了内务部，并宣布取消《暂行报律》。这是中国新闻史上新闻界反对限制新闻自由的一次胜利。一天以后，即 3 月 10 日，袁世凯取代孙中山在北京宣誓就职，辛亥革命的果实落入袁世凯手中，中国历史由此进入了近代中国最黑暗的统治时期。这一时期新闻法规也体现了北洋政府封建专制与独裁的特点。袁世凯政府 1914 年 4 月颁布了《报纸条例》，荒谬地规定报纸受警察机关管辖，出版报刊要经警察署认可，要交纳保押费，并且具体规定了报纸不得登载的八款禁令。12 月 5 日，又公布了《出版法》，重申了上述规定。

1930 年，国民政府制定了《出版法》，其内容继承了袁世凯时期规定的《出版法》的衣钵。随后又相继制定了《危害民国紧急制罪法》以及名目繁多的《日报登记法》、《新闻检查标准》、《新闻检查办法大纲》等，对新闻事业严加控制。1937 年，国民政府重新制订了《出版法》。1943 年又颁布了《新闻记者法》。

所有这些法律都从根本上严格限制了公民的言论出版自由和新闻事业的发展。

三、中国近现代新闻法[1]

《大清印刷物件专律》

1906年(光绪三十二年)由商部、巡警部、学部会同制定并经朝廷批准颁布。共6章40条。我国管制新闻出版的第一次立法。第一章纲;第二章印刷人等;第三章记载物件等;第四章毁谤;第五章教唆;第六章时限。主要内容:(1)实行印刷物注册登记。①凡未经注册之印刷人,不论承印何种文书图画,均以犯法论。凡违犯本条者,所科罚锾,不得过银一百五十元,监禁期不得过五个月,或罚锾监禁两科之。②凡以印刷或发卖各种印刷件为业之人,依本律即须就所在营业地方巡警衙门,呈请注册。呈请注册时,须随呈缴注册费银十元。③凡印刷人不论印刷何种物件,务须于所印刷物体上明白印明印刷人姓名及印刷所所在。凡违犯本条者,所科罚锾不得过银一百元,监禁不得过三个月,或罚锾监禁两科之。(2)规定"毁谤"条款。①所谓毁谤者有三:(甲)普通毁谤者,一种毁谤个人的表揭,或书写,或版印,或另用其他各法,令人阅而憎其人,恶其人,甚或其人因此而失官爵,失专业,或失其他各种生业。(乙)讪谤者,一种惑世诬民的表揭,令人阅之有怨恨或侮慢,或加暴行于皇帝皇族或政府,或煽动愚民违背典章国制,甚或以非法强词,又或使人人有自危自乱之心,甚或使人彼此相仇,不安生业。(丙)诬诈者,一种陷人的口语,或已出版或借出版相恫吓,或挟以为可以不出版臿人要求财物等是也。②凡违犯上文所解说各条而审实者,依左开科判:甲、凡科普通谤案,罚锾不得过银一千元,监禁不得过二年或罚锾监禁两科之。乙、凡科讪谤案,罚锾不过五千元,监禁期不得过十年,或罚锾监禁两科之。

《大清报律》

1908年1月(光绪三十三年十二月)正式颁布。共42条。另有附则3条。主要内容:(1)开设报馆的条件。①凡开设报馆发行报纸者,应开具下列各款,于发行二十日以前,呈由该管地方官衙门申报本省督抚,咨民政部存案:名称;体例;发行人、编辑人及印刷人之姓名、履历及住址;发行所及印刷所之名称及地址。②凡充发行人、编辑人及印刷人者,须具备下列要件:年满二十岁以上之本国人;无精神病者;未经处监禁以上之刑者。(2)附缴保押费。发行人应

---

① 资料来源:《新闻侵权辞典》,吉林人民出版社,作者王利明.

于呈报时分别附缴保押费:每月发行四回以上者,银五百元;每月发行三回以下者,银二百五十元。其专载学术、艺事、章程、图表及物价报告等报,确系开通民智,由官鉴定,认为无庸预缴者,亦同。(3)规定了报纸不得揭载的条款:诋毁宫廷语;淆乱政体之语;扰害公安之语;败坏风俗之语。诉讼事件,经审判衙门禁止旁听者;预审事件,于未经公判以前;凡谕旨章奏,未经阁钞、官报、公报者等报纸均不得揭载。如有违犯者,分别处十元以上二百元以下之罚金,二十日以上两年以下之监禁。(4)凡违犯本律者,其呈诉告发期间,以六个月为断。1910年(宣统二年),对大清报律又加修订,增为45条。

《报纸条例》

袁世凯政府制定的新闻法,未经国会通过,于1914年颁布。共35条,1915年修订为34条。主要内容:(1)报纸分类。分六种:日刊;不定期刊;周刊;旬刊;月刊;年刊。(2)批准手续。发行报纸,应由发行人开具名称、发行人等款,呈请该管警察署认可。警察官署认可后,给予执照。(3)具备条件。本国人民年满二十岁以上,无下列情况之一者,得充报纸发行人、编辑人、印刷:①国内无住所或居所者;②精神病者;③剥夺公权尚未复权者;④海陆军军人;⑤行政司法官吏;⑥学校学生。(4)实行保证金制度。日刊者三百五十元;不定期刊者三百元;周刊者二百五十元;旬刊者二百元;月刊者一百五十元;年刊者一百元。在京师及其他都会商埠地方发行者,加倍缴纳保押费。(5)规定了报纸不得登载的条款:①淆乱政体者;②妨害治安者;③败坏风俗者;④外交、军事之秘密及其他政务经该管官署禁止登载者;⑤预审未经公判之案件及诉讼之禁止旁听者;⑥国会及其他官署会议,按照法令禁止旁听者;⑦煽动曲庇赞赏救护犯罪人、刑事被告人或陷害刑事被告人者;⑧攻讦个人隐私,损害其名誉者。(6)违犯本条例的处罚规定:违犯某条某款科以罚金、停止其发行、取消其认可并注销执照以及五年有期徒刑等处罚。(7)本条例之公诉期限,以六个月为断。本条例自公布日施行。

《新闻记者法》

1943年国民政府公布施行。共31条。是我国历史上第一个有关记者的资格、权利和义务的专门法规。主要内容:(1)记者的资格。具有下列各款之一者得申请给予新闻记者证书:①在教育部认可之国内外大学或独立学院之新闻系学或新闻专科学校毕业得有证书者。②除前款外在教育部认可之国内外大学独立学校或专门学校修习文学教育社会政治经济或法律各学科毕业得有证书者。③曾在公立或立案之大学独立学院专门学校任前二款各学科教授一年以上者。④在教育部认可之高级中学或旧制中学毕业并曾执行新闻记者职务二年以上有证明文件者。⑤曾执行新闻记者职务三年以上有证明文件者。(2)规定了不得给予新闻记者证书,其已领有新闻记者证书者撤销其证书的六种情事之一者。(3)规定新闻记者应加入其执行职务地之新闻记者公会或联合公会,其地无公会者应加入其邻近市县之新闻记者公会。(4)各级新闻记者公会的任务、理事机构设置、任期等章程的规定。(5)新闻记者违反本法规定,可处停止其职务、撤销其证书、罚款等处罚。本法施行日期以命令定之。

第四节　新中国的新闻法治

一、建国初期新闻立法没有受到重视

法治是新闻事业得到可持续发展的根本保证,新闻必须立法,这是新闻界和法律界一切有识之士的共同呼声。但是,鉴于我国社会的一些特殊原因,尤其是十年"文化大革命"的影响,法治的推进在"人治"色彩十分浓的中国大地上,相当长时间内是一个薄弱环节。所以20世纪80年代以前,我国的新闻立法问题始终没有被提上议事日程,我国在新闻业的管理上,一直沿用着传统的管理模式。在这个过程中,以行政管理代替法律管理的特征十分明显。当然,没有人提出新闻立法问题,并不意味着整个国家对这个问题的忽视。在人民政协建立之初,中国人民政治协商会议《共同纲领》第四十九条就规定:"保护报道真实新闻的自由,禁止利用新闻进行诽谤,破坏国家人民利益和煽动世界战争。"这样的规定虽然禁止性规范的色彩还比较浓,并且带有较明显的时代烙印,但是,就明文规定"保护报道真实新闻的自由"这一点而言,其价值已是不言而喻的了。由于整个社会沉浸在新民主主义革命胜利后的巨大喜悦中,由于人民的新闻业在当时的社会环境中有着至高无上的优越地位,因此,新闻立法的迫切性还不是非常强烈。

50年代后期以后,由于极"左"路线严重影响我国的新闻业,尤其是十年"文化大革命"中,极少数阴谋家和政治骗子迫切需要利用新闻宣传工具兴风作浪,为自己的政治阴谋服务,所以,新闻自由和新闻立法就更无从谈起。那段时间,严重违背新闻规律,在世界新闻史上罕见的虚假新闻大量出现,严重破坏了我国新闻业的健康发展,使我国新闻业濒临崩溃的危险。惨痛的教训,也从另一个侧面说明了新闻立法对于一个国家新闻业的发展是何等重要。

二、20 世纪 80 年代开始的新闻立法拓荒工作

中国新闻业经受的严重挫折，使越来越多的人认识到健全法制对于一个国家事业发展的意义。痛定思痛，人们都在反省新闻业发展的历史留给我们的经验和教训。在反省历史和正视现实后，依法办新闻逐渐成为人们的共识。与此同时，我国的法制建设也得到了长足的发展。随着人们法律意识的初步建立，越来越多的人开始自觉地学会用法律来对待生活中的一切。在这样一种社会背景下，新闻界的新闻纠纷案也在这个时候多了起来，以前行之有效的内部调解和行政干预已经不容易化解日渐增多的新闻纠纷了。甚至，有的新闻记者因为撰写新闻作品侵害了他人权利，受到了最为严厉的刑法的制裁。于是，新闻立法的呼声就越来越强烈了。

1980 年，上海代表赵超构先生在第五届全国人民代表大会第三次会议上提出了制订新闻法或新闻出版法的口头呼吁和建议，受到了不少人的欢迎。自此以后，新闻立法就成为人大代表和政协委员们在全国人大、全国政协会议上的热门话题。1983 年 6 月，湖北代表纪卓如和黑龙江代表王士贞、王化成在第六届全国人民代表大会第一次会议上，提出了《在条件成熟时制定中华人民共和国新闻法》的书面建议。1984 年 1 月，中宣部新闻局向中央提出《关于着手制定新闻法的请示报告》。1 月中旬，中共中央书记处书记胡乔木，全国人大常委会委员长彭真作了“同意”的批示。接着，新闻法起草小组在北京成立。1984 年，新闻立法被正式列上议事日程，其标志之一是，在全国人大教科文委员会协助下，中国社会科学院新闻研究所开始新建新闻法研究室，并创办了内部刊物《新闻法通讯》。这一段时间，新闻法起草小组先后在北京、上海、广州、深圳、成都等地多次召开座谈会征求意见，1988 年 1 月，根据国务院的意见，北京和上海又分别成立了新闻法起草小组。到 1988 年 10 月形成三个新闻法的文本，即：新成立的新闻出版署牵头的“新闻法征求意见稿”；上海起草的“征求意见稿”；中国社会科学院新闻研究所起草的“试行稿”。三个文本均对“新闻自由”等重大问题作出了规定，但是，对诸如“民间办报”等问题存在着不小的争议。中央有关领导同志在听取了新闻法起草工作的进展情况后指示，要成立一个由政府官员、新闻工作者和法律专家组成的起草小组，在广泛收集涉及新闻媒体纠纷案例的基础上，参考外国的资料，吸收上述三个文本的有关内容，编撰成即将提交全国人大审议的《新闻法（草案）》。但由于种种原因，《新闻法（草案）》除了“在一定范围内颁发，听取意见”外，始终没有列入全国人大的立法规划，更没有提交全国人大审议。在制定《新闻法》的基础上，我国还制

定了《出版法》并于1990年和1993年两次递交全国立法机关审议，均未获通过。由于种种原因，《新闻法（草案）》至今未提交全国人大审议。但是，关于新闻立法的努力有关部门和专家、学者从未停止过。2002年两会期间，著名科学家何作庥院士还提出过在暂时不能出台《新闻法》的情况下，可以先行制定《舆论监督法》的提案，受到了有关部门的重视。

三、寻找新闻立法突破点的努力

由于新闻立法涉及怎样界定新闻自由，怎样规定私人办报，怎样对待舆论监督，党的领导与新闻法治的关系等等一系列重大而又敏感的课题，所以，立法的难度是非常大的。在这样一种客观情况下，新闻界和法律界的有识之士试图从另外一些侧面作出努力，以为新闻立法开辟道路。1989年2月14日，中华全国新闻工作者协会邀请首都一些主要新闻单位的代表，在北京西交民巷研究了“告记者热”现象。1991年6月，全国第一次“新闻纠纷与法律责任”研讨会在江苏南通举行，上海社会科学院新闻研究所编印了论文集。1993年4月，由中国新闻法制会、国家新闻出版署政策法规司等单位联合发起的全国第二次“新闻纠纷与法律责任”研讨会在江苏宜兴举行，这次会议使法律界和新闻界有了良好的沟通，双方对“新闻官司”的认识更趋科学化。1996年10月，全国第三次“新闻纠纷与法律责任”研讨会在安徽马鞍山举行，本次会议对新闻纠纷的形成、调解及法律责任等作了更为深入的探讨。1997年5月29日，中国社会科学院新闻研究所在北京召开“新闻与传播法制研究中心成立大会暨中心首届学术研讨会”，其关注的领域包括：侵害名誉权、隐私权、肖像权等新闻侵权行为的法律责任认定；舆论监督和保障公民人格权的关系；新闻媒介的采访、报道、批评、评论等方面的权利与保密、司法审判等权益的冲突与平衡；国际上新闻法制建设的比较研究；电子出版物、电子网络等信息时代传播手段引起的新型法律问题；新闻传播法律与自律方面的问题，如广告的规范、媒介中不良内容的规范与自律、扩大新闻信息传播与保障著作权的冲突。此外，中心还将向社会各界围绕新闻侵权纠纷提供法律咨询服务。与此同时，全国的许多新闻单位和教学研究单位举办了与新闻法制建设相关的各种研讨会。例如，2004年11月，中国传媒大学召开了“媒介法教学和媒介法热点问题”国际研究会，拓宽了新闻法研究的领域。在此后的岁月里，包括最高人民法院、最高人民检察院等单位先后组织召开过各种类型的新闻法治研讨会，试图为新闻立法作更充分的理论储备。

与此相适应，在新闻法学的理论研究方面也取得了比较明显的进展，出版了一批研究成果，主要有专著：魏永征的《被告席上的记者》、《中国新闻传媒法纲要》、《新闻传播法教程》；孙旭培、王晋闽、张西明的《新闻侵权与诉讼》；顾理平的《新闻法学》、《新闻侵权与法律责任》、《隐性采访论》、《新闻权利和义务》；张西明、康长庆的《新闻侵权：从传统媒介到网络》；王军的《新闻工作者与法律》；曹瑞林的《新闻法制学初论》；徐迅的《中国新闻侵权纠纷的第四次浪潮》；黄瑚主编的《新闻法规与职业道德教程》；王天定的《新闻道德与法规》；王强华、魏永征主编的《舆论监督与新闻纠纷》等；案例选：《中国新闻侵权判例》(一)、《"无冕之王"走上被告席》、《新闻官司——典型案例通讯报告选》等；同时还有大量的相关论文发表。北京的《中国记者》、上海的《新闻记者》、陕西的《新闻知识》等长期开设"新闻与法律"类专栏，发表有关的研究成果和案例。所有这些，都为新闻立法打下了比较坚实的理论基础。当然，理论研究毕竟只为立法创造了条件，要把理论研究的成果转化为具体的立法实践，还有大量艰苦的工作要做。

第五节 新闻自律

一、新闻自律的意义

新闻自律，即新闻从业人员通过自我约束，使自己的行为符合社会道德规范的要求。严格地说，新闻自律并不属于新闻法治的范畴，而是属于新闻道德的范畴。因为法律强调的是他律性，而新闻自律顾名思义，却是以自律为基本要求的。但是，新闻自律对新闻法治具有特殊重要的意义。第一，许多国家的新闻立法，首先是由新闻自律开始的，或者说，是从新闻自律中得到启迪和直接的渊源的。在形式上，有些国家是先有新闻法，后有新闻自律的道德规范的，但事实上，新闻自律从新闻产生之日就已经存在了。第二，新闻法治的他律性对新闻媒体和新闻记者的约束毕竟是有限的，法律不是万能的，因此，对新闻业的规范，从根本上来讲，还是要以道德规范为最高规范境界。第三，在长期的新闻实践过程中，新闻业的每一个进步，新闻业能健康地向前发展，都是和新闻自律相伴生的。新闻活动事关社会的各个阶层和各个领域，刚性的法律无法对复杂的社会生活进行全面周详的规范，因此，我们必须通过新闻从业人员出于良知、道义、社会责任以及对社会公共利益关注，即新闻自律，以推动新闻业的健康发展。"新闻传播界的自律，其动力来自媒介从业人员维护新闻行业职业标准和道德规范的自觉性，来自他们强烈的社会使命感、责任感与职业道德感，来自他们的自律信念。这一切，都需要媒介从业人员具有良好的素质；而良好的素质，离不开社会对媒介从业人员的教育与媒介从业人员自身的日常学习与修养。"①

现代新闻事业的飞速发展，使新闻自律显得尤为重要。世界许多国家虽然都已制定了新闻法或相关的法规，但这种法律或法规往往只在新闻媒体或新闻记者出现较严重违规行为时，才起规范作用，更多的时候，只能靠新闻自律来起规范作用。有许多时候，违法与否是难以有比较明确的界限的，只有新闻自律，才能起到比较直观的价值判断作用，也才能比较好地对新闻事业及其从业人员起到理想的规范作用。台湾白晓燕案，就比较直接地表明了新闻自律的重要意义。1997 年 4 月 14 日晚，台湾著名女影星白冰冰接到恐吓电话，说她女儿白晓燕被绑架，并要她准备 500 万美元现金。她即打了电话报警。当天晚上，就不停地有记者打电话到白冰冰家。4 月 15 日，白家门外有近十辆采访车"布阵"，各媒体记者利用各种先进的摄录器和长焦距摄影机器严加监听相关案情。白冰冰曾哀告记者，不要报道。尽管大部分媒介按兵不动，但有两家报纸抢先报道。4 月 17 日，绑匪约定了交钱地点，白冰冰由一女警察乔装成女伴陪同赴约，一警车装成出租车跟随，但没有交成，因为路上有两家电视台的转播车一直跟着。中途警方曾下车让电视台的车离开，但其中一记者对警察说：你们撤，我们就撤。案发第 5 天又一次约定交钱，但还是因为有大批的采访车和警方的直升机跟随而没有交成。此后几天，因绑匪知道白冰冰身边有记者、警察，不再打来电话。4 月 23 日，一份杂志在封面报道"白冰冰重演七年噩梦，茶饭不思捶心肝 168 小时"。愤怒的白冰冰向台湾新闻局长投诉。警方则花钱四处收购该杂志，希望不要惊动绑匪。接着还有一次约定也没有交成，因为白家门口挤满了采访车。直至 4 月 26 日，警方被迫打破沉默，公布白晓燕已失踪十余天下落不明，并公布了案情。这时有报纸形容台湾媒介像解禁的囚犯兴奋地冲出牢房，新闻媒体巨细无遗地报道了追踪多日的内情：如何窃听到警方与白冰冰的电话以及绑匪与白冰冰的电话。当天出版的一张报纸大字标题充分体现了各媒体当时的心情：《守秘 12 天，媒体拂晓总攻击》。"中国电视公司"率先以字幕方式播出新闻快报，随后，"中华电视台"、台湾电视公司也纷纷跟进，在此事件中三台前后共动用了上百人次在白家守候；各家有线电视台也分别在最快的时间报道了这一事件；在报章方面，"4·14"绑票

① 魏永征等著：《西方传媒的法制、管理和自律》，中国人民大学出版社，2003 年，第 349 页.

案成为以后几天各报的重头新闻，其中报道最多的报纸，每天竟用5个整版的篇幅来报道白晓燕事件。有些记者甚至还自述守候在白家十多天，无聊时如何窃听同行在电话中同家人或其他人的对话等等。除此之外，还有两家媒体，刊登了其通过特殊途径搞到的白晓燕在世时被绑匪强行拍下的裸照，《中国时报》更是在29日的头版刊出白晓燕尸体的特写照片，使被害人及其家人遭受第二次打击。事后有听众在广播专题讨论中表示："白晓燕'幸好'死了，即使歹徒没有撕票，一个女孩子的裸照被这样公开，她也只有死路一条了。"此后直至4月28日晚，才找到白晓燕的尸体。而涉及此案的嫌凶也因窃听到警方的搜捕电话，闻风而逃，直到1997年11月才逮捕归案。

其实，台湾新闻界相关的新闻自律条例还是存在的，例如："采访重大犯罪案件，不得妨碍刑事侦讯工作。"(《台湾报业道德规范》第一条第三款)"绑架新闻应以被害人之生命安全为首要考虑，通常在被害人未脱险前不报道。"(同上，第三条第六款)"新闻或广告不得刊登裸体或猥亵照片。"(同上，第六条第三款)"有关犯罪及风化案件之新闻，在处理技术上应特别审慎，不可以语言图片描述犯罪方法，并避免暴力与色情镜头。"(《台湾电视道德规范》第四条第四款)但是，由于新闻竞争的需要，由于抢独家新闻的需要，许多媒体及记者就对一切都不在乎了。这从反面说明，强调新闻自律，严格遵守新闻自律的规定，使新闻自律成为新闻记者的自觉要求是多么的必要。

近年来，随着我国新闻竞争的不断加剧，新闻活动中的非法倾向和非道德倾向时有发生，给社会带来了较多的负面影响，也严重伤害了新闻媒体自身的形象。新闻活动中的非法现象可以借助法律手段解决，而非道德现象则主要只能靠新闻从业人员的自律。新闻从业人员只有自觉地承担起严肃的社会责任，才能更好地传递社会道德理想，从而为建设美好光明的世界作出贡献。

二、世界新闻自律的产生和发展

新闻自由是资产阶级在其革命初期高举的一面旗帜，也为资产阶级革命的最终胜利发挥了十分积极的作用。但是，当资产阶级革命取得胜利后，这种新闻自由就开始为一些人所滥用，使新闻事业的发展陷入了严重的道德困境和专权之中。第一，由于过分追求利润，使虚假新闻、黄色新闻和犯罪新闻泛滥，严重危害了社会道德。19世纪30年代，商业报刊成为报业发展的主流后，追求利润成了新闻业主和新闻从业人员的主要动力。例如为了追求发行量，美国的《纽约太阳报》从1835年开始，捏造了一系列关于太阳人的系列报道，使该报印数和利润同步大幅增长。至于黄色新闻和犯罪新闻，更是许多西方国家新闻媒体所擅长的报道形式。一系列诲盗诲淫的报道严重毒化了社会风气，也引发了人们关于新闻报道社会权利和个人维护名誉权、隐私权的冲突。第二，由于报业竞争和垄断的出现，使报业所有权过于集中，严重威胁着社会民主的实施。19 世纪末 20 世纪初报业竞争的直接结果，是报业集团的形成和“一城一报”情况的普遍存在。报业是报业主的言论工具，报业主要借助自己的报业实现自己的商业利益和道德追求。当“一城一报”成为一种普遍情况后，新闻媒体的道德追求实际上成了报业主的道德追求，新闻自由实际上成了报业主的个人自由。这种情况必然会对社会民主和社会平等构成严重的威胁。

世界新闻事业发展的这种局面，令许多有识之士深感不安。他们开始对新闻事业的现状进行深刻的反思，其结果是以新闻自律为核心的新闻道德思想从形成走向成熟。例如，1896 年，《纽约时报》发行人奥克斯在其报眼上公开宣称：“本报所有新闻都是值得刊登的。”1904 年，普利策在《北美评论》上发表文章，他强调指出：“只有最高尚的理想，最严谨追求真理的热望，最正确的丰富知识，以及最忠诚的道德责任感，才能将新闻事业从商业利益的臣服，自私自利的追求，以及社会利益的敌对中拯救出来。”

与新闻自律思想相伴生的，是西方新闻职业道德建设开始了实际操作的阶段。

在瑞典，为了调整新闻传播活动中各有关方面的关系，一些新闻机构和新闻单位分别制定了职业道德守则一类的条文，作为新闻从业人员自我教育、自我约束的行为准则。其中，1874 年瑞典政治家俱乐部成立后订立的职业守则，成为报业行为的指导纲领。20 世纪初，瑞典又率先建立了提供免费判决的新闻督察制度。1916 年，瑞典议会、报纸发行人协会和律师协会三方代表组成特别委员会，以协调报界本身的相互关系和仲裁报界与外界的纠纷。

在美国，1908 年，美国密苏里大学新闻学院创办人沃尔特·威廉斯主持制定了《记者守则》。其主要内容有 8 条：“新闻为神圣的专门职业；报刊为公众信托之所寄，报刊从业人员如不能为公众服务，而却受私利驱使，就辜负了公众的信赖；正确与公平乃良好的新闻事业之基础；新闻工作者应只写其心目中深信为真实的事情；除非为了社会公益，否则无理由禁载新闻；新闻工作者应避免受自身偏见的左右及受他人偏见的影响；广告、新闻与评论，均应为读者的最高利益服务；最成功的新闻事业，必然坚持独立，傲慢与权势都不能使之动摇。”1922 年美国报纸编辑人协会制定了《新闻准则》强调“①责任②新闻自由③独立性④真诚、真实⑤公正不偏⑥公平从事⑦庄重”这样 7 条要求。1934

年美国记者公会通过的著名的《记者道德律》、1943 年美国联邦最高法院宣布的联邦通讯委员会对广播电视节目的内容负有责任的《公正原则》、1962 年制定的《广告守则》、1966 年美国国会通过的《美国信息自由法案》、1976 年通过的《阳光法》和“美国有线电视转播版权”等，都是美国行业性的法规。与此同时，美国还通过新闻评议会、新闻媒体内部设置专职督察员或道德顾问，开展新闻评价等活动，实施新闻自律。另外，美国还十分强调在新闻学院中开展新闻道德教育。据统计，在 1977 年，全美 200 多个新闻与传播课程中仅 68 个与新闻道德有关，但到 1984 年，全美 274 个新闻与传播课程中已有 117 个与新闻道德有关。到 90 年代，一半以上的大学新闻或传播学专业都开设了新闻道德课程，其中不少单位还将这门课程列为必修科目。

在英国，法国的贝尔纳·瓦耶纳教授认为，英国王室委员会是最有特点的一个组织。“根据英国人的精神，这是一个纯合同性质的组织，没有任何约束力，只是通过公众心目中公认的道德力量起作用。1953 年夏天成立了新闻总议会，它有权受理一切有关报业不正当活动行为的控告，研究控告的事实根据，尽量通过告诫的方法和不引人注目的压力途径达到目的。”[①]1963 年，英国全国记者同盟制定了《英国报人道德规则》，这是新闻从业人员进行自律的规范准则。

1916 年，美国密苏里大学新闻学院院长威廉斯主持制定的《记者守则》被第一届世界报业大会所接受，成为第一个国际性的新闻自律规范，被译成 50 多种文字在世界上广泛使用。1954 年联合国颁发了《联合国国际新闻道德公约》给会员国新闻工作者协会参照执行。其主要内容有这样 5 条：

(1) 尽一切努力，确保公众所接收的消息准确无误；

(2) 不牟私利，不搞任意中伤、诽谤、抄袭，不作缺乏根据的指责，若有报道不实，一经发现应立即更正；

(3) 尊重个人的名誉，不因迎合公众好奇心而揭私人隐私；

(4) 报道和评论外国的情况时，新闻工作者有责任获得有关被报道、被评论的国家的必需知识，以便做到报道和评论公正；

(5) 忠实遵守职业道德的责任，落在新闻从业者身上。

上述信条内容不能解释成为各国政府加以干涉、强制新闻界遵守的理由。

世界各国的新闻从业人员之所以热衷于新闻自律，是因为他们意识到，新闻业如果确能自律并能因此而避免新闻业发展中出现波折，总比政府直接控

---

① [法]贝尔纳·瓦耶纳著：《当代新闻学》，新华出版社，1986 年，第 311、312 页.

制新闻业，或制订严格的条例管理新闻业要高明得多。正因为如此，新闻自律对于新闻业从业人员来说是充满兴趣的。与此同时，政府也不愿意看到新闻业的不良发展对自己的统治带来不良的影响，影响自己主流价值道德标准的推行，所以，政府同样对此充满热情。

三、我国的新闻自律

和世界上其他许多国家一样，我国的新闻自律是和新闻道德一起萌芽和发展起来的，而新闻道德的核心内容就是新闻自律。新中国新闻自律的历史过程比较短。著名新闻工作者范长江在1949年7月31日华东新闻学院讲习班上讲话中提出的人民新闻工作者的四个信条，可以看做是对我国新闻工作者自律的最早归纳和要求。这四个信条分别是：(一)消息绝对真实。这样才能取得人民的信任，才能建立自己的威信。(二)思想要正确。这样才能看清问题，根据政策，反映现实，指导现实。(三)群众观点的建立。要联合通讯员作为报纸在群众中的基本基础。(四)建立自我批评。要勇于公开接受批评，建立严格的批评制度。这样可以少犯错误，促成进步。

对于我国新闻业来说，第一个成文的新闻职业道德的规范条例是在1981年由中宣部新闻局和中央新闻单位共同商拟制定的《记者守则》(试行草案)。该守则共分10条，主要内容有：一、同党中央保持政治一致；二、深入调查研究，充分掌握第一手资料；三、严格尊重事实，严禁弄虚作假；四、学习和掌握唯物辩证法，切忌主观主义、片面性和绝对化；五、工作严肃认真，一丝不苟；六、坚持真理，敢于斗争；七、积极向领导机关反映情况；八、遵守宪法、法律、党纪和所在单位的制度，不泄密，不搞不正之风；九、谦虚谨慎，向群众学习，甘当人民的小学生；十、认真学习马列主义、毛泽东思想和党和路线、方针、政策，苦练采访、写作基本功。

1991年1月，中华全国新闻工作者协会第四届理事会第一次全体会议在北京召开。会议通过了《中国新闻工作者职业道德准则》。这是新中国成立后第一个正式颁布的新闻工作职业道德规范，对我国的新闻道德建设和新闻自律具有里程碑的意义。1994年4月和1997年1月，该职业道德准则又经过了两次修订，使其更趋于全面科学。其主要内容有六条：(一)全心全意为人民服务。(二)坚持正确的舆论导向。(三)遵守宪法、法律和纪律。(四)维护新闻真实性。(五)保证清正廉洁的作风。(六)发扬团结协作精神。我国的新闻从业者职业道德准则的颁布，为我国以后的新闻立法提供了有益的参考依据。

除了全国性的新闻职业道德规范以外，我国几乎所有的新闻媒体都根据自己的特点，制定了自律性的内部规定，对新闻从业人员的新闻活动进行规范。这些规定有效地保障了我国新闻事业的健康发展。

四、新闻自律与新闻法治

新闻自律强调新闻从业者以高尚的动机去行动，是一种发自内心的自我追求和自我规范，它是建立在新闻从业者较高的思想道德境界之上的。新闻法治不考虑行为者的内在动机如何，只是强调对人的外部关系的调整，是一种外部的强制规范。可见，新闻自律和新闻法治之间既存在明显的区别，又具有密切的联系。

新闻自律和新闻法治最大的区别，在于两者的作用方式存在着明显的差异。新闻自律是一种道德自律，主要依靠社会舆论的力量，依靠公众对新闻活动的信念、习惯、评价，依靠行为人对自己从事的新闻活动的价值取向、是非判断等来维持，因此是不具有任何强制意义的。新闻法治是通过具体明确的法律条文，对新闻活动作出具体明确的规范。对违反了这些规范的人，国家将采取强制措施对其进行惩罚。所以，由于两者的作用方式不同，其作用的范围也存在着十分明显的区别，新闻自律所规范的范围要远大于新闻法治规范的范围。

新闻自律和新闻法治又有着密切的联系。新闻法治的规范是新闻自律的最低的规范要求。新闻法治和新闻自律规范在功能上可以互补，在内容上有所交叉。新闻法的制订，必须建立在对新闻自律规范的全面考量上。这是因为，新闻自律规范产生的历史较长，经过了较长时间的检验，许多规范的准确性是得到科学证实的。同时，新闻自律规范作用的发挥，又必须依托新闻法作用的发挥。这是因为，道德调整毕竟只能借助新闻从业人员的自身素质发挥作用，当他们的自身素质达不到相应的高度时，新闻舆论的道德构建作用就会出现误差，这就需要法律来进行强制校正。当然如果自律规范与法律规范可以达到统一，则是新闻媒体及其从业人员追求的理想境界。

在我国现阶段，由于新闻法尚未正式颁布，所以，新闻自律就显得尤为重要。事实上，我国的相关新闻媒体经常通过新闻自律，帮助新闻媒体更好地发挥推动社会进步的作用。从另一种意义上讲，由于我国的新闻自律机制比较完善，例如我国的《中国新闻工作者职业道德准则》远比其他国家的自律规范要详细具体得多，绝大多数新闻单位还制定了具有自身特点的自律规范，这不仅为我国的新闻立法提供了良好基础条件，也有利于我们制定的新闻法规更加合理科学。

第三章　新闻法律关系

没有规矩，不成方圆。新闻法治的关键，是新闻权利和新闻义务内涵的明确，而新闻法律关系，就是研究新闻权利和新闻义务问题。对于新闻活动的主体而言，必须在一个共同平台之上，分清可以做什么，不能做什么，才能真正从法律的视角出发，明确彼此的权利和义务。法律关系的存在和被尊重是现代社会和谐运行的基本前提。在新闻活动中，不同的主体享有着不同的权利和义务，只有这些权利得到普遍的尊重，这些义务得到普遍的履行，新闻活动才会真正有序开展。新闻权利和新闻义务是新闻法律关系中的两个基本要素，对于这两个要素作认真的法律解读，可以帮助我们寻找到保障新闻业可持续发展的法律依据。新闻活动的开展，才有可能举止有据，左右逢源。

第一节　新闻法律关系

新闻权利和新闻义务是新闻法律关系中彼此依存、不可或缺的一对关系，缺少一方，另一方就缺少了存在的依据。新闻法律关系又是依据法律关系的一般原则衍生出来的，探讨新闻法律关系，必须首先从法律关系的一般原则入手。

一、法律关系和新闻法律关系

1. 法律关系及其核心内容

法律关系是法律在调整人们行为过程中形成的权利和义务关系。现实生活中的每一个人，在他们身上总是综合存在着诸多社会关系，而这种错综复杂的社会关系又分别具有不同的法律地位。把法律关系和其他社会关系区分开来的关键要素是权利和义务：有权利和义务内容的，是法律关系，没有权利和义务内容的，不能成为法律关系。例如恋爱关系无法律上的权利和义务内容，属于一般社会关系，而夫妻关系依据婚姻法等的规定有了权利和义务内容，就属于法律关系。法律关系属于上层建筑的范畴。法律关系是通过人的意志而形成的，有些法律关系的产生虽不以人的意志为转移，但也必须借助于人的意志才能实现。法律关系作为一种上层建筑，归根到底是由不以人的意志为转移的物质生产关系或物质生活条件所决定的。任何法律关系都是以相应的法律规范为前提的，没有相应的法律规范就无所谓法律关系。“法律关系是一种以法律上的权利和义务为内容的社会关系，从法律调整角度来说，它仅仅是法律规范现实化的一个阶段，法律规范的完全现实化，是法律关系中的权利义务得到享受和履行，出现实际的社会关系，社会成员实际享受了法律所规定的利益。”①与其他社会关系不同，法律关系是一种拟制关系，它体现了立法者的价值标准和主观选择。

法律关系的产生以法律规范为前提，没有法律规范就没有法律关系，而法律规范的核心内容是权利和义务。具有权利和义务内容是将法律关系从诸多社会关系中区别开来的最为重要的标记。权利一般表现为一种行为可能性，而义务则表现为一种行为必要性。在日常生活中，我们时常面对着可以为或不可以为的选择，无论是选择“为”或“不为”，当这种选择只受道德评价的规范时，就不是法律关系；当这种选择受到法律规范的规范时，就是一种法律关系。

法律关系由法律关系的主体、客体和内容三个要素构成。所谓法律关系的主体，是指在法律关系中依法享有权利和承担义务的人或组织。换句话说，即法律关系的参加者，包括自然人和法人。法律确认法律关系主体资格所依据的要素是权利能力、行为能力和责任能力三个方面。所谓法律关系的客体，是指法律关系主体的权利和义务所指向的对象。它是指能够满足权利人利益需要的物质财富、非物质财富和行为结果三类。所谓法律关系的内容，是指法律关系主体所享有的权利及应承担的义务。这三个要素对法律关系的构成缺一不可。

2. 新闻法律关系

新闻法律关系是由新闻法律规范所调整的当事人在新闻活动过程中形成的权利和义务关系。新闻法律关系具有两个特点：第一，它是符合新闻法律规范的要求，并受新闻法律规范调整的社会关系。由于现代社会的新闻活动对

① 公丕祥主编：《法理学》，复旦大学出版社，2002年，第447页.

社会生活介入的程度比较深，所以，新闻法律规范规定的内容是比较广泛的，但是，从根本上讲，只有合乎新闻法律规范的要求，才属于新闻法律关系，才能受新闻法规的调整。譬如，一位记者采写了一篇新闻作品并在新闻媒体发表，事实证明这篇报道是虚假的，侵犯了报道对象的权利如公民的名誉权，此时，新闻法律规范就应当调整新闻记者和新闻媒体与报道对象（公民）之间的权利和义务。这种关系就属于新闻法律关系。反之，如果一位记者通过撰写和张贴大字报的形式，对一位公民的名誉权造成了伤害，其行为的违法性是显而易见的，但是，这位记者和公民之间的权利义务不受新闻法律规范调整，因为他们之间的关系不是真正意义上的新闻传播关系，不符合新闻法律规范调整的要求。第二，必须是在新闻活动中发生的权利义务关系。新闻法律关系是规定当事人之间在新闻活动中的权利和义务。例如，新闻记者具有采访和报道新闻的权利，而普通公民又有保护个人肖像的权利，当采访和报道新闻与公民肖像权的保护发生矛盾冲突时，法律应当如何规定，这就属于新闻法律规范调整的内容，他们之间的关系构成新闻法律关系。因为从新闻传播的角度看，新闻记者和公民之间应该有比较规范的采访和被采访关系，这个过程是完成新闻传播的一个不可或缺的过程，反之，在普通的民事法律关系（活动）中，即使当事人的身份是记者，但只要其不在从事新闻报道活动，就不能构成新闻法律关系。

二、法律调整机制和新闻法调整的内容

1. 法律调整机制

一个社会的健康发展和有序运行，离不开健全的社会调整机制。生活在社会中的每一个组织和个人每时每刻都在受到各种社会机制的调整。一定社会调整机制的确立，可以保证社会主体按一定的规范，在一定的社会秩序中活动。我们今天强调的和谐社会的建设，也是建立在对各种社会群体和个人关系的调整的基础之上的。法律调整是国家为了维护某一种社会制度或保护某种利益而自觉运用法律手段，对社会关系参加者施加的规范性、组织性作用。它通过赋予社会关系参加者以一定的法律权利并同时承担法律义务的形式，来调整社会关系参加者的行为，进而实现社会调整的目的。“法律是社会调整系统中的一个子系统，但是它作为体现掌握国家政权的统治阶级的意志的国家意志，也有其自身特定的调整体系，以便确立起有利于统治阶级的社会秩序，使社会成员摆脱单纯偶然性、任意性的羁绊。法律调整的基本价值目标，就是要合理地调整个人与社会、个人与国家之间的相互关系，并以此为根据建

立富有效率的法律调整机制。"[①]一个社会是需要建立秩序的。秩序是人们能够作出行为预测和行为选择的前提,也是人们参加社会合作的前提,而法律调整是对社会秩序的最基本的保障。没有法律调整,社会将陷入严重的无序状态。

法律调整和其他社会调整的手段相比,具有这样一些特征:(1)具有明确的目的性。法律是统治阶级意志的集中表现,所以法律调整必须带有阶级利益调整的性质,其根本目的是掌握了政权的阶级实现统治的目的,以建立保护和发展有利于本阶级的社会关系和社会秩序。(2)具有规范系统性。法律调整摒弃随意性,强调公平、公正,任何社会组织和个人都不能肆意脱离和超越这种规范。为了保证法律具有系统性,必须在综合考虑各种社会关系参加者权利和义务的基础上,制定一个完整的法律规范体系。(3)具有国家意志性。在一个社会中,每个阶级、阶层都有自己的集体利益和意志,而只有掌握了国家政权的阶级才能将这种意志上升为法律。统治阶级通过把自己的意志上升为国家意志,制定法律规范,从而实现法律调整的目的。(4)具有复杂性。社会是复杂的,法律调整是在各种复杂因素的矛盾过程中进行的。法律调整的过程,就是掌握了国家政权的阶级力图排除混乱无序状态,通过法律手段争取进入稳定有序的状态的过程。或者,通过法律手段,维护和推进社会稳定发展的局面,推动社会的进步。法律调整虽然无法穷尽复杂的社会现象,但它可以通过确定调整的原则,力求将复杂现象归于简单。

一个国家的法律调整,是通过设定社会成员的权利和义务即法律规范来进行的。所谓法律规范,指由国家制定或认可,体现统治阶级意志,由国家强制力保证实施的行为规范。法律规范在形式上表现为法律条文,在内容上则是指该法律条文所规定的权利和义务的具体内容。这些法律条文的存在,使社会成员清楚在从事某种活动时,自己可以做什么或不能做什么,从而保证统治者统治社会目的的实现。

2. 新闻法及其调整的内容

新闻法是指国家制定的调整新闻主体之间在新闻活动过程中形成的权利和义务关系的法律规范。新闻法属于法律调整机制的一个重要组成部分,它规定在新闻活动过程中,新闻媒体、新闻记者、政府、公民和法人之间彼此应享受的权利和应履行的义务。新闻法律规范在调整人们行为时虽然具有自身的特点,但这些特点都是和法律规范在调整人们行为时所具有的特点相联系的。

---

① 公丕祥著:《法哲学与法制现代化》,南京师范大学出版社,1998年,第56页.

例如目的性明确，是为了保证社会的健康发展，为阶级统治服务。在这里，对党性和阶级性的强调是这种目的性的具体体现。再如在规范性方面，新闻业力求通过自己客观公正的新闻报道，保障社会所有成员的合法权益，这和法律规范追求的终极目的是完全一致的。

从法律调整的局部看，它调整的是与新闻活动相关的社会关系参加者彼此之间的关系；而从法律调整的全局看，它属于社会调整系统的一个重要组成部分。所以，新闻法的制订对于一个社会的健康有序的发展具有极其重要的意义。无论是法律调整还是新闻法律规范调整，它们的力量都是刚性的，即在作用发挥的背后都有国家强制力在支撑。

第二节　新闻法律关系的主体

法律关系的主体是指在法律关系中依法享有权利和履行义务的人或组织。法律关系的主体是由法律规定的，所以其具有法律属性。新闻法律关系的主体，是指新闻法律关系中享有新闻活动权利和承担新闻活动义务的人或组织。和任何法律关系一样，新闻法律关系必须由两个以上的当事人参加才能构成完整意义上的新闻法律关系。新闻法律关系的主体，必须具备新闻法律关系的主体能力，即具备能够享有参加新闻活动权利和承担新闻活动义务的资格。法理上一般认为，这种主体能力包括权利能力（依法享受权利和承担义务）、行为能力（通过自己的行为取得权利和承担义务）和责任能力（承担法律责任的能力）这样三个方面。新闻法律关系的主体能力是由法律所规定的。

我国新闻法律关系的主体主要包括新闻媒体、新闻记者、政府、公民和法人五类。

一、新闻媒体是最基本的主体

在新闻法律关系的五个主体中，新闻媒体是最基本的和最重要的主体，离开新闻媒体而发生的法律关系就不属于新闻法律关系。换句话说，没有新闻媒体就不可能产生新闻法律关系。新闻媒体就其主体资格而言是法人主体。法人是指依法登记成立，并享有民事权利和承担民事义务的组织。它是和公民主体法律地位平等的一种法律主体。法人成立必须具备这样一些条件：依法成立；有必要的财产或经费；有自己的名称、组织机构和场所；能够独立承担民事责任。法人可分为企业法人和机关、事业单位及社会团体法人等。从法人分类的种类来看，新闻媒体属于事业单位法人主体，具有三个特点：(1)新闻单位是为实现社会的公共利益而依法成立的；(2)它拥有独立的财产和组织系统；(3)它是依照主管机关的行政命令或者核准登记的程序取得法人资格的。目前，我国新闻媒体主要有通讯社、报社、电台、电视台、网站、期刊社等。

随着我国新闻业的发展，新闻媒体事业单位法人主体的特色在逐渐淡化，而企业法人的特色在不断强化。首先，由于报业集团、广电集团在我国的出现和不断增多，新闻业运行机制的不断转换，新闻媒体运作过程中的企业法人色彩加强了。现代媒体集团运行必须遵循市场经济的基本规律，如果过多地考虑新闻媒体的事业单位色彩，必然会导致市场参与过程中的诸多困难。事实上，我国媒体的这种困惑期尚未完全结束。同时，由于大批非机关报刊如专业报、早报、晚报、都市报、服务类报等的出现，更使新闻媒体的企业法人色彩加强了。这些媒体大多从创立之初，就具备了比较浓郁的市场色彩，能按照市场经济的基本规律进行运作，所以，它们在市场参与的过程中能从容应对，左右逢源，较少党报党刊等机关报刊的困惑。这些变化导致的直接后果是，新闻媒体越来越多地以独立的身份和地位参与社会的各项活动并独立承担由此产生的责任。这些变化虽然不能改变新闻媒体的根本性质，但其对新闻业发展的影响和对新闻活动过程的影响，我们绝不能等闲视之。

关于新闻媒体在新闻法律关系中最重要的主体地位，我们可以从国务院在1997年8月颁发的《广播电视管理条例》和2001年12月颁发的《出版管理条例》这两个条例中得到证明。《广播电视管理条例》第九条规定："设立广播电台、电视台，应当具备下列条件：(一)有符合国家规定的广播电视专业人员；(二)有符合国家规定的广播电视技术设备；(三)有必要的基本建设资金和稳定的资金保障；(四)有必要的场所。审批设立广播电台、电视台，除依照前款所列条件外，还应当符合国家的广播电视建设规划和技术发展规划。"《出版管理条例》第十一条规定："设立出版单位，应当具备下列条件：(一)有出版单位的名称、章程；(二)有符合国务院出版行政部门认定的主办单位及其主管机关；(三)有确定的业务范围；(四)有30万元以上的注册资本和固定的工作场所；(五)有适应业务范围需要的组织机构和符合国家规定的资格条件的编辑出版专业人员；(六)法律、行政法规规定的其他条件。审批设立出版单位，除依照前款所列条件外，还应当符合国家关于出版单位总量、结构、布局的规划。"这些条件，基本上包括了我国企业法人成立的条件。我国对新闻媒体设立采取的是特许制度，即企业法人条件加上特许。

二、新闻记者是最关键的主体

新闻记者的主体身份可以分为广义和狭义两种。广义的新闻记者是指所有从事新闻报道的成员。从法律的角度看，任何一个公民只要在新闻媒体发表新闻，都可以成为完整意义上的新闻法律关系的主体。因为任何一位公民一旦在新闻媒体发表新闻，就完成了新闻采写的所有流程，所以，我们可以说现代社会“人人皆可称记者”。在网络时代，随着网民人数的大量增加及微博等传播方式的大量广泛使用，这个特征已表现得越来越充分。狭义的新闻记者通常是指在新闻媒体中从事新闻采访报道的专业人员。本书所指的新闻记者是指广义的新闻记者。从法律关系主体的种类来看，新闻记者首先是公民（自然人），他享有法律所赋予的权利资格以及承担法律所规定的义务。同时，他还有能力通过自己的行为取得这种权利和履行这种义务。从民法的角度看，担当新闻记者这一社会角色的公民理所当然地具有民事权利能力和民事行为能力，如果离开了这个前提，新闻记者就不能在新闻法律关系中成为新闻法律关系的现实主体。

作为事业单位法人的新闻媒体开展新闻活动，必须通过一批专业的新闻记者来开展新闻活动，所以新闻记者在新闻法律关系中具有举足轻重的意义。在绝大多数情况下，新闻记者从事新闻采访和报道是其履行职务的行为，在这种情况下，其新闻法律关系的主体地位是十分明显的。也有一些情况下，新闻记者所从事的新闻采访和报道不属于履行职务的行为。这时，新闻记者实际上承担着“通讯员”的角色。一般情况下，通讯员将自己的作品交予新闻媒体发表，其行为不属于履行职务的行为，其新闻法律关系的主体地位不明显，在具体调整其权利义务时，必须注意其和新闻记者履行职务行为的区别。但从本质上来说，“通讯员”或其他新闻作者在这种情况下具有与新闻记者同等的法律地位，他们是我们所说的是广义的新闻记者，所以，我们把写作发表新闻的公民等同于新闻记者来看待。

三、政府是特殊的主体

在新闻法律关系的五个主体中，政府是一个地位十分特殊的主体。这种特殊性表现在，一方面，政府规定着新闻媒体的创办，行使着对新闻媒体的管理职能，是新闻媒体的主管机关；另一方面，新闻媒体也把政府作为自己的新闻报道对象，政府的行为应该接受新闻媒体的舆论监督。王四新直接认为在表达自由制度层面，政府是自由的敌人和朋友：“政府可以是表达自由的敌人，但在促进表达自由各项权利实现的过程中，政府同样也可以扮演非常积极的角色，发挥着自由的朋友的作用。”①随着社会控制系统的日渐成熟，政府对新闻媒体的制约作用越来越大，即便像美国这样一些宣称新闻自由程度高、新闻业比较现代化的国家，政府也可以随时对新闻业采取制约措施。从根本上来说，这种情况的出现对新闻业来说并不是好消息，却在相当长的时间里无法改变。当然，从另一个方面讲，新闻业越发达，对政府的监督越广泛，其所起的反向制约作用也就越大，这是一个互相制约的过程。社会的有序发展和文明进步，正是需要在这样的双向制约过程中向前推进。

从法人分类的种类看，政府属于机关法人主体。机关法人是指为实现国家的管理职能，以国家预算拨款为其独立活动和承担民事责任经费的社会组织。这些组织包括从中央到地方的各级国家权力机关、行政机关、军事机关及司法机关。与其他法人相比，机关法人具有这样一些特点：①机关法人成立的依据通常是宪法和各级组织或上级机关的决定，不需经过企业法人成立的行政程序。②国家预算为机关法人拨发经费。③机关法人从事国家行政管理活动，实现对国家政治、经济、军事、文化及司法等方面的行政管理职能。

从我国的实际情况看，政府这一机关法人实际上是我国诸多新闻媒体的上级主管部门。这就决定了这一主体在新闻法律关系中具有的特殊地位。

四、公民是最普遍的主体

公民的法律关系主体地位，在宪法和其他法律中都有明确规定。宪法首先确定的是公民的身份问题。我国《宪法》第三十三条规定：“凡具有中华人民共和国国籍的人都是中华人民共和国公民。”而在民法中，公民是指享有民事权利和承担民事义务的个人（自然人），解决的是公民的主体资格问题。根据这些法律的精神，我们可以确认，首先，公民的民事权利能力受法律保护。这里的民事权利能力是指法律赋予公民参加民事法律关系，享受民事权利和承担民事义务的能力。我国《民法通则》第九条明确规定：“公民从出生时起到死亡时止，具有民事权利能力，依法享有民事权利，承担民事义务。”同时，这些法律规定了公民的民事行为能力。这里的民事行为能力是指国家法律赋予公民依法独立地进行民事活动，以自己的行为取得民事权利和承担民事义务的能力。我国《民法通则》第十一条第一款规定：“十八周岁以上的公民是成年人，具有完全民事行为能力，可以独立进行民事行为活动，是完全民事行为的人。”

① 王四新著：《表达自由——原理与应用》，中国传媒大学出版社，2008年，第105页.

第十一条第二款补充规定:“十六周岁以上不满十八周岁的公民,以自己的劳动收入为主要生活来源的,视为完全民事行为能力的人。”《民法通则》第十二条第一款和第十三条第二款规定:“十周岁以上的未成年人和不能完全辨认自己行为的精神病人是限制民事行为能力的人。”《民法通则》第十二条第二款和第十三条第一款规定:“不满十周岁的未成年人和不能辨认自己行为的精神病人是无民事行为能力的人。”

从上述规定中我们可以看出,公民的民事权利能力是始于出生而消于死亡的,是与人的生命相生相伴的。它是一种资格。而公民的民事行为能力则分为完全民事行为能力、限制民事行为能力和无民事行为能力三种情况。它和人的年龄和身体智力发展状况密切相关,是一种能力。当把公民置于新闻法律关系的主体中来观照时,我们必须注意到上述这些特点。

在新闻活动中,公民不仅是新闻内容的主要来源之一(采访对象),还是新闻内容的主要消费对象(受众),所以,其主体地位同样是毋庸置疑的。尤其是在现代社会,随着新闻竞争的不断加剧和人们对信息需求的日渐强烈,新闻报道出现了强烈的平民化倾向,主要表现为题材选择的平民化、报道角度的平民化、栏目设置的平民化、新闻语言的平民化以及记者的平民化。[①] 平民成为新闻报道主体实际上暗合一个前提:公民的记者身份在强化,专业的新闻记者不是万能的,平民化的报道内容,有很多源于平民本身(提供线索或直接采写)。许多地方的民生新闻广受关注,从一个侧面说明了公民的主体地位在强化。

五、法人是最具成长性的主体

这里的法人专指企业的法人和社会团体法人。根据《民法通则》第三十六条的规定:“法人是具有民事权利能力和民事行为能力,依法独立享有民事权利和承担民事义务的组织。”法人成立必须具备四个条件:①依法成立;②有必要的财产或经费;③有自己的名称、组织机构或场所;④能够独立承担民事责任。这四个条件必须同时具备,缺一不可。法人同样具有民事权利能力和民事行为能力,但是其民事行为能力和民事权利能力是同始同终的,这就有别于公民,对此我们不作详细探讨。

在新闻法律关系中,法人的主体地位类似于公民的主体地位,尤其在20世纪90年代以后,由于社会主义市场经济新体制在我国的全面推行,新闻活动和法人的关系日渐密切复杂,所以,法人的主体地位日渐受到重视。近年

---

① 参见孙旭培著:《当代中国新闻改革》,人民出版社,2004年,第57、58页.

来，新闻侵权诉讼案件日渐多发，而原告经常是企业法人，这也从一个侧面说明法人在新闻法律关系中的主体地位。

第三节 新闻法律关系的客体

法律关系的客体是指法律关系主体的权利和义务所指向的对象。一般情况下，法律关系的客体包括物、行为和智力劳动成果三种。新闻法律关系的客体是指在新闻活动过程中，新闻法律关系主体权利和义务所指向的对象。它包括如下三个方面。

一、物

物是新闻法律关系中的第一种客体。在民法中，物是指在法律关系中可以作为财产权利对象的物品。在新闻法律关系中，物必须是和新闻活动相关的有助于新闻活动完成的物品。新闻传播活动必须借助一定的物质工具才能实现。报社要传播新闻信息，必须借助物化了的载体如纸张等实现其传播的目的；电视台要传播新闻信息，必须借助必要的发射装置实现其传播目的。如果说报社记者的笔记本、电脑、钢笔、纸张，其传播新闻工具的特色还不够明显的话，那么电视台记者的摄录设备就具备了十分明显的新闻传播工具特色。但是，不管其新闻传播工具的这一特色是否明显，只要它用于新闻活动，就具备了新闻法律关系客体的物的特征。这里需要说明的是，在新闻传播活动中，物的价值大小对新闻法律关系并无根本性的影响（当然，其前提是要能够满足新闻报道的基本需要）。新闻报道中新闻传播工具科技含量的增加和价格（价值）的提高可以帮助新闻记者更好地完成新闻报道工作，但无法改变新闻报道的性质。

没有物的客体的新闻法律关系是难以成立的。因为，一切思想的、意志的行为必须借助物化的形式来实现作为新闻传播的目的。譬如说，新闻记者撰写了新闻作品后，必须通过一定的物质载体如报纸、电子发射装置进行传播，否则，是无法实现其传播功能的。抽象的思想和意志必须借助具体的物化形态实现传播的目的。受众接收新闻信息，必须借助报纸、电视机、电脑、手机等这样一些客观的物体。没有客观载体的新闻传播行为是无法想象的。随着社会的发展和科技的进步，新闻的物质载体在不断呈多样化的态势。例如，网络的发达使电脑载体对人们接收新闻信息影响深远；手机的普及和新闻载体功能的强化也会对新闻传播活动产生重要影响。

二、行为

行为是新闻法律关系的第二种客体。民法意义上的行为是指具有法律意义的人的活动。在新闻法律关系中，这种行为必须是发生在新闻活动中间的行为。譬如，记者采访的行为，新闻媒体发表新闻作品的行为，通讯员给新闻媒体投稿的行为，都属于新闻法律关系客体中所定义的“行为”。当然，具体的行为必然是和一定的权利和义务联系在一起。我们讲新闻记者具有新闻采访的权利，其采访过程就是一种新闻活动行为，这种行为就具有权利和义务的内涵。哪些行为是可以做的，哪些行为是不能做的，这些都具有法律意义上的客体的意义。例如，提问是新闻采访中的一种基本行为，但提问的合适与否，同样会产生不同的法律后果：一位记者得知某商店有假冒××感冒药出售，他可以假扮成一位普通顾客前去进行隐性采访。在采访时，他可能会有不同的提问方法。如果他问：“有××感冒药吗？”如果药店售货员给了他假药，记者据此对该药店销售假药的情况进行曝光，就不存在违法问题。如果他这样问：“有假的××感冒药吗？”即使药店售货员给了他这种假药，他的曝光行为本身也有违法之嫌。这是因为，在第二种问话的状态下，虽然记者在假扮身份的过程中仍然是一位无职无权的普通公民，但他问话的方式具有明显的引诱色彩——主动引诱对方从事出售假药这种违法行为。我们国家并不允许买卖假药行为的存在（主动购买假药也不允许），所以，记者的行为无疑存在违法之嫌。

值得注意的是，新闻法律关系中的行为应与新闻作品的发表联系起来，否则无法体现新闻法律关系的特征。例如，向他人打听信息的民事行为和新闻记者向新闻事件的知情者进行采访的行为具有共同的特征，如果不考虑新闻作品发表的事实，就很难将两者区别开来。但事实上，两种行为所产生的后果是迥然不同的。新闻活动中的人的行为会导致一系列后果的发生。没有行为的新闻传播活动同样是无法想象的。

三、非物质财富

非物质财富是新闻法律关系中的第三种客体，并且是一种特别重要的客体。非物质财富首先表现为智力劳动成果。民法中的智力劳动成果是指人的脑力劳动的成果。在新闻法律关系中，智力劳动成果表现为具体的新闻作品。我国《著作权法》实施条例第二条规定著作权法所指的“作品”是“指文学、艺术和科学领域内，具有独创性并能以某种有形形式复制的智力创作成果”。对作品的这种定义同样适用于我们对新闻作品的定义，也就是说，新闻法律关系客体中的智力成果一般表现为新闻作品。新闻作品是指在新闻活动过程中，具有独创性的，可以以某种有形形式复制的智力创作成果。

非物质财富的表现形式还与人格权密切相关。公民的名誉、隐私、肖像、姓名等，构成了人格权的主要内容，这些内容时常成为新闻报道的对象，与新闻活动存在着广泛的联系。在新闻活动中，新闻报道往往涉及对人的评价，因为新闻报道是一种人格评价行为，所以，在新闻法律关系中，名誉等是重要的客体。

在新闻法律关系中，“时事新闻”同样是新闻法律关系的客体。在我国《著作权法》中，明确规定“时事新闻”不适用于著作权法，但是，在新闻学视野中它是具有明显的新闻智力成果的特征的，所以，它属于新闻法律关系的客体。事实上，很多优秀的“时事新闻”作品篇幅虽然短小，但构思十分巧妙，充满了写作者的智慧，应该受到法律保护。这里必须说明的是，“时事新闻”虽然不受《著作权法》保护，但它受到了《民法通则》等的保护。

第四节　新闻法律关系的内容

法律关系的内容是指法律关系主体所享有的权利及承担的义务。权利是指法律规定的法律关系主体所享有的某种权益或权能。它受到法律的承认和保障，具有三个方面的含义：(1)享有权利的人有权作出一定的行为；(2)享有权利的人有权要求他人作出一定的行为；(3)享有权利的人有权要求任何组织和个人停止非法侵害。当这种权益受到不法侵害时，他有权要求法律出面干涉，通过国家强制力帮助他来实现其权利。

义务是指法律规定的法律关系主体所承担的某种必须履行的责任。它具有两个特征：(1)义务人必须按照权利人的要求作出一定行为；(2)义务人必须按照权利人的要求，停止某种行为。在法律关系中，权利义务是统一的不可分割的有机整体。义务是实现权利的基础，权利则是履行义务的前提。没有无权利的义务，也没有无义务的权利。“法律是以权利和义务双向机制来指引人们的行为，调整社会关系的，并且是在权利和义务的互动中运行的。权利和义务各有其独特的而总体上又是互相补充的功能。这表现在：权利以正向的利益引导人们行为，义务以负向引导人们的行为。”①

我们在讨论新闻法律关系的主体时，主要依据民法的一般原则，确定了新闻法律关系的主体为新闻媒体、新闻记者、政府、公民和法人五种，但是从它们在新闻法律关系中的地位看，新闻媒体和新闻记者的地位、公民和法人的地位是相同或相近的，所以，为了比较方便而简洁地讨论新闻法律关系主体的权利和义务，我们将新闻媒体和新闻记者、公民和法人放在相同的地位。这样归纳不仅仅是为了讨论问题的方便，关键的还是它们享有的权利和应承担的义务是一致的。

我们分别从三者间的关系的视角来探讨彼此的权利和义务。

一、新闻法律关系主体的权利

1. 新闻媒体和新闻记者的权利

新闻媒体和新闻记者从事着开展新闻活动的社会职能，他们有权通过新闻活动实现其道德理想和经济利益。新闻媒体和新闻记者的权利可以通过许多方面反映出来，这种权利的内容是十分广泛而又丰富的，但是，从核心内容来看，新闻媒体和新闻记者生存所必须依仗的，是新闻理想和物质支撑。这是他们的核心权利。

现代社会是一个信息社会，因此，无论从哪个方面去强调信息在现代社会中的作用都是不过分的，因为人们的生活已经无法离开信息了。在今天这样一个资讯十分发达的现代社会，人们的生活已经越来越对信息存在依赖性，而在诸多信息中，新闻信息是最普遍、最常见和最重要的信息。新闻活动是现代社会中一种十分普通的社会活动。随着科学技术的日渐发达和传播手段的不断进步，世界的距离正在不断缩短。“地球是个村落”，有人这样来形容近几十年世界的发展和变化，而促使“地球变成村落”的，正是快捷而又方便的信息传播。在现代社会中，如果没有信息传播，这个社会将是难以想象的。在信息传播中，新闻信息的传播无疑是最为重要的内容。尤其是在现代社会中，随着新闻内涵的不断拓展和新闻传播手段的不断现代化，新闻传播的内容已变得十分庞杂。新闻媒体和新闻记者正是以新闻信息的传播为己任的，所以，法律必须保障他们顺利地履行开展新闻活动这一社会职能。

第一，新闻媒体和新闻记者履行新闻职能的过程，是实现自己新闻理想的过程。新闻媒体和新闻记者传播新闻信息的过程，是一种意识形态的活动过

① 公丕祥主编：《法理学》，复旦大学出版社，2002 年，第 197 页.

程。在这个过程中，他们以什么样的态度来处理和评价新闻信息，最终就构成了他们构建自己新闻理想的过程。新闻是十分强调信息的真实性的，因此，新闻媒体和新闻记者不能为了自己的新闻理想而“改造”新闻，但是，他们对新闻的评价，往往在他们选择新闻的过程中有所体现。在传播新闻的过程中，具体的某一条新闻不足以构成价值体系和道德评价标准，但当这些具体的新闻积累到一定数量后，必然会在潜移默化的过程中对受众产生价值观和思想意识的影响，最终对整个社会成员的道德标准产生影响。英国传播学者詹姆斯·卡伦说：“诚然，作为一个整体，媒体已经成为社会整合的中介力量，其所扮演的角色可以与中世纪中期的教会比肩。与中世纪的教会一样，媒体把不同的群体联结起来，提供了一种共享的经验，从而促进了社会的团结。媒体还强调了集体主义的价值观，把人们联结得更为紧密，其影响力可与中世纪教会相提并论。基督教的信众被消费主义的信众所取代。他们饕餮着消费广告的盛宴，在一个又一个仪式化的国家媒体事件中强化了自己对民族主义的信念。”“在一个更为世俗化的社会，现代媒体扮演了教会的角色，向大众解释并帮助他们理解这个世界。与他们的僧侣前辈一样，职业传播者们放大了使社会体系合法化的代议制政体。”①正是因为这样的原因，每个国家的统治者都会用自己的主流意识去规范新闻媒体和新闻记者，以使新闻传播能为自己的统治服务。但是，这并不影响新闻媒体和新闻记者去实现自己的新闻理想。事实上，在阶级社会中，统治者和新闻媒体、新闻记者之间的根本道德理想是一致的，尽管在某些具体的问题上会有差异，否则，新闻媒体和新闻记者就很难获得良好的生存环境，新闻媒体传播信息的功能也很难顺畅地实现。

新闻媒体经常用坚守社会良知、追求社会正义来表达自己的新闻理想。这样的“坚守”和“追求”得到了新闻人的普遍认同。对“良知”和“正义”的守护，体现了新闻人一种与职业伴生的强烈的社会责任感。社会的复杂性决定了这个社会必然会有阴谋、丑陋、黑暗、不公……这样一些消极因素的存在，必然会危及社会的健康，因此需要有社会的监督和纠错机制存在。在社会诸多的对这些消极因素的遏制机制中，新闻媒体是一种具有特殊作用的力量，荡涤黑暗，消弭不公，追求社会的美好，心怀美好的新闻理想，这是一个新闻人不断趋向高尚的根基。

第二，新闻媒体和新闻记者履行新闻职能的过程，也是实现自己的经济利益的过程。在西方国家，新闻媒体的商业化特征是十分明显的，新闻媒体实际

① [英]詹姆斯·卡伦著：《媒体与权力》，清华大学出版社，2006年，第98、99页.

上是媒体拥有人实现自己经济利益的工具。在我们国家，这个特征在相当长的时间内并不明显，甚至不被承认。作为党和政府的喉舌，它所承担的宣传功能使它不必为生存担忧。随着社会主义市场经济新体制在我国的全面推进，虽然新闻业作为党和政府的喉舌作用没有发生变化，但党和政府已不再承担（或不主要承担）新闻媒体的生存发展资金，市场的选择作用已越来越大地发挥了出来。在社会效益和经济效益的双重选择面前，生存的危机感使越来越多的新闻媒体更在乎自己的经济利益。当然，这种经济利益的获得不是通过搞“有偿新闻”获得的，而是通过对新闻媒体及相关产业的经营获得的。在新闻媒体和新闻记者实现自己的经济利益的过程中，虽然也曾出现过一些问题，但这并不说明他们对经济利益的合法追求存在什么问题，相反，法律应当保护这种追求。近年来，报业集团、广电集团等媒介集团在全国各地竞相成立，新闻媒体的多元化经营策略风生水起，风光无限，在市场经济的浪潮中，新闻媒体展现出了其前所未有的活力。

新闻媒体和新闻记者对经济利益的追求，曾经经历过一个从羞羞答答到理直气壮的过程。体制内新闻媒体长期的“官方”性质，使新闻媒体在走向市场之初，处处显得羞羞答答、缩手缩脚，生怕误入“禁区”。然而，市场是最好的导师，市场竞争法则是最好的示范课：当对市场的“试水”因为患得患失而屡受教训后，新闻媒体终于寻找到了合适的途径。当然，我们这样说并不意味着我国新闻媒体市场化的过程已经毫无问题，而是说，新闻人已经基本学会了用市场规则来应付市场中的问题，而不是像开始那样动不动还要指望“计划之手”施以援手。新闻市场惨烈的竞争局面也大体体现了这样的变化。可以说，没有经济利益的支撑，现代新闻业将寸步难行。

2. 政府的权利

政府担负着维护国家有序运行、组织社会生产和保护国家安全等一系列社会职能，政府在履行这些管理国家的职能时，不受新闻活动的非法干预妨碍。

关于政府的定义，一般可以分为广义和狭义两种不同的理解。从广义上看，政府通常是指中央和地方全部的国家机关，由立法、行政和司法等部门组成。而狭义的政府则不包括立法和司法部门。我们这里所指的政府是指广义的政府。因为，统治阶级要通过政府组织好社会管理，就必须把自己的意志上升为国家意志，通过立法、行政和司法等机关表达出来。有学者认为现代国家行政管理的一个重要特征就是具有法治特征。“具体表现为：行政管理的各个领域都有有关法律规定，都能有法可依；行政管理的各个部门、各个机构的权力都是依法授予的，他们各自在法律授予的权限范围内活动；行政机关对国家各种事务的管理都是以有关法律为依据，必须依法行政；一切行政机关都是依据宪法或有关法律、法规设置的；行政机构中各个组织和工作人员的职责、权力和义务都用法的形式明确规定下来；对行政机关及其活动，都有一套完备的法律监督制度。这当然是国家行政管理的理想模式，尽管在具体运行的过程中，政府'非法行政'的事情还屡有发生，但理想模式的确定终究是令人欣喜的。"[①]既然现代政府的管理已经迈上了法治的轨道，新闻活动就不能对其进行非法的干涉，这是政府的权利。在这样的前提下，法律又对政府的权利进行了规定，通过对政府相应部门权利的规定，使他们可以比较方便地行使管理国家的职能。一旦政府的这种权利受到新闻活动的非法干涉，政府将无法履行管理国家的职能，国家的生存发展将可能受到影响。这无疑也是新闻媒体不愿意看到的现实。

在法律授权的基础上，政府根据相应的权限管理国家。政府管理国家的权利一般通过横向结构和纵向结构实现。从横向结构看，它包括立法、行政、司法三大块。立法机关的管理权利具有两重性，一方面是传达民意，即将社会的要求和支持带进机关；另一方面则代表政府，是政府机关的一部分，直接参与对社会成员的支配和管理活动。在我国，立法机关是指各级人民代表大会及其常委会。行政机关专司管理之职。国家政权对于社会的协调、控制和管理主要是通过它来实现的。我国的行政机关主要是国务院和地方各级人民政府。司法机关作为政府自身之间的制约力量，主要的和经常性的活动还包括直接参与行政权力对公众的强制性支配。司法机关在我国主要指检察机关和法院机关。

从纵向结构看，它包括从中央到地方、从高层到基层的组合方式及其相互关系。就宏观意义而言，这种结构就是我们通常所说的国家结构形式，也就是中央和地方的关系。目前世界上的国家结构形式主要分为单一制和复合制两种形式。在单一制形式的国家中，最高国家权力机关和行政机关实行统一领导。中央政府对内高于一切，对外代表国家。只有单一的宪法原则。我国即属于单一制国家。复合制则有联邦制和邦联制两种分类，在实行复合制国家结构形式的国家中，全国除了有统一的法律外，各成员国还有单独的宪法和法令，独立性较强，美国等国就属于联邦制国家。

当然，政府的权利还通过其他的方式实现。但是，不管通过哪种方式实现

① 张永桃著：《当代中国行政制度》，高等教育出版社，第 144 页.

对国家的管理，新闻活动都不能妨碍这种权利的行使。任何一个国家要稳定地运行，政府不受干预的依法管理是非常重要的。从政府的职能看，维护社会稳定、组织社会生产、维护国家安全等等，任何一个职能的履行都不能受到非法干涉。新闻媒体就其职能而言，有监督政府依法行政的职能，但这种监督必须建立在"依法"的基础上。不依法的监督必然会导致舆论监督的失控和社会的动荡。

3. 公民和法人的权利

公民和法人是一个社会中存在的最普遍的权利和义务的主体。一个国家只有保证了最大多数的公民和法人权利的实现，才能说是民主的法治国家。

我国公民的主要权利是由《宪法》规定的，它包括以下方面：第一，平等权，即每个公民根据法律规定享有同等的权利。平等权是我国宪法的一条基本精神。例如，《宪法》第三十条规定："中华人民共和国年满十八周岁的公民，不分民族、种族、性别、职业、家庭出身、宗教信仰、教育程度、财产状况、居住期限，都有选举权和被选举权；但是依法被剥夺政治权利的人除外。"我国《宪法》明确规定了"公民在法律面前一律平等"，这是对非民主、特权制度的一种科学的理性的背叛。第二，政治权利和自由。即每个公民依照法律规定参与国家生活的权利。公民通过行使自己的政治权利和自由参与国家管理，监督国家机关及其人员，保证国家按照民主与法治的要求发展。我国《宪法》规定的公民的政治权利和自由包括选举权和被选举权、监督权以及言论、出版、集会、结社、游行、示威的自由。第三，人身自由，指每个公民在法律所允许的范围内，有一切行为的自由。这种人身自由包括公民的人身自由不受侵犯，公民的人格尊严不受侵犯，公民的通信自由和通信秘密受法律保护。人身自由是公民安全地参加社会活动和享受家庭生活的保障，也是公民行使各种权利的基本前提。第四，宗教信仰的自由。指公民具有现在信仰宗教但以后不信仰宗教的自由；也有现在不信仰宗教而以后信仰宗教的自由；公民有信仰不同宗教或相同宗教中不同流派的自由。第五，文化活动的自由。我国《宪法》第四十七条规定："中华人民共和国公民有进行科学研究、文学艺术创作和其他文化活动的自由。国家对于从事教育、科学、技术、文学、艺术和其他文化事业的公民的有益于人民的创造性工作，给以鼓励和帮助。"第六，社会经济权利，即公民享有劳动权，劳动者的休息权，退休人员生活保障权和年老疾病或丧失劳动能力的人的物质帮助权以及公民参与企业管理的权利。另外，公民还享有获得健康、安全、舒适的生活环境的权利；从国家获得接受文化教育的机会以及获得受教育的物质帮助的权利。第七，其他权利，包括国家保护妇女的权利和利益;婚姻、家庭、老人、妇女、儿童受国家保护;国家保护华侨、归侨和侨眷的正当权益。

法人的权利除了在《宪法》中有基本的宪法原则加以规定外,还有专门的法律如《合同法》、《公司法》等加以确定。法人的这些权利和公民的权利一样,是受到法律的保护的。在新闻活动过程中,新闻媒体和新闻记者须臾都离不开和公民、法人产生联系。特别是社会主义市场经济新体制在我国全面推行以及新闻体制改革不断迈大步的今天,经济新闻、社会新闻已经成为各个新闻媒体和新闻记者竞相关注的焦点,也是新闻媒体不断争取读者和受众的重要手段,因此,我们就特别要强调对容易受到侵害的公民和法人权利的保护。自由的新闻活动,绝不能侵害公民的权利(如侵害名誉权)或法人的名誉(如影响法人的商业信誉),但这样的情况时有发生。例如,2005年1月26日,《中华读书报》以《2004年中国科学界的损失》为题,报道中国科学院资深院士陈家镛逝世,《科学中国人》杂志也于同年第三期以文字配照片报道此事。事实上陈家镛院士并未逝世。陈家镛据此将两家报刊告上法庭并胜诉。类似新闻侵害公民人格权案件的频频出现提醒新闻从业人员,必须强调新闻从业者的法律意识。新闻从业者法律意识的淡薄,不仅会严重伤害公民或法人的相关权益,还会对自身的新闻活动构成严重的伤害,对此切不可掉以轻心。

二、新闻法律关系主体的义务

1. 新闻媒体和新闻记者对政府的义务

政府在国家管理和社会发展中具有十分重要的作用。自由的新闻活动绝不能干预法律所赋予政府的权力。随着新闻媒体在人们日常生活中作用的加大,一些新闻人的自我意识开始过度膨胀,其表现形式之一,就是对政府的合法行政行为施加不当干预。其中最常见的形式,就是新闻媒体在报道某些新闻事件时,进行不实报道或不能正确把握好时机,给政府正确合法的决策带来干预妨碍,或者,在舆论导向上出现某种偏差,影响了政府行政行为的正常开展。在这个问题上,有许多前车之鉴可供借鉴。在西方一些媒体比较发达的国家中,新闻业在20世纪初曾有过一个飞速发展的阶段。这种飞速发展导致了两个直接的结果:第一,由于过分追求利润,使报纸的商业化色彩十分浓厚,黄色新闻和犯罪新闻泛滥,严重危害了社会风气和社会道德。第二,由于报纸的竞争和合并,形成报业所有权的高度集中,严重威胁着社会民主的实施。以美国为例,1910年以后,美国的人口不断增加,报纸的销售量也不断攀高,但日报的种类却不断减少。美国有日报的城市，随着资本主义的发展与人口的增长而不断增加，从 1880 年的 389 个城市，增加到 1971 年的 1 511 个城市，这就是说有日报的城市增加了近 4 倍。但是在有日报的城市中，存在着 2 种以上日报的城市，1971 年却比 1880 年减少了很多。1971 年，在美国 1 511 个有日报的城市中，86.3%的城市只有一种日报。其中有的城市虽然存在 2 种以上日报，但同属于一个老板。这种无竞争报纸的城市，占有日报城市的 97.5%。换言之，就是只有 2.5%的城市存在着两种以上不属于一个老板的日报。报业的高度集中必然导致对民主权利和政府统治的威胁。因为出现了“一城一报”的现象，政府的管理思想难以通过新闻媒体传达贯彻，有的时候，由于声音单一，新闻媒体将直接对政府的权威构成挑战。2011 年 7 月默多克的新闻集团曝出“窃听门”事件后，英国朝野就对新闻集团的垄断化倾向对英国社会(尤其是政府)可能构成的危害进行了严厉的批评，并阻止了其收购天空电视台等的进一步垄断举措。

对此，一些有良知的新闻媒体和新闻从业人员很早前就开始自觉地担负起了社会责任，通过新闻自律，履行起新闻媒体和新闻记者对政府的义务。如《纽约时报》发行人奥克斯在报眼位置声明他的新闻都是真实而有价值的——“本报所有新闻都是值得刊登的”。1904 年，普利策在《北美评论》载文指出：“只有最高尚的理想，最严谨追求真理的热望，最正确的丰富知识，以及最忠诚的道德责任感，才能将新闻事业从商业利益的臣属，自私自利的追求，以及社会利益的敌对中拯救出来。”他们的这种思想，最终导致了西方国家新闻自律的普遍推行。从宏观的角度看，新闻媒体对自律的强调，从一个侧面体现了对政府义务的履行。

如果说西方国家新闻媒体和新闻记者对政府的义务多少带有一些无可奈何的勉强成分的话，那么在我国这种义务应该是和权利相对应的自觉的义务。在我国，新闻媒体和新闻记者与政府在根本利益上是一致的，某些局部利益的不一致是可以通过调整达到一致的。但是为了避免因为一些局部利益的不一致造成不必要的损失，我们还是需要通过立法手段，将这些义务肯定下来。也就是说，在新闻立法中，必须明确自由的新闻活动不能妨碍政府管理国家权利的行使，否则就是滥用新闻自由。在现代中国，由于新闻自由的发展和新闻竞争的加剧，新闻媒体对政府活动的关注程度在不断加大，舆论监督的力度和广度在扩大，深度在拓展，这本身是一种好现象，但是，由于种种主客观原因的存在，新闻媒体对政府的“新闻伤害”行为也时有发生，导致了政府履行管理职能时出现一些困难。有的时候，由于新闻报道不当还引发了一些有碍社会稳定的事情，这是十分危险的。例如，近年来我国的房价问题持续攀升，成为令人关注和质疑的社会问题，中央政府虽然也出台了多项调控措施，但收效甚微。新闻媒体经常质疑是政府的高地价政策导致了高房价。我们认为高地价可能是高房价的原因之一，某些地方政府在执行中央政府政策时，往往大打折扣。但是，新闻媒体在高房价问题上同样也起着推波助澜的作用。一些媒体的房地产栏目在收取了大量的广告费后，与房地产开发商"狼狈为奸"，以貌似新闻的"房产新闻"，不断"忽悠"受众奋不顾身地投入到高房价的"搏杀"中。从某种意义上说，人们对高房价的追求和承受力，"得益于"新闻媒体长期的培养和熏陶。中央政府稳定房价的努力，同样需要新闻媒体的支持。

新闻舆论监督不是滥用新闻自由的借口，这在任何时候都应该坚持。监督政府、监督行政，这是新闻媒体的基本职能之一。但作为社会组织中的一个基本单位，新闻媒体开展的新闻舆论监督也必须遵守基本的规范。舆论监督是一种依法行为而不是率性而为，更不是肆意妄为。一位学者在论述类似观点时这样表述："限制表达自由的滥用是为了更好、更有效地保障表达自由，而为了有效保障表达自由就必须限制表达自由的滥用。"[①]新闻媒体对政府义务的履行，也是为了获得自己更大的自由发展空间。

2. 新闻媒体和新闻记者对公民和法人的义务

新闻媒体和新闻记者在现代社会的发展中具有十分重要的作用，他们可以通过褒扬社会先进，批评社会不良，推动社会向前发展。但是，我们不能过于强调其作用，因为新闻媒体和新闻记者与公民和法人的关系是一种平等的关系，他们同属于新闻法律关系的主体。自由的新闻活动同样不能侵犯公民和法人的合法权益。新闻媒体和新闻记者在反映民众声音、帮助公民和法人实现权利方面的作用越来越大。现代社会的分层理论告诉我们，我国社会是由不同的社会阶层组成的，不同阶层在表达意见方面反映出来的声音有着巨大的差异，政府的决策甚至法律的制定在许多时候是强势群体利益博弈的结果，在这种情况下，就特别需要新闻媒体提供弱势群体表达意见的通道或平台，把他们的声音聚集起来，以使他们的权益能得到足够多的关注。弱势群体的声音在许多时候都是微弱的，但也是最需要倾听的，倾听微音，这是现代社会的理性所在。

自由的新闻活动要帮助公民实现自己的权利，而不能妨碍他们对权利的追求，更不能诽谤他人，披露公民的隐私，侵害公民的名誉，造成对公民人格权

① 甄树青著：《论表达自由》，社会科学文献出版社，2000 年，第 257 页.

利的侵害。法律赋予了公民十分明确的权利，但是，由于受到错综复杂因素的限制，有些权利在法律规定到现实享受之间还存在着比较长的距离。新闻活动应该有助于这种权利的实现，而不是相反。

十年“文化大革命”中，公民的权利是受到极大伤害的。十一届三中全会以后，这些权利才在宪法和其他法律中得到了明确的保护。新闻记者素有“无冕之王”的美誉，但是，如果把这种美誉看成是一种特权，那么，这种膨胀的特权意识必将造成对公民权利的伤害。对此，所有的新闻媒体和新闻记者都必须保持高度的警惕。近年来，社会新闻、民生新闻的报道越来越受到媒体的关注重视，与此相伴随的，是公民人格权利的屡屡受侵害。例如，近年来，娱乐圈中的公众人物受到许多人的关注，娱乐新闻中几乎每天都有明星们的隐私在传播。我们注意到，除了某些明星的自我炒作或其经纪公司的刻意策划外，有不少被曝光的明星隐私与其演艺活动并无关系，这些隐私的曝光导致了当事人的精神痛苦，有明显的侵权嫌疑。如果说明星是公众人物，他们的隐私因为其公众人物的身份而受到限制的话，那么，在许多所谓的民生新闻中，普通公民的隐私也在被肆意曝光。近年来，频发的所谓“四胞胎”、“五胞胎”人工授精案件，未经当事人授权被曝光的夫妻吵架案件等等，都构成了对公民隐私权的伤害。如果对此类现象不采取相应的对策，不仅会影响社会的有序发展，还会对新闻业自身的可持续发展带来消极影响。

自由的新闻活动要保护法人的合法权益，防止自己的行为造成对其合法的商业利益（包括商业信誉）的伤害。实现商业利益是新体制下大多数法人所追求的最为主要的目标，这是无可厚非的。在实行市场经济的今天，企业法人的商业信誉对于商业利益的作用更是举足轻重，因此，新闻媒体和新闻记者必须严格遵守国家的法律，严格按照新闻规律办事，一方面要帮助法人实现自己的合法权益，另一方面也要防止新闻活动对商业利益造成伤害。从新闻传播的过程看，法人（尤其是企业法人）经常是这个过程中十分重要的一个要素，备受新闻媒体的关注。由于新闻的特殊作用，一旦法人的利益因为不同的原因受到新闻媒体和新闻记者的侵害的话，会产生十分严重的后果。

3. 政府对新闻媒体和新闻记者的义务

西方人一般相信，预防政府管理中出错的最好办法，就是“以权力制约权力”，而“以权力制约权力”的前提，是法院存在于政府旁边而不是存在于政府里边。这样的理念，同样适用于我们分析政府和新闻媒体的关系。政府不能借助自己的权威干涉或取消新闻自由，这是政府对新闻媒体和新闻记者所应履行的最为主要的义务。美国第二任总统、《独立宣言》起草人之一的托马斯·杰斐逊曾说过:“让我在有政府而没有新闻,以及有新闻而没有政府之间做一选择,我将毫不犹豫地选择后者。”作为一名政府的最高管理者说出这样的话,足见新闻的价值。伦敦大学詹姆斯·卡伦教授还从另外一个角度讨论两者的关系。他认为,某些激进主义的媒体研究文献会作出这样的假设:“政府控制的媒体是为政府服务的;企业控制的媒体则是为企业服务的。实际上,这些假设忽略了或低估了以下这些反向的影响力:私营媒体为了赢利的目的需要维持观众的兴趣;它们还要维持其公共合法性,从而避免受到社会的谴责;它们还会受到从业者所信奉的专业主义的影响等。所有这些因素都能够潜在地帮助私营媒体不会屈服于其股东的政治义务和经济利益。与之相似,考虑到公共电视台的长远利益,我们应当帮助它们树立起独立性的声誉,从而使得它们赢得公众的信任,在现任政府的任期结束后继续维持它们在政治上所获得的支持。在许多实施自由民主制度的国家,不仅是广电从业者出于专业主义的考虑追求媒体独立的理想,政治精英阶层出于自身利益的考量也会支持这一理想。具体说来,所有的政府高官和政党领袖都明白,一旦他们失去了上电视的机会,就会在选举中失去现有的职位。一个以权力的抑制和平衡为特征的政治体系也会支持公共规制的电视体系的自主性。”[①]而中国社会建设的现代法治社会正是强调权力的抑制和平衡的。

在现代社会中,自由的新闻活动承担着政府管理职能所无法替代的作用,民主和聪明的政府会借助新闻活动帮助实现自己管理社会的职能。第一,通过新闻媒体宣传自己的主张。在现代社会,新闻媒体是最快速有效的大众传播工具,不会借助这种大众传播工具宣传自己的主张的政府是无能的。在我国,政府的路线、方针、政策同新闻媒体和新闻记者所追求的社会道德理想是相一致的,因此,政府就更加可以借助新闻媒体宣传自己的主张。第二,民众的意见可以借助新闻媒体得到宣泄。政府再好的政策,也会有社会成员存在意见和看法,对待这些不同意见和看法,政府正确的态度不是堵,而是导。通过新闻媒体,政府可以以“有则改之,无则加勉”的态度进行反思,同时也减轻社会的压力。如果政府的主张存在问题,政府还可以通过新闻媒体的渠道及时发现和纠正,从而防止更大失误和损失的出现。

政府不干涉和取消新闻自由的另一个理由是自由的新闻活动具有舆论监督的作用。我们一贯认同这样一个观点:缺少制约和监督的权力必将导致腐败。舆论监督作为对政府权力进行监督的一种十分有效的手段,有着其他任

① [英]詹姆斯·卡伦著:《媒体与权力》,清华大学出版社,2006年,第284、285页.

何监督手段所无法替代的作用。因此，政府不能借取消新闻自由来取消这种社会监督手段。当然，由于舆论监督的特殊影响力和作用，必然会导致某些腐败分子内心的不安，并采取一切手段进行反击和限制，使舆论监督出现困难，但是，这恰恰说明了舆论监督是十分必要的。由于舆论监督能够十分有效地抨击社会不良，从而防止社会和政府的腐败，最终促使社会的进步和政府权威的建立。因此，政府应该采取有力措施对其进行保护而不是相反。“在西方的法律文化中，政府被认为是除了为公共利益进行管理之外，别无特权。就是在管理中，政府也要遵守自己的承诺。政府是为民众权利而产生的，当然不能随意破坏民众权利。这种有关政府承诺的观念，似乎和东方传统政治文化形成了有趣的对比。东方政府的‘回答’时常不存在‘承诺’的含义，而只有‘赐予’的含义。”①如果政府认为是自己“赐予”了新闻媒体出生的机会而因此拒绝接受新闻媒体的监督，就必然会失去一系列改正自己错误的机会。

当然，西方国家政府对待新闻媒体和新闻记者的现有态度和原则，也是在长期的实践甚至是斗争过程中形成的。英国学者约翰·基恩曾描述过英国新闻自由的争取过程：“纵观欧洲历史，为新闻自由而进行的最为持久、最早、最猛烈的斗争出现在英国(从那里迅速波及美洲，并对欧洲大陆略有影响)。文献中明确地记载着英国人民斗争的里程碑：它开始于英国革命，这场革命摧毁了旧的生活方式，产生了弥尔顿(Milton)的《论出版自由》，威廉·沃尔温(William Walwyn)的《富有同情心的撒马利亚人》以及几十本令人叹为观止的捍卫新闻自由的小册子。”“这场支持新闻自由的长期革命，导致了威廉和玛丽所继承的笨拙的许可证制度的崩溃，导致了1694年所颁布的控制印刷法案的终结。”“不过，反抗国家对媒体控制的斗争从来就没有停止过。18世纪20年代，约翰·特伦查德(John Trenchard)和托马斯·戈登(Thomas Gordon)把捍卫言论自由向前推进了一步。在乔治三世时期，约翰·维克(Jhon Wikes)成功地发起的运动又把这场斗争的范围进一步拓宽，作为一名议员，他利用公开发行的报纸为自己进行辩护，拒绝判别他犯了煽动诽谤和亵渎罪。从而，使通过新闻媒体公开报道议会所进行的议程行为合法化。在18世纪60年代两起重大案件中，政府发布一般逮捕令的法律权威被废除；从此以后，政府再也没有权力以公开发表煽动性言论为由逮捕任何嫌疑人，或者搜查嫌疑人的住宅和办公室，或是查封可以发现的任何被指控的文件。”②这虽然只是我们分析问

① 一正著：《西窗法雨》，花城出版社，1998年，第20页.

② [英]约翰·基恩著：《媒体与民主》，社会科学文献出版社，2003年，第7—9页.

题的一个方面，但也从侧面说明，政府在面对新闻媒体和新闻记者时，必须认真履行好自己的义务，惟有这样，才会更加有效地开展管理国家的工作。“在一个有序、和谐的社会中，媒体的存在并非基于其自身利益，而是整个社会公共利益的需要。对媒体的限制，尤其是一些多余的甚至不合理的限制，后果就是危害公共利益。”①

4. 公民和法人对新闻媒体和新闻记者的义务

公民和法人的言行不应妨碍自由的新闻活动的开展，不能影响新闻自由的实施。宪法和法律明确规定了公民和法人所享有的权利和自由，但这种权利和自由不应当成为他们干涉自由的新闻活动的理由。权利是义务的对应物，这是人所共知的道理，对公民和法人而言也不例外。公民妨碍新闻活动的行为是多种多样的，一种是直接干预。近年来，新闻记者在开展新闻活动时受到直接干预的情况屡有所见，严重的表现为暴力干预，使正常的新闻活动受到了直接的、粗暴的干涉。这样的干预行为，不仅影响了新闻活动的正常秩序，也对我国的法律尊严构成挑战。二是无理缠讼。诉讼是需要付出巨大成本的，这种成本主要不是表现为物质成本，而是表现为精神成本。新闻媒体和新闻记者把大量精力倾注于新闻诉讼，会严重影响新闻记者参与新闻工作的热情。持续时间较长的新闻诉讼，令新闻记者身心交瘁。三是向新闻单位提供虚假的新闻信息，使新闻的真实性受到挑战。新闻报道是以真实的事件为前提的，随着新闻活动范围的日益广泛，新闻对新闻源的依赖程度越来越高，新闻记者要眼观六路，耳听八方，重要的是依靠受众的力量，如果新闻源消息失实，会导致严重后果。凡此等等，都构成了对自由的新闻活动的干扰。

法人对新闻活动的干扰比较多的是表现为通过所谓的“公关活动”，导致“有偿新闻”频频出笼。这种“公关”实际上是用金钱“攻关”，以求用较少的投入（“红包”），获得较大的收益（发表“有偿新闻”或停止发表曝光该法人单位不良内容的新闻）以获得商业利益。这同样是对自由的新闻活动的非法干预，是对新闻媒体和新闻记者权利的侵害。“市场自由主义者认为，媒体应该同时提供两种服务，一种是向观众提供节目，一种是向广告商提供观众。”②我国新闻媒体的现实大体也是如此。随着新闻媒体市场化程度的不断加大，其对广告商的依赖程度越来越高，看广告商的眼色行事，成了众多新闻媒体别无选择的选择，于是，新闻的公正性就可能因为经济因素的作用而深受影响。

---

① 陈杰人：《对媒体的不合理限制越少越好》，载《中国青年报》2007 年 6 月 26 日.

② [英]约翰·基恩著：《媒体与民主》，社会科学文献出版社，2003 年，第 49 页.

无论是公民还是法人，都必须依法维护新闻媒体和新闻记者的权利，保证新闻活动的自由开展和新闻自由在新闻活动中的全面贯彻。事实已经多次证明，没有自由的新闻活动，其他自由和权利都难以得到有效的保障。

明确新闻法律关系不同主体间的权利和义务内容，对于我们科学探讨新闻活动中权利和义务问题乃至探讨新闻侵权问题，具有举足轻重的关键作用。只有对彼此可以享受的权利和应该履行的义务明晰之后，我们才能分析由此展开的一切是非曲直。事实上，围绕新闻活动的许多争议，归根到底也是为了明确某个主体的权利有没有受到侵害，某个主体在新闻活动中是否履行了义务。只要明确新闻法律关系的权利和义务，我们在判断这样的争议时，就可能拥有一个基本准确的标准，新闻活动的开展，也才可能拥有更好的法律秩序。

第四章　新闻权利的享受

对自由的保障是对人类自身尊严的保障。人生来而求自由，生来向往无拘无束的自由生活，可见，对自由的保障是对人天性的最好守护，也是对人权的最好尊重。但是，现实社会是人类共存的社会，人们对自身自由的追求或者说对自身权利的行使，不可避免地会导致对他人自由和权利的影响，这就涉及权利的协调问题。而协调这个问题的前提是：人的自由和权利不是绝对的。新闻权利作为人权中的一项重要内容也是如此。人生来有表达思想、评说社会的欲望，这是一种值得加以保护的欲望和权利，但对这种权利的保护同样也存在一个前提：这种权利不是绝对的。人们有权通过新闻媒体传递表达自己思想的权利，但这种权利不可无限夸大，更不能因享受这种权利而对他人的权利构成侵犯。当然，我们需要说明的是，权利的享受必须同人联系起来。因此，在本章关于新闻权利的讨论中，我们在讨论宪法关于新闻权利的规定后，主要讨论新闻记者的权利。

第一节　新闻的宪法权利

一、我国宪法关于新闻权利的规定

宪法是国家的根本大法，任何一部部门法的制定，都不能和宪法精神相违反。因此，我们在探讨新闻权利时，必须首先清楚我国《宪法》中有哪些原则精神是和新闻权利密切相关的。

我国《宪法》中和新闻权利相关的条文甚多，联系比较直接密切的有以下几条：

第二十二条　国家发展为人民服务、为社会主义服务的文学艺术事业、新闻广播电视事业、出版发行事业、图书馆博物馆文化馆和其他文化事业，开展群众性的文化活动。

第三十五条　中华人民共和国公民有言论、出版、集会、结社、游行、示威的自由。

第四十条　中华人民共和国公民的通信自由和通信秘密受法律的保护。除因国家安全或者追查刑事犯罪的需要，由公安机关或者检察机关依照法律规定的程序对通信进行检查外，任何组织或者个人不得以任何理由侵犯公民的通信自由和通信秘密。

第四十一条　中华人民共和国公民对于任何国家机关和国家工作人员，有提出批评和建议的权利；对于任何国家机关和工作人员的违法失职行为，有向有关国家机关提出申诉、控告或者检举的权利，但是不得捏造或者歪曲事实进行诬告陷害。

对于公民的申诉、控告或者检举，有关国家机关必须查清事实，负责处理。任何人不得压制和打击报复。

由于国家机关和国家工作人员侵犯公民权利而受到损失的人，有依照法律规定取得赔偿的权利。

第四十七条　中华人民共和国公民有进行科学研究、文学艺术创作和其他文化活动的自由。国家对于从事教育、科学、技术、文学、艺术和其他文化事业的公民的有益于人民的创造性工作，给予鼓励和帮助。

第五十一条　中华人民共和国公民在行使自由和权利的时候，不得损害国家的、社会的、集体的利益和其他公民的合法的自由和权利。

我国《宪法》中关于新闻权利的规定可以归纳为这样几个方面：

第一，对新闻媒体和新闻记者法律主体的确认。在宪法条文中，国家明确规定要发展“新闻广播电视事业”，这是对新闻媒体法律主体地位的明确确认。近年来，我国新闻媒体已真正从名义法人主体，成为能独立享受权利和承担义务的实际法人主体，宪法的这个规定是对新闻媒体法人主体法律地位的确认，这种确认使新闻媒体可以真正地独立按新闻规律开展新闻活动，从而使受众享受更好的新闻服务。在宪法条文中，国家还明确规定我国公民“有进行科学研究、文学艺术创作和其他文化活动的自由”，国家对公民的“有益于人民的创造性工作，给予鼓励和帮助”。在这里，虽然没有对新闻记者及新闻工作进行明确的保护，但新闻记者及新闻工作显然属于“公民”及文化活动的范畴，宪法的这种宏观保护，也使新闻记者的法律地位得以确认。这样的宪法条文，也使新闻记者可以从容地享受新闻权利，顺利地开展新闻活动。

第二，对新闻自由进行了比较明确的规定。言论出版自由是新闻记者所追求的新闻自由的主要内容之一。新闻媒体如报纸、电台、电视台、期刊等是主要的出版机构，这些媒体所传递的信息，是人们言论自由的物化形式。《宪法》第三十五条的这条规定，逻辑地从宪法原则上对我国的新闻自由进行了肯定。《宪法》第三十五条规定的这条权利其内容主要包括：(1)公民有权通过新闻媒体获得和传播国内外信息；参与国家政治生活和社会生活；(2)公民有权通过新闻媒体对国家重大事务、国家机关及工作人员实行监督；(3)尊重和保护新闻记者采访、报道和反映真实情况的权利；(4)公民有权获取知识，参加娱乐，满足文化生活的需要。宪法规定的言论出版自由的主要内容包括：公民有充分表达思想和见解的权利；表现的形式内容不受非法干涉；言论出版自由应受合理限制，即必须在法律所允许的范围内享受。新闻自由大体也包含这样一些内容，所不同的是，新闻记者是以表达思想、看法和反映社会作为自己工作的主要职责的，所以，他们更加关注和在意这条权利。另外，宪法条文还从一些侧面对新闻自由涉及的相关内容进行了规定。例如对公民规定的“批评和建议的权利”，可以视作是对新闻媒体的批评报道和舆论监督加以法律层面的保护。

第三，明确对妨碍新闻自由的行为进行制裁。科学的法律应该体现“赏罚分明”的特点，也就是说，既要规定可以行使的权利，也必须规定对滥用权利的惩罚和阻碍合法权利行使的惩罚。“自由与限制，是一个事物的两个方面。法治国家存在二百余年所积累的常识是：哪里没有法律，哪里就没有自由。法律对自由的作用，表现为为自由划定应有的界限，自由在寻找公认的合理界限时才和法律发生联系。言论自由，同时附有言论限制。不受限制的言论，同时也不被视为自由。”[①]在宪法条文中，国家明确规定我国公民“在行使自由和权利的时候，不得损害国家的、社会的、集体的利益和其他公民的合法的自由和权利”，还规定公民“不得捏造或者歪曲事实进行诬告陷害”，这一规定对于树立法律的权威性和严肃性是十分关键的。具体到新闻媒体和新闻记者来说尤其如此。在信息时代，作为信息主要内容的新闻信息，在现代社会中发挥的作用日益强大，一旦这种信息出现失误，就会导致“新闻伤害”，而“新闻伤害”所造成的危害性比之于其他伤害更加广泛持久，所以对滥用新闻权利进行限制十分必要。

在宪法条文中，对阻碍合法权利行使的行为也规定了比较明确的制裁，这

① 王锋著：《表达自由及其界限》，社会科学文献出版社，2006年，第40页.

是十分有必要的。国家规定“任何组织和个人不得以任何理由侵犯公民的通信自由和通信秘密”,“对申诉、控告和检举人不得压制和打击报复”,若造成损失的要依法赔偿。这些规定对新闻媒体和新闻记者来说十分重要。由于新闻媒体报道面广,新闻记者接触面大,所以,对新闻活动的伤害因素也十分普遍,既有来自权力部门的“权力伤害”,也有来自一般公众的“暴力伤害”。面对这些伤害,只有从法律层面加以规定,从执法层面加以实施,从守法层面加以倡导,新闻权利才能真正得到有效保护。宪法条文的这些规定,为部门法制订更加具体的法律条文提供了依据。

二、宪法中新闻权利的主要内容

关于新闻权利内容的规定可以从不同的角度进行探讨,1951年,国际新闻学会综合分析了各方意见后,提出了衡量新闻自由的四条标准,也即新闻自由包含的四方面内容:采访自由,传递自由,出版自由,批评自由。这四方面的内容,基本概括了新闻权利的主要内容。

而我国《宪法》第三十五条“中华人民共和国公民有言论、出版、集会、结社、游行、示威的自由”的规定,是我国新闻权利的主要法律依据。从宪法规定的具体情况看,我国的新闻权利不仅指新闻媒体和新闻记者在采访写作和发表新闻作品上的权利,还包括全体公民自由地通过新闻媒体了解新闻信息和表达自己意志的权利。

1. 报道新闻的权利

社会生活是丰富多彩和纷繁复杂的,新闻记者的社会职责之一,就是自由地采写和真实地记录有价值的新闻信息,并通过新闻媒体发表。报道新闻的权利,就是指新闻媒体和新闻记者对社会上发生的新闻作出及时、准确报道的权利。我们的社会每天都会发生很多新闻事件,有些具有积极意义,有些则反映了社会的不良现象。报道新闻的权利不仅指报道正面新闻事件的权利,也指批评社会不良现象的权利。对某些社会不良现象遮遮掩掩,这不是科学面对问题时的态度,也不利于消除社会的不良现象。在民主意识不断强化和开放程度不断提升的现代社会,这也是对公民知情权的剥夺。作为一个现代社会的公民,有权知道国家的重大活动,了解国家事务,有权知道社会所发生的而又为他们所感兴趣的东西。新闻媒体自由地报道这方面的新闻,是对公民知情权的一种尊重,也是新闻业存在的价值所在。可以这样说,对报道新闻权利的保障,既是对现代公民基本人权的保障,也是新闻业存在的逻辑前提。

在我们国家,国务院专门规定了一些重大新闻的发布规定,规定国务院新闻发言人定期举行中外记者招待会或新闻发布会，公开报道政治局会议和书记处会议的有关内容，回答记者关于一个时期国内政治、经济、文化等方面全局性的重大问题和群众关心的问题。同时，我国有关部门还对突发事件的报道进行了规定。在过去相当长的一段时期内，我们对突发事件的态度过于谨慎，以至于屡屡出现“出口转内销”的情况，引起了社会的普遍不满，也引起了政府的重视。1987 年，中宣部等单位规定：“突发事件凡外电可能报道或可能在群众中广为流传的，应及时作公开的连续报道，并力争赶在外电、外台之前。”1994 年，中共中央办公厅和国务院办公厅又进一步规定：“突发事件包括突然发生的重大社会事件、恶性事故、涉外和涉台港澳事件等。”“报道必须真实准确，争取时效，把握时机，注意效果。”“突发事件对外报道要讲究时效，特别是空难、铁路交通等恶性事故的报道，要在境外传媒之前报道。”近年来，国务院各有关部门如教育部、卫生部等，及地方各级人民政府和相关部门都先后设立了新闻发言人，根据需要及时发布相关新闻，较好地起到了沟通信息的作用。2008 年《政府信息公开条例》生效后，这方面的权利保护更得到有效的保障。当然，报道新闻的自由不仅限于这样一些方面，同时还包括其他方面的内容。近年来无数重大新闻报道的例子已经证明，新闻媒体在这方面是享有比较多的自由的。

在更多的时候，新闻媒体发挥着社会映像真实再现的作用。新闻作为政府的“传声筒”，当然要反映党和政府的方针决策，反映社会生活中的重大突发事件，但新闻常态的反映内容是“新人新事新现象，活人活事活道理”，是“讲述老百姓自己的故事”，因此，社会生活中的每个变迁，人们生存过程中的喜怒哀乐，都应该在新闻中得以报道。简单地说，报道新闻的权利主要表现为“上情下达”和“下情上达”，通过沟通上下，实现和谐发展。无论是从党和政府决策的科学性和准确性考量，还是从社会生活真实反映的层面考量，都必须保护新闻媒体和新闻记者报道新闻的权利。

报道新闻的权利绝不是意味着无原则的“有闻必录”，新闻媒体应该向受众提供最有价值的新闻信息。报道新闻的权利，应该帮助我国公民科学、全面、辩证地认识他们所处的社会和时代，从而更好地行使自己当家做主的权利。同时，也可以促使他们通过对社会的准确认识，完成社会化的过程。

2. 发表意见的权利

发表意见的权利一方面是指新闻记者和新闻媒体发表意见的权利。新闻记者和新闻媒体可以根据自己掌握的新闻信息，通过社论、评论、记者述评等不同的形式，表达自己对某些社会现象的意见，从而实现引导舆论的目的。新闻记者接触的信息多，目光比较敏锐，他们可以比较容易地发现某些社会问题，从而为解决这些问题提供对策和建议。1998 年以来，以人民日报、中央电视台、中央人民广播电台等中央级媒体为代表，集中报道了我国司法工作中存在的问题，尤其是司法腐败问题，产生了较好的社会效果。其中比较典型的发生在江西，某检察院为了办一个标的 8 000 元的贪污案，竟然以各种名目从人家单位拿走了 20 万元。为了对付上级检查与新闻单位的批评，该检察院的领导公然指使会计做假账，问题的严重性由此可见一斑。于是，中央及有关职能部门痛下决心，决心重树“司法公正”形象并出台了多项措施，有力地防止了司法腐败现象的恶性蔓延。可见，我们这里讲的发表意见的权利，不仅指对一般社会问题发表意见，也指对涉及国家重大政治问题的事件发表意见的权利。2004 年上半年，中央领导在视察以批评报道为特色的中央电视台《焦点访谈》栏目时，明确提出了要增加批评性报道的数量。近年来，关于矿难、空难等的报道明显比以前增多，相关的批评声也不断在媒体上出现。这种情况的出现并不一定意味现在的空难增多了，社会的问题增多了，而是意味着媒体的权利增加了。近年来，我国新闻业发展过程中出现了一个令人关注的现象——时评热。新闻媒体通过新闻评论，发表观点，表达意见，这可以视作新闻媒体的新闻记者享受发表意见权利的重要表现形式。这不仅体现了媒体力量的提升和思想厚度的增加，也体现了全民权利意识的提升。

发表意见的权利还指我国全体公民通过新闻媒体发表意见的权利。公民的知情权得到尊重，他们了解有关的事实真相后，可以通过新闻媒体，自由地表述自己的意愿和态度。“兼听则明，偏信则暗”，不同意见的发表可以帮助决策者更加科学地了解事件的真相，作出更加合乎科学理性的决定。近年来，网络事件多发，网络舆论成了令人关注的一种新闻舆论现象，这意味着新媒体的兴盛为人们表达意见提供了极大的便利。

新闻媒体在享受发表意见的权利，实行舆论引导的过程中，需要处理好“破”和“立”的关系。“不破不立”，“破”是非常重要的，对社会丑恶的揭露，对社会不公的曝光，可以带动人们客观认识真实的社会，对社会的发展持谨慎的态度，也有助于社会清明风气的形成。但“破”不是目的，应该确立为“立”而“破”的理念。新闻媒体应该为社会进步提供有价值的建设性意见。通过发现社会问题，从而规避风险，树立社会信心，推动社会进步。

3. 舆论监督的权利

舆论监督是我国新闻权利的一项重要权利，它主要包含了批评自由等内容。一个社会的健康发展，离不开舆论监督的权利，而新闻媒体存在的价值之一，就是要激浊扬清，不断开展舆论监督。关于这个问题，我们将在第六章作专门论述。

4. 出版权利

世界上一些国家曾经实行过新闻检查制度，即对新闻记者采写的新闻作品，在出版之前要进行事先检查，对一些认为不利于统治者的内容作出删除或改写的处理。这样做不仅可能构成对新闻记者权利的侵害和违反新闻真实性的原则，也有可能对受众的知情权构成侵害。我国是不实行新闻检查制度的，新闻作品最终能否刊播，由新闻媒体自主决定。出版权利是新闻权利中一项十分重要的权利，没有出版权利的享受，其他一切权利只能是一种空洞的权利。换句话说，出版权利是新闻权利由潜在权利变成现实权利的必经之路，出版权利的保障，为新闻权利的真实享受提供了现实可能性。

对于出版权利，我们国家的宪法是有明确规定的，随着我国社会经济文化的不断发展，国家将为公民行使出版权利创造更为有利的条件。但是，出版权利作为一种权利是具有相对性的，世界上也从来没有绝对的自由可言。我国法律必须对自由的行使规定必要的范围和限度。权利的赋予，应当根据不同国家和地区的实际情况决定，并应辅以适当的限制。所以，我们国家在规定公民享有出版权利的同时，并没有开放私人办出版社、办报刊电台。这是因为，第一，我国的新闻出版单位作为党领导的社会主义事业的一个组成部分，必须坚持为人民服务、为社会主义服务的根本方针，不宜掌握在私人手里。第二，新闻出版单位具有很强的思想性和政治性，掌握在谁的手里，关系到宣传舆论阵地掌握在谁手里的重大问题，事关重大，稍有不慎，可能会导致比较严重的后果。第三，新闻出版单位虽然也可以作为一种产业来经营，但其产品不同于一般产品。一般产品的消费只涉及个别消费者，一般也不会对人的精神世界产生影响，而新闻出版业的产品将对人的思想、意识、世界观、价值观等产生深刻影响，如果允许私人来经营，可能产生长期的难以预料的后果。正是由于这样一个原因，我们国家在私人办新闻出版单位问题上，目前采取的是稳步推进的方法。从我们国家的实际情况看，我国还处在多元价值并存，多种思想观念频加交锋的转型时期；我国的社会阶层较为复杂，观念彼此不同；我国的经济发展不平衡，人们受教育程度差异较大，人员素质参差不齐，对精神产品生产加以适当控制是必要的。当然，从另外一个意义上来讲，允许私人办新闻出版单位也不是什么能导致天塌下来的大事。只是从利弊得失的角度来衡量，才作出这样的规定。所谓“两利相权取其重，两弊相权取其轻”也。一个值得注意的现象是，随着大量媒体集团的组建，新闻媒体“借壳上市”进入资本市场已经成了一种趋势。相信在不久的将来，中国公民将会享受更加广泛的出版自由。

新闻记者的出版权利，还可以从我国的《著作权法》中得到印证。我国《著作权法》在具体条文中，多处规定了对我国公民、法人和社会组织所拥有作品的著作权的保护规定。新闻记者和新闻媒体作为普通的社会成员，当然可以理直气壮地享受法律规定的相关权利。

第二节　新闻记者的社会权利

要探讨新闻记者的权利内容，首先必须将记者放在宏观的社会背景中加以考察。一个社会是由不同的社会组织组成的。社会赋予了这些组织中具体的成员以相应的权利和义务，从而保证这个社会的有序运行。就新闻事业而言，社会赋予作为社会的人的新闻记者以相应的权利，从而保证他们能履行从事新闻活动的社会职能，并通过自由的新闻活动实现精神追求和物质利益。这种权利主要应包括两个方面：新闻自由、知情权。

一、新闻自由

我国新闻记者享受新闻自由的权利，主要是基于《宪法》第三十五条的规定：“中华人民共和国公民有言论、出版、集会、结社、游行、示威的自由。”新闻自由自然逻辑地包含在了我国公民享有的这项基本权利之中。我国新闻记者能享有的新闻自由和资本主义国家所倡导的新闻自由相比，具有自己的特征：他们所赖以存在的社会制度不同。我国人民当家做主使这种自由具有物质保障；我国的新闻自由特别强调在法律所允许的范围内进行，我国的新闻自由反对在新闻内容中掺杂物质利益，新闻机构可以通过媒体经营实现物质利益，但新闻记者的新闻活动不得具有物质利益因素。明确反对“有偿新闻”。

我国新闻记者所享有的新闻自由，是通过不同的形式表现出来的。例如：国家机关或政府部门在工作中存在失误，新闻记者对其进行公开批评，这就是他们享有新闻自由的一种表现，例如，近年来，中国记者对教育部门的教育改革、卫生部门的诸多措施方案提出过批评，促使这些改革措施趋于合理。这方面的例子以中国新闻记者批评足协官员最为典型。四年一度的世界杯，加上四年一度的奥运会刚好错开，让新闻媒体获得两年一轮的特别关注中国足球的机会。当然有价值的不在于关注本身，而在于每两年都给新闻媒体一个自由发表关于中国足球的各种意见的机会，同时这也是一般读者自由发表关于中国足球的各种意见的机会。也许球迷们自己并不觉得这机会来之不易，大小媒体的体育记者更不觉得这机会来之不易。事实上，这正是新闻自由在体育报道中的具体体现。当球迷们在足球场上高呼某某主教练“下课”时，他们可能并没有意识到这是在表达对某个国家行政部门负责人的不满，是在呼吁一位国家正式委任的官员辞职；而媒体不断地教训中国足球应该如何如何踢，应该如何排兵布阵，尤其是谁应该为失败负责，甚至那么起劲地讨论整个足球体制出了什么问题，应该如何改革，这恰恰是体现了他们自由表达意志的言论自由。足球就是足球，但是足球又不仅仅是足球。中国足球之所以引起那么多人发自内心的关注，与足球能容忍人们公开自由讨论，恐怕不无关系；所以，中国足球虽然屡战屡败，始终冲不出亚洲，但人们依然一如既往地倾注热情。试想，如果中国足球在屡战屡败的同时，又禁止人们说三道四，那将会是什么局面呢？对足球公开而自由的批评，对于新闻媒体来说实在是一扇非常可贵的窗口，它让我们通过这扇窗口看到，对于足球以及其他国家事务，新闻能够做些什么，一般的百姓能够做些什么。这恐怕正是中国足球能带给我们的最重要的东西。报道中国足球的记者确实享受着比较多的新闻自由，中国足球界确实有了比较名副其实的舆论监督。当然，还不能说这种舆论监督确实起到了很好的作用。足球告诉我们，仅仅有舆论监督是不够的，还需要有一个在舆论监督下纠错的机制。但是，这样的讨论与监督，至少让当事者看到了那些显而易见或者是隐而不见的不足，并为进一步的纠错提供最起码的契机。对于现代社会而言，它的价值已经不待多言。

无论对于新闻记者，还是对于我们的国家而言，新闻自由都是不可或缺的，而新闻记者只有享有了新闻自由，才能保证记者知情权的行使。

二、知情权

知情权的概念首先是40年代由美国记者肯特·库伯提出的，后得到新闻界和法律界的普遍接受。知情权是指公民有权知道他应该知道的事情，国家应最大限度地确认和保障公民知悉、获取信息的权利，尤其是政务信息的权利。当然，知情权的享受并非没有任何限制。各国法律一般都规定，下列情报资料不属于知情权的对象范围:(1)因涉及国防、军事、外交而需要保密的情报资料;(2)政府机关内部人事制度和工作制度的情报资料;(3)影响执法和公共安全的情报资料;(4)机密性的金融情报、商业秘密等等。知情权包含的范围很广,一般认为应该包括以下五个方面的内容:第一,知政权,即公民有权了解、知晓国家活动和国家事务。国家机关及其工作人员有依法向社会公众公开自己活动的义务。第二,社会信息知情权。这主要是指公民有权就他所感兴趣的社会变化和社会发展情况进行了解的权利。这里的公民是指具有普遍的社会意义的公民,不是特定的几个人。这时知情权的对象所面临的并不主要指某一个或某几个公民,而是整个社会。第三,个人信息知情权,即公民依法享有的了解自己的及与自己切身利益相关的多方面信息的权利,如出生、本人的生理和病理资料及配偶的相关情况等等。公民享有个人信息知情权是当今社会公民作为一个独立完整的民事主体所具备的必要条件。第四,法人知情权。法人组织在尊重他人人格、利益,无碍于社会的前提下,依法获取对其有用的信息的权利。第五,法定知情权。司法机关为了侦查案件,审判案件,搜集证据而享有的了解有关情况的权利。我们这里所说的知情权,主要指知政权和社会信息知情权;但也不排除个人信息知情权、法人知情权和法定知情权。在现代社会中,政府对于社会运作和公众生存的影响是十分巨大的。缺少知情权,社会将是十分危险的,因为缺少了知情权,政府的行为就缺少了一个十分重要的监督机制,因而容易导致腐败等危险行为的发生。

不管是西方也罢,中国也罢,如果缺少了新闻记者的"桥梁"作用,政府的行为是很难为公众所广为知晓的。但是,公众又有这种要求和权利,发达的传媒技术也提供了这样的条件,因此,新闻记者就应当首先获知相应的信息,从而帮助公众享受知情权。当然,我们必须指出的是,政府担负着维护公共秩序、组织社会生产和保护国家安全等诸多重要的社会职能,新闻记者在帮助公众享受知情权时,不应该妨碍政府对这些职能的行使。

在现代社会,对新闻记者知情权的保障有异乎寻常的意义。一个国家在发展运行过程中,难免会出现一些问题,而受众对知情权的享受,可以比较有效地发现这些问题并提供解决的积极建议和对策,防止更大失误的出现。受众要享受知情权,首先应保证新闻记者享受知情权,在资讯时代,这是一个不可否认的因果关系。所以,政府及相关社会组织应努力维护新闻记者的知情权,从而有效地推动社会的文明和进步。对知情权重要性的认识上,我们国家是有过沉痛教训的。2003 年初春时节,广东某地出现"非典"疫情,新闻媒体虽然已经发现这一情况并加以报道，但由于受诸多外来因素的影响而使相关报道在不久后即销声匿迹，导致随后疫情的肆虐。人们在反思“非典”的教训时，深深地体会到，“非典”之所以泛滥成灾并夺去了许多人的生命，与新闻记者、公众的知情权没有得到有效保障关系十分密切。而“非典”最终得到有效控制，其十分重要的原因也在于人们的知情权得到了有效的保障，从而有效地防止了疫情的进一步扩散。我们希望类似的教训不要再出现在我们的生活之中。

第三节 新闻记者的职业权利

新闻记者必须从属于某一新闻媒体才能有效地开展和完成工作。现实生活中，虽然也有一些通讯员、自由撰稿人等从事着与新闻记者相类似的工作，但是，他们的新闻作品只有借助相应的新闻媒体发表，才能实现其追求的目标，否则，一切都是空话。要探讨新闻记者的权利，必须探讨他们的职业权利，即从新闻媒体从业人员的职业要求来衡量，新闻记者应当享有什么样的权利。这个时候，新闻记者是一个媒体的人。从新闻媒介的职业要求出发，作为媒体的人的新闻记者应当享有这样一些权利：发表权、著作权、舆论监督权。

一、发表权

发表权，即新闻记者通过采写完成新闻作品后决定是否发表的权利。新闻记者享受发表作品权的前提条件是：新闻记者的新闻作品必须是符合社会规范和媒体宗旨的。对于新闻记者的这类新闻作品，任何组织和个人均不得阻止其发表，否则就是对记者发表权的侵害。这种侵害将造成三种直接的消极后果：其一，精神伤害，使新闻记者的劳动价值得不到承认。新闻作品得以发表是新闻记者劳动价值得以体现的必不可少的环节。其作品得不到发表，社会、媒体和公众均不能承认其劳动价值。新闻记者的工作就失去了社会的意义，其精神价值就得不到体现。这必将造成新闻记者心理上的挫伤，最终影响其工作的热情。其二，物质伤害，使新闻记者的劳动得不到相应的物质回报。目前，我国各新闻机构大多将工作报酬与新闻记者的发稿量相挂钩。但这里的发稿量主要是指得到公开发表的新闻作品的数量，而不是指写作了多少新闻作品，因此，对新闻记者发表权的取消实际上也意味着对其物质回报权的取消。同时，我国宪法规定了公民的劳动权，新闻记者撰写新闻作品并加以发表是其享受劳动权利的一种体现形式，对其发表权的剥夺在一定程度上也是对其劳动权的伤害。当然，如果有正当的理由，譬如新闻记者写作的作品不符合新闻媒体的要求，作品内容有违我国的公序良俗或相关规定等，则需另当别论。

二、著作权

著作权，即新闻作者按照法律规定对自己的作品享有的人身权和财产权。新闻记者的新闻作品发表权还和著作权紧密相连。我国《著作权法》规定："中国公民，法人或者非法人单位的作品，不论是否发表，依照本法享有著作权。"同时还规定著作权主要包括发表权、署名权、修改权、保护作品完整权、复制权、发行权、出租权、展览权、表演权、放映权、广播权、信息网络传播权等 17 项权利。《著作权法实施条例》又规定："著作权法所称作品，指文学、艺术和科学领域内，具有独创性并能以某种有形形式复制的智力创作成果。"因此，除了《著作权法》规定的"时事新闻"不适用于《著作权法》保护外，新闻记者对新闻作品均享有著作权，这些作品不管发表与否均受保护。

新闻记者对新闻作品享有的著作权包括精神权利（人身权）和物质权利（财产权）两个方面。其精神权利是指发表权、署名权、修改权、保护作品完整权，其物质权利包括使用权和获得报酬权。我们之所以将著作权归纳成为新闻记者的职业权利，是因为我们在这里讨论的是新闻作品，而新闻作品的采写与其他作品的创作有很大的差别。其职业特征十分明显。因此，我们将新闻记者对其新闻作品能享有的著作权归入职业权利范畴。

新闻记者的工作方式决定了著作权对于他们而言是一项十分重要的权利，新闻记者要践行自己的新闻理想，需要借助著作权的享受把自己的意志表达出来；新闻记者要享受经济利益，也需要借助著作权的享受而获得物质回报，另外，从个人情感需求满足的角度看，成就、名誉、自尊等的实现都与著作权的享有密不可分。

三、舆论监督权

舆论监督权，即新闻记者有权依据法律规定不受干预地开展舆论监督的权利。监督权是公民的一项基本权利。我国《宪法》第四十一条规定："中华人民共和国公民对于任何国家机关和工作人员，有提出批评和建议的权利；对于任何国家机关和工作人员的违法失职行为，有向国家机关提出申诉、控告或检举的权利,但是不得捏造或者歪曲事实进行诬告陷害”,“由于国家机关和国家工作人员侵犯公民权利而受到损失的人,有依照法律规定取得赔偿的权利”。《宪法》规定的这些权利,既是我国公民对国家机关和国家工作人员的舆论监督权的肯定,也是宪法对公民权利的一种保护。当然,在现代社会,舆论监督的对象已不仅限于“国家机关和工作人员”,学校、医院等社会公益组织和事业单位都可以成为舆论监督的对象。同时,公民和法人一方面是监督主体,另一方面也可以成为监督对象。

公民权必须借助一定的形式才能实现,而舆论监督权无疑是其中一种十分重要有效的形式。舆论是一个涵义丰富的概念。《简明不列颠百科全书》认为,“舆论是社会上值得注意的相当多数的人对一个特定的问题表示的个人意见态度和信念的汇集”;《辞海》则认为舆论是指“众人的议论——现多指群众的言论”。舆论监督主要是公众通过一定形式和传播媒体,表达舆论影响决策的社会现象,在很多情况下也指新闻媒体对社会团体、政府、政党的批评,以促使其改正错误的行为。

舆论监督是《宪法》赋予公民言论自由权及舆论监督权的具体化。从“舆论”和“监督”本身的特点看,它必须借助新闻记者和新闻媒体的作用,才能确保公众行使好这项权利。没有监督的权力必然导致腐败。因此,舆论监督在社会政治、经济生活中作用巨大。新闻记者必须充分地享受舆论监督权,以便为社会的有序运行发挥作用。事实证明,只有在新闻记者的舆论监督权得到有效保证,社会的各种权力得到有效监督和制约的情况下,社会的腐败和不公现象才会不断减少。

第四节 新闻记者的个体权利

新闻记者既是社会的人、媒体的人,又是个体的人,即他是享受权利和履行义务的独立的个体,新闻工作的工作特征决定了他们必须具备“单兵作战”的能力。新闻记者这种独立的个体的权利是与其从事的新闻工作的社会角色要求密切相关的,这种权利是一种特殊的权利而不是普通的权利。普通的个体权利是一种公民权。首先以普通公民身份出现的新闻记者自然完全应该享有。作为中国公民的新闻记者,宪法赋予了他们这样一些主要的公民权:政治权利和自由,包括选举权和被选举权,监督权、言论、出版、集会、结社、游行示威的自由;人身自由,包括人身自由不受侵犯、通信自由和通信秘密受法律保护等；精神自由，包括宗教信仰自由和文化活动自由；社会权与经济权，包括劳动权、享受劳动保护、社会保险、社会救济权、环境权、受教育的权利；特殊保护的基本权，包括妇女、老人、儿童及残疾人受法律保护，华侨、归侨和侨眷的利益受法律保护等。而新闻记者的个体的权利却是一种特殊的权利。这种特殊的权利要确保其符合新闻记者的角色要求。新闻记者的个体权利包括：采访权，上情下达权，下情上达权。

一、采访权

新闻记者的采访权就是指他们自由地搜集新闻信息的权利。新闻记者的个体角色特征就是搜集信息和传播信息，而搜集信息又是传播信息的前提。新闻记者搜集信息的过程，就是其行使采访权的过程。采访权能否得到保障，是新闻记者能否理想地完成搜集信息工作的法律基础。从社会对新闻记者的要求来看，新闻记者主要应该为社会和公众提供这些服务：报道事实与意见，为社会公众服务；提供新闻知识与新闻背景，教育引导公众；介绍和阐明社会美好；开展社会批评，扶正祛邪等等。在这些要求中，任何一条要求的满足都离不开记者采访权的行使。例如新闻记者要报道事实和意见，为社会公众服务，就必须进行认真的采访。如果有人对记者的采访行动进行干涉，不仅侵犯了记者的采访权，最终也将侵害受众的知情权。再如新闻记者要提供知识，教育引导公众，但是，新闻记者本身并不是先知先觉的圣人，有许多知识他们必须先采访专家，然后再向人们传授。例如每当出现特殊的天文现象，如彗星出现、日全食、日偏食、厄尔尼诺、海啸、热带风暴等等现象时，新闻记者必须首先采访相关专家，才能通过媒体告知人们这些现象的成因、影响、后果、发展趋势等。所以说，采访权是新闻记者开展工作的首要权利。“记者的职业所以被社会承认，在于人们需要传媒满足自己了解外部世界的需要，即获知的需要，才认可记者的采访权。因此，当记者是在为满足人们获知外部情况需要而服务的时候，他应当拥有采访权。每个人的身体和五官所能够接触的外部世界是十分有限的，而传媒是人体的延伸，在这个意义上，传媒的工作人员——记者的采访权不过是宪法规定的公民言论自由权的延伸。”[①]当然，新闻记者的采访权是否得到有效享受，还与新闻记者的业务素质密切相关。例如新闻记者行使采访权时需要不断提问，但提问得当与否与新闻记者的业务素质密切相关。提问得当，可以快捷高效地获得新闻信息，发挥采访权的高效用，而提问不当，

① 陈力丹：《我们应怎样认识记者的采访权》，载《南京日报》2004年1月16日.

则可能适得其反。有人曾整理过中央电视台体育记者冬日娜不当提问的若干例子,很好地说明了提问的重要性。冬日娜采访史冬鹏:“你觉得和刘翔在同一个时代是不是很悲哀?”“你有没有信心得亚军?”“因为冠军已经是刘翔了,刚才的比赛你尽力了吗?”在她三句经典提问的凌厉攻势下,史冬鹏可谓毫无招架之力,差点哭了;广州亚运会,采访刘翔:“今天晚上,你完全释放了吗?你毫无保留地释放出来了吗?”刘翔:“我……(无语,憋了半天)我还留了一点。”奥运火炬在上海传递时,刘翔在宾馆看电视,正好有刘爸爸传火炬,冬日娜深情地说:“虽然这不是刘翔第一次看见他父亲,但他仍然很激动。”南京十运会,山西的刘青拿到女子800米冠军,赛后,冬日娜采访刘青:“这次800米比赛,应该是靠实力赢下来的吧?”一旁的刘青教练脸色铁青……

为了保证新闻记者个体权利的正常享有,或者在更广阔的意义上说,为了保证新闻记者社会权利和职业权利的正常享有,公民尤其是政府不能限制新闻记者的采访权。新闻记者自由的新闻采访活动只要没有妨碍公民和政府的合法权益,就不能套用“无可奉告”之类的外交辞令来限制其行使。遗憾的是,虽然新闻记者在习惯意识上一直觉得自己自由地享受着采访权,但是,一旦碰到破坏这种权利的行为,新闻记者往往无能为力,因为法律对其并无明文规定。所以,现实生活中就屡屡有新闻记者采访权受侵害,甚至新闻记者被打被关的严重侵犯新闻权利的事件。2004年5月25日上午11点左右,央视《时空连线》记者马战辉和李娟赴沈阳采访当地一起野蛮拆迁事件,被当地一派出所(和平区民主派出所)民警强行中断采访,并被强行扣留在派出所将近两个小时,其间采访设备及采访素材被强行没收。最后,在辽宁电视台和沈阳市委宣传部出面协调之后,两名记者才重新获得人身自由。据央视记者透露,在被强行扣留期间,该派出所的态度非常恶劣,还说什么“扣留没有超过12小时,根本不违反法律”。央视的记者在行使采访权时受到暴力对待,这不是第一次,相信也不会是最后一次,而其他新闻媒体在行使采访权时屡受伤害已让人见怪不怪,这从一个侧面佐证了保护这种权利的重要性。

二、上情下达权

上情下达权,即新闻记者通过首先获知党和政府的决策信息并借助新闻媒体传达给受众的权利。无论是西方国家还是我国,新闻记者都是一个特殊的社会角色,而“无冕之王”是对这种社会角色的最好概括。党和政府的许多政策主张,首先是通过新闻记者传达下去的,而新闻记者必须“首先知道”相关的信息,这是对新闻作品时效性的基本要求。《中国新闻工作者职业道德准则》第一条明确规定新闻工作者要"努力使党和政府的方针、政策及时、准确、广泛地同群众见面,为人民群众提供参与政治、经济、文化等社会生活及了解世界所需要的新闻和信息"。这可以视作是对新闻记者上情下达权的行业规定。

新闻记者要享有上情下达权的一个基本要求是"首先获知"。如果某种需要社会广泛获知的信息通过自上而下进行传达或人们口口相传广为人知了,新闻记者就没有了获知的必要性,其上情下达权实际已受到了伤害。当然,某些不适宜通过新闻媒体发表的信息不在此列。记者上情下达权的完整享有还包括媒体发表这个环节,否则,"首先获知"就没有了意义。

新闻的阶级性决定了新闻必须为统治阶级服务。新闻记者必须行使好上情下达的权利。对于这一点,那些一贯强调新闻的"独立性"、强调"新闻自由"的国家也不例外。例如在美国,新闻记者必须通过新闻媒体,传达统治阶级的统治思想和阶级意志。1979 年邓小平访问美国时,美国当局的思想和意志通过《纽约时报》及其记者之手,得到了充分的反映:"卡特政府的立场的思想状态,可以用四个字概括,这就是'三想两怕'。三想是,从长久战略考虑,想同中国合作,反对苏联在全球的扩张政策;想靠中国人抵挡苏军扩张,因为中国地大物博、人民勤劳勇敢,如果打起第三次世界战争来,这是可以借用的强大力量;想在经济上同我们做买卖、赚大钱,这三想,对美国都有好处,所以愿意和中国搞好关系。而两怕是:第一是怕同我国友好,会把苏联惹恼,从而破坏它与苏联的交易中的利益;第二是怕台湾省当局骂它背信弃义,因而影响到其他方面对它失去信任。"①于是他们采取了以下对策:第一是讲好话,邓小平访美前,用头版通栏标题报道并表示热烈欢迎,后又用诸如"老练的政治家"、"风靡一时的新闻人物"等赞誉之词;第二是讲分歧,如有一条新闻的标题就是:"卡特与邓会谈四小时,在对苏问题上有分歧";第三是刊登反华广告以安抚台湾。正是通过这样一些具体的做法,向《纽约时报》的读者传达着高层统治者的信息。

我国中宣部、中央对外宣传小组和新华社曾对记者及媒体的"上情下达权"作过相关的规定。上述三单位在 1978 年《关于改进新闻报道若干问题的意见》中,明确规定:"政治局会议和书记处会议决定中一些可以公开报道的内容,由新华社及时发布新闻。国务院会议作出的可以公开报道的重要决定,由国务院新闻发言人定期(每月一次或二次)举行中外记者招待会或新闻发布会

① 苑子熙著:《美国新闻自由探析》,中国广播电视出版社,1985 年,第 45、46 页.

加以介绍，在记者招待会上，还可就一个时期国内政治、经济、文化等方面全局性重大问题和群众关心的问题发布新闻并答记者问。”同时又规定：“新华社在发布上述重大新闻时应采取措施保证中央人民广播电台、国际广播电台和中央电视台同时发出。”这样的规定实际上也从一个侧面对新闻记者的“上情下达权”予以保护。

三、下情上达权

下情上达权，即新闻记者将自己采访获知的真实信息，通过相应的渠道为各级政府所获知的权利。对此，《中国新闻工作者职业道德准则》第一条也有相应规定：“新闻工作者要热情宣传他们（人民群众）建设社会主义的伟大创造和奉献精神，准确反映他们的愿望、呼声和正当要求。”下情上达权包括两方面的内容：积极的正面的先进事迹报道和消极现象的报道。只有报道两方面的内容，才能使上级部门获知全面真实的信息。在这个问题上，我们在十年动乱中曾经吃过大亏。新闻媒体在报道基层情况时，充满了“假、大、空”的典型，使决策者错误地认为现在全国形势“一片大好，越来越好”，最终导致基于错误判断的错误决策的出台。

下情上达的渠道主要有两条：公开渠道，即通过新闻媒体发表各种新闻作品，以使上级组织获知真实的信息；秘密渠道，即通过内参、人民来信或当面陈述等形式，让上级部门获知不宜公开但又必须了解的社会真实信息。在这方面的例子可以说是举不胜举。当一些地方的某些人热衷于搞“数字出政绩，数字出干部”时，是我们许多有良知的新闻记者及时报道的真实的情况，才使这股歪风得到了收敛。而许多新闻记者写的正反两方面的新闻，也为领导层的正确决策提供了正反两方面的依据。相反的例子也很多，最为典型的莫过于十年“文化大革命”中，许多“假、大、空”的典型，许多“人有多大胆，地有多大产”的典型，许多“多、快、好、省，比、学、赶、帮、超”的典型，给我们国家造成了十分严重的后果。这些教训都是要求我们认真记取的。2002 年 6 月 22 日，山西繁峙县义兴寨金矿发生严重矿难，38 名矿工不幸遇难。得知消息的新华社山西分社记者鄯宝红、安小虎、王东平、谭旭赶赴事发地采访，但他们不是首先去矿难发生地采访，而是找到县委、县政府，结果，4 名记者在分别收受了约 24 800元的钱物后，对矿难只字不报。直到陕西《华商报》和《中国青年报》介入报道后，事故详情才逐渐被披露出来。事后，相关记者分别受到了开除党籍、开除公职等处分。新闻记者这种严重违法的行为，严惩背离了其职权要求，理应受到惩处。

网络时代，新闻记者下情上达权的行使正在现代科学技术的支持下得到有效的保障。曾经行之有效的对那些所谓“不宜报道”的新闻进行压制、删除的方法已经很难有市场了。尤其是随着微博等新的信息传播形式的出现，任何一个有微博使用能力的人都可以在第一时间发布信息，更有效地保障了下情上达权。

下情上达权和上情下达权一样，是新闻记者个体权利中的一项基本权利，任何个人、组织都不应该用各种方法干扰、阻挠新闻记者对这一权利的行使。

我们从新闻记者作为社会的人、媒体的人和个体的人的角度，探讨了其应享有的相应的权利。这些权利对于新闻记者正常开展工作，对于我国新闻事业的健康发展，都是必不可少的。因此，在以后相应法律，尤其是新闻法的制订中，必须用相应的明确条款加以规定，只有这样，新闻记者的权利才能得到真正的保护。另外，新闻记者的这种特殊权利是和特殊义务相辅相成的。我们强调新闻记者的权利，不是意味着对其义务的忽视。只有与义务相对应的权利才是真实的，因此，新闻记者在享受权利时，必须同时履行必要的义务。

第五节　记者被打：侵权与对策

近年来，新闻记者被打几乎成不了新闻，原因何在？这种情况太多见了。从中央电视台的记者到市县报刊的记者，几乎每个新闻媒体都有记者被打的记录。这种情况的持续发生，必定会对新闻业的健康发展带来危害，必须从法治层面，寻找维护新闻记者合法权益的对策。

一、新闻权利屡遭侵犯

与新闻权利失控和滥用相对应，新闻权利被侵犯的情况也是屡见不鲜。中国记者维权委员会 2003 年的一份调查可谓触目惊心：对 9 个省区市的 16 个城市的记者进行调查，收回有效问卷 1 476 份，结果显示半数以上的记者在采访时遭遇过不同程度的阻挠。如果说这样的数字比较抽象的话，那么，我们不妨随便举出一些例子：2004 年 2 月，《明星周刊》记者冯科、朱振华等在云南采访《千机变 2》拍摄时，遭到多人围攻，相机被抢走，一位记者被推入冰冷的河水中，最后，打人者被云南省罗平县公安部门处行政拘留；2004 年 5 月 25 日，中央电视台《时空连线》栏目组记者马战辉、李娟赴沈阳采访当地一起野蛮拆迁事件时，被沈阳和平区民主派出所民警强行中断采访并被强行扣留在派出所2小时，其采访设备和采访素材遭到强行没收；2004年8月26日，湘潭电视台记者成彬、李翔及实习记者张衍彬经事先联系，到市公安局治安管理支队就创建文明城市整治城市“牛皮癣”问题采访副支队长谭祖炬结束后，遭到谭及工作人员的殴打，记者被打伤，录像机内的采访素材被收走……稍早一些类似的例子也时有发生：2001年12月30日，江西省万载县黄茅镇的攀达烟花公司发生恶性爆炸事故。与救援战斗几乎同时打响的，是当地有关部门与新闻媒体之间展开的“封锁”与“反封锁”的新闻战。《人民日报》、《江南时报》、《潇湘时报》、《羊城晚报》等新闻单位的记者均被强行阻止在现场之外。《中国青年报》记者准备前往现场采访时，更被掀翻在地。2002年1月5日，《济南时报》记者赵京桥、吕延川协同《山东青年》杂志记者杨福诚前往山东省宁阳县泗店镇采访该镇西孟村村支书涉嫌贪污、欺压百姓案例，结束返回时，先是遭到宁阳警方警车的拦截，后在宁阳县委宣传部的办公室遭到治安民警的暴力殴打。2002年1月10日，《南京晨报》记者和江苏电视台记者前往安徽省蚌埠市丰原集团柠檬酸厂采访该厂爆燃事故现场时，遭到数十名保安的围攻。记者的照相机、摄像机被抢走，人被按倒在地。2002年3月24日，《京华时报》记者杨威和李倩来到北京市丰台区石榴园小区中创物业管理有限公司缴费处，采访该小区业主与物业因为房费发生冲突，十多个住户被打伤一事时，再次受到暴力对待。采访中，中创公司的物业人员将记者围住，强行抢去记者证，摄影记者还遭其围打。事后，经天坛医院诊断，确诊被打记者右耳鼓膜穿孔。2007年8月13日，湖南湘西凤凰城发生在建中的堤溪大桥坍塌事件，事件发生后，全国众多新闻媒体前往采访，结果包括《人民日报》、新华社、《中国青年报》、《经济观察报》、《南方都市报》在内的5家新闻媒体的记者遭到群殴。事后，湘西的宣传官员仅在小范围内向《人民日报》和新华社记者遭遇的“不愉快”致以“歉意”，且宣称其他媒体来采访属于“违规”。可以说，从中央级新闻媒体到地方新闻媒体，几乎都经历过记者被打的事件。

二、侵害的来源

从记者被打事件的发生情况看，几乎所有的事件都发生在新闻记者对非法事件或灾祸事件进行舆论监督的报道之中。具体而言，新闻记者受到的侵害主要来自两个方面：第一，普通公民或法人组织。新闻记者的采访活动触动了这些个人和组织的既得利益，记者和媒体一旦介入报道，会导致他们物质利益的直接损失。因此，为了保护自己非法的既得利益，他们不惜暴力相向。如前述《南京晨报》、江苏电视台及《京华时报》的记者遭遇暴力，就属于此类情况。类似的事件在法律层面上看是非比较清晰，所以适用法律时困难较少，也就是说，记者的权利是可以最终得到有效保护的。在社会影响上，虽然事件发生后会有较大的轰动效应和新闻价值，但其消极影响往往局限于社会机制表层，所以，对社会的危害性相对较小。第二，权力部门。新闻记者的采访和曝光会触动某些权力部门的既得利益，导致其政治形象“受损”，精神权利受到“伤害”(譬如会因管理不善导致事故发生而被上级部门免职、处罚等)，为了保全面子，挽救自己的“政治前途”，某些权力部门的代表不仅会授意甚至直接出面对新闻记者的采访施加暴力阻碍。如上述《人民日报》、《江南时报》、《羊城晚报》、《济南时报》和《山东青年》等单位记者遇到的就是此类情况。令人关注的是，此类事件发生时，阻拦施暴者往往有一个冠冕堂皇的理由，而且辅以某种制度上的依靠，所以阻拦甚至施暴往往显得“名正言顺”，让新闻记者维权时屡受磨难。并且，此类事件发生后，其消极影响往往体现在机制和制度内部，有时很难有明显的表现形式，所以其危害性不仅强烈，而且持久。由于舆论监督正在比较普遍地触动着某些个人和团体的既得利益，因此，新闻记者遭遇暴力对待的事件也是比较常见的，其对社会文明进步的消极影响也就越发显得不可忽视。第三，非法利益集团。中国作为一个国情复杂的人口大国，非法利益集团的存在是一个人所共知的事实。公安部门近年来曾经花大力气打击过的黑社会性质的团伙，就是这种非法利益集团的典型代表。非法利益集团通过开设地下赌场、欺行霸市强买强卖、设立地下彩票点(如六合彩)、非法传销等，牟取非法利益。新闻记者对这些集团开展的“打黑行动”，很容易遭致反抗和报复。由于涉及的是黑社会性质的集团的利益，所以记者受到的伤害可能比较直接和严重，有时甚至会有生命危险。

三、现有的法律对策

面对暴力，一贯以强势群体出现的新闻记者也时常会显得无能为力，因为在我们国家，新闻记者的采访权、批评权、舆论监督权、报道权等尚未得到法律层面上明确的保护，加之《新闻法》迟迟未能出台，往往会使新闻记者陷于“无法可依”的窘境。其实，没有《新闻法》，法律上没有明确采访权等不利因素，并不能成为新闻记者依法保护自己合法权利的障碍。根据一般的法律原则，当公民或法人的权利受到非法侵害时，他们首先应该求助于专门法的保护。例如，当某位记者的作品被剽窃时，他应该求助《著作权法》的保护。因为专门法的保护比较具体、全面，所以也比较有效。当没有专门法保护时，则可以考虑求助普通法(一般法)的保护。从我国的法律实际看，虽然制订《新闻法》的呼吁在二十几年前就有人发出了，但由于该法涉及诸多疑难敏感问题，所以至今还没有制订颁布。也就是说，一旦新闻记者在新闻采访活动中遭遇暴力等侵权行为时，他们目前还无法得到专门法的保护。在这种情况下，记者应该寻求用普通法来保护自己的权益。如果记者被打，根据我国法律的规定，主要可以主张这样一些权利：

(1) 宪法权利。我国《宪法》中，和新闻记者权利相关的条文是比较多的，联系比较紧密的主要有这样一些：

第三十五条　中华人民共和国公民有言论、出版、结社、游行、示威的自由。

第四十条　中华人民共和国公民的通信自由和通信秘密受法律的保护。除因国家安全或者追查刑事犯罪的需要，由公安机关或者检察机关依照法律规定的程序对通信进行检查外，任何组织或者个人不得以任何理由侵犯公民的通信自由和通信秘密。

第四十一条　中华人民共和国公民对于任何国家机关和国家工作人员，有提出批评和建议的权利；对于任何国家机关和工作人员的违法失职行为，有向有关国家机关提出申诉、控告或者检举的权利，但是不得捏造或者歪曲事实进行诬告陷害。

对于公民的申诉、控告或者检举，有关国家机关必须查清事实，负责处理。任何人不得压制和打击报复。

由于国家机关和国家工作人员侵犯公民权利而受到损失的人，有依照法律规定取得赔偿的权利。

第四十七条　中华人民共和国公民有进行科学研究、文学艺术创作和其他文化活动的自由。国家对于从事教育、科学、技术、文学、艺术和其他文化事业的公民的有益于人民的创造性工作，给以鼓励和帮助。

第五十一条　中华人民共和国公民在行使自由和权利的时候，不得损害国家的、社会的、集体的利益和其他公民的合法的自由和权利用。

这些明确的宪法条文告诉我们：新闻记者的新闻自由权、舆论监督权、采访权、报道权、批评权等，是逻辑地包含在宪法原则之中的。在上述宪法条文中，虽然没有直截了当地点明这样一些权利，但作为统率所有法律的国家根本大法，其基本精神，已经确定了我国以后《新闻法》的核心内容。例如，言论、出版自由的规定，可以理解为新闻自由权；批评、建议、控告、检举的规定，可以理解为舆论监督权；文学创造和文化活动的规定，可以理解为采访、报道权等。所以，就宪法层面而言，我们可以非常明确地得出这样的结论：新闻记者的权利是受我国《宪法》保护的，一旦这种权利受到侵害，新闻记者完全可以理直气壮地寻找法律保护。从另一层意义上讲，一个国家的健康有序发展，也必须从法律层面上保护新闻媒体。新闻记者依法有效地开展新闻活动，这是保障社会机体健康必不可少的前提条件。

(2) 民法权利。主要包括两大方面：

① 人身权。人身权包括生命权、身体权和健康权。我国的《民法通则》对公民的人身权进行了明确的保护。我国《民法通则》规定：

第九十八条　公民享有生命健康权。

第九十九条　公民享有姓名权，有权决定、使用和依照规定改变自己的姓名，禁止他人干涉、盗用、假冒。

法人、个体工商户、个人合伙享有名称权。企业法人、个体工商户、个人合伙有权使用、依法转让自己的名称。

第一百条　公民享有肖像权，未经本人同意，不得以营利为目的使用公民的肖像。

第一百零一条　公民、法人享有名誉权，公民的人格尊严受法律保护，禁止用侮辱、诽谤等方式损害公民、法人的名誉。

第一百零二条　公民、法人享有荣誉权，禁止非法剥夺公民、法人的荣誉称号。

我国的《国家赔偿法》第三条规定：行政机关及其工作人员在行使行政职权时有下列侵犯人身权情形之一的，受害人有权取得赔偿：非法拘留或者以其他方法非法剥夺公民人身自由的；以殴打等暴力行为或者唆使他人以殴打等暴力行为造成公民身体伤害或者死亡的；造成公民身体伤害或者死亡的其他违法行为。除这些规定外，我国《刑法》、《妇女权益保障法》等还有相关规定。记者作为普通公民，当他们在新闻采访的过程中，人身权遭受暴力侵害时，自然有权主张这些法律来保护自己。

② 财产权。在记者面对暴力时，除了人身权可能受到伤害外，集体的物品如摄像机、照相机以及个人的物品如手机、交通工具、私人物品等也很容易受到损坏。一旦发生这种情况，新闻媒体和新闻记者应该根据我国《宪法》，尤其是《民法通则》第七十一至七十五条关于国家、集体和个人财产受法律保护的规定，主张财产权利：

第七十一条　财产所有权是指所有人依法对自己的财产享有占有、使用、收益和处分的权力。

第七十三条　国家财产属于全民所有。

国家财产神圣不可侵犯，禁止任何组织或者个人侵占、哄抢、私分、截留、破坏。

第七十四条　劳动群众集体组织的财产属于劳动群众集体所有，包括：

（一）法律规定为集体所有的土地和森林、山岭、草原、荒地、滩涂等；

（二）集体经济组织的财产；

（三）集体所有的建筑物、水库、农田水利设施和教育、科学、文化、卫生、体育等设施；

（四）集体所有的其他财产。

集体所有的土地按照法律属于村农民集体所有，由村农业生产合作社等农业集体经济组织或者村民委员会经营、管理。已经属于乡（镇）农民集体经济组织所有的，可以属于乡（镇）农民集体所有。

集体所有的财产受法律保护，禁止任何组织或者个人侵占、哄抢、私分、破坏或者非法查封、扣押、冻结、没收。

第七十五条　公民的个人财产，包括公民的合法收入、房屋、储蓄、生活用品、文物、图书资料、林木、牲畜和法律允许公民所有的生产资料以及其他合法财产。

值得说明的是，新闻记者在新闻采访时，一旦遇到暴力，除可以参照上述法律规定，寻求对自身人身权、财产权的保护外，一旦这种侵犯比较严重时，还可以按照我国《刑法》的有关规定，追究施暴者的刑事责任。这样的事例其实并不少见。1998 年，将《重庆商报》记者赖迎春打伤的两名施暴者被处以行政拘留 15 天和 13 天，并赔偿医药费；1999 年 4 月，6 名将《法制日报》记者沈海宁殴打致伤的河南平顶山的歹徒以寻衅滋事罪被判处有期徒刑 1～4 年，并赔偿受害记者各项损失费 8 万余元。类似的例子可谓不胜枚举。我国正在致力于建设法制现代化的国家，法制现代化国家的标志之一，就是每一个社会组织和成员的权利都能得到法律的有效保护，任何试图对这种社会平衡构成侵害的组织和个人，都将受到法律的严惩。当然，我们也必须意识到，记者在采访时受到了什么样的侵害，权利受侵害的程度如何，应该适用什么样的法律规范，这是一个比较复杂的问题，对此，新闻记者一方面可以通过学习，不断掌握法律武器，另一方面，也可以直接寻求法学专家和法律工作者的帮助。

四、对新闻法治的期盼

新闻记者被打现象之所以屡有发生，一个根本的原因，在于新闻记者的新闻采访和报道权利还没有得到法律上的明文规定。在日常的新闻活动过程中，我们都知道新闻记者享有采访的权利，取消了采访权，新闻活动就无法进行，新闻媒体也就无法生存。这说明，采访权无论对于新闻记者还是新闻媒体而言，都是一项至关重要的权利。但是，当我们自得其乐地享受这项权利的时候，可能并没有意识到这样一个客观实际——采访权以及其他许多新闻权利目前还只是一种习惯权而不是法定权，也就是说，包括采访权在内的许多新闻权利，目前在我国法律中还没有明文规定。这也是解释许多人面对新闻记者的采访可以毫不犹豫地拒绝甚至肆无忌惮暴力相向的一个重要原因。从社会发展的基本要求和我国建设法制现代化国家的基本进程看：新闻法治是一个必然的趋势，在这个过程中，我们必须注意考虑保护新闻自由权、舆论监督权、采访报道权和公民人身权、财产权、法人身份权、名誉权等的平衡。自由的新闻权利不得侵害公民、法人合法权利的行使，否则，新闻记者将会受到法律的惩处。同时，公民、法人在接受新闻记者采访时，不能借故拒绝记者的采访。如果记者采访的内容纯属个人生活信息或法人依法从事商业活动信息（包括商业秘密），当然可以拒绝采访。但一旦他们的活动涉及公共利益，记者的采访就不应受到拒绝。近年来，知情权日益受到重视，这也从一个侧面证明了记者采访权的重要性。应该说，记者开展新闻活动，实施舆论监督，这是他们的崇高使命，符合党心民心，也符合社会发展的要求，必须在法律上得到明确的保护。当然，我们并不奢望《新闻法》颁布以后，暴力殴打新闻记者的现象会消失，就如我国《刑法》作出了许多禁止性的规范以后，犯罪现象依然存在一样。但是《新闻法》一旦颁布，至少可以在法律层面上明确——暴力对待新闻记者的采访是一种违法行为。新闻法治，这是我们对法治社会一个合乎理性精神的要求。

第五章　新闻义务的履行

新闻记者开展新闻活动时，既要享受一定的权利，以保证新闻活动的顺利进行，也要履行一定的义务，以保证对他人权利的尊重和保护，防止新闻侵权行为的发生。在我国法制建设逐渐趋向健全的今日中国，我们应该高度重视义务的履行，因为在现实生活中，新闻活动对他人权利侵害的行为可谓屡见不鲜。和新闻权利一样，新闻义务同样对新闻活动至关重要。权利和义务是一对相互依存、密不可分的概念，没有权利，就不会有义务，反之亦然。在任何一个社会中，权利和义务都应该是平衡的，也就是说，任何一个社会群体中的个人能够享有多少权利，就同时应该履行多少义务。如果不能保证权利和义务的平衡，那么一个人多享受一份权利，就必定意味着另一个人将要多尽一份义务，即他的权利受到了一定的伤害。新闻媒体和新闻记者是以追求和维护社会公平和正义作为自己的工作职责的，因此，就更应该在享受权利的同时，履行相应的义务。同时，新闻记者是社会中一个比较特殊的群体，他们要和社会中各种阶层的人打交道，而其工作的特征又特别容易导致他们滥用自己的权利，他们自身义务履行得好坏，将深刻而广泛地影响职业形象的好坏，影响受众对社会法制化程度的评价，所以，新闻记者特别需要强调依照法律和有关政策法规履行自己的义务。就像讨论权利一样，我们在讨论新闻的宪法义务后，重点讨论新闻记者的义务。

第一节　新闻的宪法义务

一、我国宪法关于新闻义务的规定

义务是权利的对应物。《法学辞典》关于义务的定义是："权利"的对称。

(1)法律上关于权利的主体应当作出或不应当作出一定行为的约束。(2)泛指根据一定社会规范应当从事一定行为或不从事一定行为的约束。从该定义中我们可以看出,义务有狭义和广义之分。狭义的义务主要指法律义务,而广义的义务则指法律以及在其他一切社会领域内的义务。对新闻记者而言,既要履行法律义务,同时又特别需要强调履行法外义务。当然,在履行法外义务之前,新闻记者应当首先履行的是法律义务,因为比之于法外义务,法律义务具有更高的约束力。我国《宪法》规定的,与新闻记者的关系密切的义务性规范主要表现在这样一些规定中:

第二十二条　国家发展为人民服务、为社会主义服务的文学艺术事业、新闻广播电视事业、出版发行事业、图书馆博物馆文化馆和其他文化事业,开展群众性的文化活动。

第三十八条　中华人民共和国公民的人格尊严不受侵犯。禁止用任何方法对公民进行侮辱、诽谤和诬告陷害。

第四十一条　中华人民共和国公民对于任何国家机关和国家工作人员,有提出批评和建议的权利;对于任何国家机关和国家工作人员的违法失职行为,有向有关国家机关提出申诉、控告或者检举的权利,但是不得捏造或者歪曲事实进行诬告陷害。

对于公民的申诉、控告或者检举,有关国家机关必须查清事实,负责处理。任何人不得压制和打击报复。

由于国家机关和国家工作人员侵犯公民权利而受到损失的人,有依照法律规定取得赔偿的权利。

第五十一条　中华人民共和国公民在行使自由和权利的时候,不得损害国家的、社会的、集体的利益和其他公民的合法的自由和权利。

二、宪法中新闻义务的主要内容

1. 为人民服务、为社会主义服务是新闻记者的基本义务

为人民服务、为社会主义服务是新闻记者的权利,同时也是新闻记者的义务。《宪法》第二十二条的这条规定,是新闻记者权利和义务相统一的典范。新闻记者是负有特定社会义务的人,要很好地履行这些义务,就必须赋予其相应的权利,否则,这种义务就难以履行好。所以,我们首先将为人民服务、为社会主义服务作为新闻记者的一种权利,从宪法地位的高度,对这项工作加以肯定。同时,为人民服务、为社会主义服务又是一项宪法义务,是需要每个新闻记者认真履行的一种义务。新闻活动是一种社会活动,新闻活动的主体和主

要参加者——新闻记者在这个活动中的行为是否符合宪法和法律的要求，对于新闻活动能否顺利开展意义重大。因此，在任何情况下，新闻记者都必须意识到自己肩头所承担的责任，都要明确自己所应履行的义务。这是因为，一方面，新闻记者的工作对社会的作用巨大。一篇报道，一条消息，往往会在社会上产生广泛而深远的影响。正确的舆论，能振奋民心，激发全体社会成员的热情；而错误的舆论，则可能扰乱民心。一些反面的教训和案例，也要求广大新闻记者必须始终明确自己肩头的重责。否则将会给国家带来十分严重的后果，也会给自己的人生命运涂抹上不光彩的一笔。这样的例子可谓触目惊心。吴士深案就是一个例证：1992 年 9 月 30 日，香港《快报》记者梁慧珉获我国有关部门的批准，到北京采访党的十四大。临行前，其所在部门主任给她一项“特殊使命”——窃取尚未公开的江泽民总书记的报告抢先公开发表。梁慧珉一下飞机，就和新华社记者吴士深取得联系，双方谈妥以“美元 2 万，兑换券 3 千”换取江泽民总书记的报告。10 月 4 日，吴士深之妻——《中国健康教育通讯》记者马涛将国家“绝密”文件——尚未公开的江泽民总书记在十四大上的报告交予梁慧珉并于 10 月 5 日在香港《快报》被全文刊登，给我国造成了十分严重的后果。香港记者梁慧珉被拘留 7 天后经香港方面与大陆有关方面交涉后返港，而新华社记者吴士深及《中国健康教育通讯》记者马涛因犯有为境外人员非法提供国家机密罪而分别被判处无期徒刑，剥夺政治权利终身和有期徒刑 6 年，剥夺政治权利 1 年。在这起案例中，吴士深和马涛利用记者职业的便利，从事严重危害了我国国家利益的行为，理当受到法律惩处。

当然，新闻记者中的败类毕竟是极少数，绝大多数记者都是在用自己的合法行为，用自己勤奋的工作态度，认真履行着新闻工作的职责和义务。例如，2003 年春夏之交，“非典”疫情在我国许多城市蔓延，许多无辜的生命受到了威胁和伤害。在这样的非常时期，许多新闻记者深入疫区，采写相关新闻，提供真实信息，为稳定社会情绪，消除社会恐慌，最终消除“非典”疫情作出了贡献。2008 年 5 月 12 日汶川大地震发生后，许多记者不顾余震不断，奔赴灾区报道抗震救灾的情况，为全体灾区民众提供了极大的帮助。可以这样说，只要有新闻的地方，就会有记者的影子。他们四处奔波，为的是采获新闻；他们风餐露宿，为的是传递信息；他们经历风险，为的是社会安康。他们一直在路上，他们一直在奔走，因为他们肩负责任，心装重托。

2. 新闻记者必须尊重报道对象的人格尊严

人格既是一个道德概念，也是一个法律概念。就道德概念而言，人格是和人的品行、信誉、修养等密切相关的。就法律概念而言，“人格的法律承认就是人格权，它总括了人自身的价值的各个方面，是关于人的生命、身体、自由、名誉、信念、情感、贞操、生活方式等方面权利的总括”。[①] 人格是指一个人在法律上享受权利和承担义务的资格。对于我国公民而言，强调对公民人格权的尊重和保护具有特殊重要的意义。这是因为在过去相当长的时间里，尤其是在十年“文化大革命”中，我国公民的人格权受到了严重的伤害。在我国的1954年《宪法》、1975年《宪法》和1978年《宪法》中，都没有关于人格权保护的条文，所以，当公民的人格权受到践踏侵害时，往往难以寻求到法律的有效保护。

在1982年制定的《宪法》第三十八条中，明确规定“中华人民共和国公民的人格尊严不受侵犯”，这对我国公民人格权保护具有里程碑意义。人格尊严不受侵犯和其他人身自由权一样，都是靠义务主体的不作为实现的。从法律意义上讲，它所要求的义务主体的不作为表现为不实施诸如侮辱、虐待、歧视、诽谤、恶意中伤等有损他人人格的行为。而在这一点上，新闻记者无疑负有特别重要的义务。新闻活动是以报道社会生活为主要内容的社会活动。在新闻报道中，不同的新闻信息会对不同的报道主体产生评价。人是社会的人，因此，人是社会活动的主体。新闻记者要报道社会生活，就无时无刻要和社会生活中的人发生关系，也极易对他人的人格构成伤害，在这种情况下，就必须强调对人们人格的尊重。

在我国的新闻实践中，绝大多数新闻记者能够自觉地履行好尊重报道对象人格的义务。但是，也有一些记者不能很好地履行这一义务，结果造成了对公民人格权的侵害。这主要基于这样一些原因：第一，习惯性思维造成对公民人格权的伤害。表现为：在相当长的时期内，新闻记者具有许多“特权”。一些新闻记者片面地理解“无冕之王”的尊称，将新闻记者的权利无限地扩张。而公民由于整个社会的法制不健全，法律意识不强，也就心甘情愿或者无奈地接受着这种伤害。而今天，随着我国法制现代化步伐的加快和全体公民法律意识的觉醒，当公民的人格权利受到伤害时，他们会比较清醒地意识到这种伤害并采取相应措施减少这种伤害造成的消极后果。正因为这样，新闻记者的侵权往往会导致新闻诉讼。第二，因法律知识的欠缺而导致好心办坏事，无意之中侵害了公民的人格权。例如，有的人对出身贫寒、父母早亡、养子身份或养女身份等生活磨难视为隐私，但新闻记者在报道这些人人生成功的时候可能为了渲染“自古雄才多磨难”的观点，就无意中披露了这些隐私，构成对公民人格权的侵害。例如，南京某报在报道一起刑事案件时，为了追求真实性和可信

① 徐显明主编：《公民权利义务通论》，群众出版社，1991年，第161页.

度，将向警方提供了关键线索的知情人的真实身份和单位报道了出来，构成了对公民生命权和健康权的潜在侵害。第三，主观有故意的侵害。有些个人素质较差的新闻记者为了个人目的，故意对他人的人格进行侵害。对新闻记者而言，尊重公民的人格不仅是一条法律规定，更应踏踏实实地落实在行动之中。第四，新闻作风不踏实，采访不深入，或者偏听偏信导致对公民人格权的侵害。一些记者或者是因为不熟悉新闻业务，或者是因为工作作风存在问题，所以主观上尽管没有恶意，客观上却会构成侵权，导致不该发生的遗憾事件。许多新闻侵权之所以发生，就是基于这样一个原因。

3. 不得滥用新闻自由侵犯他人的权利

我国《宪法》第四十一条规定了“中华人民共和国公民对于任何国家机关和国家工作人员，有提出批评的权利；对于任何国家机关和国家机关工作人员的违法失职行为，有向有关国家机关提出申诉、控告或检举的权利”，这是在法律上对新闻记者实施舆论监督权和新闻自由的一种肯定。但是这种新闻自由是要符合一定的条件的，即应受到相应的制约的。这种制约就表现为：“不得捏造或者歪曲事实进行诬告陷害”，“中华人民共和国公民在行使自由权利的时候，不得损害国家的、社会的、集体的利益和其他公民的合法自由和权利”。这可以看做是《宪法》对新闻记者义务的明确规定。

我们已经普遍接受了“没有制约的权力必然导致腐败”的观点。但是，一讲到对权力的制约，人们首先想到的是对政府权力的制约，其实，任何权力都是需要制约的。新闻记者行使新闻权利时不受到合理的制约，也将导致新闻腐败。因为，一旦这种权利不受制约，将会导致他们滥用新闻自由等行为的出现。因此，必须对新闻记者的权利加以相应的制约。我们讲新闻记者不得滥用新闻权利，包含两层意思：第一，新闻记者不得利用新闻媒体歪曲事实进行诬告陷害。真实是新闻的生命，歪曲事实的虚假报道在近年频频被曝光却是不争的事实。从 2001 年开始，上海《新闻记者》杂志每年都要评选前一年的“十大假新闻”。这些假新闻有的假得实在是不可思议，但照样可以堂而皇之地出笼，确实令人心惊。例如，2004 年 11 月 7 日，《重庆商报》、《现代快报》等媒体刊载了这样一条新闻：“11 月 6 日下午，成都八宝街肯德基快餐店附近，几名男子正用各式工具用力砸着一辆白色宝马 760 的窗玻璃，直到其玻璃被砸得稀烂为止。原来，6 日下午，徐老太带着孙儿宇宇在肯德基用餐，宇宇吃着吃着便跑出去玩了。过了十来分钟，宇宇突然哭着跑了进来：‘奶奶，叔叔喊我找你赔钱，还打了我一耳光。’听完孙子的哭诉，徐老太马上怒气冲冲地跟孙子走到了店外的一辆宝马前。‘这小孩用玩具划伤我的新宝马，这可是宝马 760。’

宝马车司机说。‘你要赔钱是不是？那你等一下。’老太说着拨了一个电话。10余分钟后，徐老太的儿子带着自己公司的6辆奔驰600到了现场。‘你这个宝马760买成160多万是不是？加完税180万是不是？那我180万把它买了！’徐老太的儿子向宝马司机说。‘好，这个宝马是我的了。儿子，看叔叔们把这辆车砸烂了要哈。’说完，他便和另外几个奔驰司机将那辆宝马的车窗砸得稀烂。”事实证明这是一条彻头彻尾的假新闻。这种刻意造假的行为，是对新闻权利的恶意滥用。第二，新闻记者行使权利和自由时，不得损害他人的合法权益。新闻记者职业的特殊性决定了他们在开展新闻活动时，要有比较大的自由度，要和社会的各种组织和个人发生关系，在这种情况下，新闻自由对他们来说具有特殊重要的意义。但是，任何新闻媒体和新闻记者都不能借口新闻自由而随意非法干涉、侵害他人的自由和权利。新闻自由是以合乎《宪法》和其他法律规范为前提的。任何滥用新闻自由的行为都是对社会正常秩序的伤害，是应该坚决禁止的。新闻记者应该从法律义务的高度，认识滥用新闻权利可能导致的法律后果。

第二节　新闻记者的社会义务

一、新闻记者要积极推动社会有序发展

新闻媒体及其新闻记者在社会的各种力量中，是一种有特殊影响力的社会力量。这种力量并不是表现为外在的摧城拔寨、摧枯拉朽，而是通过媒体长期的，在潜移默化过程中建立的一种权威，给受众的道德评判和价值标准等产生影响，从而最终实现影响社会的目的。正因为如此，各国政党和政府都十分重视新闻媒体的作用。我国党和政府也历来重视对新闻媒体的领导和管理，以确保其在社会发展中的积极作用。

新闻媒体归根到底是一种工具，它本身只会传递信息而不会生产信息，因此，对新闻媒体的领导和管理最终都会落实到对新闻记者的领导和管理上。在我们国家，“以科学的理论武装人，以正确的舆论引导人，以高尚的精神塑造人，以优秀的作品鼓舞人”可以说是对广大新闻记者社会义务的集中要求。新闻记者固然要借助新闻媒体认真履行“以科学的理论武装人、以高尚的精神塑造人、以优秀的作品鼓舞人”的社会义务，但更主要的，则是体现在“以正确的舆论引导人”这个方面。

“以正确的舆论引导人”作为新闻记者的一项主要的社会义务，它包含着两层含义。第一，新闻记者必须努力发现社会的美好，振奋民族精神，推动社会进步。在我们的社会中，每一天都有各种各样的新闻发生，都有各种各样的美好发生，对于新闻记者而言，不是缺少这种具有“社会美好”意义的新闻，而是缺少发现这种“社会美好”的眼睛。所以，新闻记者必须努力去培养这种新闻敏感性。新闻记者应该是那种容易被感动的人。清风朗月，空谷幽兰，他们能从中体会生活的美好；人来车往，人潮涌动，他们同样能感受生活的价值。优秀记者应该习惯于被生活中的美好所感动。对社会上正面的、积极的新闻进行传播，这是每一个新闻记者的主要职责，对于这一点，古今中外的新闻从业人员鲜有例外。正面的引导可以培养人们积极的精神追求，培养人们奋发向上的精神风貌，可以凝聚人心，鼓舞斗志，激发人无穷的创造潜能。

第二，新闻记者必须认真履行好舆论监督的社会义务，不断抨击社会丑恶，以求通过社会舆论的力量净化社会风气。美好永远是在和丑恶的对比之中才体现出其可爱来的。没有丑恶，也就无所谓美好。我们的社会是以“社会美好”为主的，但这并不意味着社会丑恶的绝迹。我们强调以“正确的舆论引导人”，也不是排斥对批评性报道的采写。舆论引导可以并且主要的是以正面报道为主的，但是，一些批评性报道，有时会起到正面报道难以起到的特殊作用，这是另一种形式的舆论引导。这样做可以帮助新闻记者和全体受众保持社会良知和对丑恶的义愤，也可以督促那些在错误的边缘徘徊的人警醒。

社会的有序运行和发展需要正面的力量来推进，在它出现偏离正确方向的时候，也需要有相应的力量进行纠偏。事实上，社会的发展永远不可能沿着直线向前推进的，因此，具有纠偏、纠错意义的舆论监督就具有了十分重要的价值。一些新闻媒体的栏目及其记者能成为“名牌栏目”、“名牌记者”，就是因为他们比较好地履行了新闻记者的这一社会职能，从而得到了社会的敬重。

二、新闻记者必须具有高度的社会责任感

新闻记者高度的社会责任感首先表现在对记者职业的无限热爱上。作为一名新闻记者，要找准新闻记者在社会中的正确定位。新闻记者这一职业决定了这是一个具有高度责任感的职业，记者工作的主要成果表现为精神产品，这种精神产品最终会给他人带来影响。如果在工作中出现了“次品”“废品”，就不能像物质产品一样回收、销毁，因此说记者“笔重千钧”是毫不为过的。新闻记者的这种特殊作用要求他们必须敬业、爱岗，并时时意识到肩头的重任。

其次，新闻记者对社会的高度责任感还表现在对社会现象的强烈爱憎上。

俗话说记者“铁肩担道义，妙手著文章”，就是指新闻记者身上强烈的爱憎态度。新闻记者要有爱憎，内心就必须充满激情，内心没有激情的新闻记者，是无望成为一个好记者的。一个优秀的记者，面对社会美好就要为之感动，就要倾心讴歌，笔端有真情，心中装爱意；面对社会不良就要怒发冲冠，疾恶如仇，文中有愤怒，胸中满正气。

最后，新闻记者对社会的高度责任感还表现在要有理智。新闻记者的内心激情决不能表现为笔端的不理智或情绪化。新闻记者内心要有强烈的爱憎好恶，但形诸文字则必须尊重新闻规律，以事实说话，而不能用感情代替理智，否则极易造成新闻侵权。例如，一位新闻作者在写作纪实作品《好一朵蔷薇花——“特号产品”王发英》时，在未触及任何事实的情况下，先将报道对象描绘成“小妖精”、“大妖怪”、“南方怪味鸡”、“小辣椒”、“疯狗”、“造反派”、“专门私营者”、“打斗演员”、“扒手”、“政治骗子”和“一贯的恶霸”。因此，当原告王发英向法院起诉作者侵害名誉权时，作者败诉也就在情理之中了。用一连串骂人的话开始文章的写作固然体现了强烈的爱憎，但这种爱憎并不符合新闻规律和法律规范。我们强调新闻记者要有爱憎和激情，但这是作为一种社会激情、社会责任感来强调的。内心的激情不能代替写作新闻的理智，每一个新闻工作者必须始终记住这一条。所以，我们始终强调新闻记者应该“激情看世界，冷静写新闻”。

第三节　新闻记者的职业义务

一、新闻记者必须遵守职业道德

新闻记者对新闻媒体所负有的义务首先应从两者的关系来分析。一方面，新闻媒体要通过开展新闻活动实现自己的道德理想和经济利益。但是，新闻媒体本身不能产生思想，而是只能够传递信息。新闻媒体要实现自己的终极目的，必须借助新闻记者来实现。因此，新闻记者实际上是新闻媒体赖以存在和发展的关键因素。另一方面，新闻记者要传递信息，表达思想，必须借助新闻媒体。没有媒体作为依托的记者，实际上不是一个真正意义上的记者。这是因为，社会上的每一个人都可以（不是能）履行和新闻记者相类似的工作职能，但他们不是新闻记者，因为他们在履行了和新闻记者相类似的职能后，不能自如地通过新闻媒体的传递来实现大众传播的目的（微博传播出现后，这种情况出现了一定程度的变化，但微博传播和传统意义上的新闻传播还是存在差异的）。如果一个新闻记者脱离了新闻媒体，他就等同于非新闻记者身份的普通社会成员了。当然，社会上确实也有诸如自由撰稿人、特约记者、通讯员之类身份的人在从事着和新闻记者类似的职能，他们最终也实现了传播新闻信息的目的。是否因此就认为新闻记者可以脱离新闻媒体呢？结论是否定的。这些自由撰稿人、特约记者、通讯员等虽然不从属于新闻媒体，但他们要实现传播新闻信息目的，同样脱离不开新闻媒体。当他们的作品通过新闻媒体发表时，他们实际上已与新闻媒体建立了一种特殊的权利义务关系，他们已成了新闻媒体特定意义上的一员。因此新闻媒体是新闻记者这种角色赖以存在的基础。

每一个新闻媒体的管理者都会从该媒体自身的要求和特点出发，规定新闻记者对本媒体的义务。这种义务主要表现为媒体内部的一系列规章制度，这实际上就是新闻媒体为了更好地生存和发展而对新闻记者提出的直接的义务要求，这些义务要求一般都表现为新闻职业道德。在我国，除制定了全国性的新闻工作者应普遍遵守的职业道德外，各新闻媒体一般都会根据自身的实际情况和特点，制定自己的职业道德规定，以此对新闻工作者进行有针对性的规范。对新闻记者来说，遵守职业道德规定的诸项要求，是其开展新闻活动的最基本的前提条件，没有对这项义务的履行，其他工作就无从谈起。所以，新闻记者首先应遵守职业道德。

二、新闻记者的守法义务

2002 年 11 月，位于剑桥城南的爱丁布鲁克医院门前出现了一群抗议的中年妇女。这些妇女的年龄、背景各异，但都曾遭遇过共同的不幸，那就是 20 多年前她们的新生儿呱呱落地后不久就夭折了。爱丁布鲁克医院当然为抢救婴儿尽了最大的努力，因此心碎的父母最后还是平静地掩埋了这些夭折的小生命。然而，最近她们偶然从档案中发现，爱丁布鲁克医院曾将死婴的病变器官取出做医学实验。那些曾经承受不幸的父母，感到自己的亲人再一次被剥夺。于是她们互相联系，一起来到爱丁布鲁克医院抗议。然而，她们所进行的并不仅仅是抗议。在与院方举行的会面中，这些妇女并没有纠缠于金钱赔偿，而是执著地表达她们的强烈愿望：修改法律，完善对人体器官的权利保护。这些母亲深知医学研究的重要性，事实上，她们中就有一些人签下了死后捐献角膜或其他器官的誓约。但是，医院未经她们的允许擅自取走死婴的病变器官，不仅是对她们的感情伤害，更是对死者权利的侵犯。而此前，英国法律没有明确的规定。因此，她们联合起来，致力于推动相关法律的颁布，避免这样的事情再次发生。当天，包括 BBC 在内的英国主要媒体都报道了发生在爱丁布鲁克医院门前的这一幕，以及她们对制订相关法律的呼吁。此后，爱丁布鲁克医院又恢复了往日的宁静，再也没有见到这些母亲们的身影。但是，每个人都知道，她们所做的已经超越了个人的哀思，而是追求对他人生命的更大程度的保障。一群普通的英国妇女在这样一起事件中，表现出了强烈的法律意识。这件事件也昭示我们，守法，在现代社会中有着多么重要的意义。守法，这是对每一个公民的基本要求，也是每一个公民要履行的基本义务。一个公民法律意识的强弱，在一定程度上也反映了这个国家公民的文明水准。新闻记者的守法义务，不是针对新闻记者作为公民的基本义务而言的，而是针对新闻记者作为媒体的工作者的角色而言的。而新闻记者的法律意识，是这个国家公民法律意识的集中体现。

不言而喻，新闻记者首先应该履行遵守《宪法》的义务。对此，上文已有比较详细的论述。从新闻媒体的职业要求来看，新闻记者的守法义务主要表现在对《民法通则》有关规定的遵守上。从我们国家的新闻纠纷和新闻诉讼案件看，比较多的是在对公民民事权利的侵害上。所以，对于新闻记者而言，以下《民法通则》的条文和自己所从事的新闻活动关系密切，必须严格遵守：

第九十九条　公民享有姓名权，有权决定使用和依照规定改变自己的姓名，禁止他人干涉、盗用、假冒。

法人、个体工商户、个人合伙者享有姓名权。企业法人、个体工商户、个人合伙者有权使用、依法转让自己的名称。

第一百条　公民享有肖像权，未经本人同意，不得以营利为目的使用公民的肖像。

第一百零一条　公民、法人享有名誉权，公民的人格尊严受法律保护，禁止用侮辱、诽谤等方式损害公民、法人的名誉。

第一百零二条　公民、法人享有荣誉权，禁止剥夺公民、法人的荣誉称号。

第一百二十条　公民的姓名权、肖像权、名誉权、荣誉权受到侵害的，有权要求停止侵害，恢复名誉，消除影响，赔礼道歉，并可以要求赔偿损失。

法人的名称权、名誉权、荣誉权受到侵害的，适用前款规定。

新闻记者的守法义务还表现在对其他有关法律规定的遵守上，主要表现在对如下这些法律义务的遵守。

《刑法》的有关法律规定：

刑法第一百零三条第二款　煽动分裂国家、破坏国家统一的，处五年以下有期徒刑、拘役、管制或者剥夺政治权利；首要分子或者罪行重大的，处五年以上有期徒刑。

第一百零五条第二款　以造谣、诽谤或者其他方式煽动颠覆国家政权、推翻社会主义制度的，处五年以下有期徒刑、拘役、管制或者剥夺政治权利；首要分子或者罪行重大的，处五年以上有期徒刑。

第一百八十一条第一款　编造并且传播影响证券期货交易的虚假信息，扰乱证券期货交易市场，造成严重后果的，处五年以下有期徒刑或者拘役，并处或者单处一万元以上十万元以下罚金。

第二百一十七条　以营利为目的，有下列侵犯著作权情形之一，违法所得数额较大或者有其他严重情节的，处三年以下有期徒刑或者拘役，并处或者单处罚金；违法所得数额巨大或者有其他特别严重情节的，处三年以上七年以下有期徒刑，并处罚金：

（一）未经著作权人许可，复制发行其文字作品、音乐、电影、电视、录像作品、计算机软件及其他作品的；

（二）出版他人享有专有出版权的图书的；

（三）未经录音录像制作者许可，复制发行其制作的录音录像的；

（四）制作、出售假冒他人署名的美术作品的。

第二百四十三条　捏造事实诬告陷害他人，意图使他人受刑事追究，情节严重的，处三年以下有期徒刑、拘役或者管制；造成严重后果的，处三年以上十年以下有期徒刑。

国家机关工作人员犯前款罪的，从重处罚。

不是有意诬陷，而是错告，或者检举失实的，不适用前两款的规定。

第二百四十六条　以暴力或者其他方法公然侮辱他人或者捏造事实诽谤他人，情节严重的，处三年以下有期徒刑、拘役、管制或者剥夺政治权利。前款罪，告诉的才处理，但是严重危害社会秩序和国家利益的除外。

第二百五十条　在出版物中刊载歧视、侮辱少数民族的内容，情节恶劣，造成严重后果的，对直接责任人员，处三年以下有期徒刑、拘役或者管制。

《治安管理处罚法》的有关规定：

第二十五条　有下列行为之一的，处五日以上十日以下拘留，可以并处五百元以下罚款，情节较轻的，处五日以下拘留或者五百元以下罚款：（一）散布谣言，谎报险情、疫情或者以其他方法故意扰乱公共秩序的……

第四十二条　有下列行为之一的，处五日以下拘留或者五百元以下罚款，情节较严重的，处五日以上十日以下拘留，可以并处五百元以下罚款：（二）公然侮辱他人或者捏造事实诽谤他人的。

《未成年人保护法》的有关规定：

第二十五条　严禁个人或组织向未成年人出售、出租或者以其他方式传播淫秽、暴力、凶杀、恐怖等毒害未成年人的图书、报刊、音像制品。

第三十条　任何组织或个人不得揭露未成年人的隐私。

第四十二条　十四岁以上不满十六周岁的未成年人犯罪的案件，一律不公开审理。十六周岁以上不满十八周岁的未成年人犯罪的案例，一般也不公开审理。

对未成年人犯罪案例，在判决前，新闻报道、影视节目、公开出版物不得披露未成年人的姓名、住所、照片及可能推断出该未成年人的资料。

第五十一条　向未成年人出售、出租或者以其他方式传播淫秽的图书、报刊、音像制品等出版物的，依法从重处罚。

《妇女权益保障法》的有关规定：

第三十八条　妇女的肖像权受法律保护。未经本人同意，不得以营利为目的，通过广告、商标、展览橱窗、书刊、杂志等形式使用妇女肖像。

第三十九条　妇女的名誉权和人格尊严受法律保护，禁止用侮辱、诽谤、宣扬隐私等方式进行损害妇女的名誉权和人格。

《著作权法》的相关规定。

三、新闻记者要努力维护新闻真实性

关于新闻记者的业务的具体要求，或者说新闻记者的业务素质要求，在新闻学的许多学科如新闻评论、新闻理论等诸多学科中已有广泛而又深入的探讨，在此不作过多的论述。同时，《中国新闻工作者职业道德准则》也对新闻工作者的政治素质提出了具体的要求，主要归纳为这样几个方面：一、全心全意为人民服务；二、坚持正确的舆论导向；三、遵守宪法、法律和纪律；四、维护新闻的真实性；五、保持清正廉洁的作风；六、发扬团结协作精神。在所有的这些业务性要求中，“维护新闻的真实性”要求对于一位新闻工作者来说，具有特别重要的意义。

真实性是新闻的生命，对于这个要求，不仅是新闻工作者，即使是那些新闻圈外的人，也很熟悉了。著名记者范长江在 1949 年 7 月 31 日华东新闻学院讲习班上的讲话中，讲了人民新闻工作者的四个信条，其中第一条就是：“消息绝对真实。对事情要清清楚楚地明了，用正确的文字，明白地表达出来，要做到这样，才能取得人民的信任，才能建立自己的威信，人民才敢把报纸作为指导生活的根据。”[①]但我们这里强调新闻真实性的重要意义，主要不是从新闻规律的客观要求出发的，而是从新闻真实性的法律要求出发的。

1. 新闻真实性的法律认识

纵观近年来发生的新闻纠纷和新闻诉讼案例，我们可以得出一个十分明确的结论——违背新闻真实性是导致新闻侵权多发的主要原因。“以事实为根据，以法律为准绳”，这是我国社会主义法律适用的一条基本原则。我国虽然没有新闻法，但是宪法、民法的法律规范同样能较好地调整新闻诉讼案件。只要尊重了新闻真实性的原则，在新闻纠纷面前就有了“事实依据”，没有新闻法同样可以在新闻纠纷和诉讼中处于有利位置并最终胜诉。反之，即便有了新闻法，但只要记者违反了新闻真实性的原则，那么在“事实依据”面前必然处于被动地位，一旦发生了新闻侵权，其前景一定是不妙的。我国《民法通则》及相关的司法解释都特别重视对“事实依据”和新闻真实性的把握。可以这样说，在所有的新闻侵权败诉案例中，不真实是败诉的首要原因。

近年来，由于我国新闻事业的超常规发展，出现了一些特别容易导致违背新闻真实性原则的因素：(1)媒体竞争加剧，一些媒体为了在竞争中处于有利地位，不惜以虚假的新闻来争夺受众。一些媒体在新闻竞争中为了使自己处于有利地位或制造轰动效应，不惜变“新闻策划”为“策划新闻”，有意无意地让虚假新闻频频出笼。(2)法律意识淡薄，法律知识不足。近年来，社会新闻广受关注，涉及公民名誉、隐私的新闻不断被报道，但一些新闻记者并没有足够的法律意识和法律知识，表现在新闻活动中就是侵权内容的新闻频频报道，自己却浑然不知，或者放任侵权行为发生以求得个人的名利。(3)众多没有经过专门业务培训的人员进入新闻记者行列。他们不愿做深入细致的采访，只是凭着自己写作能力强的优势而在蜻蜓点水般的采访后，作洋洋洒洒的报道。他们自我感觉特别良好，结果肆意违反新闻真实性的要求，侵害他人的权利。(4)一些介乎新闻和文学作品之间的所谓纪实文学大量出现。为了煽情，不惜凭空捏造，胡编细节，导致所谓“新闻越写越假，文学越写越真”的尴尬局面。

2. 坚持新闻真实性必须处理好的关系

第一、现象和本质的关系。新闻记者的工作特征决定了他们必须具有敏锐的新闻眼光，否则，稍有不慎，是极易抓住现象而忽视新闻事件本质的。尤其是在今天新闻竞争日趋激烈的情况下，一些新闻记者为了“抢新闻”而忽视

---

① 转引自中共中央宣传部新闻局、中国社会科学院新闻研究所合编：《真实——新闻的生命》，中国新闻出版社，1986年，第118页.

了核实这一环节，容易被现象所迷惑。现象和本质既有区别，又有联系。对于同一新闻事件，现象本身可能是一件新闻事件，而本质可能又是一件更有价值的新闻事件。例如，1998 年长江流域发生特大洪涝灾害，不少难民子女因受灾而无法上学。在新闻媒体的关注和报道下，许多灾民的子女因此受到社会各界的捐助而上了学。这无疑是有价值的新闻。但有心的记者同时也发现，在这一新闻事件的后面还有另一条有价值的新闻——在我国计划生育政策推行了多年后，一些地方一对夫妇只生一个孩子的要求竟然还是一句空话。许多灾民生育有两个以上的子女，曾因在激流中被解放军救起而名声大噪的小女孩江珊，就有兄弟姐妹 5 人，这难道不是一条有重大社会意义的新闻？一位记者据此写出的新闻获得了中国新闻奖，这是对他新闻眼光的最好褒奖。也有很多时候，现象只是假象，新闻事件的本质是深藏在假象之后的，对此，新闻记者必须保持清醒的头脑。

第二，全局与局部。新闻记者必须有全局观，否则，就可能会出现盲人摸象般的重大错误。全局观在许多时候是对新闻记者政治素质和业务能力的综合考量，在诸多的事件面前，如何权衡判断新闻价值，如何选取最有价值的新闻加以报道，并非易事。例如，我们国家每天都会有多起刑事案件发生，对于每一起刑事案件的报道，都是符合新闻真实性的要求的。但是，如果我们的媒体只报道具有可读性的刑事案件，而忽视了其他内容，在全局上就违背了新闻真实性的要求。因为从全局来看，我们这个社会不是一个犯罪社会，而是一个欣欣向荣、国泰民安、不断向前发展的文明社会，而犯罪现象只是一个很小的方面。恰恰在这个问题上，我们的新闻记者往往会犯“好人无疵，坏人无花”的错误，这就是没有处理好全局和局部的关系的结果，最终违背了新闻真实性原则。大局感本身是对一位记者的高素质要求，需要广大新闻记者在新闻采访活动中加以培养。

第三，主观和客观。新闻是对客观事实的报道和传播，没有客观事实，新闻报道就无从谈起。从这一点上讲，客观事实是第一性的，新闻报道是第二性的。客观决定主观，事实决定报道。新闻报道同样也强调主观能动性，但这种“主观”，只能表现在对新闻事件的选择上。综合性新闻对新闻记者的“主观”要求有更大的灵活性。对新闻主题的确立、素材的取舍、行文措辞的组合等，“主观”具有相当大的能动作用；通讯类新闻在“主观”上更讲究点的“文采斐然”、面的“结构合理”、全文的“主题明确”，但这种“主观”都不是偏离客观的臆想，决不允许胡编乱造，要严格按照客观事物的本来面目去进行“主观”结构取舍。一度震惊全国的河南省驻马店制药厂诉《辽宁晚报》、沈阳电视台等新闻单位的“佳静安定”新闻侵权案，就是由于新闻作品作者和发表单位太主观，想当然造成的，最后酿成全国当时诉讼标的最大的新闻官司。从表面上看，通讯员写的稿件中都是事实：一对夫妇在大连车站西旅社里吞服了6瓶驻马店制药厂生产的“佳静安定”片，长睡不起，经医院抢救脱险。医生和通讯员以及新闻单位都认为，吞服这么多安眠药都没死人，一定是假药！谁知“佳静安定”是驻马店制药厂引进世界先进技术生产的只催人睡眠，超量服用也不致死的新药。高科技产品竟蒙受假药之冤，最终新闻单位只得赔礼道歉并赔偿损失。此案告诉我们，在对待具体的新闻事实上，必须处理好主观与客观的辩证关系。新闻工作者应当披沙见金，吹糠见米，避免片面，忠于事实，使自己的作品真实可信，无懈可击。

第四节 新闻记者的个体义务

一、作为普通公民的新闻记者的义务

对于每一个新闻记者来说，他们都是权利的主体和义务的主体，在享受权利的同时，必须履行相应的义务。新闻记者既是权利主体，也是义务主体，这不仅是从新闻记者的社会角色和职业角色来说的，也是从新闻记者的个体角色来说的。在每一个社会中，记者首先是作为一个普通的公民存在的。所以，任何一项法律义务，都适合新闻记者，或者说，法律规定的任何一项有关公民的义务，新闻记者都要认真履行。

根据我国《宪法》的规定，中华人民共和国公民主要应该履行以下这些义务：第一，维护国家统一和全国各民族团结的义务。我国《宪法》第五十二条规定：“中华人民共和国公民有维护国家统一和全国各民族团结的义务。”第二，遵守宪法和法律。《宪法》第五十三条规定：“中华人民共和国公民必须遵守宪法和法律，保守国家秘密，爱护公共财物，遵守劳动纪律，遵守公共秩序，尊重社会主义公德。”第三，维护国家安全。《宪法》第五十四条规定：“中华人民共和国公民有维护祖国的安全、荣誉和利益的义务，不得有危害祖国的安全、荣誉和利益的行为。”第四，保卫祖国、抵抗侵略和依照法律服兵役和参加民兵组织的义务。《宪法》第五十五条规定：“保卫祖国、抵抗侵略是中华人民共和国每一个公民的神圣职责。依照法律服兵役和参加民兵组织是中华人民共和国每一个公民的光荣义务。”第五，受教育的义务。受教育是我国公民的权利，也

是公民的义务，这是我国公民的权利和义务一致性在这条宪法规定上的集中体现。宪法第四十六条规定："中华人民共和国公民有受教育的权利和义务。"同时，我国还专门制定了《义务教育法》，对公民受教育的义务进行更为明确的规范。第六，尊重和爱护国旗、国徽的义务。我国专门制定和颁布了《国旗法》、《国徽法》，对这项义务进行了专门的规范。

宪法义务是公民应该遵守的首要义务，作为新闻记者，应该成为履行这些义务的楷模，之所以这样说，是由新闻记者的职业特点决定的。新闻记者接触的范围广，了解的信息多，对其所在的媒体受众的影响力大，因此，对一般公民所应履行的义务的任何一种忽视，都可能产生较大的消极影响。例如对国家机密保密义务的履行，一般公民的泄密行为和新闻记者的泄密行为所导致的后果是大相径庭的。这样的前车之鉴已经有过不少。

有些新闻记者借口工作的特殊性而拒绝履行一个公民的基本义务，这是对新闻记者职业道德规范的严重违背，也是对记者工作特殊性的错误理解。任何时候，我们都不能允许新闻记者借口新闻工作的特殊性而侵害国家、集体和个人的利益。

二、作为"无冕之王"的新闻记者的义务

我们经常讲新闻记者是"无冕之王"，实际上，这个美誉后面，包含着对新闻记者敬业精神的强烈期盼。敬业精神在许多时候似乎是很抽象的，但当一些事情发生时，它会变得十分具体，触手可及。在今天的社会中，大家都在努力地工作，但工作的动机可能是各有不同的，有的是为了服务社会，有的是为了养家糊口，也可以是为了打发无聊，但一个人一旦走上了当新闻记者的道路，只能选择热爱，选择不知疲倦的劳作和锲而不舍的奋进，稍稍的倦怠便是放弃和平庸。支撑记者的勇敢甚至"疯狂"的，除了热爱，除了发自内心的敬业，真的没有其他可以仰仗。1963 年，美国总统肯尼迪在达拉斯被击中，当时总统车队里搭乘着两位记者，一位是合众社的梅里曼·史密斯，一位是美联社的杰克·贝尔。就在上车之前，两人还满脸笑容地握了握手，并且在路上谈笑风生。就在子弹击中肯尼迪身体的那一刻，史密斯猛地蹿起来，抓过车中唯一的一部车载电话，拨通了合众社的电话，向通讯社口头报道了总统被刺的消息。贝尔见状，试图抢夺他的电话，想把总统遇刺的消息传到美联社，但史密斯拿着电话不肯放手。贝尔情急之下，用拳头击打着史密斯，最终史密斯被贝尔打得鼻青脸肿。史密斯成为报道肯尼迪遇刺的第一人，合众社在这次事件后的影响也逐渐扩大。事后有人采访史密斯，问对贝尔袭击他有何看法。史

密斯说:"直到报道结束,我才发觉贝尔想拿我的电话。如果是贝尔先拿到电话,或许我也会这样做的。"

新闻记者是有影响力的社会人群,但这种影响力是与他们对社会的责任感紧密相联的。这也许可以从"无冕之王"的由来找到这种责任感的渊源。"无冕之王"一语产生于19世纪的英国。当时,《泰晤士报》是英国的舆论领袖,其主笔辞职后,常被内阁吸收为阁员,故有"无冕之王"之喻。在西方,新闻记者的重要性还因其在政治活动中的重要性而不断被强调。新闻记者上可以批评国家政要,下可以为庶民申冤。他们的影响无所不及,他们的权力无所不见。例如美国开国两百多年来,根据历史记载,包括华盛顿和林肯,恐怕没有哪一位总统没有挨过新闻记者的骂。由《华盛顿邮报》记者鲍勃·伍德沃德和卡尔·伯恩斯坦所发起的"水门事件"甚至导致了尼克松的下台。历任美国总统在其上台后的几年中,从来不会缺少对其对内对外政策的批评声。正因为如此,"无冕之王"才变得名声响亮。

新闻记者只有站在全社会的立场上,站在全体社会成员的立场上,为全体社会成员鼓与呼,他们的工作才有价值,他们的角色才光彩生辉。在我国,新闻记者同样素有"无冕之王"的雅称,但这种雅称是他们倾心为人民鼓与呼,与他们"铁肩担道义"的浩然正气联系在一起的,是与他们认真履行记者的义务,认真履行普通公民的义务联系在一起的。新闻记者"无冕之王"的荣誉,绝不应该成为某些新闻记者逃避义务的托辞。他们应该宣传国家的方针大计,推动科学政策的推行;他们更应该关注民生、表达民意,让上层了解我们生活的真实世界。

作为"无冕之王"的新闻记者的义务主要不是关注记者的职业义务,而主要是关注新闻记者的人格义务。新闻记者所要履行的社会义务、职业义务是和其人格义务紧密联系在一起的。在履行其他义务的时候,人格义务始终是其背后坚强的支撑。这种人格义务是与他们的责任、追求、品位和工作态度息息相关的。应该只有那些有担当、敢负责、有良知、辨善恶的记者,才能担当得起新闻记者的名号,才会在社会的进步中发挥积极的推动作用。

在现代社会,媒体的品位实际上是记者的品位。新闻记者的人格将深刻影响新闻媒体的品位和形象。新闻媒体必须依靠新闻记者才能展开活动,因此,和新闻记者人格内容密切相关的道德理想、价值取向、生活态度、审美情趣、好恶标准等等,都会对新闻媒体的品位产生深刻的影响。不能想象一个人格低下、热衷于低级趣味的人会采写出有品位的、鼓舞人的好作品。另外一个方面,新闻记者人格的高下,还将深刻地影响到新闻媒体的社会形象。这是因为，新闻媒体一方面要借助新闻报道树立社会形象，另一方面还要通过新闻记者来树立社会形象。新闻记者对社会生活的介入是广泛而又深刻的，在这个介入的过程中，每一个新闻记者代表的是每个新闻媒体的形象，因此，新闻记者的人格魅力对新闻媒体关系重大。

中外一大批著名的新闻记者以其特殊的人格魅力，为年轻一代的新闻记者树立了认真履行人格义务的典范。中外新闻记者以其忠于事实、敬业爱岗和追求真理、清正廉洁的社会形象，为社会确立了新闻事业的良好地位。新闻记者是今日新闻的记录者，也是明天历史的记录者。优秀的新闻记者，总是以对历史负责的态度来写新闻的。美国著名记者埃得加·斯诺就是一个范例。30年代，斯诺的一本《红星照耀中国》(即《西行漫记》)轰动世界。该部作品之所以有长久不衰的魅力，就在于在谣言纷起、诽谤不断的年代，斯诺以一个记者的良心，忠于事实，敢讲真话，以大量亲眼所见、亲耳所闻的事实，不断地报道了中国共产党及其领导下的红军，报道了“西安事变”等重大历史事件，从而赢得了人们的尊重。在我国新闻史上，杰出的新闻记者邵飘萍、范长江、邹韬奋……就是以不畏强暴、不畏困难、孜孜不倦、追求真理的崇高精神，感染了一代代中国记者。中外记者们的高风亮节，体现的正是对自己人格义务的认真履行。在现代社会，新闻记者面对的是一个更加纷繁复杂的社会，是一个机遇和陷阱、收获和诱惑并存的世界，是一个光荣与梦想、追求和放弃共处的时代，这就尤其需要记者用高尚的人格支撑起新闻记者的精神大厦，积极开创美好的未来世界。

第六章 舆论监督权利的保障

现代中国正在不断走向民主和文明，正在为人类社会的前进作出积极的贡献。但是，我们应该承认，这样一种积极的发展态势是要付出努力，支付一定的代价的。每个社会总会有特殊的不当利益群体和因循守旧的势力，他们通过自己作用的发挥，努力去维护那些既得的利益，保护自己享有的某种特权。而现代文明社会则会用一切力量去消除那种不当的既得利益和特权，以使社会公平得到真正的实现。在这个过程中，新闻媒体的作用功不可没。新闻媒体不仅通过自己的新闻活动，使社会公平的意识成为全社会的共识，更通过舆论监督的手段，曝光社会不公，为最终实现"法律面前人人平等"创造条件。可以这样说，只有保障新闻媒体舆论监督的权利，让新闻媒体发挥好激浊扬清的功能，社会的不良才会真正被消除，美好的追求才会变成现实。

第一节 舆论监督在现代社会中的价值

新闻活动的开展需要有自身的"利器"，舆论监督当属新闻活动的"独门利器"。舆论监督是支撑新闻创造力和推动力的核心因素之一。

一、现代社会中的舆论监督

每一个现代人都已经别无选择地置身于信息时代了，不能了解和利用信息的人已经无法成为合格的现代人了。在纷繁复杂的诸多信息中，新闻信息无疑是信息时代的主要内容。特别值得注意的是，被称作"第四媒体"的互联网已经开始全方位地介入现代人的生活之中。从我们的先人们发明文字，使用手抄件进行第一次传播起，人类经过了印刷媒体、电讯工具及广播电视三次革命，而信息高速公路的开通和网络的完善，则标志着人类的传播业进入了第四次传播革命。

随着新闻媒体作用的不断加大，新闻媒体的重要功能之一——舆论监督也在广泛地影响着大众的生活。舆论监督是指新闻媒体运用舆论的独特力量，帮助公众了解政府事务、社会事务和一切涉及公共利益的事务，并促使其沿着法治和社会生活共同准则的方向运作的一种社会行为。舆论监督首先是一种特殊力量。这种特殊力量借助无所不在的影响力和穿透力，发挥自己特殊的无法取代的作用。这种力量在发挥的过程中表现出快捷、高效、广泛等特点，其影响力比较持久。舆论监督也是一种知情权利，这种知情权利在实现方式上不仅表现为媒体知情，更表现为公众知情。通过知情的实现，来履行监督的职能。舆论监督还是一种规范作用，通过对社会运行过程中相关要素的监督，规范社会发展方向，推动社会向着健康文明的方向发展。

舆论监督的主体是通过新闻媒体发表意见的人。这里需要特别强调的是，这个发表意见的"人"必须借助"新闻媒体"表达自己的思想而不是其他途径，否则是一般的"公众舆论"而不是"新闻舆论"。在这里，"新闻媒体"的独特价值就得以充分地显现出来。当然，也有学者对舆论监督的主体有另外的表达："从法律意义上说，主体就是能够享有权利和承担义务（责任）的自然人和法人。人民大众是一个抽象的群体概念，它不仅不能承担义务（责任），而且如果不通过传播者，也难以有效行使自己的权利。传播者才是法律意义上的主体。按照传播学的原理，传播有人际传播、组织传播、大众传播等多种方式。大众传播的传播者是新闻媒体，舆论监督只有通过新闻媒介才得以实现，因此，新闻媒介是能享有舆论监督权利和承担由此引起的义务（责任）的法律意义上的主体。"①有的学者则明确指出："舆论监督的主体呈二元结构，公众是舆论监督当然的主体，新闻媒介也是舆论监督的主体。"②

舆论监督的客体是为我国法律和法规所保护的一切社会关系，其内容包括国家重大决策的制定，国家公务员的工作作风和工作效率，涉及公共事务和公共利益的一切组织和个人。舆论监督的对象主要是一切权力，其重点是权力组织和决策人物。对于权力监督主要包括对决策过程的监督和决策效果的监督；对决策人物的监督，主要表现为对决策人物产生的监督和决策人物产生后对其行为的监督。舆论监督的其他对象还包括对一切社会组织如教育、医疗卫生、文化等单位社会行为的监督。

① 王强华、魏永征主编：《舆论监督与新闻纠纷》，复旦大学出版社，2000年，第25页.
② 周甲禄著：《舆论监督权论》，山东人民出版社，2006年，第50页.

舆论监督不是新闻监督，但舆论和新闻是紧密相连的。新闻媒体是传播意见进而形成舆论的工具，但新闻本身并不就是舆论，所以舆论监督并不等同于新闻监督。“它（新闻媒体）反映公众舆论，而自己也是公众舆论的一部分”[①]，只有新闻媒体传播新闻信息从而在社会成员中引起共鸣，最终形成舆论后，才能实现舆论监督的职能。新闻媒体之所以具有舆论监督的功能，不过是代替社会舆论行使监督的权利而已。从舆论监督的作用看，它对于利用其特有的功能，维护公民的合法权益具有十分重要的价值。

二、舆论监督对我国社会的推动作用

没有舆论监督，社会良知的坚守可能会面临挑战，社会正义的追求可能会遭遇更多的障碍。因此，中国社会改革开放伊始，舆论监督就开始展示其独特的作用。中国改革开放的第一抹新绿，是在安徽农村一个不起眼的小村庄开始的。中国的许多新闻媒体都参与了带有冒险和探索性的农村改革报道并取得了成功，这可以算是一次舆论监督的牛刀小试。1980 年，“渤海二号”钻井船不幸翻沉，造成 72 人遇难，直接经济损失达 3 700 万元。这一起因违章指挥而造成重大损失的责任事故发生后，当时的石油部和下属的海洋石油勘探局的某些领导却欺上瞒下，百般掩饰，谎称是由于遭遇了十至十一级大风的不可抗拒力发生的，并否定舆论，企图“丧事当成喜事办”。新华社、《人民日报》、《工人日报》等新闻单位的记者顶着极大的压力介入事故调查，并以极大的勇气和责任感报道了事实真相，终于迫使海洋石油勘探局的错误定论被推翻，并最终推动了事件的正确处理——国务院在《工人日报》发表第一篇报道一个月后，作出处理决定：石油部长被解职；对国务院副总理给予记大过处分；国务院主要领导声明自己失职，向全国人民承认错误。这是一次在我国舆论监督史上具有里程碑意义的重大事件。事件的结局让人们对舆论监督在现代社会中的作用有了一次直观的认识。

1988 年 4 月，经党中央同意，中央办公厅转发了《新闻改革座谈会纪要》，指出要“正确开展批评，发挥舆论监督作用”，并规定除了“特别重要的批评稿件”外，其余批评稿件可以不事先征询有关领导机关和被批评者本人的意见而加以发表。这一年春天的七届人大和七届政协一次会议，把新时期中国舆论监督推到了一个新阶段。“两会”的大小会议首次向外界敞开大门，允许中外记者采访和报道。会上讨论的一些“热点”、“难点”问题得以公开。《人民日

① ［法］贝尔纳·瓦耶纳：《当代新闻学》，新华出版社 1985 年，第 278 页.

报》的系列报道《慨当以慷忧思难忘》、《一个民族在这里沉思》、《再造中华民魂》;《经济日报》的系列报道《民主议政在中国》、《差额选举在中国》、《法的权威在中国》等,产生了极其重大深远的影响。1992 年开始,首都十几家新闻媒体联手开展了声势浩大的“中国质量万里行”活动。活动以舆论监督为基本宗旨,集中力量从正反两方面对社会生活的各个层面进行监督,效果良好。进入 20 世纪 90 年代后期以来,我国新闻媒体的舆论监督工作继续稳步向前推进。中央电视台的《焦点访谈》栏目以其鲜明的战斗性,为中国新闻事业的舆论监督工作增添了亮丽的色彩。他们播出的许多节目在观众中留下了极其深刻的印象,其中如曝光的假农药坑农、公路乱收费、环境污染等重大问题,观众反响均十分强烈。从 1998 年 9 月开始,他们又和国内另一大新闻媒体——《人民日报》联手,在《社会周刊》和《焦点访谈》重点推出舆论监督力度大的节目,以促使舆论监督向全方位、高层次发展。随后推出的《新闻调查》栏目,同样直面中国社会存在的问题,以冷静、深刻、严谨的电视手法,开展深层问题的报道剖析,增加了舆论监督的理性力量。

进入新世纪以来,全国各地的新闻媒体继续加大舆论监督的力度,促使一些重大案件得到了妥善解决,也保证了社会的有序运行。2002 年,《焦点访谈》为配合政府清理、整顿市场秩序工作,推出了系列节目,对假种子、假农药、“黑心棉”等违反商业道德和扰乱市场经济秩序的典型事件进行曝光,产生了十分积极的作用。2001 年底,新华社作为强势媒体,强力介入中国足坛“打黑”风暴,新华社记者采写的长篇报道《看足球打黑如何破门》在《新华视点》栏目发表后,在中国社会产生强烈反响。接着,新华社记者走访了事件当事人、法学家、裁判、足球俱乐部负责人等,直接推动了“打黑”行动的深入。随后,《人民日报》、《中国青年报》、新浪等媒体也全面介入。这次媒体发动的“打黑”行动的直接后果之一是:2003 年 1 月 29 日,北京市宣武区法院正式以企业人员受贿罪之名,一审判决裁判龚建平有期徒刑 10 年。而 2010 年曝出的大批足协官员和裁判涉“黑球”、“假球”大案,无疑用事实再次证明了新闻媒体舆论监督的价值。与此同时,广西南丹矿难、山西繁峙流沙镇矿难、山西河津市富源矿难等一系列生产事故的曝光,也是众多新闻媒体和记者齐心协力、不畏艰苦危险、顶着巨大压力深入采访的结果。近年来,中央电视台的《每周质量报告》又强力介入舆论监督工作,其曝光的金华火腿、太仓肉松、食品“苏丹红”添加剂等相关质量事件,在社会上产生了强烈反响。舆论监督,正以其特有的作用,在社会纠偏中发挥着巨大的影响作用。

在我国舆论监督史上产生重要意义的,是发生在 2003 年的“孙志刚事件”。2003年初，作为一个普通公民的大学生孙志刚因为没带暂住证而惨死于收容所内。此案在事发一个多月后，由《南方都市报》等一些在全国有重要影响的新闻媒体纷纷加以报道，引起社会强烈反响。人们除了对这一惨案表达同情和悲悯外，更进一步反思这一悲剧产生的根源，对制度上的缺陷提出了质疑。三位刚刚走出校门不久的法学博士上书全国人大，要求对收容遣送办法进行违宪调查，此举得到广泛响应，众多知名知识分子群起倡议，终于使得一项不人道的收容遣送制度被国务院废止。2003年最后一期《南方周末》在《致敬之年度舆论监督》一文中称：“一项国家法例竟因一篇报道而终止，在中国当代新闻史上似乎还是第一次。这固然是尊重民意的结果，也与媒体的持续推动有关，而《南方周末》的首发之功，尤不可没。一枝纤笔，可以改变世界，以新闻监督推动社会进步，其力量由此可见。”

近年来，随着新媒体的快速发展，网络舆论监督开始发挥着传统媒体难于替代的作用。以“周老虎事件”、“躲猫猫事件”、“周久耕事件”、“郭美美事件”等为代表，网络舆论监督在近年来受到人们的高度关注。网络舆论监督作用的发挥是与其自身的技术特点紧密相联的。网络具有的自由、互动、缺少控制、人人均为表达者等的特点，使网络舆论监督体现出了“无所不在”的巨大影响力。与网络舆论监督密切相联的“人肉搜索”、“舆论绑架”等现象，则让人们对网络舆论监督体现出来的“网络暴力”心存困惑。可以这样说，没有网络舆论监督，周正龙拍摄的假华南虎照也许就不会被揭穿，南京江宁区房产局的周久耕也可能不会受到有关部门的查处。据2009年10月11日媒体报道，周久耕因受贿罪一审被判有期徒刑11年。这起发端于网络的舆论监督案件，也算有了一个理想的结果。所以，我们必须十分重视网络舆论监督。

三、舆论监督的价值

从社会的各种监督机制看，舆论监督具有特殊重要的作用。因为舆论监督具有其他监督所不具有的独特优势和特点：第一，及时性。新闻的时效性特点决定了舆论监督具有最强的时效性，不管什么时间、什么地点出现有违社会公正的事件，都可以得到及时的监督。这不仅是新闻自身的客观要求，也具有相应的现实性——新闻媒体在相当长时间里建立起来的通联网络，可以比较及时地采集到相关的新闻信息，从而为舆论监督提供时效性上的保证。而网络的普及，更让这种监督可以即时进行。第二，广泛性。新闻无所不在，舆论监督同样无所不在。现代社会生活中发生的任何不平等不合理现象，都可能被新闻媒体曝光；被曝光的社会不公在很短的时间里会产生广泛的社会影响，受到普遍的批评。第三，群众性。新闻媒体是一种大众传播媒体，因此，任何个人都可以成为新闻记者，都可以行使舆论监督的权利。在我们国家，新闻媒体不仅是党和政府的喉舌，也是人民群众的喉舌，人民群众可以依据宪法所赋予的言论出版自由，实施舆论监督。第四，公开性。新闻信息是需要传播的，所以必须加以公开。社会的有些丑恶现象，不公开就难以杜绝，社会上广泛流传的“不怕上告，就怕见报”、“十年上访，不如一朝采访”，正是说明了新闻媒体的公开曝光对于社会腐败的惩治作用。第五，高效性。舆论监督的监督成本较低，但效益很高。鉴于新闻媒体大众传播的特征，舆论监督比之于其他任何监督手段，更会产生社会反响，也更会产生较高的社会效益。由于舆论监督具有这样一些独特的优势和特点，使它在社会的监督体系中具有十分重要的意义。

1. 保障民主进程

民主是现代社会的推进器。任何社会都不存在先知先觉的圣人，谁都无法预知社会前进过程中将会遇到的问题。现代社会的复杂性使这种先知先觉变得更无可能。于是激发和集中全体社会成员的智慧，及时预期可能的问题，采取有针对性的措施就变得异常重要。社会是在发现问题和解决问题的过程中前进的。民主的重要价值，就是使社会变得更加智慧和有预见性。但民主也有不讨统治者喜欢的一面，那就是统治者的缺陷和弊端也会在民主面前显现。于是，历史上民主总是难有好结果。“防民之口甚于防川”，此之谓也。现代社会统治者对民主的价值的认识在不断增强，但并不意味着阻碍民主的问题不复存在，这时，舆论监督就显得十分重要。

中国共产党及其领导的政府代表着全国各族人民的利益，所以，凡是有利于实现全国各族人民利益的意见和建议，他们都会听取和接受。党和政府在作出重大决策时，会听取方方面面的意见和建议，会权衡各方面的利弊得失，从而在诸多决策中找到最优化的决策。这是尊重和发扬民主最基本的途径，并且经验和教训已反复证明这条途径的价值。而在传达人民群众的意见和建议的过程中，新闻媒体无疑担负着十分重要的下情上达的桥梁作用。这是新闻媒体舆论监督作用发挥的重要表现形式。与此同时，对于党和政府在重大决策中可能发生的失误，新闻媒体及其新闻记者也会以其特有的新闻敏感性和政治责任感，提出批评，从而保证决策的科学化和民主化。在这方面的例子可谓比比皆是。譬如三峡工程，我们国家经过了数十年的反复论证才决定上马，其中新闻媒体也反复从利弊得失诸多方面进行了讨论，真正起到了良好的舆论监督作用。

2. 推动反腐倡廉

为了推进党和政府的廉政建设，防止出现社会腐败，党和政府采取了许多有效的监控措施，但是，由于许多复杂的原因，尚没有从根本上杜绝腐败现象的出现。在这种情况下，舆论监督就显得尤为必要。一方面，我们要运用舆论的作用，及时传达党中央惩治腐败的措施和决心，以威慑腐败分子。另一方面，我们还特别需要通过新闻媒体的作用，揭露腐败行为，使腐败分子无处藏身。在这方面，新闻媒体及广大新闻记者做了大量的工作。例如近年来揭露出的许多以权谋私大案，以官牟私大案，走私大案，都有新闻媒体及新闻记者的积极作用。另外，由于新闻媒体的介入，还促成了许多腐败大案要案的及时解决。舆论监督在反腐倡廉过程中扶正祛邪，扬善惩恶，净化社会风气，规范社会行为的作用是有目共睹的。“民主和公共服务媒体是控制权力行使的手段，也是检查那些掌握权力人的骄傲自大和愚蠢的无与伦比的永久性方法。与那些不富于冒险精神的保守主义者不同，民主和公共服务媒体是实践智慧的最好朋友。民主和公共服务媒体是无与伦比的早期警示性手段，在危害还不太引人注意时就使其公开化，减少了在未知海洋航行和冒失行事危险的鲁莽的冲动，确认智慧的益处，不轻易地向无知投降，小心谨慎地在变幻无常的汹涌的大海上航行。”①许多国家的反腐倡廉经历，也在不断地证明着舆论监督在这方面的价值。展江曾组织一批学者就舆论监督在反对腐败中的作用选择世界 20 个国家进行研究分析，他认为：“在当代，腐败现象困扰几乎所有国家，各种丑闻层出不穷。如果说丑闻是‘被揭露的腐败’，那么‘所有丑闻都是媒体丑闻’。媒体的社会雷达功能使它独具跨地区、跨行业、跨利益集团的监测效用。所谓的舆论监督效果，可以理解为新闻界通过舆论监督对政治变革所作出的现实和潜在的贡献。”②他还提示了新闻舆论监督在反腐败中发生作用的几种模式：舆论监督引发公众义愤；舆论监督引发国会采取行动；舆论监督引发司法部门采取行动；舆论监督引发压力集团施压。

3. 培育公民意识

“在现代化过程中，社会经济发展使社会成员的政治意识增强，而且对经济领域的需求与对政治领域的需求是互相转化、互相加强的。但是，在我国新旧体制转换的过程中，政治制度化、民主化的程度还不高，各种民意参与渠道

① [英]约翰·基恩著：《媒体与民主》，社会科学文献出版社，2003 年，第 161 页.

② 展江、张金玺等著：《新闻舆论监督与全球政治文明》，社会科学文献出版社，2007 年，第 25 页.

和沟通渠道不健全，难以容纳众多社会成员的直接参与。而一旦参与渠道受阻，各种挫折感和不满感就会被强化，进而导致政治不稳定。这就要求在社会经济变革的同时，采取相应的对策，疏通参与渠道，健全政治参与制度，有效地吸收和疏导公众日益扩大的政治参与。新闻舆论监督就是极为便捷的政治参与渠道，它使人民群众有更多的参与政治和社会管理的机会，就可在一定程度上抵消人民的挫折感和不满感，从而减少社会的不稳定。”①舆论监督在本质上是全体人民的监督，这也是我国人民参政议政、关心国家政治的重要内容。培育公民意识，就是激发起人民群众当家做主的精神，通过人民的力量同一切社会不良现象作斗争，这是舆论监督的题中应有之义，也是人民当家做主的具体表现。“重大情况让人民知道”，这体现的正是社会主义国家人民当家做主的权利。“如果公民享有言论自由，当其他某种权利受到不当压制时，公民可以借自由的批评反对压制以恢复权利。而当没有言论自由时，这些压制就难以引起公共舆论的反对。”②另外，对于社会中存在的一些不良现象和风气，有良知的新闻媒体和记者也会动员人民群众的力量进行批评监督，保证社会机体的健康。可以说，公民意识是确认现代人身份的一种标志。现代人是否有主见、有思想，是否可以参与社会的组织管理行为，公民意识具有决定性意义。我国宪法从国家根本大法的层面肯定了这种公民意识，同时，国家还辅以下级法和政策措施帮助落实。新闻媒体通过舆论监督帮助全社会培养公民意识，实际上是对宪法的尊重。

4. 监督政府决策

我们的党和政府在制定各项路线、方针和政策时，往往经过反复推敲论证，所以，最终决策大都符合科学决策原则和中国的实际情况。但是，由于各级执行部门及其人员政策水平和个人素质的参差不齐，往往会出现走样。我国政府曾经有许多正确的决策在最后的执行中严重走样。例如，中央政府为杜绝各类矿难，曾采取了大量有针对性的措施，包括对规模的规定，对严格安全措施的规定，对干部参股问题的规定，但现实生活中矿难依然频发。其原因之一，不是政策未作规定，而是执行政策严重不到位。这样的结果，往往会严重影响中央政府的权威性和政策的严肃性。在这种情况下，舆论监督就可以起到十分重要的“纠偏”作用。再如对于各行各业乱收费问题，中央三令五申，也下发过不少文件，但由于个别地方及其人员出于部门、地区利益的考虑，而

---

① 田大宪著：《新闻舆论监督》，中国社会科学出版社，2002 年，第 44 页.

② 侯健著：《舆论监督与名誉权问题研究》，北京大学出版社，2002 年，第 18 页.

会变相地继续乱收费。但是，一旦新闻媒体及时曝光，就会比较容易地遏制这种现象的蔓延。“新闻舆论监督正视社会阴暗面的存在，并时刻关注着现实中存在的社会阴暗面。由于新闻记者深入社会基层，能到达行政监督、党内监督、法律监督和其他社会监督等等监督方式难以到达的盲区，因此，它对社会发展过程中的浅滩暗礁时刻感受，了如指掌，成为党和政府的耳目，成为人民群众的喉舌。可以说，新闻舆论监督是建立社会系统中敏锐的反应机制的必然选择，它为社会及时捕捉各种信息尤其是反面信息，促人警醒，促进变革。因此，新闻舆论监督是社会系统中不可或缺的社会机制。”①实践证明，舆论监督是政府决策的好帮手。政府决策的推进，不仅可以借助新闻媒体传递信息的作用快速推进，更可以借用舆论监督的作用进行“纠偏”，保证传达政策不走样，执行政策不打折。

5. 推动司法公正

我国正在建设法制现代化的国家，而司法公正则是法制现代化国家的基本要求。舆论监督在司法公正中的作用表现在两个方面：第一，在立法过程中，通过反映广大人民群众的呼声和要求，保证所制定法律的科学和公正。法律是统治阶级意志的集中体现，我国是人民当家做主的国家，法律当然代表了人民的意志。在立法过程中，人民的意志如何体现出来，这是立法者必须关注的重大问题。在信息时代，媒体的桥梁作用自然举足轻重。第二，对执法进行监督。这在目前我国具有十分重要的现实意义。我国的司法是独立的，司法独立是司法公正的前提，但是，司法独立并不一定能保证司法公正，两者之间不是一种必然的因果关系。这是因为“司法独立”本身不能从社会体系中完全独立出来而免受法外因素的影响。同时，“司法独立”也不能保证独立后的权利不去追求自身的特殊利益。而舆论监督却能成为司法机关抵制法外因素的坚强后盾；约束司法权力，防止司法专横；保证全体大众受益而不是个人或少数部门受益，所以，它对保证司法的公正意义重大。当然，对于少数媒体假借“舆论监督”之名行“新闻审判”之实的行为是要大力反对的。

舆论监督的作用还不仅限于这些，这就决定了为了保证我国社会的健康发展，为了保证全体人民民主权利的正常行使，舆论监督必须加强，不能削弱。

---

① 杨明品著：《新闻舆论监督》，中国广播电视出版社，2001 年，第 36、37 页.

第二节　现代社会的舆论监督权

在理性的情绪中，人们对舆论监督的价值几无争议，但当舆论监督与人们的实际利益发生联系时，事情就变得复杂起来。现代社会舆论监督意义重大但地位尴尬，究其原因，主要的是这种权利尚未在法律上加以明确。只有从法律的角度，将舆论监督定义为一种新闻权利，其地位才会变得不再尴尬，其价值，也才能真正发挥出来。

一、舆论监督是一种重要的新闻权利

1. 舆论监督是一种重要的社会权利

一个国家要保证公共权力尤其是政府权力的正当行使，必须设置强有力的监督机制，用权力制约权力，只有这样，才能有效地防止权力的滥用和腐败的滋生。在这个过程中，公共权力与监督权力的对应设置是必不可少的，这也是各个国家政治社会化和现代化的必然选择。社会的监督机制是一个综合系统，包括立法监督、司法监督、党内监督、行政监督、群众监督等许多方面。这些监督机制各有区别，但又相互联系补充，构成了对公共权力、政府权力的有机监督网络，从而保证社会的有序运行。只要其中的任何一个监督机制功能弱化或效力缺失，都有可能最终影响监督机制的完整性和严密性。

舆论监督之所以能成为上述诸多机制中十分重要的、作用独特的公共权力监督机制，就在于这种监督机制植根于公众的权利和利益之中，具有旺盛的生命力。它通过新闻媒体的作用，表达民意，反映民情，彰显良知，是一股十分重要的公众的民主力量。对社会公共权力的不公和失误，一旦通过新闻媒体形式舆论的压力，往往会比较容易地促使不公的消弭和失误的矫正。所以，对于全体公众而言，这种社会权利是十分重要的。

从我们国家的具体情况看，我们虽然有党内的、行政的、司法的等各种各样的社会监督机制，这些监督机制也在发挥着积极的作用，为实现社会的有序运行产生了十分重要的作用，但在现实社会生活中，监督的匮乏仍然是非常普遍的事实。这在很大程度上是由于上述监督主要是内部的、纵向的，因而是不公开的。不公开的监督本身就缺少监督的应有之义，并且它十分容易受监督者本身素质的影响。有关人员对信息的控制、加工和处理本身是不受监督的，这就往往会导致他们因为“为尊者讳”或迫于各种压力用“事出有因”“查无实

据”之类的官样文章推挡社会大众的揭露。然而我们必须清楚这样一个事实：所有的弄虚作假和腐败行为，均有一个特点：见不得人。他们最害怕的往往不是上级调查，而是舆论监督、新闻曝光。事实一再证明，在各种监督形式之中，舆论监督不仅是最有效、最快捷，而且是最廉价、最易于操作的监督机制。在现代社会，大众媒体的这种监督作用是其他任何监督机制所无法替代的。这种监督不应当是偶然的、一次性的，而必须是全方位、全天候的——这就有赖于广泛的社会参与和群众监督。

事实证明，我们一贯重视党和政府内部的监督，比较忽视来自外部的监督。但是同处于一个权力金字塔内的组织力量和政治力量，是很难形成有效的监督和被监督的。其一是因为同一系统内的各种组织和机构都有着领导与被领导的关系以及工作与业务上的联系，各种监督机构所拥有的权力和行使权力的能力是十分有限的。第二是因为它们在利益、价值观、文化传统、工作作风及思维方式上都有一致性。一件事，在其他人看来是极不应该发生的事，而他们自己却习以为常、见怪不怪。而舆论监督的特殊性，就在于它是一种外部的监督机制。通过外部的监督机制，尤其是通过新闻媒体这样一种特殊的监督手段，可以起到其他监督机制无法想象的作用。在中国这样一个文化底蕴深厚、伦理道德作用十分巨大的国度里，用“道德法庭”来“审理”是非曲直，实在是意义重大。舆论可以使群情激愤，可以使民怨沸腾，可以使丑行败露而陷入“过街老鼠式”的窘境之中，可以使一切不良昭然于阳光之下……所以，利用好舆论监督这一社会权利，对于目前我们国家的民主政治和社会现代化意义深远。

2. 舆论监督是一种重要的政治权利

我们国家历来重视舆论监督，我们党历来把舆论监督作为全体公民的一项重要的政治权利来强调，并在法律上加以肯定。如前所述，早在建国初期，新闻总署在《关于改进报纸工作的决定》中指出：“报纸对于政府机关及其工作人员、经济组织及其工作人员的工作中的缺点和错误，应负批评的责任。这种批评应当是积极的，富于建设性的，实事求是的和与人为善的。”在这里，虽然没有提出“舆论监督”的概念，但其强调“报纸批评”为一种社会责任，应该说是极富远见的。随后的几十年中，党和政府以各样不同的形式，对舆论监督的作用加以肯定，并且在党和政府的文件中加以规定。我国党和政府对舆论监督长期以来的关注和重视，是基于舆论监督的正常开展给社会的进步带来的重大的积极意义而言的。尤其是新中国成立以后，我国舆论监督是否能够顺利开展，在许多时候变成了政治是否民主、社会是否昌明的晴雨表。

我国宪法对舆论监督权进行了肯定。在我国制定的一系列相关规定中，我们党和政府从不同的角度对新闻媒体的新闻批评进行了规定。我国《宪法》首先从法理层面对舆论监督进行了规定。《宪法》第一条规定："中华人民共和国是工人阶级领导的、以工农联盟为基础的人民民主专政的社会主义国家。"第二条规定："中华人民共和国的一切权利属于人民。"第三十五条规定："中华人民共和国公民有言论、出版、结社、集会、游行、示威的自由。"这些规定虽然都没有对我国的舆论监督进行直接规定，但可以逻辑地推断出这样的法律含义：我国公民当家做主，国家权力属于全体公民，那么，全体公民通过言论表达，行使关心和管理国家的权利，是一件理所当然的事情。而舆论监督，是言论表达的重要方式。《宪法》对人民权利的保护，逻辑地包含了对舆论监督权利的保护。在现代社会，随着人们自主意识的不断提高，表达意见的愿望变得愈加强烈和迫切。而对现代人这种愿望的尊重，是现代政府的明智之举。人区别于动物的标志在于温饱之外，更有思想的生成和意见的表达。社会平等的实现方式也应通过对全体公民意见的尊重来实现。同时，我国《宪法》还从另一个侧面对这种权利进行了保护。我国《宪法》第四十一条中，又作出了这样的规定："中华人民共和国公民对于任何国家机关和国家工作人员，有提出批评和建议的权利；对于任何国家机关和国家工作人员的违法失职行为，有向国家机关提出申诉、控告或者检举的权利，但是不得捏造或者歪曲事实进行诬告陷害。""对于公民的申诉、控告或者检举，有关国家机关必须查清事实，负责处理，任何人不得压制和打击报复。"在这里虽然同样没有提出"舆论监督"这四个字，但是，"提出批评和建议的权利"显然赋予了公民以舆论监督的权利，因为"提出批评和建议"恰恰是舆论监督最为普遍的形式。任何一个社会总会存在这样那样的问题，存在或多或少的不足，是正视问题还是讳疾忌医，在极大程度上考验着政府的执政能力。新闻媒体功能独特，新闻批评眼光敏锐，对批评功能与眼光的保护，无疑延长了政府管理社会的手脚，无论于政府，还是于每个公民，都是一件好事。

值得注意的是，我国《宪法》第四十一条，权利的主体是公民而非专指新闻媒体和新闻记者。我们认为，《宪法》作出这样的规定，不是对我国公民舆论监督权的限制，而是相反，即是对舆论监督权的强调。这样的规定可以使全体公民都享有舆论监督的权利。之所以这样说，是因为我国《宪法》第三十五条还这样规定："中华人民共和国公民有言论、出版、集会、结论、游行、示威的自由。"因此，我们可以这样说：舆论监督的权利，是逻辑地包含在了《宪法》第三十五条和第四十一条的法律规定之中，而新闻媒体的作用，则是帮助全体公民将这项权利从法律规定变成了现实。在这方面,新闻记者更多地享受到了这项权利。

3. 除了宪法的规定外,我国有关部门还对舆论监督这项公民的政治权利进行了定义

1989年3月6日,中宣部在《关于转发〈中宣部新闻研修班研讨纪要〉的通知》中指出:"舆论监督是人民群众通过新闻媒体,对党务、政务活动和党政工作人员包括各级党政机关领导工作人员实施的民主监督。"并强调指出,在"提倡为政清廉,反对腐败的斗争中,舆论监督有着重要的作用,是一种行之有效的监督手段。舆论监督不只是新闻单位的事情,希望各级党政领导机关主动利用舆论工具,开展批评与自我批评,揭露腐败,推动工作前进"。在这里,中央有关部门第一次对舆论监督内涵进行了科学的定义。这对于新闻媒体和新闻记者搞好舆论监督无疑是一种鼓舞,也是从另一个侧面对全体公民的舆论监督权进行了肯定。

近年来,党和政府更是从多方面对舆论监督问题进行相应的规定保护。党的十五大把"发展社会主义民主政治"作为我国政治建设的战略目标。十六大提出了"政治文明"的概念,且指出"物质文明、政治文明、精神文明"需协调发展。党的十七大把"扩大人民民主,保证人民当家作主"作为坚定不移发展社会主义民主政治的首要任务。胡锦涛同志更进一步地强调:"要建立民主制度,丰富民主形式,拓宽民主渠道,依法实行民主选举、民主决策、民主管理、民主监督,保障人民的知情权、参与权、表达权、监督权。""落实党内监督条例,加强民主监督,发挥好舆论监督作用,增强监督合力和实效。"在党的最高会议上,强调"四权"并举,强调舆论监督的重要性,充分体现了中央推进政治体制改革、深化民主法治建设的信心和决心,也为舆论监督的有序开展奠定了基础。除了宏观政治理念和发展思路的进步外,在具体的制度安排上,近年来也不断有新的发展。从承诺积极加入人权公约到2004年人权入宪,2004年《党内监督条例》颁布,2007年11月1日《中华人民共和国突发事件应对法》正式实施(该法删除了2006年草案中对媒体报道的限制性规定),2008年5月1日《政府信息公开条例》生效。这一系列法规条例的出台,有力推进了政府运行的公开透明,保障了人民群众知晓政务的权利,而这些正是舆论监督开展的制度前提。例如,在《党内监督条例》中,专门设立了"舆论监督"一节,其中两条分别为"第三十三条　在党的领导下,新闻媒体要按照有关规定和程序,通过内部反映或公开报道,发挥舆论监督的作用。党的各级组织和领导干部应当重视和支持舆论监督,听取意见,推动和改进工作。""第三十四条　新闻媒体

应当坚持党性原则，遵守新闻纪律和职业道德，把握舆论监督的正确导向，注重舆论监督的社会效果。”“让权力在阳光下运行”，这是对舆论监督进行制度保证的执政理念。

二、新时期舆论监督的特点

1. 舆论监督开始得到权力组织的保护与重视

1998年10月7日，时任国务院总理的朱镕基专门视察了以舆论监督为主要特色的中央电视台《焦点访谈》栏目。他指出舆论监督非常重要，它对我国的民主与法制建设具有重要的意义；要通过舆论监督，纠正我们工作中的问题，反映广大人民群众的呼声，使全国人民受到鼓舞，形成强大的凝聚力，促进我们把各项工作做得更好。他赠给编辑、记者们四句话：“舆论监督，群众喉舌，政府镜鉴，改革尖兵。”在和栏目的编辑、记者座谈时，朱镕基总理进一步强调了舆论监督的重要意义。朱镕基说，新闻宣传工作要坚持以正面报道为主的方针，同时也要积极发挥舆论监督的作用。“焦点访谈”以其良好的宣传效果得到了全国人民的支持。舆论监督指出我们前进中的问题，反映群众的疾苦，给广大人民群众以鼓舞，使人民群众看到希望。因此，各级领导和社会各方面都要支持舆论监督，广大新闻工作者更要深入实际，认真调查研究，用事实说话，要服之以理，动之以情，绳之以法，使舆论监督发挥出更大的作用。

2008年6月20日，中共中央总书记、国家主席胡锦涛在人民日报社考察工作时指出：“新形势下，新闻宣传工作要高举旗帜、围绕大局、服务人民、改革创新，坚持正确舆论导向，提高舆论引导能力，营造良好舆论环境，更好地发挥宣传党的主张、弘扬社会正气、通达社情民意、引导社会热点、疏导公众情绪、搞好舆论监督的重要作用。要把提高舆论引导能力放在突出位置，进行深入研究，拿出切实措施，取得新的成效。”在《焦点访谈》栏目开播十周年之际，中央政治局常委李长春同志在祝贺《焦点访谈》创办十周年的重要场合，明确指出了“要维护新闻工作者的采访权利，保护他们的人身安全，保证舆论监督正常进行”。

尽管这仅是权力组织代表个别的例子，但也从一个层面说明我国高层权力组织开始重视舆论监督在现代社会管理中的作用，力求通过舆论组织这种特殊力量的有效运用，推动社会的进步。在现代中国社会，新闻媒体作为党和政府的喉舌，它并不能成为普通公民自由表达的工具——尽管在很多时候，新闻媒体也能自由表达自己思想和意志，新闻媒体对公众意见的选择，决定了它反映的是主流意识形态的诉求。在这种情况下，权力组织的支持显得异乎寻常的重要。因为权力组织对舆论监督的支持,可以使新闻媒体有更加从容的选择机会,以更好地按新闻规律选择新闻报道的方式和内容。与此相对应的例子很多。例如长治市的吕日周在主政长治时,十分重视舆论监督,并提供了强有力的权力保障,一度使该市党报的舆论监督风生水起,力度惊人,但吕日周一离任,情况就发生了重大变化。江苏宿迁的仇和在主政宿迁时,同样注重新闻媒体及舆论监督作用,也因此而闻名遐迩,但当他升迁云南省委常委、昆明市委书记以后,局面同样有了很大改变。"吕日周现象"和"仇和现象"基本上反映了我国新闻媒体在开展舆论监督时可能面对的两种局面,或顺风顺水,或举步维艰——处境不同往往取决于权力组织的态度。这也是我国新闻媒体反映主流意识形态诉求必然会体现出的状态。有鉴于此,我们也就越发感受到权力组织对于保护重视舆论监督的价值。

2. 政策法律开始对舆论监督提供持久有力的支撑

如果说以前的舆论监督能否顺利开展更多地取决于个别权力人士的个人好恶,带有一定的人治色彩的话,那么新时期舆论监督开始逐渐走向规范,开始体现出法治社会应有的特征。2004年,中共中央颁布实施了《党内监督条例》,尽管这个条例是"党内监督条例",但其反映的政策取向,却令众多关心支持舆论监督的人备感振奋。在这个条例中,首次将舆论监督列为十种监督制度之一,并进而对各级党组织和领导干部提出了明确要求:一要重视和支持舆论监督;二要自觉和主动听取来自新闻媒体的意见;三要根据舆论监督的要求,推动和改进各项工作。在这一年的"两会"期间,温家宝总理以"知屋漏者在宇下,知政失者在草野"的古训,表达了对媒体问责和舆论监督的支持。还是在这一年的9月,在中共十六届四中全会上,党中央又提出了"改革和完善决策机制,推进决策的科学化、民主化,加强对权力运行的制约和监督,重视对社会热点问题的引导,积极开展舆论监督,完善新闻发言人制度和重大突发事件新闻报道快速反应机制"。以《党内监督条例》的规定为核心,在这一年,党和政府表达了对舆论监督的强力支持。这是一个信号,也显示了这一届政府在信息化时代执政管理方式的一种进步。

2003年12月17日,新华社发表专稿谈记者频繁被打现象,认为新闻采访权受到暴力干涉,整个社会公共利益就会受到损害,要求对采访权从法律上加以明确。此后,在人们准备迎接农历猴年到来的时候,中国足协与广州《足球》报之间的一场突然对峙,不仅将人们的目光再次集中到了媒体采访权和舆论监督这个热点上来,也再次引发了对新闻法规尽快出台的深切呼唤。令人宽慰的是,在《百万买记者人头》的报道公开以后,中共深圳市委、市政府得知此情况后，给媒体打气撑腰，同时责成公安部门严查。不久，《深圳市预防职务犯罪条例》草案初稿公布，以法规的形式规定，新闻记者享有无过错合理怀疑权。该条例规定，新闻记者在预防职务犯罪采访工作过程中享有知情权、无过错合理怀疑权、批评建议权和人身安全保障权，任何单位和履行职务的人员应当配合、支持，自觉接受新闻媒体的监督。该市首次以法规的形式来保障新闻媒体对职务行为的四种舆论监督权，提出“新闻记者在预防职务犯罪采访过程中享有知情权，无过错合理怀疑权、批评建议权和人身安全权，任何单位和履行职务的人员应当配合支持，自觉接受新闻媒体的监督”。各地也陆续出台了一系列办法和措施支持舆论监督，也受到理论界的关注。如一些地方也采取行政规定的方法保护记者的采访权，珠海市继出台《新闻舆论监督办法(试行)》之后，又发布了《珠海市新闻舆论监督采访报道的若干规定》。北京市检察机关在查办渎职侵权案件中，也推出了六项措施，加强与新闻单位的联系和协作。吉林省政府也曾作出规定：行政机关不得阻碍新闻舆论监督。安徽省则明确表态，舆论监督的主要对象是权力机关和公务人员，并以地方法规为依据，实行新闻曝光追究制。2004 年 1 月 6 日，《中国新闻周刊》发表了题为《深圳新法有望开创传媒的崭新 2004》的文章指出：“尽管只是走出了最初的一步，但应该承认，假如深圳的这部法规最终得以通过，将具有开创性的意义。它将使中国新闻界拥有一个多么美妙崭新的 2004!”

3. 公共权力和公共利益受到新闻媒体更多的关注

近年来，人们谈到我国舆论监督存在的问题时，经常把“层次偏低”作为最为主要的问题提出，有人甚至形象地称为“只打苍蝇不打老虎”，或者只打“死老虎”很少打“活老虎”。其实，这样的判断是有失偏颇的。近年来我们舆论监督实际上已经开始不断向高层次迈进，其中最为重要的标志是公共权力和公共利益受到了新闻媒体前所未有的关注，具体表现为：其一，重大方针政策出台后，我们不再只听到一条声的好评，而是在好评声中伴随质疑，质疑使方针政策渐渐完善。以报纸时评的繁荣为例，目前，全国大小报纸都开设了相应的时评栏目，且有越开越多之势，有的甚至以每日整版的篇幅在推时评。在这些时评中，不少质疑是直指国家的方针政策的。在地方报纸中，地方报刊的时评也敢于直陈地方政府决策的不足，这在以前是难以想象的。更令人欣喜的是，决策阶层对于媒体的批评，颇有“善纳谏”的雅量，有的权力人士还借助媒体的质疑进行解释甚至表达反思之意。

其二，新闻媒体的舆论监督不仅寻“破”之道，还寻“立”之路，体现了新闻媒体良好的社会责任感和使命感。中央电视台的《新闻调查》可以视作是我国新闻人使命感、责任感的代言人。这个栏目从制度的层面报道矿难，从人性的层面关注同性恋、艾滋病……他们甘于清贫寂寞地“探寻事实真相”的事业，并为此甘冒风险，付出智慧。他们不仅在努力地“揭丑”，而且还在努力地寻找“治丑之良方”。《新闻调查》栏目也许只是一个个案，但基本反映了我国新闻舆论监督的一个方面，那就是不仅仅是去批评什么，更在意去建设什么和如何建设，也就是说，新闻人的心中有一种高远的追求。我们认为，对这种方向的追求是舆论监督上新台阶的重要标志。

其三，新闻媒体集中报道了一批大案要案，产生了重大的社会影响。近年来，我国新闻媒体集中报道了我国一批省部级以上领导干部受处罚的新闻，尽管这些干部大多是“死老虎”，但其余威还在，且其本身身居要职的特点决定了对这些人、这些案件的曝光会产生强力的社会关注。与此同时，新闻媒体对这些案件的报道不仅使问题有了较为令人满意的结果（所谓“恶人有恶报”），也使另外一些案件浮出水面。有人对我国近年来党内腐败案件频频被曝光颇有看法，认为问题几乎到了难以收拾的地步，但我认为这些问题的频频曝光还反映了另一个更为重要的信息：我党反腐的力度在加大，以至于一些陈年大案也被破获。请记住，这种力度的加大有舆论监督的功劳，也有新闻媒体的功劳。

其四，一些重大案件因为有了媒体的介入而产生了异乎寻常的社会效应，一些公权和公共利益因为这些案件的曝光而得到了有效的保障。说起新时期新闻舆论监督的经典案例，我们立即会想起“蓝田事件”、“非典疫情”、“孙志刚案”、“宝马车案”、“佘祥林案”……所有这些，多多少少会涉及利益集团、权力阶层、制度结构等重大问题，而这些问题的背后则是公共权力和公共利益。由于新闻媒体的介入，这些权力和利益最终被置于一种较为科学合理的位置。

尽管我国舆论监督的层次在不断上升，但人们依然颇有微辞，究其原因，大概有这样一些：第一，虽然我国新闻舆论监督的力度在不断加大，层次在不断提高，但人们对舆论监督的期望值太高，以至于产生判断失误；第二，社会转型期出现的较多社会问题，使社会成员有较多的不满情绪，他们认为媒体是这种情绪重压主要的迁移渠道，但我国新闻媒体的特殊属性决定了这种迁移或者不会特别顺畅，或者不能顺利迁移；第三，新闻媒体在实战中寻找到了更加巧妙的舆论监督之道，巧妙之处在于虽然批评的目标是权力组织或权力人士，但切入点巧妙，切口较小，不易遭致更为强大的阻力，当然产生效应的时间也稍长些，但一些人没有发现这种巧妙；第四，权力组织和个人的纳谏意识增强，能从善如流，体现现代管理者的素养，所以有时监督者和被监督者之间的冲突不强。

无论如何，我国新闻媒体对公共权力和公共利益的关注，是代表了新时期舆论监督的一个方向的，也必然有积极的社会成果。

4. 网络舆论监督初显威力

网络舆论监督的兴起是伴随着网络技术的发展和网络的普及而出现的。如前所述，与传统媒体相比较，网络媒体具有自身诸多的特点，这些传统媒体所不具备的特点，使舆论监督作用的发挥有了更加广阔的空间。网络舆论监督首先借助无所不在和缺少监控的特点向受众提供大量的舆论监督线索。尽管这些线索有真有假需要仔细辨别，但毕竟扩大了监督线索的来源。其次是主要通过“人肉搜索”的形式探寻事实真相，获得或褒或贬的依据。最后是形成网络舆论。网络舆论有别于传统媒体形成的舆论，它在内容上表现得更加广泛，在形式上表现得更为激烈，因而也更容易引人关注。从现实情况看，一些发端于网络的舆论监督，在现实生活中已产生了良好的监督效果，如“周久耕案”。

2008 年 12 月 10 日 9 时许，在江宁区房产局四楼会议室，江宁区房产局局长周久耕接受南京 9 家媒体的联合采访时抛出“对于开发商低于成本价销售楼盘，我们将和物价部门一起进行查处”的言论。

2008 年 12 月 11 日上午 8 时许，网友“小花半里”发出《八问江宁房产局周局长》的帖子，对其言论进行质疑。随后，一篇《遍撒英雄帖，追查南京市江宁区房产局局长周久耕》的帖子出现，网友对周久耕的“人肉搜索”由此展开。这成为周久耕事件的第一个转折点。

2008 年 12 月 14 日凌晨 2 点，网民“华阁”发表《赞一下那个要处罚低价售房的局长，看人家抽的烟》，其中有这样一段文字：“在网上无意搜到周局长开会的照片，仔细一看，果然看到了这位公仆的本色，一条烟就可以抵下岗工人三个月的低保了。”在配发的照片中，注明“这是南京卷烟厂出产的顶级‘九五之尊’烟，一条就要 1 500 元！”这成为周久耕事件的第二个转折点。

12 月 15 日凌晨，署名“chey - ou007”的网友在《周久耕局长抽名烟、戴名表》的帖子里指认周久耕所戴手表是“江诗丹顿”，价值约 10 万元。此后，网上又有人曝出周久耕开凯迪拉克豪华车上班。

12 月 17 日下午，网友“伟大的人民”发帖抖出周久耕的弟弟是房地产开发商。周久耕打击“降价销售的房产商”，与其弟有很大利益关系。23 日，周久耕又被曝出儿子是建材商，以及周久耕的漂亮妻子曾公开谈丈夫的高档生活品位等消息。于是，围绕周的亲属五花八门的新闻，几乎充斥了各网络论坛的首页。周久耕一家都被推到风口浪尖上。

12 月 29 日,周久耕被免职。

2009 年 2 月 13 日周久耕因涉嫌严重违纪,被江宁区纪委立案调查。

2009 年 9 月 4 日上午 9 点 30 分,周久耕受贿案在南京中级法院开庭。

2009 年 10 月 10 日下午 3 时,周久耕被一审判处 11 年有期徒刑。

网络舆论监督在新时期风生水起,正在成为一股不可忽视的新生力量。近年来,随着微博这种传播形式的出现,网络舆论监督更加呈现“大众化”“普遍化”的趋势——人人可以在任何时候对任何人和任何事进行微博举报,实行舆论监督。尽管这种监督样式会存在这样或那样的缺陷,但它的出现,必须会将舆论监督推升到一个新阶段。

我国新时期舆论监督的发展还基于一个非常重要的前提,即新闻竞争的正式展开。新闻竞争的开展和不断深化,使新闻媒体和新闻记者想方设法去采集和提供多样的、客观的信息,让受众有比较鉴别的机会。同时,新闻竞争也使一些媒体的“话语霸权”行为有所收敛,对商业利益的追求也力图控制在合理合法的范围之内,这就有力地提升了舆论监督的力度、频度和深度。

第三节 防止滥用舆论监督权

权利不应滥用也不可滥用,舆论监督也不例外。滥用舆论监督权的方式多种多样,但其危害后果几乎相同:损害新闻媒体的公信力和权威性,进而对法治社会带来消极影响。

一、滥用舆论监督权容易导致新闻侵权

公民的合法权益需要借助借舆论监督得到有效保护,这是人所共知的一个基本事实,但我们不能因此而忽视对此项功能行使不当而导致的新闻侵权行为。传媒时代的大众,常常会陷于鱼与熊掌不可兼得的困惑之中:一方面,现代传媒迅捷周详的传播方式,令他们可以足不出户而随时感受这个世界激动人心的变化,这种身临其境的美妙感受是他们的先人们所难以想象的;另一方面,现代媒体及其掌控者有意无意的过错,每每令他们的名誉遭贬,隐私被曝光,权益受侵害,这种心灵受损的痛苦感受,会在相当长的时间内令受害人挥之不去。法治社会的现代传媒所孜孜追求的理想目标之一,就是在传播新闻信息的同时,最大限度地保护公民的合法权益免受侵害,一旦损害性后果出现,就应当承担由此引发的法律后果。

近几年来，“新闻官司”有增多趋势，发生这种情况的原因很多，其中就包括我们的在加强舆论监督力度后的某些做法上的偏颇。但是，另一个不可忽视的原因是，新闻记者在进行舆论监督时，往往习惯充当起“裁判”的角色。他们在提供事实的同时，又对事实进行判断，实行“媒体审判”，这往往会导致侵权。我们注意到了这样一个事实：现代传媒往往喜欢“造势”，根据自己的好恶对事实作出判断，这是一种很不好的习惯。例如，不少传媒热衷于对一些法院未审结的案件加以报道，而在报道时丝毫不顾及所使用的语言、表达的情感是否足以造成法院不得不听命于传媒的舆论环境。目前我国的传媒以“机关报”类型为主流，因此具有浓厚的官方色彩。不仅如此，传媒的报道又经常导致高层领导人的批示，批示下来，党政各部门便紧急动员，“高度重视，限期解决”。另外，跟西方一些国家法官享有终身制特权的情形不同，我们法官的交椅往往听命于上级领导的安排，是很容易被端走的。所有这些，都进一步加重了法院在审判那些已经被传媒广泛报道过的案件时所承受的压力。有时只能听命于传媒，导致某些案件难以得到公正理性的审视。可见，新闻媒体和新闻记者在这个时候不仅没有真正起到舆论监督的作用，反而干扰了司法审判。再如，新闻媒体经常喜欢使用的“民愤”问题。我们每每会从新闻媒体上看到诸如“社会影响极坏，不杀不足以平民愤”之类的提法。“民愤”是什么？民愤实际上是一种社会情绪和道德判断，它本身不能成为影响司法审判的事实。譬如某人罪不当诛，难道因为“民愤极大”就能杀了他？如果“民愤”能影响司法审判，则往往会经不起时间的检验，也往往会成为一些人搞“司法腐败”的借口。但是，由于历史的原因，借助新闻媒体掀起的“民愤”常常会成为影响司法审判的一个重要因素。这个时候，新闻媒体和新闻记者实际上成了隐藏的“法官”，从而干扰了司法独立的原则。

二、侵害公民人格权是最常见的滥用舆论监督权行为

新闻活动是以报道社会生活为主要内容的社会活动。人是社会的人，因此，人是社会活动的主体。新闻记者要报道社会生活，就无时无刻要和社会生活中的人发生关系，在这种情况下，就必须强调对全体社会成员人格的尊重。在我国的新闻实践中，绝大多数新闻记者能够自觉地履行好这一义务。但是，也有一些记者却不能很好地履行这一义务，结果造成了对公民人格权的侵害。这主要基于如下这样一些原因。

第一，习惯性思维造成对公民人格权的伤害。表现为：在相当长的时期内，新闻记者具有许多“特权”。一些新闻记者片面地理解“无冕之王”的尊称，

将新闻记者的权利无限地扩张。由于整个社会的法制不健全，公民法律意识不强，也就心甘情愿或者无可奈何地接受着这种伤害。而今天，随着我国法制现代化步伐的加快和全体公民法律意识的不断提升，新闻记者的侵权往往会导致新闻诉讼。

第二，因法律知识的缺陷而导致好心办坏事，无意之中侵害了公民的隐私。例如，有的人把出身贫寒、父母早亡、养子身份或养女身份等生活磨难视为隐私，但新闻记者在报道这些人人生成功的时候可能为了渲染“自古雄才多磨难”的观点，在无意中宣传了这些隐私，构成对公民人格权的侵害。

第三，主观上有故意侵害的意图。个别素质较差的新闻记者为了个人的目的，故意对他人的人格进行侵害。其表现形式多种多样：有的借舆论监督之名行诽谤他人之实；有的借舆论监督之名行制造“轰动效应”之实；更多的则借舆论监督之名行牟取个人利益之实。“利用舆论监督谋利主要有三种表现形式：第一，有偿监督。近些年来，有偿新闻已成为顽症，侵蚀着新闻事业。一些媒体或从业者忘记了职业道德，收了别人的钱财，就替人消灾。第二，以舆论监督相要挟。有些媒体或从业者利用对方害怕曝光的心理，就以舆论监督要挟对方，从中得利。第三，有偿不监督。新闻媒体的职责之一就是舆论监督，而现在出现一种新情况，这就是由原来的有偿新闻转化为有偿不新闻。原来是收了人家的钱财替人当吹鼓手，现在更多的是发现问题后收人钱财替人消灾。这里又可分为两种情况：一是媒体对有利益关系的对方主动放弃监督。随着媒体日益商业化，媒体的经济来源主要是广告收入，因此，媒体在经济上对企业具有依赖性。这样，如果媒体的广告客户干了有损社会公共利益的事，媒体也会因利益关系而放弃监督。二是媒体发现问题后被对方收买而不监督。有的被监督者与媒体本身并没有什么利益关系，但记者发现问题后，他们就收买记者，令其噤声，使问题得不到暴露。”[①]上述诸种情况，已有了相应的活生生的例子可作佐证，确实令人担忧。

第四，新闻作风不踏实，采访不深入，或者偏听偏信导致对公民人格权的侵害。一些记者或者是因为不熟悉新闻业务，或者是因为工作作风存在问题，所以主观上尽管没有恶意，但客观上却会构成侵权，导致不该发生的遗憾事件。

① 周甲禄著：《舆论监督权论》，山东人民出版社，2006 年，第 271、272 页.

三、舆论监督权利应该受到制约

我国《宪法》规定了"中华人民共和国公民对于任何国家机关和国家工作人员，有提出批评的权利；对于任何国家机关和国家机关工作人员的违法失职行为，有向有关国家机关提出申诉、控告或检举的权利"。这是在法律上对新闻记者实施舆论监督权和新闻自由的一种肯定。但是这种新闻自由要符合一定的条件，即应受到相应的制约，这种制约表现为"不得捏造或者歪曲事实进行诬告陷害"，"中华人民共和国公民在行使自由权利的时候，不得损害国家的、社会的、集体的利益和其他公民的合法自由和权利"。这可以看作是《宪法》对新闻记者义务的明确规定。

我们已经普遍接受了"没有制约的权力必然导致腐败"的观点。但是，一讲到对权力的制约，人们首先想到的是对政府权力的制约，其实，任何权力都是需要制约的。新闻记者的权力不受到合理的制约，也将导致新闻腐败。因为，一旦这种权力不受制约，将会导致他们滥用新闻自由等行为的出现。因此，必须对新闻记者的权力加以相应的制约。新闻记者在开展舆论监督时，必须遵守相应的义务，包括：第一，新闻记者不得利用新闻媒体歪曲事实进行诬告陷害。真实是新闻的生命，但歪曲事实的假新闻在近年频频被曝光却是不争的事实。歪曲事实的报道未必对当事人造成太大的伤害，但一些别有用心者利用新闻媒体故意捏造事实陷害忠良的事，却应引起新闻记者的警惕。第二，新闻记者在行使权利开展舆论监督时，不得损害他人的合法权益。新闻记者职业的特殊性决定了他们在开展新闻活动时，要有比较大的自由度，要和社会上的各种组织和个人发生关系，在这种情况下，新闻自由对他们来说具有特别重要的意义。但是，任何新闻媒体和新闻记者都不能借口新闻自由而随意非法干涉、侵害他人的自由和权利。新闻自由是以合乎宪法和其他法律规范为前提的。任何滥用新闻自由的行为都是对社会正常秩序的伤害，也会导致新闻侵权行为的发生，对此，我们必须有足够的警惕。

社会的黑暗，需要用舆论监督的光芒去驱散，但舆论监督的光芒本身应该是纯净的。

第七章 隐性采访中的权利和义务

隐性采访是近年来比较流行的一种采访手段。随着新闻竞争的日渐加剧，和广大受众对新闻媒体要求的不断提高，隐性采访正在不断受到众多新闻媒体的重视。这种采访一方面可以比较真实地采访到其他采访手段难以获得的有价值的新闻素材，报道出符合新闻真实性要求的新闻；另一方面，通过隐性采访获知的新闻素材往往具有较强的“可读性”或“可视性”，受到了受众的喜欢，对新闻媒体的发展意义重大，所以在新闻界风行一时也在情理之中。但是，伴随隐性采访增加的，是新闻纠纷乃至新闻诉讼的增加——一些新闻记者因为运用隐性采访手段进行采访而受到诸多非议，有的还因此而坐到了被告席上。2002 年，有 34 位全国人大代表甚至提出议案，要求对隐性采访进行限制。因此，从比较宏观的层面，尤其是从法律角度探讨在隐性采访活动中，新闻记者的权利和义务以及应该遵循的原则等问题就显得异常迫切。

第一节 隐性采访及其意义

一、隐性采访的概念及其理解

隐性采访是指新闻记者在未被采访对象感知的前提下，运用摄像机、录音机或照相机等工具，秘密地采获新闻事实的方法。隐性采访的成立必须具备三个条件：其一，记者隐去了记者的身份而出现在新闻事件的现场。值得注意的是，这里的“记者隐去了记者的身份”是一种带有主观故意的行为，这和一些记者不期而遇的目击性新闻或者目前新闻界议论较多的体验式采访有所不同。新闻记者了解到某些地方正在发生适宜进行隐性采访的事件或者经常发生适宜隐性采访的事件后，会有意识地进行隐性采访。其二，采访是在被采访者未知的情况下进行的。这一点是不言而喻的。如果采访对象知道自己的行为是在新闻记者的注视关心之下，他们就会采取一些规避自己错误言行的方法，新闻记者也就无法获知相应的新闻素材。这样，隐性采访也就不成为隐性采访而成了公开采访。其三，采访未事先征得被采访对象的同意。其中第一、第二个条件主要涉及采访的技巧问题，而第三个条件则涉及记者的职业道德和法律问题，我们将作详细探讨。

隐性采访是否有悖于我们国家的道德规范，特别是有悖于《中国新闻工作者职业道德准则》？许多新闻记者在进行隐性采访前或者隐性采访后，都有类似的疑虑。毫无疑问，我国的新闻采访活动必须遵守我国的新闻职业道德规范，即应该遵守《准则》的有关规定。但是，隐性采访的特殊性却不可避免地和其中的有关规定产生了矛盾，主要体现在和下述这条规定的矛盾："维护宪法规定的公民权利，不揭人隐私，不诽谤他人，要通过合法和正当手段获取新闻，尊重被采访者的声明和正当要求。"

"维护宪法规定的公民权利，不揭人隐私，不诽谤他人"，对于这一点，毫无疑问是应当得到严格遵守执行的。宪法是我国的根本大法，具有最高的法律效力，宪法原则应当得到坚决的遵守。同时，守法作为新闻活动的一条底线，在任何时候都是不能被突破的。当然，仔细分析这条原则，在表述上与《宪法》相关条文的表述是存在着一定的差异的。我国《宪法》第三十八条规定："中华人民共和国公民的人格尊严不受侵犯。禁止用任何方法对公民进行侮辱、诽谤和诬告陷害。"在这条《宪法》条文及其他《宪法》条文中，并没有明确提及公民隐私权问题。当然，"隐私权"包含于"公民权利"之中，对"公民权利"的保护可以笼统地认为也保护了公民的"隐私（权）"。但是，如果在表述时，用"维护宪法及其他法律规定的公民权利……"在表述上无疑就显得更加科学完善了。当然，不管这条道德规范在表述上是否科学完善，它是应该得到严格尊重的。因为遵守法律规定在任何时候都应该成为新闻记者开展新闻活动最为基本的要求。

关于"通过合法和正当的手段获取新闻，尊重被采访者的声明和正当要求"，隐性采访的道德争议主要集中在这一点上。关于隐性采访是否"合法"，手段是否"正当"，我们将在下面论述。在这里，我们重点讨论在隐性采访中如何对待"尊重被采访者的声明和正当要求"这一规定。隐性采访的特点之一，就是要求自己的采访行为不为采访者所知，如果为其所知，隐性采访也就成了公开采访，隐性采访实施者的采访声明是不可能得到尊重的——所以，采访者不可能事先声明，被采访者也就根本不可能获得声明的机会。从采访的内容看，由于隐性采访以抨击社会不良为主，所以，一旦被采访者有声明的机会，他们是肯定会反对这种采访的。从表面上看，隐性采访显然违反了"尊重被采访者的声明和正当要求"这一《准则》规定的。而许多对隐性采访手段持有道德非议的人，也是在这里找到"隐性采访非道德"的依据的。但是，我们认为，从本质上看，隐性采访是不违反这条规定的。如前所述，隐性采访一般运用在对非道德行为的采访上。正因为被采访者在从事非道德行为，所以他们才会对采访者的采访要求予以拒绝。所以，对从事非道德行为的人（被采访者）拒绝采访声明的尊重，实际上是对他们从事非道德行为的尊重，这在根本上既有违社会的公共道德要求，也有违新闻媒体和新闻记者道德理想的追求。所以，我们认为隐性采访在本质上没有违反上述道德准则——隐性采访实施者（新闻记者）的行为在根本上是为了维护主流的社会道德理想。

另一方面，我们还能从与上述规范近乎悖论的《准则》的另一条规定中，得出隐性采访合乎道德的佐证。《准则》规定："支持符合人民利益的正确思想和行为，勇于批评、揭露违背人民利益的错误言行和消极腐败现象，积极发挥舆论监督作用。"要有效地开展舆论监督，借助隐性采访这一手段是十分必要甚至是不可或缺的，而隐性采访的正常开展又无法"尊重被采访者的声明和正当要求"，这就构成了一个道德悖论。但是，经过仔细分析，两者在本质上应该是统一的。隐性采访通过新闻报道曝光社会丑恶，抨击社会不良，完全是"符合人民利益"的行为，也是在"积极发挥舆论监督作用"。因此，我们认为，隐性采访是符合《准则》规定的，是一种合乎道德规范的行为。

隐性采访也被一些专家和新闻工作者简单定义为"偷拍偷录"。我们不同意这种提法，其原因主要为："偷"字在现代汉语中含有较多的贬义成分，"偷拍偷录"仅从名称上讲就易给人以非法之感。而我们认为对某种采访方式的定义应符合法律要求的中性原则。同时，"隐性采访"比之于"偷拍偷录"可以包含更加广泛的采访技巧和方法，为我们探讨这个问题预留了比较广泛的前景空间。因为，随着科学技术的发展，必将会有新的采访工具和手段出现，那时的采访可能不再仅限于"摄"、"拍"、"录"等技术手段了。另外，也有人将隐性采访称为"秘密采访"、"暗访"、"秘访"等，这一般没有什么问题。

二、隐性采访的社会价值

隐性采访虽然不是什么特别新奇的采访手段，但是，随着社会的进步和科学技术的飞速发展，它才有可能被我国的新闻工作者广泛采用。这是因为，隐性采访一般是要以一定的手段作为基础的，技术手段越先进，顺利完成隐性采访的可能性就越大。随着隐性采访工具的日趋先进,这种采访手段的运用越来越广泛了。与这种手段广泛运用相适应的是,隐性采访具有十分重要的意义。

1. 社会映像的真实再现

真实性是所有受众对新闻的共同期盼。新闻本来就应该是真实的,不应该存在期盼才会有真实。但是,由于长期以来对新闻的异化,使虚假新闻、有偿新闻及其变种在我们的社会广为流行,于是,当饱受虚假新闻之骗之后,受众便开始对真实新闻充满期盼。隐性采访采获的新闻是对虚假新闻的背叛,所以受众特别欢迎隐性采访。

隐性采访与社会真实的关系,主要表现在隐性采访的出现,能使新闻更加均衡真实地反映社会生活的各个层面,使新闻给受众展示的社会是一个真实的社会。我们的新闻媒体一贯强调"以正面报道为主",这是没有错的,即使在那些着力标榜"新闻自由"的国家,也是在这样做着。但是,任何事情都必须有度,对"以正面报道为主"的过度强调,则可能带来十分消极的社会后果。这样的惨痛教训,对我国的新闻事业而言实在是太深刻了。20世纪六七十年代,尽管中国社会人祸频频,天灾不断,但我们从新闻媒体的报道中看到的社会却终年"莺歌燕舞,春意盎然",到头来,整个国家日渐衰微,国民经济濒于崩溃。教训何在?从新闻报道的视角分析,在于忽视了"批评报道为辅",忽视了新闻的纠偏作用!批评报道意义重大,但是不受新闻当事人欢迎,所以,批评报道难搞是所有新闻从业人员的共识。在我国,搞批评报道所可能遇到的障碍要比西方那些法治比较发达的国家更多。在这种情况下,采用隐性采访的手段在某些时候就成了别无选择的选择。通过隐性采访的手段,新闻记者可以比较方便地采获到社会的阴暗面,可以比较方便地曝光阳光下的霉点。可以这样认为:隐性采访是对公开采访的补充,隐性采访更从另一个侧面使新闻折射下的社会更加真实。通过隐性采访,受众可以有机会在"阳光灿烂"之下,偶然地发现曾经包裹、隐藏于阴影下的另一个世界。对于管理者而言,隐性采访表达的社会可能是他们不想看到或者认为是不会存在的,而一旦被报道,则更像是逆耳的忠言,让他们在惊讶之余,运用手中的权力去纠正,去消除……

真实性也是有良知和责任心的新闻工作者的共同追求。对于有良知和责任心的新闻工作者而言,他们从成为记者的那一天开始,就立志要运用手中的工具,惩恶扬善,反映社会真实。但是,由于受诸多因素的制约,他们在追求新闻的真实性时,却常常会有无力、无助的感觉,这种情况,比较多地体现在对批评性报道的采访中。近年来屡屡发生的新闻记者采访被打事件,典型地体现了这一点。据《中国青年报》2003 年 11 月 14 日报道，在记者节过后没几天，中央电视台记者徐向宇在山西省忻州市保德县宣宝联营焦化厂采访时，被该厂厂长康贵成粗暴地揪住衣服，其记者证被扔在地上，摄像机也被抢走。随后，徐向宇受到围殴，有人甚至用铁锹打他。事后，打人者康贵成等被刑事拘留。在这样的情势下，新闻记者为采访真实的新闻而采用隐性采访的手段，就变成是不得已而为之的手段了。事实上，面对或硬或软的阻挠，隐性采访确实是可以大显身手的。许多社会的真实情况，就是通过隐性采访而得以在大众传媒上反映的。

2. 实施舆论监督

实施舆论监督，激浊扬清，贬恶褒善，这是现代新闻媒体所必须承担的一项基本职能。与早些年相比，新闻媒体所面临的舆论监督局面已大有改观——在相当长的时间内，我们曾经领教过“舆论一律”的“威力”，新闻媒体“报喜不报忧”，不能有自己的观念，不能有独特的声音——而今，新闻媒体在开展舆论监督时，尽管还有种种磨难，但就全体受众而言，毕竟在理性上已经认识到了舆论监督的重要性。当然，我们还必须清醒地意识到，我们今天所面临的舆论监督的局面，只是和以前那种“舆论一律”的年代相比有了改进，而离理想状态，则还有漫长的路程和障碍需要跨越。新闻媒体和社会的发展需要舆论监督的开展，于是，如何有效地开展舆论监督，就成了所有新闻媒体和新闻记者面临的共同课题。

隐性采访的独特优势，使舆论监督在困难之中，寻获到了一条较有前途的出路。由于隐性采访的出现，新闻媒体可以较好地履行社会所赋予新闻媒体舆论监督的职责，从而更加有效地提升自己的社会形象。从社会层面看，由于新闻媒体舆论监督的有效开展揭开了社会的阴暗面，使之暴露在光天化日之下，才有了消毒杀菌的可能性，也为社会最终走向文明昌盛创造了条件。从受众的层面看，舆论监督的开展，首先帮助他们真实地认识了自己所生存的社会。通过对社会不良现象的揭露，使他们可以比较冷静地判断社会，学会透过平和繁荣的社会表象，发现背后可能存在的问题。其次，有助于帮助他们宣泄内心的压力。面对不公、不平和不良，有良知的人们都会产生内心的义愤，这种义愤最终会积成为内心的压力，而面对这种不公、不平和不良的曝光，则可以比较有效地宣泄其内在压力。所以，通过隐性采访实施舆论监督，确实意义重大。

3. 参与新闻竞争

媒体市场的不断发达和生存压力的不断加大，使新闻竞争的激烈程度不断加剧。如果说20世纪80年代的新闻竞争才刚刚萌芽,90年代的新闻竞争处于序幕阶段,那么,进入新世纪以后,新闻竞争就开始逐渐导入高潮期。今天的新闻竞争已不再是局部竞争而是全面竞争。今天的新闻竞争也不再是温情脉脉而是“刺刀见红”。在这种情况之下,各新闻媒体的一些“绝招”、“怪招”就频频出笼,而隐性采访就是屡试不爽的一着好招。

隐性采访的手段有诸多特征,而这些特征往往就是吸引受众的魅力所在。譬如说,隐性采访的手法比较新颖独特,记者在实施过程中往往带有较多的冒险成分,于是,骨子里充满着冒险精神的现代人就特别推崇这种采访方法。在潜意识里,他们觉得记者们在帮助他们实现着冒险梦——现代人实际上是一个矛盾体:他们在骨子里存在着冒险的基因,社会上频频出现的人才“跳槽热”就是这种不安现状的冒险基因的表现形式之一。同时,他们又怕冒险,因为冒险需要暂时舍弃优裕的物质生活享受,需要让本可松弛的神经高度紧张起来,一句话,要真正去“自讨苦吃”,于是,他们又不太愿意去践行冒险的经历——记者的冒险,让他们有了冒险心理得以迁移和补偿的良好机会。再如,隐性采访采获的新闻比较独特,往往具有独家新闻的特征,而独家新闻则是锁定一部分铁杆受众的良好手段。隐性采访的特征,为新闻媒体在新闻竞争中处于优势地位创造了条件。

隐性采访是新闻媒体用于取悦受众的绝妙手段。第一,它们可以借以展示实力。隐性采访是需要有一定的人力和物力作保障的。西方国家的某些记者为了采获一条新闻,可以派专人花费大量的时间进行守候。“有位摄影记者为了能够偷拍到一位著名影星与她的情人从海滩别墅裸体跑进海里的镜头,不惜雇了一艘潜水艇等在海底下半月之久……”[①]中国记者也不例外,中央电视台记者为了报道南京冠生园食品厂用隔年陈馅制作月饼的新闻,前后花了一年时间。可以说,没有足够的实力作支撑,用“半个月”、“租用潜水艇”、“一年”这样的条件来采写“大制作”的新闻是不能想象的。第二,它们可以借以展示自己的新闻理念。新闻媒体要有亲和力,要有知名度,要有影响力,要有美誉度……必须以现代新闻理念作基础。是否支持采用隐性采访采获新闻,如何支持,成了衡量新闻管理者是否具有现代新闻理念的一个重要标准。手法多样题材广泛的隐性采访,不仅体现了现代新闻管理者开放的思维方式,也表现了他们对受众需求的高度重视。尽管不能说隐性采访是新闻媒体在新闻竞争中取胜的主要因素,但完全可以说是必不可少的重要因素。中央电视台的

① 骆汉城等著:《偷拍实录》,南方日报出版社,2000年,第6页.

《焦点访谈》等栏目具有良好的观众缘和很高的收视率，与他们经常采用隐性采访不无关系。关注独家的、私密的、奇特的内容从而争取受众，是新闻媒体对隐性采访青睐有加的重要原因。西方国家的一些数字，也许可以更加明确地说明这一点："1994 年《巴黎竞赛画报》销路最佳的几期杂志，是 4 个以摩纳哥王室和英格兰公主以及另外两个以汽车方程式大奖赛中意外丧生的埃尔顿·塞纳为封面的。但那一年最佳销售则是向公众透露密特朗有一个私生女——玛扎丽娜——的那一期：各售报亭共卖出 76 万份。而最差的一期的头版头条则是'奥蕾莉，电视募捐的小公主'，仅卖出 38 万份。前一期比后一期为报社多赚了大约 300 万法郎。1995 年，玛扎丽娜在新桥上与其男友阿里一起接受摄影的那一期，共销出 61.6 万份。报道法国空军在前南斯拉夫被击落和被塞尔维亚人俘虏的飞行员的那一期，共销出 38.3 万份。两者的差距约 180 万法郎。这就是为什么《巴黎竞赛画报》如此欣赏玛扎丽娜的原因所在！"[①]法国媒体的经历，从一个侧面证明了私密性新闻的独特价值，而隐性采访，恰恰是最能采获到私密性新闻的。

三、隐性采访大行其道的受众基础

1. 受众的好奇探究心理

受众关注隐性采访，是与其内在的心理需求密切相关的。受众的接受心理一直是学者们关注的一项重要内容。20 世纪初，特别是第一次世界大战期间和战后，新闻媒体蓬勃发展对社会的发展产生了重大的影响作用，在这种情况下，许多政治宣传分析家们过高地估计并过分地渲染了新闻媒体的宣传威力，夸大了其实际并不存在的功能。其中最典型的莫过于"枪弹论"。早期的研究者把受信者当做消极被动的"靶子"，而新闻媒体则具有非常巨大的、不可抗拒的力量，它可以把各种各样的思想、情感、知识和动机从一个人的头脑里几乎不知不觉地灌输到另一个人的头脑里。但是，研究者也发现有时这个"靶子"被"子弹"击中后并不倒下；有时又似乎穿不透他的身体；有时甚至他似乎乐于被击中，然而事后又看不出采取相应行动的迹象。这就导致了人们对"枪弹论"的怀疑。后来的研究者抛弃了"枪弹论"而提出与之截然相反的理论。例如，1964 年美国学者雷蒙德·鲍尔在《美国心理学家》杂志上发表文章认为：在可以获得的大量（传播）内容中，受传者中的每个成员特别选择同他的兴趣有关、同他的立场一致、同他的信仰吻合、并且支持他的价值观念的信息。他

---

① [法]阿尔贝·杜鲁瓦著：《虚伪者的狂欢节》，时事出版社，1998 年，第 79 页.

对这些信息的反应受到其心理构成的制约……现在可以看到，传播媒介的效果在广大受传者中远不是一样的，而是千差万别的，这是因为每个人在心理结构上是千差万别的。这就是所谓“顽固的受信者”理论。

无论是“枪弹论”还是“顽固受信者”理论，都有其自身的局限性。在新闻传播日益现代化和国际化的背景下，新闻媒体应该注意的主要问题是：不断确立受众的主体地位，用丰富多彩的形式和令人回味的内容，满足受众的好奇探究心理。心理学者的研究表明，当个体遇到新奇的事物或处于新环境之中时，常常会表现出注意、摆弄等行为，促成这些行为产生的内在力量，通常称为好奇驱力。个体的这种好奇驱力与其生理上的需要无关，而是由外在刺激所引起。好奇驱力的强弱与刺激的新奇性及复杂性有密切的关系，刺激愈新奇或愈复杂，个体对它就愈好奇。在人类的行为中，受好奇心驱使的行为很常见。例如，儿童对新奇事物总想去摆弄、拆解，甚至破坏；成年人对大自然不断探索、操纵、控制等。当然，这些行为与其他动机也有关系，但好奇心的驱使，则是其中的重要的原因。人们往往爱打听新来者的情况，对于被禁止的事情更想试一试，对于名演员、名作家的生活轶事很感兴趣，凡新产品、新节目总想先用、先看等等，这一切都明显地体现好奇驱力在人身上的作用。新闻受众受个体社会化需要的驱使，对外在世界保持着好奇和探究的心理。他们需要借助阅读新闻，来满足这种心理，同时，随着阅读的增加，他们还会不断产生不满足感，形成新的好奇探究，自觉不自觉地期望获得更多的信息，达到更深的层面。方小翔认为：“在信息较为封闭的环境里，信息传播基本上是单向实现的，传播者传什么，受众接受什么，而在信息传播全球化、多元化的环境中，一方面，新闻媒介之间的竞争加剧，另一方面也同时培育、锻炼了受众的分析能力、比较能力和思考能力，使他们的独立评判意识、主观选择意识、不满足感和参与感都日渐增强，而受众思维的活跃状态和思考能力的提高，又对新闻传播提出更高的要求。”①

心理学的研究表明，在人的大脑皮层中存在着“注意神经元”，它的作用在于对各种刺激物加以比较鉴别，然后对那些新异的刺激物或自己期待的刺激物发生反应。对于那些没有新意或与己无关的刺激物，大脑中的注意神经元不加选择或干脆过滤。“新闻报道只有首先引起受众的注意，并维持他们收看的兴趣才谈得上让受众接收。而新闻报道在题材上的新颖，表达手法上不落俗套正是引起受众注意的重要条件。”②

---

① 刘京林、罗观星著：《传播·媒介与心理》，北京广播学院出版社，1999年，第96页.

② 刘京林著：《新闻心理学概论》，北京广播学院出版社，1999年，第230页.

社会学的研究则从另一个侧面证明了现代社会新闻媒体对受众好奇探究心理尊重的重要性。社会学家宋林飞认为:需要是社会活动的初始动因。人们在一定的条件下形成一定的需要,一定的需要引起一定的活动(首先是劳动);通过一定的活动(首先是劳动)来满足一定的需要。同时,需要是社会发展动力的动因。有了动因,才能发生动力。需要是一种欲求不满足的状态。任何社会发展的动力都是在需要的驱动下发生的。① 新闻受众既然有好奇探究的需要,新闻媒体就会有满足这种需要的必要性,而这种必要性又推动了新闻不断向前发展。

另外,从新闻的自身特点看,新闻是以“新”取胜的,无“新”,则成了“旧”闻,新闻也就失去了存在的价值,所以,从某种意义上讲,新闻自身也应该有新奇的特色,这和受众的好奇探究心理可谓不谋而合。

2. 受众欢迎隐性采访的心理动因

从新闻发展史的角度而言,隐性采访虽说不是一种新的采访形式,但对我国的新闻受众而言,隐性采访在形式上还是有其新奇的特征的。隐性采访在新中国新闻史上存在的历史并不长,从20世纪80年代开始出现,到目前不过十几年的时间,因此,受众的新鲜感远没有完全消隐。在相当长的时间里,中国新闻受众接受的是公开采访的形式,甚至,这种公开采访所涉及的内容也是比较枯燥单调的。当隐性采访这种形式出现时,受众立即就有了耳目一新的感觉——新闻采访还能这样进行!于是,他们开始期待,开始等待新一次隐性采访可能带给他们的惊奇。

从形式和内容分析,隐性采访广受欢迎主要有这样一些心理原因:第一,好奇心理。如前所述,人们对未知世界总是充满着探究和好奇的,没有这种探究和好奇,社会就不会发展。当人们习惯了公开采访这种采访手段后,隐性采访的出现,很好地满足了受众“喜新厌旧”的好奇心理。第二,冒险心理。人生而有冒险的心理,只是因为受诸多社会因素的影响,更多的人用理智控制了这种冒险心理的膨胀。但理性的控制并不会使这种心理消失,而只是得到了暂时的压抑,它还会以其他方式体现出来。隐性采访实施过程中的惊险刺激的场景描写和富有戏剧性冲突的情节,会让那些个人冒险心理无法满足的人得到很好的心理压力迁移。美国CBS创办的新闻杂志性栏目《60分钟》,比较典型地说明了这一问题。例如,该栏目曾播出过一档名为《芯片》的节目,介绍的是近年来一种新兴的犯罪行为——偷窃和走私电脑芯片。片中莫利·塞弗与拿着隐蔽式摄像机的助手一起进入一家走私芯片专卖店,不知情的店主热情

① 参见宋林飞著:《现代社会学》,上海人民出版社,1987年,第112—118页.

接待了装作富商的记者，并且拿出一大盒刚刚偷运来的“奔腾”芯片。塞弗详细询问了芯片的质量和价格，然后用画外音解说：“店主人还善意地告诫我们，要小心别的罪犯，那些人更换了低速芯片的标签，把它们当做最新的高速芯片出售。”[①]将走私者、盗窃者置于这样生活的场景中，只有隐性采访能做到。第三，宣泄心理。现代人心理压力比较大，如果找不到合适的宣泄渠道，会导致精神障碍的产生。例如，许多人对社会的腐败现象深恶痛绝，但又无计可施，内心压力就会增大，隐性采访对腐败行为的揭露曝光，会较好地帮助他们化解内心的这种压力。第四，窥私心理。窥私心理与好奇心理相类似，但更多一些私密性质。每个人都可以毫无愧色地宣称自己有好奇心理，但并不是每个人都有勇气宣称自己有窥私心理的。对一些隐私好奇的东西和现象，受众可以借助新闻记者的镜头和文章得以知晓，满足自己的窥私欲。第五，求异心理。隐性采访在内容上往往具有“独家新闻”的特点。基于隐性采访的特点，大张旗鼓的集中采访不会有效果，记者在隐性采访时往往一小组人马甚至一个人单独行动，在作品发表时，也大多选择有限的媒体，于是，对于这些发表隐性采访采获新闻作品的媒体而言，其新闻作品就具有了独家新闻的特点。基于上述这样一些心理原因，隐性采访在较短的时间内变成了众多新闻记者争相采用的手法，而其作品，也受到了受众广泛的欢迎。

3. 受众欢迎隐性采访的文化基础

隐性采访广受受众欢迎除了缘于人们普遍存在的好奇心理外，也与我国传统文化有着千丝万缕的联系。类似下面这样的故事，我们在阅读古籍典章时是屡有所见的：康熙年间，官员吃喝成风。一天，康熙独自一人微服出宫，走进一家颇有名气的酒楼，要了酒菜，自斟自饮起来。他细心观察周围坐满的王爷公子，每一桌都摆满了丰盛的酒肉。这些人一边吃喝，一边聊天，有说有笑。酒足饭饱之后，一个个歪歪斜斜、骂骂咧咧地离去，剩下的饭菜有的连筷子也没有沾，原封不动摆在那里。康熙一边看一边想，清兵入关刚刚五六十年，满族官员和八旗子弟就如此奢华靡费，吃喝玩乐，不图上进，这是民族衰微、国家衰亡的征兆啊！康熙付了酒钱，找到酒楼掌柜问其生意如何，酒楼掌柜如实地说：“我的钱都是从你们这些达官贵人身上赚来的。”他还告诉康熙，如今的满汉官员、八旗子弟，专爱摆谱儿讲排场，花多少银子从来都不在乎。他们到这儿要的都是好菜，吃的都是“猫食”，摆上一桌酒席，吃不了几口，都剩下了。康

① 王纬主编：《镜头里的“第四势力”——美国电视新闻节目》，北京广播学院出版社，1999年，第206、207页.

熙回到宫里，便派人到酒楼去查访，逐个记下这些人的姓名、官职和住址，然后给每个人送了一副对联，以皇帝的名义教育和感化那些只图个人享乐、不顾天下安危的王公贵人。微服私访，常常是古代官员乃至皇帝体察民情、关爱民生的重要手段，也是中国传统文化的重要内容。

近年来，类似于《康熙微服私访记》之类的电视剧广受欢迎，一方面说明了我们有这样的传统文化基础，另一方面也进一步强化了人们对"微服私访"的关注程度。其实，康熙到底有没有微服私访，甚至，康熙即使微服私访了，是否就如民间野史中描述的那样能明察秋毫，惩恶扬善，是颇有争议的。但是，在当年那个兵连祸结、水深火热的年代，百姓小民是时时感受着伸冤无门的苦痛的，即使在那些所谓政治清明的太平盛世，由于整个社会人治独占天下，百姓们面对"官府大门朝南开，有理没钱莫进来"的古训，也是有冤难申，有苦难言的。于是，在潜意识里，他们渴望皇帝这个青天大老爷能通过微服私访，来为民伸冤，惩贪反腐。这类微服私访的野史故事，基本上反映了人们的感情和愿望。除了皇帝之外，清官微服私访的故事千百年来也是数不胜数。昆曲《十五贯》中，由于况钟私访，访到真凶，拿住娄阿鼠，使冤案得伸。经常上演的京剧《玉堂春》所据以改编的明人冯梦龙编的《警世通言》中的小说《玉堂春落难逢夫》，其中也有王景隆微服私访的情节。正是由于王景隆到洪洞私访，了解了案情，才使玉堂春的案子得到解决。至于"包青天"包打不平、为民申冤平反的故事，更是家喻户晓，人所共知了。类似的文化心理，也深刻地影响着现代受众。当社会不平依然存在，某些腐败分子依然逍遥法外时，人们自然有理由，也期盼能通过类似于微服私访的隐性采访，让那些为非作歹者丑行败露，恶有恶报，受到法律严惩。一个人的兴趣爱好与他所生存于其中的社会文化环境密切相关。当人们在成长的过程中，通过古籍典章书报杂志不断接受类似于微服私访的文化讯息时，他们就会自然养成这样一种期待——期待现代社会的记者借用古代社会的微服私访惩恶扬善，匡扶社会正义，宣传社会理想。于是，隐性采访就有了大行其道的社会心理基础。

第二节 隐性采访的适用范围

一、隐性采访中的地点

1. 隐性采访中的公开场合

新闻事件发生的场合一般可分为公开场合和私人场合两种。公开场合是指人们可以自由出入的场合。公开场合包含的范围十分广泛，如城市道路、公园、田野、饭店、商场、剧场等。我们认为公开场合是可以采用隐性采访的形式的。作出这样的结论，是由公开场合的特性决定的。《现代汉语词典》对"公开"的解释是："不加隐蔽；面对大家（跟'秘密'相对）。"既然如此，在公开场合发生的事实，在法律上就应认定为是可以通过新闻媒体公诸于众的——可以"不加隐蔽"、"面对大家"。公开场合的行为，是一种主动昭示于人的行为，即使不是主动昭示，在法律上也应该认为是可以通过新闻进行报道而不必事先征得被采访者的许可。否则，许多新闻活动就无法开展。例如，在大型的运动会或大型的庆典场合，每一个参与者在活动过程中的场景都可以被报道。否则，如果需征求摄像机、照相机镜头下的每一个人的同意才可以进行新闻报道，那么等于宣布了新闻事业的消亡。"一个人将自己置身于公共场所中，就承认了自己行为的公开性，也就放弃了该行为的隐匿权，而不管记者还是其他人都有将他在公共场合所看到的东西拍摄下来、记录下来的自由。"①美国学者普洛赛尔教授也指出："在公共街道或者其他公共场所，原告没有宁居权（right to be alone），别人仅仅只是跟随他，不构成对其隐私的侵入。在这样的场所对其进行拍照也不构成对其隐私的侵害，因为拍照不过是进行了一种记录，这种记录与对某人可能被他人自由地见到的在公共场所的形象的全面描写没有本质区别。"②他们这个观点后来为美国《侵权行为法（第二次）重述》所采纳，也成为许多法官判案的依据，即使在现存的美国法律中，也很难见到与之相抵触的制定法或案例。"记者有权在公共场合采访或拍摄，甚至不必让被采访者知道。所谓公共场合，是指当事人所处地点不属于私自和不公开的地方，任何人经过此地均可以看到或听到的地方。这一条，在美国第八巡回区合众国上诉法院的判例中已经确立。"③

在公开场合进行的隐性采访，纠纷比较多的不是涉及公民的隐私权问题，而是比较多地涉及公民的肖像权问题。多年前，电影《秋菊打官司》中的一个群众演员，曾以未经本人同意而被摄入镜头中为由，起诉导演及摄影师侵犯其肖像权。法庭最终对他的诉讼请求未予支持。在这则纠纷中，纠纷的双方虽然不涉及新闻记者，事件本身也不是严格意义上的新闻事件，但其法理是相同的。在新闻活动中，类似的纠纷还曾多次发生过。例如，北京电视台《18 分钟

① 郭晴：《偷拍偷录的"为"与"不为"》，载《中国记者》1998 年第 1 期.

② 转引自张新宝著：《隐私权的法律保护》，群众出版社，1997 年，第 197 页.

③ 宋克明著：《美英新闻法制与管理》，中国民主法制出版社，1998 年，第 74 页.

经济·社会》栏目曾拍过一部呼吁整个社会重视安全的电视片《红灯在闪烁》。其中，记者部分使用了隐性采访手段，拍摄了一些交通事故死亡者的家属在出事现场嚎啕大哭的场面。然而，就在片子要播出之前，死者家属坚决要求电视台不准播出这些镜头，因为他们不愿自己感情失控的图像暴露于大庭广众之下，否则将状告记者、编辑侵犯肖像权。节目组如果坚持播出这些镜头，究竟是否构成对公民肖像权的侵犯呢？我们必须首先探讨一下我国的《民法通则》中关于侵犯公民肖像权问题是如何规定的。《民法通则》第一百条规定："公民享有肖像权，未经本人同意，不得以营利为目的使用公民肖像。"可见，是否发生新闻侵权首先看是否以营利为目的。我国民法侵权的确认，采取过错责任原则，也就是有过错才承担责任。上述案例中，显然并不属侵权行为。事实上，有些专家认为，为了反映社会问题，揭露不良倾向，记者在不损害尚未触犯法纪的他人人格和企事业单位名誉的前提下，有权选择一切客观存在的事实来撰写评论进行报道。"电视新闻的图像中摄取的肖像，不以营利为目的，又不会给本人造成严重后果，为了鞭挞不良现象或表现社会的某种趋向，记者同样有权不征求本人同意，就可进行报道。"①

在有些情况下，发生在公共场合的隐性采访和公开采访具有同一性。在公开场合，有人会知道记者在进行采访，那么，这种采访对他们来说是一种公开采访；也有人不知道记者在进行采访，那么，这种采访就成了隐性采访。这种情况其实还是比较多见的。例如每一次大型运动会，我们都能从电视屏幕上或者在报纸的照片中看到观众们在观看比赛时发生的有趣镜头。有些镜头如个别观众深情拥吻如果发生在私人场合而被新闻媒体曝光，新闻媒体的报道有可能构成对公民人格权的伤害。但是，由于这些情景发生在公开场合，就不会构成侵权。对于这些观众来说，记者们在采访过程中运用的显然是隐性采访的手段。同样，我们也能从镜头中看到观众朝着镜头招手、欢呼的情景。这些观众显然已经意识到了记者在采访他们，记者的采访对他们来说就是一种公开采访。因此，在一定意义上讲，这种采访有同一性——对一部分人而言是公开采访，对另一部分人而言则是隐性采访。

2. 隐性采访中的私人场合

私人场合是指公民私人活动和私人交往的空间。在私人场合，公民可以根据自己的兴趣爱好自由地开展各种活动，这种活动受到法律的保护。所以，隐性采访不适用于私人场合。私人场合发生的事实较多地涉及隐私问题。

① 刘建明著：《宏观新闻学》，中国人民大学出版社，1991年版，第28页.

"隐私"的一大特点是"隐",即秘密性——当事人不愿意自己的言行昭示于人,因此,其发生的地点多在私人场合如个人住宅等。而中外法律对个人的隐私,如住宅、个人信件、通话、个人残疾等,是毫无例外地加以保护的。在这个问题上,一些西方国家甚至开始限制新闻记者的某些自由了。例如 1997 年 8 月 31 日,英国王妃戴安娜在法国因逃避一些新闻记者的跟踪拍摄而不幸遇车祸身亡后,英国的报业投诉委员会很快公布了一系列旨在保护个人隐私权的记者行为准则。新准则对记者"骚扰"下了明确定义,与旧准则相比,扩大了属于个人隐私的范围;指出孩子不能因父母的社会身份而受到记者侵扰;并且列出了具体条例防止记者集体骚扰新闻人物。新准则特别严格了摄影记者的工作准则。条例说,摄影记者不允许用远距离镜头拍摄新闻人物在教堂、饭馆或海滨的活动;记者不能侵扰新闻人物,特别是他们正在参加葬礼,感情悲痛或精神受刺激的时候;记者禁止用金钱引诱孩子接受拍摄;报刊禁止刊登使用非法手段拍摄到的照片;报刊编辑有责任审查照片的合法性。可见,如果通过隐性采访公开某些不宜公开的内容,必将会导致对公民隐私权或国家秘密、商业秘密等的侵害,因此,隐性采访应该只适用于公开场合。

3. 对于同一公民的同一行为,获得场合的不同,可以最终决定新闻是否侵权

在一般情况下,采访的场合对新闻采访行为的性质不会有本质的影响,但隐性采访却是一个例外。在公开采访时,新闻记者正常的采访行为不会与公民的权利形成冲突,所以采访行为一般不会构成对公民权利的侵犯。在隐性采访时,情况却有所不同。由于公民在不同的场合,他们所拥有的权利是各不相同的。在公开场合,公民的行为必须遵循公开场合的运行规则,也就是说,他们的权利依法受到相应的限制。在私人场合,公民拥有更加广泛的个人权利。尽管他们的权利也受到一定的限制,但这种限制是十分有限的——他们在私人领域拥有的权利受到我国法律的保护。因此,新闻记者在公开场合行使的采访权可能不与公民权相冲突,而在私人场合行使采访权却可能会产生冲突。例如,发生在光天化日之下的马路上的恋人亲昵行为,如接吻等,他们的行为本身是隐含主动昭示于人的意思表示,新闻记者通过隐性采访加以报道,不该认为是侵权行为——它可能是媒体对一种美好情感的赞美,也可能是对有伤风化行为的谴责,都属于合法、合理的正常新闻报道范围。反之,如果是发生在公民住宅内的恋人的亲昵行为,记者通过隐性采访后加以报道,则构成了对公民隐私权的侵害。之所以有这种性质的区别,就在于公民在不同的场合,他们所拥有的权利是不同的。当公民处于公开场合时,他们的接吻行为必须受到社会行为规则的调整,而处于私人场合时,他们的接吻行为可以不受

社会行为规则的调整。与之相对应，新闻记者面对身处不同场合的公民，他们所拥有的权利也是不同的。

目前，隐性采访有被越来越应用于广泛领域的趋势，新闻记者的触角，也在向着更加私人化的领域延伸，这就尤其要引起我们的重视，谨防因滥用隐性采访而触犯公民的权利。

二、隐性采访中的公众人物和普通公民

1. 隐性采访中的公众人物

公众人物是指在社会生活中拥有较高知名度，且其活动与社会公共利益关系密切的人物。一般认为，公众人物和非公众人物所享受的隐私权范围是有区别的，公众人物所能享受的隐私权的范围比较窄。公众人物一般包括政府重要官员、文化体育名人和新闻人物三大类。

作为公众人物的政府重要官员，他们是依靠纳税人的钱养活的，他们对纳税人负有特定的义务，因此，他们自然应该接受纳税人的监督。例如财产收入情况，对一般公民而言，财产收入是个人隐私，但对于公众人物而言，财产收入情况必须告知纳税人。我们国家在这个问题上也不例外。对于一般的公民而言，个人的财产收入情况是个人秘密，他人无权过问，但对于担任处级以上领导职务的干部来说，个人财产收入却不能受到隐私权的保护，必须每年向上级组织申报财产收入情况。若不能清楚地说明财产收入，将受到有关部门的查处。我国《刑法》第三百九十五条还规定："国家工作人员的财产或者支出明显超过合法收入，差额巨大的，可以责令说明来源。"也就是说，我们有"巨额财产来源不明罪"。目前，国际上许多国家对一些政府部门的高级官员都有财产收入申报制度。这是因为，只有这些官员的财产收入是合法的、合理的，才能保证政府的廉洁和国家的有序运行。如果有非法收入，必定会导致社会腐败。再如每个人的婚恋私情，这对一般公民而言也是个人隐私，但对于公众人物而言，则会影响政府乃至社会的形象和价值道德标准，就不能视作隐私了。上述两方面的内容所导致的高官丑闻，在西方社会可谓不胜枚举，例如日本前首相宇野宗佑就因与艺伎有染而挂冠离去；巴西前总统科洛尔因巨额财产来源不明而下台；美国总统克林顿因性骚扰丑闻而被弄得焦头烂额。这些丑闻的揭露，绝大多数是新闻记者借助隐性采访的手段，穷追猛打的结果。而对于当事人而言，尽管因记者的隐性采访而尴尬不已，但也只能徒叹奈何。有的学者在研究公众人物的隐私权问题时得出如下结论：公众人物受法律保护的隐私权范围比一般公民小的原因主要有两个：第一，公共利益，第二，公众兴趣。"公

共利益是指政府官员特别是高级官员对公共事务负有特别的责任，他们的经济、政治和社会活动乃至家庭生活，都会与公共利益有关，因此其隐私权范围受到相应的限制。公共兴趣是指公众对国家高级公务人员或社会知名人士心理上的关注及由此产生的了解、知情的愿望。一旦成为公众感兴趣的人物即新闻人物，隐私的范围也要相应缩小。”[①]上述关于财产收入问题的规定主要就缘于公共利益。

2. 隐性采访中的文化体育名人

因“公众兴趣”而引发的隐性采访，主要是围绕社会文化体育名人而展开的。由于“新闻价值”所在，这些社会文化体育名人在新闻媒体的隐性采访面前自然要作出一些牺牲。另一方面，这些社会文化体育名人之所以有今天如日中天的名声，新闻媒体自然是功不可没，他们也借助新闻媒体而获得了相应的名利。那么，新闻媒体出于“新闻价值”和“公众兴趣”的需要，通过隐性采访而稍稍涉及一些他们的“隐私”，从法律公平的原则出发，也被认为是合理的。更何况，在现实社会中，确实有一些社会文化体育名人是借助新闻媒体自曝“隐私”而提高知名度的。法律十分强调权利和义务的平衡，只有权利和义务平衡的社会，才能保持稳定和繁荣。对于文化体育名人而言，在他们成名之前，享受新闻媒体的厚待，获得了新闻媒体不遗余力的多方面的宣传推介，实际上是在享受社会赋予的一种权利。在今天这样一个包装时代，没有新闻媒体的作用，任何文化体育名人的成名都是难以想象的。因此，可以这样说，几乎所有的文化体育名人都享受到了社会赋予的一种宣传权、成名权，与权利相伴生的必定是义务。文化名人牺牲一点隐私权而满足公众的知情权，满足“公众兴趣”，寻求的正是法律所追求的权利和义务的平衡。当然，他们所牺牲的隐私权等，应该是和他们所从事的工作相关的而不是全部。

西方国家还普遍认为，公众人物或文化体育名人有更多的面对媒体的机会，即使他们的某些权利因为满足“公共利益”和“公众兴趣”而受到伤害，他们也能比较容易地借助媒体得到“正名”和补偿，而普通公民却很少获得面对媒体的机会。正因为如此，西方国家的高官们上任伊始都会面临两种选择：或者“放弃”隐私为官，或者保持自己的隐私而为民。克林顿当任美国总统后曾大声疾呼自己的隐私权，但没有人理睬，他的儿女私情和绯闻不断被曝光，连爱女切尔西也被媒体讥讽为“她为什么如此丑陋，她的脸总像被打肿似的”，但他总是一次次地无可奈何。

---

① 孙旭培等主编：《新闻侵权与诉讼》，人民日报出版社，1994年，第69页.

3. 隐性采访中的新闻人物

新闻人物可分为“非自愿新闻人物”和“可期性新闻人物”。在隐性采访中，新闻人物与重要政府官员或文化体育名人的地位有所不同。如前所述，由于重要政府官员或文化体育名人在成为公众人物的过程中，实际上获得了额外的社会权利，那么，他们在其他权利方面作出一些牺牲几乎是理所当然的事情，但新闻人物的情况有所不同。从非自愿新闻人物的角度看，在成为新闻人物之前，他们从未获得过任何法外特权，只是因为一次偶发性的事件而让他们成了新闻人物，受到了大众的关注。成为新闻人物并不是他们主观愿望的事情。他们成为新闻人物后，也未必能获得什么法外特权或法外利益，所以，似乎不应在其他权利方面对他们作出限制。从可期性新闻人物的角度看，尽管他们在成为新闻人物前主观上并非不愿，且他们成为新闻人物后，大多也获得了他们主观期望的地位、尊重、名声等，但这种地位、尊重、名声并不是由法外特权带来的，而是靠自身的努力换得的。例如一位公民成了一家大型上市公司的负责人，他当然随之会获得金钱、名望、权力等，但是，这个地位的获得并不是一夜成名，而是靠艰苦努力甚至超额付出换来的。在他成为负责人后，他依然要为公司的发展劳思伤神，殚精竭虑，所以，其貌似额外所有的金钱、名望、权力完全来自超乎常规的付出，我们认为不该在其他权利方面对他作出限制。但事实上，一个公民成了公众人物，他在某些权利方面作出牺牲是不可避免的事，尤其在面对隐性采访问题时。

新闻人物之所以没有享受法外特权却依然在隐性采访等方面需要作出牺牲，这既与公共利益有关，也与公众兴趣有关。非自愿新闻人物由于受人关注，他们在新闻事件中的所作所为就具有了道德示范的价值，这就关乎公共利益。而可期性新闻人物的言谈举止不仅事关道德示范，同时由于其掌控的机构事关公共利益——例如，一位上市公司的董事长，其决策行为事关广大普通股民的利益，人们自然有权多加关心。新闻人物在隐性采访问题上受到限制，主要与公众兴趣有关。关注新闻事件和新闻人物，了解事件和人物的前因后果，这是人类天然的兴趣所在，大众有兴趣对新闻人物的多个层面进行了解。新闻媒体和新闻记者通过隐性采访等手段，向大众展示新闻人物多方面的信息，则也几乎成了别无选择的选择。从法理的角度看，新闻记者对新闻人物进行隐性采访的依据多源于对一个重大利益的满足（隐性采访实际上会对新闻人物法定的权利的享受构成一定的影响，但这种影响对于保护更大的社会知情权等有重要意义）；从情理的角度看，新闻记者对新闻人物进行隐性采访必须多加节制，注意限度，切不可滥用隐性采访。

4. 隐性采访中的普通公民

普通公民并没有获得任何法外权利，所以凡是法律规定的权利，新闻记者均无权侵犯。譬如，公众人物的隐私权范围受到限制，但普通公民的隐私权范围就不受限制。所以，新闻记者在进行隐性采访时，必须特别注意对公民相关权利的保护。

5. 我国新闻记者在隐性采访中如何面对公众人物

由于国情的不同，由于法律规定和习惯的不同，我国新闻记者在对公众人物进行隐性采访时，所受的限制可能会更多一些。这是因为，在相当长的时间里，我国公民的隐私权是被粗暴伤害的，今天更多地强调对其进行保护是十分必要的。同时，我国的许多公众人物还很少有机会通过媒体树立自身的形象，因此，一旦受到伤害，就难以得到补偿，这也要求我们在进行隐性采访时，必须采取比较谨慎的态度。

三、隐性采访中的事件

1. 对违法行为的隐性采访

隐性采访较多地是在对违法行为的报道中采用，因此，我们首先探讨对违法行为报道中的隐性采访。之所以要对违法行为进行隐性采访，关键的原因在于违法行为总是见不得人的，任何正在从事违法行为的人都怕自己的行为被新闻媒体曝光，所以，他们都会采取一切手段逃避新闻媒体的曝光。在这种情况下，如果采取公开采访的手段，往往不能实现采访的目的。有人担心，隐性采访侵犯了被采访人权益。我们认为，采访人和被采访人的权益都不是无限的、绝对的。对于普通的公民而言，我们应该按照法律和有关法规的规定，保护他们的权益。但是，对于某些违法犯罪者来说，如果在他行使违法犯罪行为时，仍享有和普通人一样的拒绝采访权，任他自由从事违法行为，这无异于鼓励和放纵他去伤害更多人的权益。保障了他的违法“自由”权益，广大守法公民的权益和自由则必定受到损害。这和我们这样一个法治社会所追求的社会公正的目标是格格不入的。我们认为，对违法行为进行隐性采访应强调一个条件，即这种违法行为损害了不特定的大多数人的利益。新闻媒体的存在不是为了某个或少数特定的对象，不是为了满足个人的好恶，而是为了广大受众，这就决定了新闻媒体报道的新闻必须具有典型性和普遍性，衡量对违法行为有无必要进行隐性采访的一个依据，即必须考虑媒体的这个功能。

新闻媒体特有的社会功能决定了新闻媒体对违法行为报道的目的，不单是为了打击违法犯罪，而且还是为了提醒广大读者、观众、听众不要上当受骗，以避免社会公共利益遭受损失。例如，某地一商店出售假药，一旦任其销售，可能会危及不特定的多数人的利益，记者就可以进行隐性采访报道。通过对这种行为的曝光，预防更大的危害社会结果的发生。一般情况下，新闻媒体的记者应该在违法行为可能损害不特定的大多数人的情况下，才考虑采用隐性采访的手段。曹瑞林先生认为：如果某种违法行为，只在特定的两个人之间进行，未影响多数人的利益，那么，新闻媒体就不必采取隐性采访的手段。对这种行为的打击，应完全由执法部门负责。比如，某干部与一女青年长期非法同居，由于这一违法行为仅发生在两人之间，未对不特定多数人的利益造成危害，记者就不能偷拍偷录。如果允许记者对类似行为进行隐性采访，只能是满足了一些听众、观众和读者的猎奇心理，达不到教育引导群众的目的，没有什么正面的积极意义。相反，如果被曝光的对象是普通公民，还有可能引发隐私权等纠纷。

也有学者提出对违法行为进行隐性采访还必须具备另外两个条件，即违法行为正在进行；不采用隐性采访手段，可能使违法嫌疑人毁灭或转移证据。笔者认为，这两个条件不是必要条件，这是因为现实生活中，许多对违法行为的隐性采访是在事后进行的，新闻事实的转瞬即逝性决定了不可能对所有的违法行为所实施的隐性采访，是在“违法行为正在进行中”，而更多的要借助事后的补充采访。譬如，有的单位通过制造假账逃避了应向国家上缴的税款，这是一起违法事件。在这样的事件中，记者很难通过隐性采访获得正在制作假账的镜头，但是可以通过事后巧妙的隐性采访，获得假账和相关资料，从而对这样的违法事件进行揭露。我们认为，这样的事后采访是十分必要的。在新闻实践中，有相当多的隐性采访都是在事后进行的。有些事后的新闻采访虽然不能采获“正在进行的违法行为”的有关证据镜头，但其相关资料和镜头对于具体的某一条新闻而言都是十分重要的。而第二个条件则主要在于司法审判中的证据学意义。如果要同时强调这些条件，显然大大制约了隐性采访的范围和合法性，是对现实生活中许多隐性采访成功范例的背叛。

2. 对合法行为的隐性采访

对合法行为的隐性采访，我们认为主要应依据前述的两个条件：在公开场合，对公众人物和非公众人物均可以进行隐性采访；在私人场合，可对公众人物进行有限度的隐性采访。在现实的新闻活动中，我们可以看到，很多新闻记者是遵循了这样的规定的，如果不遵守这条规定，那么就有可能导致对被采访者权益的伤害，也会导致新闻记者新闻采访权的无限扩张。新闻记者采访权的扩张导致的直接结果是滥用新闻自由，而一个社会如果允许新闻记者滥用新闻自由，那么这个社会的权利和义务关系就很难保持平衡。任何倡导和追求法治的国家，都是不希望这样的局面出现的。

第三节　隐性采访中的道德困惑及原则

一、隐性采访中的道德困惑

在隐性采访的实施过程中，新闻记者为了完成既定的采访任务，往往会经常采用欺骗手法，从而采获到相应的新闻素材。这些欺骗手法主要有：

隐性采访的道德窘境首先来自“隐性”手法在采访过程中的运用。就一般意义而言，用“隐性”手法进行采访并没有什么有违道德之处——新闻记者的职业要求就是采写新闻，其手法无非是“显性”（公开）和“隐性”（秘密）两种，而无论公开还是秘密，其本身不存在道德评价问题。在现实的新闻采访活动中，许多用隐性采访进行的正面报道以及用隐性采访进行的批评报道很少招致人们道德的责难，这是因为，在所有的这些隐性采访中，新闻记者只是以旁观者的身份记录新闻事实。在这里，“旁观者”的身份十分重要，因为这是他们较少受到道德责难的基础。应该说，在早期的隐性采访中，由于受采访经验匮乏和采访设备的限制，为了减少记者在现场采访时受关注的程度，实施隐性采访的记者较多地是以旁观者的身份出现的，所以他们的举止招致的道德责难较少。随着新闻记者采访经验的增加和科技发展带来的采访设备的进步，尤其是随着新闻受众对新闻内容要求的不断提高，实施隐性采访的记者仅用“旁观者”的身份进行采访已很难获得令人心动的新闻了。为了“争夺眼球”，一些新闻记者急功近利，开始伪装自己，介入新闻，有的甚至直接地成了某些新闻事件的“导演”。这种用欺骗的手段直接去影响新闻事件进程的行为会受到社会的道德责难几乎是不可避免的。用欺骗的手法采获新闻，在道德评价上是令人困惑的，因为采获新闻固然是新闻记者的基本工作要求，也符合普遍的社会道德评价标准，但“用欺骗的手法”只能获得非道德的社会评价。因此，当不合乎道德评价的“欺骗手法”和符合道德评价的“采获新闻”共生时，其道德冲突的发生是不可避免的，而“欺骗手法”又恰恰是目前我国许多新闻记者经常采用的手法。

类似的道德困惑在西方国家同样存在。1890 年，美国女记者内利·布莱（真名为伊丽莎白·科克伦）假扮成精神病人住进布莱克韦尔岛精神病院，调查病人受到虐待的情况，并写了 3 篇长篇报道，以《疯人院的 10 天》为题在《纽约世界报》上发表，产生了巨大的反响。这是世界新闻史上较早的有影响的隐性采访。随后的几十年中，美国相类似的报道有过多次，同时，也一直存在着争议。到 20 世纪 70 年代末开始，美国的许多新闻学专家已经开始自觉地限制这种在道德方面存在问题的采访手法。“1979 年，普利策奖评奖委员会并没有将奖项授予《太阳时报》的‘幻景’系列（用隐性采访揭露政府官员贪污并产生了巨大社会反响的系列报道——作者注），接着，1982 年，该委员会又筛除了另外一则隐身报道。此后，大部分报社记者开始重新考虑隐身报道的伦理问题。许多编辑决定限制记者使用欺骗手法。”①

能用“欺骗的手段”揭露社会的丑恶现象吗？从事隐性采访的记者经常会面对这样的道德困惑。无疑，揭露社会丑恶，清除社会腐败，这是新闻工作的题中应有之义。同时，由于社会丑恶和腐败是见不得人的，用公开采访的手段往往难以奏效，这就让新闻从业人员和新闻受众对采用隐性采访手段揭露社会丑恶充满期待。应该说，从维护社会公平和正义的角度出发，或者说，从保护社会整体利益的原则出发，采取各种手段（譬如舆论监督）来清除社会的丑恶腐败，这是合乎社会道德规范的。尤其是在今日社会，社会的丑恶腐败现象已经渗入到社会生活的各个层面，产生了十分消极的社会影响，已经成为千夫所指，在这种情势下，即使用最简单的权衡手法，我们也可以得出这样的结论——用隐性采访手法揭露社会的丑恶腐败并不背叛社会主流的道德标准。现在的问题是，“欺骗手法”同样是有违社会主流的道德标准的，新闻记者是否可以用背叛一方面的道德标准（“欺骗手法”）来赢得另一方面的道德标准（揭露社会的丑恶腐败）的首肯？也就是说，当我们把隐性采访置于一种宏观的社会背景之中，将它视作一种普遍的社会行为时，这可能会获得非道德的评价，而这种非道德的行为是为了抨击另一种似乎更加非道德的甚至是非法的行为，这在道德综合权衡评价过程中，是否值得？值得注意的是，在我们日常进行的道德评价中，带有浓郁感情色彩的道德评价往往会帮助我们很容易地作出隐性采访合乎道德标准的结论。但是，如果我们用一般的道德评价原则来衡量的话，得出的结论也许是并不乐观的。道德评价基本原则是“应该或者不应该”，也就是说，某个人的行为是否合乎道德，评价的标准是该人是否应该这样做，而“应该或者不应该”本身并没有道德评价程度上的差异。也就是说，只要是“应该”的，就是合乎道德的；只要是“不应该”的，就是不合乎道德的。而

① [美]罗恩·史密斯著:《新闻道德评价》，新华出版社，2001 年，第 302 页.

用“欺骗手段”获取新闻，在道德评价的基本原则中显然是一种“不应该”的行为——即使获取的是能揭露社会丑恶腐败的新闻。因此，隐性采访将伴随着道德争议而存在下去。

二、实施隐性采访应坚持的道德原则

隐性采访必须面对诸多的道德责难和道德困境，但这种责难和困境并不能成为我们放弃隐性采访的理由。事实上，如果离开了隐性采访的特殊作用，道德的作用可能会大受影响。同时，随着人们对道德要求的不断提高，利用隐性采访的特殊功效，不断激荡社会及其成员心灵深处一些丑陋的东西，从而使我们的社会更纯净，心灵更高尚，也成了一件自然的事情，所以，从道德利益的整体要求看，我们还是希望隐性采访能发挥独特的积极的作用的。为了达到这样的目的，我们认为隐性采访在面临道德困惑时，应该遵守这样一些原则：

1. 公众利益为上原则

尽管隐性采访面临着诸多的道德难题，但在现实生活中，人们依然对隐性采访保持着足够的宽容。当然，人们对隐性采访的宽容并不是无原则的，这里的底线是：隐性采访是否为了保护公共利益。当人们面临某种两难的道德判断时，决策的标准往往是“两利相权取其重，两害相权取其轻”。隐性采访虽然存在着道德评价上的先天不足，但并不影响我们为了保护更大的公共利益、公共道德体系而宽容它的存在。公共利益当然是由个体利益组成的，从理论上讲，对个体利益的伤害，也必然导致对公共利益的伤害。但我们必须注意这样一个事实：并非所有的个体利益都是组成公共利益的积极因子，对个体利益中非积极因子（非道德行为）的“伤害”，只会有利于对公共利益的保护。换句话说：对公共利益整体的保护有利于对合情合法的个体利益的保护，这是我们对隐性采访给以宽容的一条最基础的原则。不管在何种情况下，公共利益是衡量是否必须使用隐性采访方式的一个主要依据。一般新闻事件都与社会公共利益有关，当常用的采访手段无法获取相关信息时，隐性采访甚至就变得别无选择了。例如，某药店在采用隐蔽手段销售假药，在这种情况下，不采用隐性采访手段就会令公共利益受损，这时，隐性采访的及时运用，是对公共利益的最好维护。隐性采访对社会上的欺诈、腐败、违法乱纪等丑恶现象的曝光所涉及的内容，大都是严重侵害公共利益的人及行为，因而受到公众的欢迎和肯定，这是隐性采访合乎道德要求的基础。需要说明的是，现在隐性采访受到诸多道德责难的原因之一是因为隐性采访的滥用。许多新闻媒体不分事件种类，不分情节轻重，动不动就来个“偷拍偷录”。而这时，公共利益甚至已被这些滥用者置于一边，这是令人遗憾的。正因为如此，有的研究者指出：“只有在涉及公众利益时，媒介舆论监督较之于名誉等个人权益才可获得某种优先。”①把社会和公共的利益放在首位，这在任何时候都是重要的。

类似的规定在西方国家也有反映。美国学者认为，“有些可以不用隐性采访方法的，如果做了，‘除非你说明自己的身份；否则你实质上是在别人不知道的情况下刺探他们的生活情况——这样做是否道德，是大可怀疑的。’‘有些作法是不合法的，却合乎道德。欺骗问题也许是记者所能遇到的最为棘手的问题。’‘绝对论者认为，撒谎是错误的，因而他们绝不隐瞒身份去采访。如果说，只有那些有意于参加三 K 党的人才可以参加三 K 党集会的话，那么绝对论者就根本无法打进去。而境遇决定行为论者则权衡采用欺骗手段采访这条新闻合算与否。’‘他们发表新闻后获得的好处能抵消他们越轨行为带来的影响。’另一位作者引证美国《新闻周刊》的话说：‘一个记者必须掂量一下，他所寻求的事实的重要性是否值得他采取下策去把它弄到手。但是这样做既有道德的也有实际的限度。从长远的观点来看，新闻工作毕竟不能建立在习以为常的欺骗手段之上。’不论具体情况怎样，多数人都认为公共利益是衡量是否必须使用隐性采访方式的一个主要的依据。曼切尔写道：‘记者也许要慎重考虑，既要反对又要坚持这种方法。一个方针：对属于私人的活动，要慎重从事；对秘密进行的官方活动，要按照公共利益办事。’密苏里的教材最后也有这样一段话：‘有时有必要在两类错误中进行平衡：一种是担任公职人士正在犯的错误，另一类是试图报道那位官员的记者可能犯的错误。’”②

2. 守法原则

守法是现代社会一切活动的最根本要求，隐性采访当然也不能例外。从根本上讲，合法性是道德性的基本前提，只有合法的行为，才是道德的行为。当然，合法性和道德性有时也会有一定程度的矛盾，也就是说会存在情与法的冲突。例如一个儿子偷窃抢劫，强奸民女，为非作歹，无恶不作，在社会上激起了强烈的公愤，当父亲的大义灭亲，打死了自己这位不肖之子。对此，法院理所当然判处父亲以刑罚。如何评价此行为？从道德的角度看，父亲的行为可谓道德楷模，他大义灭亲，为民除害，可谓可敬可佩；从法律的角度看，父亲的行为是违法犯罪行为则是毫无疑问的——即使是自己的儿子，他也没有随意处罚致死的权利。在这里，情与法的冲突是十分明显的。隐性采访也时常会

① 庄临强：《隐性采访的力量控制》，载《现代传播》1998 年第 4 期.

② 转引自陈力丹：《试论隐性采访的法律意识和行为规则》，《现代传播》1999 年第 5 期.

遭遇类似的困惑。例如，在 1992 年美国 ABC 公司的两名记者持假身份证到狮子食品公司的超市工作，用藏在假发里的微型摄像机和带在身上的小麦克风摄录下该公司出售过期食品，把腐肉清洗后改换包装的情况。在电视《黄金时间实况》节目播出后，引起轰动。狮子公司以欺诈公司雇员和违反进入私人场所的规定，违法获取公司工作现场情况等罪名起诉 ABC 公司，法院最终在 1996 年判 ABC 公司侵犯狮子公司隐私权的罪名成立，赔偿狮子公司 550 万美元。记者出于善良的目的，以隐性采访的手段对某种非法或非道德行为进行曝光，从受众的角度看不管其手段是否合法，由于其目的良好，所以往往会领受较多的掌声。但是，从法律的角度看，如果记者在采访过程中有违法行为，从本质上讲就必然是一种非道德行为。因为记者的非法的采访行为尽管是为了道德的目的，但却因其违法而破坏了道德得以立足的根基，所以在本质上讲是非道德的。马克思说："要求的手段既是不正当的，目的也就是不正当的。"[①]

在任何时候，我们都必须坚守法律这一条底线。如果记者坚持以违法的行为去抨击违法的或有违道德的行为，最终不仅会把新闻活动置于十分危险的境地，也会破坏我国苦心建立起来的法律体系。遗憾的是，对这种危险性，有相当多的记者并没有足够的警惕。在现实生活中，记者假扮成文物贩子、野生保护动物收购者、嫖客、毒贩、假发票购买者……以引诱他人实施违法行为的事情时有发生，这是十分有害的。"在法治社会中，一切社会行为皆要纳入法制的轨道，新闻传播者有权监督社会中的各种不法行为，无权凌驾于或超脱于法律和社会一般道德规范之外为所欲为。记者必须有法制观念。目的正确，手段也要正当，不能只重结果而不问手段。对隐性采访的使用，既要考虑到社会效果和社会的容忍程度，也要尽可能回避法律的禁止领域。只有谨慎行事，尊重其他人的自由，才能获得自己行动的自由。"[②]以守法为原则，这应该成为新闻记者开展包括隐性采访在内的一切新闻活动的基本前提。

3. 客观记录原则

在宏观的社会背景之中，新闻记者应该担当什么样的社会角色？对此问题，中西方的学者有过诸多描述。我始终认为，无论是社会角色期待还是记者理想追求，记录者应该是新闻记者最为适宜的社会角色。我们都习惯于讲这样一句话：今天的新闻就是明天的历史。这句话至少包含了两层意思：新闻必须是真实的；新闻记者应该是历史的记录者。新闻必须是真实的，这是新闻媒

---

① 《马克思恩格斯全集》第 1 卷，人民出版社，第 74 页.

② 胡黎明：《隐性采访中记者的角色权利和职业责任》，载《电视研究》2000 年第 10 期.

体和社会对新闻的共同要求。如果新闻失去了真实性，也就失去了该行业存在的必要性。所以，对新闻真实要求重要性的认识无论从哪种意义上去认识都不为过。新闻记者应该是历史的记录者，这同样是新闻媒体和社会的共同要求。在世界新闻史上，新闻活动有的时候也会对历史的进程产生一定的影响，但这并不是新闻活动的本质要求。新闻对历史进程的影响主要通过记录历史表现出来，而不是通过干涉历史事件表现出来。所以在任何时候，我们都不能忘记新闻记者历史记录者的角色义务。在微观的新闻采访活动中，新闻记者更应该是新闻事件的记录者。这一点，对于隐性采访而言显得尤为重要。新闻记者遭遇诸多道德责难的重要原因，就是在新闻采访活动中，介入、干涉甚至导演了某些新闻事件。以下的两个案例，也许能帮助我们更好地理解这条原则。

在2000年高考前夕，湖南经济电视台记者接到嘉禾县可能出现高考舞弊的匿名电话后，决定拍摄其作弊过程。他们选中正对考场的四层居民楼，把摄像机设在四楼阳台上，以床单、毛巾为隐蔽物对作弊过程进行了秘密拍摄，记录下了触目惊心的考试舞弊实况。在对嘉禾案的隐性采访中，记者以旁观者的身份去采访并进行了真实的记录。再如2000年2月28日郑州电视台《今日视点》栏目播出了记者采制的反映郑州火车站一些地区非法贩卖淫秽光盘的报道。为拍摄到真实场景，记者隐去了自己的身份，以“过路人”的身份去记录黄贩子们的“生活”状态。记者以旁观者的身份介入贩黄现场，始终处于询问、了解阶段，没有实施“购买”行为。

在这两起案件中，新闻记者的隐性采访行为并不存在什么道德非议(也有人从一个公民应该对即将发生的或正在发生的非法行为进行制止这个角度，对记者提出了道德责难，但这已经不仅局限于隐性采访的层面了，在此我们不作讨论)。他们遵循的，正是客观记录的原则。相反的例子也有。1994年5月16日，刚刚开播不久的中央电视台《焦点访谈》栏目派出几位记者前往上海火车站拍摄车站票贩子倒卖假发票的片子。6月21日，该栏目以《触目惊心假发票》为题播出了该节目。遗憾的是，记者直接参与了与假发票贩子的交易过程。“我凑上前去，发现镜头里老张和票贩子已经接上了火，而且讨价还价的声音非常清楚。”[①]2001年8月，中央电视台记者假扮成文物贩子，以收购文物为名，参与了一个保存完整尚未发掘的古墓盗掘的全过程。事后记者将此事向公安机关作了报告并将发掘出来的文物“捐”给了国家。同一单位不同时间

① 孙克文主编:《焦点外的时空》，生活·读书·新知三联书店，1997年，第97页.

和不同记者的行为，遭遇了同样的道德甚至法律责难，这几乎可以说是理所当然的事情。在这两则案件中，记者不再是记录者、旁观者的角色，而是参与者甚至是策划者的角色（尤以后者为甚）。这样的行为，必然影响和干预新闻事件的发展轨迹，是有违隐性采访客观记录原则的。

4. 动机良好原则

曾经长期主持过中央电视台《焦点访谈》栏目的主持人方宏进在接受《北京广播学院学报》记者采访时，曾经有过这样一段谈话："对于我们这类节目来说，我认为如果只是靠曝光才能有生命力是不对的。一个新闻节目应该靠报道分析新闻而具有生命力，而不是靠揭短。揭短是一个必需有的成分，因为社会中的确存在一些不良现象，需要揭短。但如果一个节目只是靠揭短来体现它的价值，这既不应该，也不可能长期在社会中生存下去。我们现在不是生活在一个有巨大的反对力量存在的社会里面，有一个岌岌可危的政府，好像我们找到了政府和老百姓的信息沟通渠道，说明我们很有本事。在目前的社会环境中，找到政府和老百姓共同感兴趣的事情，把老百姓的意见和政府的解决办法联系起来，促进问题的解决，我认为是媒介理所当然应该做而且完全做得到的事情。"[①]中央电视台《新闻调查》栏目坚守的信条是：无论如何，秘密调查都是一种欺骗。新闻不是欺骗的通行证，我们不能以目的正当为由而不择手段。秘密调查不能用做一种常规的做法，也不能仅是为了增添报道的戏剧性而采取的手段。只有同时符合下述四条原则，才能采用秘密调查：第一，有明显的证据表明，我们正在调查的是严重侵犯公众利益的行为；第二，没有其他途径收集材料；第三，暴露我们的身份就难以了解到真实的情况；第四，经制片人同意。这些表达，正是我们在开展隐性采访时需要遵循的一个原则：动机良好。

动机良好的采访也许并不能保证新闻记者的隐性采访一定符合道德规范，但符合道德规范的隐性采访其动机一定是良好的。新闻媒体在开展新闻报道时，舆论监督是必不可少的内容，而隐性采访又是开展舆论监督所必须倚重的手段，但我们开展舆论监督时，心态应该是"恨铁不成钢"式的，是抱着发现问题、曝光问题、解决问题的思路开展新闻活动的。任何新闻报道的目的，不是为了给社会增加不安定因素，而是为了使我们生活的社会更加纯净、文明和进步。

另外，动机良好原则也要求隐性采访必须摆脱猎奇心理。猎奇当然会在一定程度上增加受众的阅读兴趣，从而也会在一定程度上带来新闻媒体经济

① 孙克文主编：《焦点外的时空》，生活·读书·新知三联书店，1997年，第204页.

效益的增加，但这种阅读兴趣和经济效益的增加往往是以牺牲媒体的品位和社会责任为前提的，所以是不持久的。在现实的新闻采访活动中，有个别记者往往以自己不佳的个人兴趣作为衡量受众兴趣的标准，从而不断地在大众传媒上炮制猎奇新闻。他们的这种做法，实在是低估了现代社会最广大读者的欣赏趣味和欣赏品位，是不足取的。

5. 可资借鉴的操作手法

如何在道德层面评价隐性采访问题？西方国家对此也长期存在着争议，但总体而言，对隐性采访作出较多限制，以比较有效地维护社会道德体系，是比较普遍的做法。曾连续9年担任普利策奖委员会委员的美国哲学家、作家西塞拉·博克总结了在欺骗问题上权衡道德得失的总体原则："在我们考量各种不同类型的谎言时，我们必须发问：第一，是否存在能够解决难题的其他形式的行为而不用撒谎。第二，在被提出来为撒谎开脱的种种说词中，哪些可以作为道德上的理由，可以提出哪些理由来作为反驳对方的论点。第三，为检验以上两个步骤，我们必须发问：对于这种谎言，由有理智的人构成的公众可能会说什么。她首先论证说，之所以反对欺骗，是因为谎言永远造成道德上的伤害。第一，受害者感觉受到了侵犯，无辜的人所蒙受的痛苦有力地证明了这种做法的危害。如果记者设身处地地想一想，遇到这类有人向他撒谎的情况时他会作何感想，他一定会发现问题之所在。第二，撒谎会形成一种习性。因此，即便是一种有正当理由的谎言也有可能改变撒谎者日常行为的性质，诱使他在无正当理由的情况下行骗。人们时常注意到，谎言是接踵而来的。一旦撒谎成了一种完成工作任务的技巧，它就会广泛传播，以至于破坏了撒谎者的初衷。第三，撒谎者常以为天衣无缝；同他人的需要相比，他更易于理解自身的需要。因此他会经常对撒谎将产生的正面作用，即所避之害、所趋之利、所达致之公正以及所提示事实真相之重要性夸大其词。最后，欺骗制造了一种败坏道德的气氛，使人在不经意间就滑入了撒谎的泥沼。"①

美国的职业新闻工作者协会在一本名为《遵守新闻事业的伦理规范》中，专门提出了以下指导方针，供记者判断欺骗行为在何时是正当的：

* 当获取的信息极其重要时。必须对公众利益至关重要，例如揭露高层人士的重大"决策失误"，或阻止对个人的严重伤害。
* 当获取某信息的所有其他手段都告无效时。
* 当当事的新闻工作者愿意透露欺骗的实质及其原因时。

① 参见[美]杰克·富勒著：《信息时代的新闻价值观》，新华出版社，1999年，第53页。

* 当当事者及其新闻单位运用足够的时间、资金和出色的技巧是为了全面追踪报道一条新闻时。

* 当以欺骗手段揭露出的信息所制止的伤害大于欺骗行为带来的伤害时。

* 当当事的新闻工作者经过意义深远、同心协力和深思熟虑的决策过程，对以下事实进行了掂量时：

a. 被欺骗人受骗的结果（长期的和短期的）；

b. 对新闻事业可信性的影响；

c. 行为的动机；

d. 欺骗行为与编辑任务的关系；

e. 该行为牵扯到的法律；

f. 论证和行为的连续性。

职业新闻工作者协会的小册子还提出了几条不能被用于证明欺骗行为合理性的标准：

* 赢得奖项；

* 以较少的时间和较少的新闻来源获取新闻；

* 由于“别人已经这样做过了”而这样做；

* 报道的主题本身不道德。①

尽管由于国情的不同，我国新闻记者在开展隐性采访活动时，不宜全盘照搬照抄他们的这些指导方针，但其合理的成分，还是值得我们借鉴的。

第四节　隐性采访的法律困惑及禁区

一、隐性采访的法律困惑

1. 特别法的缺席

特别法的缺席，是隐性采访屡屡遭遇法律困惑的关键所在。探讨某一问题的法律界限，我们当然首先寻找特别法（专门法）的规定。隐性采访作为一种新闻采访行为，当然应该受《新闻法》的规范。但是，我们遗憾地发现，尽管我国早在20世纪80年代初就启动了新闻立法，但几十年过去了，《新闻法》尚

① [美]罗恩·史密斯著：《新闻道德评价》，新华出版社，2001年，第314、315页.

未出台，企求用《新闻法》来规范隐性采访，可能还有一个较长的过程。

特别法的缺席，对隐性采访的影响是显而易见的。近年来，围绕隐性采访的争议不绝于耳，相关的法律困惑也层出不穷，这和法律不明确，记者具体操作时，无规范可循直接相关。由于法律无规范，新闻记者在开展隐性采访时，只能根据自己的主观想象，凭借已有的法律知识，“在迷茫中探索”，这种探索当然不可避免地会出现失误。

2. 普遍法的语焉不详

在我国的普遍法中，尚无关于隐性采访的专门条文。在我国的《民法通则》中，有关于公民人格权、名誉权的规定，但只是一般规定而已，与隐性采访并无直接关系。只有当隐性采访侵犯了公民的名誉权、隐私权等人格权利后，这个法规才会发生作用。于是，我们企求作为国家大法的《宪法》发挥作用。确实，我国《宪法》对我国公民的言论自由等进行了规定，这可以视作对新闻采访权、包括隐性采访权进行了规定，但应该看到，这种规定只局限于宪法的层面，由于规定比较宏观，在可操作性上是有很大难度的。

当然，随着我国法制现代化建设步伐的不断加快，宪法权利也有可能通过司法途径加以保障。2001 年 8 月 13 日，最高人民法院就山东省齐玉珍诉陈晓琪案作出司法解释，指出宪法权利可以成为民事权利受到侵犯时的裁判依据，这是令人鼓舞的。“公民的宪法权利受到限制、剥夺甚至侵害，通过司法途径予以恢复、确认或保障，在一个民主宪政的社会中本来不是什么新鲜事，但是对于我们这样一个有着几千年封建传统、司法权与行政权合一的国度来说，确实非常不易。”①我们希望《宪法》中关于言论自由等的规定，能在具体的司法行为中产生作用，我们更希望它能对规范隐性采访产生作用，但是，我们也十分清醒地意识到，在目前，这也许只是一种美好的愿望而已。从言论自由，到新闻自由，再到隐性采访，这里的距离之长，不允许我们有太过乐观的期待。所以我们说，普遍法在目前确实还无法对隐性采访进行规范。“如果宪法不能进入司法程序，不能直接成为法院审理案件的法律依据，在涉及有关新闻自由权利的诉讼时就必然会出现无法可依的局面。这不仅不能保障公民在宪法上所享有的新闻自由权利的实现，而且会丧失宪法应有的权威和尊严。”②

3. 相关规定和政策不具备法律效力

迄今为止，我国的新闻出版主管单位颁布了一系列相关的规章制度，如中

① 焦洪昌：《公民眼中的宪法权利》，载《法治时代》2002 年第 12 期.

② 王文琦：《法制现代化研究》(第 1 卷)，南京师范大学出版社，2002 年，第 350 页.

宣部颁发的《关于纠正行业不正之风，禁止“有偿新闻”的若干规定》，国家保密局、中央对外宣传小组、新闻出版总署、广电部颁布的《新闻出版保密规定》等，以及中华全国新闻工作者协会颁布的《中国新闻工作者职业道德准则》等对新闻采访活动进行了规定。同时，各新闻媒体也颁布了一系列内部规定，有的还对隐性采访问题进行了十分明确具体的规定。这些规章制度对规范新闻记者的隐性采访活动，产生了间接或者直接的影响。但是，我们必须看到，规章制度是不具有法律效力的，更不能代替法律规定，这就为法律争议留下了一个巨大的空间。

二、隐性采访的禁区

现代社会的每一个成员都认同这样一个基本的观点：守法是一切社会活动的底线，隐性采访自然也不例外。当然，在理论上知道这条底线和在实践中遵守这条底线实际上是并不容易的。绝大多数新闻记者都知道守法这条底线，也希望自己不要超越这条底线，但由于诸种原因，超越这条底线的却不乏其人。究其原因，关键在于对相关法律规范知之不多和知之不清使然。因此，新闻记者在实施隐性采访时，特别需要了解与之关系密切的一些法律法规。

1. 公民的隐私权不受隐性采访的伤害

我国《宪法》规定，公民的人身自由和权利不受侵害；我国的《民法通则》也作出了类似的规定。最高人民法院《关于贯彻执行〈中华人民共和国民法通则〉若干问题的意见(试行)规定》第一百四十条这样规定：“以书面、口头等形式宣扬他人的隐私，造成一定影响的，应当认定为侵害公民名誉权的行为。”这是我国法律关于隐私权保护的最为具体的法律规定。最高人民法院《关于审理名誉权案件若干问题的解答》中还规定：“对未经他人同意，擅自公布他人的隐私材料或者以书面、口头形式宣扬他人隐私、致他人名誉受到损害的，按照损害他人名誉权处理。”隐性采访自然应遵守这些法规。当然，在这个问题上，应注意公众人物与非公众人物的区别。隐性采访最有可能伤害的，是公民的隐私权，这是因为，在相当长的时间内，我国公民的隐私权是受到忽视的。尤其在十年“文化大革命”中，有些人还专门以挖别人隐私为乐事，试图从别人的隐私中，挖出“阶级斗争”的“蛛丝马迹”。而对于记者来说，这种长期形成的社会的不良风气，可能在不经意间会影响到他们的采访工作，以至于为了寻找到“独家新闻”而侵入不该侵入的隐私领域。再一个原因是，隐性采访这一采访手段的独特性，加上新闻记者身份的独特性，很有可能引发新闻记者对公民隐私权的侵犯。在现代社会，媒体都将“可读性”作为争取受众的旗帜，“可读性”

新闻和公民的隐私界限何在？有些记者可能并不是非常清楚。所以，我们必须强调公民的隐私权不受隐性采访的伤害。对此问题，我们在后面还将专门论述。

2. 国家秘密不受隐性采访的伤害

我国的《保密法》等法律，都对保守国家秘密作了许多规定，由于国家秘密事关国家和全民的利益，对其进行法律保护是十分必要的。这里的国家秘密，包括国家的政治秘密、经济秘密、军事秘密、技术秘密等多种方面。我国《保密法》第二条规定："国家秘密是关系国家的安全和利益，依照法定程序确定，在一定时间内只限一定范围的人员知悉的事项。"第三条又进一步明确国家秘密的七种主要类型："(一)国家事务的重大决策中的秘密事项；(二)国防建设和武装力量活动中的秘密事项；(三)外交和外事活动中的秘密事项以及对外承担保密事项；(四)国民经济和社会发展中的秘密事项；(五)科学技术中的秘密事项；(六)维护国家安全活动和追查刑事犯罪中的秘密事项；(七)其他经国家保密工作部门确定应当保守的国家秘密事项。"新闻记者在行使新闻采访权(包括隐性采访权)时，决不可对国家秘密进行伤害。由于对国家秘密构成侵害而受到法律制裁的新闻记者已不乏其人。《北京青年报》记者关键，就是泄露了国家秘密后被捕入狱的。北京市中级人民法院审判庭庭长张存英的审判词，清晰地为我们勾划出了一个出卖国家秘密的记者败类的形象："被告人关键于 1991 年 9 月 8 日从日本回国到京后，从其妹徐彤娟(另案处理)等人处，搜集了国家机密级材料 17 份，秘密级材料 538 份。关键将上述大部分材料提供给外国新闻机构驻京某记者，该记者经关键同意后，将其中 248 份材料进行了复印，企图带往国外，被安全机关查获。被告人关键在日本留学期间，被台湾国民党军事情报局驻日机构策反，并加入特务组织。受特务组织的派遣，关键积极搜集、刺探我国政治、经济、军事等方面的情报并领取该特务组织活动经费及生活补贴费。被告人关键犯为境外人员非法提供国家秘密罪，判处有期徒刑十五年，剥夺政治权利三年；犯特务罪，判处有期徒刑十年，剥夺政治权利二年，决定执行有期徒刑二十年，剥夺政治权利五年。"[①]对国家秘密的侵害，是一种非常严重的违法犯罪行为，受到法律严惩是罪有应得。像关键这样的犯罪记者虽然很少见，但决不是绝无仅有，所以，我们在讨论隐性采访问题时，必须强调记者的保密意识。对这个问题，我国的《保密法》有十分明确的义务性规范。《保密法》第二十条规定："报刊、书籍、地图、图文资料、声像制品的出

① 吴海民著：《金元新闻》，华艺出版社，1995 年，第 172 页.

版和发行以及广播节目、电视节目、电影的制作和播放，应当遵守有关保密规定，不得泄露国家秘密。”1992年，国家保密局、中央对外宣传小组、新闻出版署和广播电影电视部还专门制定了《新闻出版保密规定》，对新闻保密问题进行了明确规定。在国家秘密中，商业秘密也是容易受到侵犯的一种秘密。商业秘密是指不为公众知悉，能为权利人带来经济利益，具有实用性，并经权利人采取保密措施的技术信息和经营信息。例如企业的设计方案、技术诀窍、产品配方、客户名单、销售渠道等等。法律规定，获取、使用或者披露他人的商业秘密，视为侵犯商业秘密。事实上，也确有媒体因泄露了他人的商业秘密而承担了相应的法律责任。

3. 必须保护未成年人的权益

由于各种原因，国家对未成年人是给予特别保护的，我国的《刑事诉讼法》第一百五十二条第二款明确规定：“十四岁以上不满十六岁未成年人犯罪的案件，一律不公开审理。十六岁以上不满十八岁未成年人犯罪的案件，一般也不公开审理。”《未成年人保护法》对之有更多的明确规定，例如第三十条规定：“任何组织和个人不得披露未成年人的个人隐私。”第四十二条第二款规定：“对未成年人犯罪案件，在判决前，新闻报道、影视节目、公开出版物不得披露该未成年人的姓名、住所、照片及可能推断出该未成年人的资料。”因此，隐性采访不适用于未成年人。

就法律的权利层面而言，记者在准备隐性采访前应明确一点：别人的权利对我而言就是义务，自己进行隐性采访不应妨碍他人权利的行使。从这个意义上说，记者在隐性采访中所享有的权利和应履行的义务同样是平衡的。只有在法律所允许的范围内，他们才享有相应的权利。任何超越义务约束的权利只会最终导致权利的丧失。

4. 可资借鉴的规则。

中央电视台《焦点访谈》栏目曾广泛采用隐性采访的方式。他们在法律“度”的把握上注意这样几点：

(1) 注意运用平衡手法。运用平衡手法并不会影响栏目表现自己赞成什么、反对什么的倾向性，不影响《焦点访谈》其扶正祛邪、抑恶扬善的功能，相反，可以更顺利、更有效地实现这一功能。

(2) 要在充分调查研究和准确掌握材料的基础上，抓住主要事实和主要线索来表现，做到简明扼要，其目的是让社会获知此事，让人们得到某些启发。

(3) 对于有些人和事采取进行时的批评，切忌“新闻宣判”。这是尽量减少新闻纠纷的一个“法宝”。目前一些传媒习惯于搞那种总结性的批评，用一篇稿子把被批评者的全部问题从头到尾揭露出来，同时加上分析和定性结论。这样引起纠纷的可能性大一些。新闻报道是事实的报道，舆论监督也是用事实来说明问题，不要为了加强舆论监督的战斗性，对被批评者加上一些偏重词汇。用词时宁可用轻一点的，不用重一点的，或者根本不用结论性字眼。要相信观众是聪明的，一看就能知道这是什么问题。从实践来看，众多新闻纠纷都是指向那些结论性的字眼，而对事实本身却并没有提出多少异议。

(4) 尽可能交待新闻来源。在世界很多国家，报道中交待来源是常规。一是可以增加新闻的权威性、可信性；二是提供新闻材料者被公诸社会，接受监督，能增强其责任心；三是一旦新闻失实、侵权，被告一方就多一个共同责任者。若是主动向记者、媒介提供新闻材料而造成侵权的，其所负责任就更大。如果这个新闻来源是国家权力机关，记者和传媒被指控的可能性就更小了。《焦点访谈》绝大多数的批评报道均有来源，且十分清楚。①

① 参见梁建增著：《〈焦点访谈〉红皮书》，文化艺术出版社，2002年，第184、185页.

第八章　新闻侵害名誉权

新闻传播是最关乎名誉的社会评价活动。尽管新闻追求和强调客观公正，在新闻报道中不对新闻人物和新闻事件作出评价，但报道本身却已经包含了一种评价。所以，在所有的新闻侵权行为中，新闻侵害名誉权是一种最为普遍的新闻侵权行为。名誉权是我国法律保障的一项重要人格权利。在现代社会，名誉作为人与人交往中一项重要的精神财富，受到了社会各界的广泛重视。为了保证人们更好地享受名誉这一重要的财富，各国都采取了相应的措施来保护公民的名誉权。从我国的具体情况看，由于悠久的传统文化的熏陶，中国人历来有重名誉的优良传统，每个人都希望青史留名，流芳百世。可见，我国是一个有尊重公民名誉权传统的国家。但是，由于十年动乱中特殊的历史原因，中国人的名誉权也曾受到过极大的伤害。我国《民法通则》颁布以后，全国各地新闻侵害名誉权案件层出不穷，成为新闻主要的侵权种类。据不完全统计，在所有的新闻侵权类型中，新闻侵害名誉权案件约占七成，因此，对于这个问题，我们必须加以高度关注。

第一节　名誉和名誉权

一、名誉的概念和特征

名誉是关于公民或法人品德、才能、信用等的一种社会评价。墨子在《墨子·修身》中说："名不徒生，而誉不自长，功成名遂，名誉不可虚假……"这是古代贤哲对名誉的认识。《辞海》关于名誉的解释为："名为令名，誉为美誉，有令名始获美誉，因谓令名曰名誉。"《牛津法律大辞典》关于名誉的定义是：名誉(reputation)是对于人的道德品质、能力和其他品质(他的名声、荣誉或身份)

的一般评价。非法损害他人名誉可以构成诽谤(或书面诽谤或口头诽谤),受到诽谤的人可以提出控告。[①] 公民的名誉一直代表着公民的人格尊严和在社会生活中受尊敬的程度。法人的名誉,则和其在市场中的份额及财富的多寡有着密切联系。

名誉是一个十分重要的社会概念,也是一个十分重要的法律概念。名誉有自身的三个基本特征。

其一,名誉具有社会评价的特征。名誉不是一个人对另一个人的评价,也不是公民或法人自己对自己的评价,而是公众对特定人的社会评价,而且是一种积极的社会评价。这种评价源于公民或法人在相当长时期的所作所为产生的一种社会影响。这种社会评价有时通过直接的明示表达出来,有时则通过间接的默示反映出来。所以,名誉对于公民或法人是十分重要的。我们常说的"雁过留声,人过留名"、"名垂青史"等等,强调的正是名誉的重要作用。文天祥以一句"人生自古谁无死,留取丹心照汗青",极大地升华了自己的人格和名誉。关于中国人对名誉的重视问题,著名学人黄仁宇谈到的一个例子颇为典型:"邹元标在 1577 年得中进士,时年 26 岁。当时他还没有任何官职,然而根据圣贤的教导,他竟上书指出张居正的不肯丁忧的可耻可恶。这一封奏章使他在午门门外受到廷杖,进士的头衔革去,降为士兵,流放于贵州的穷乡僻壤。一去五年,直到 1583 年冤案昭雪,他才被召回北京,任命为给事中,职司监察,穿上了绣有獬豸的袍服。到任不久,他又上书直接批评万历不能清心寡欲。皇帝用朱笔在奏章上批'知道了'三个字,给他面子,免予追究文句的唐突。然而邹元标不识抬举,过不多久,他二次上书,奏章上的用语更无忌讳,竟说万历扯谎,有过不改,而且引用'欲人勿闻,莫若勿为'的谚语,揭穿皇帝的装腔作势,说他没有人君风度。这就不能不使万历勃然震怒,准备把这个不知感恩的谏官再次廷伏。一个从七品的下级文官,过去对朝廷的惟一贡献只是检举了张居正,今天居然具有这种道德上的权威,敢于直接指斥皇帝,其凭借者安在?万历的看法是,邹元标和其他诤谏者并非对他尽忠,而是出于自私自利,即所谓'讪君卖直'。这些人把正直当做商品,甚至不惜用诽谤讪议人君的方法作本钱,然后招摇贩卖他正直的声望。这种看法不无事实上的根据。有些文官熟读诗书,深知百世流芳之说。他们可以找到一个题目,宁可在御前犯不敬之罪,今日受刑,明日名扬史册。这样的做法,说明了忠臣烈士的名誉,确

① 张新宝著:《名誉权的法律保护》,中国政治大学出版社,1997 年,第 13 页.

乎是一种高贵的商品。”①尽管名誉是一种社会评价，但它同时也会对名誉主体起作用，也就是说，名誉具有一定程度的主观性。在现实生活中，每个人都十分关注自己的名誉。如果他的名誉是良好的，那么他会努力去维护这种名誉；如果他的名誉较差，则他会努力去重新塑造良好的名誉，以求重新获得良好的社会评价。一个全体社会成员对自身名誉普遍关注的社会是文明健康的社会。如果全社会的成员对自己的名誉都毫不关心，一方面固然不会发生侵害名誉权纠纷，另一方面却证明了这个社会是一个不健康的社会。在我们的社会中，之所以频频发生有关名誉权纠纷案，一方面说明了这种违法行为的存在，一方面也证明了这个社会是有廉耻的、分善恶的、讲文明的社会。当然，名誉的主观性只是在名誉主体的主观态度中体现出来。

其二，名誉具有客观的特征。名誉虽然存在于社会公众的观念之中，但它仍然是一种主观概念。名誉不会根据名誉主体主观态度的变化而变化。在一个特定的时期里，某一主体的名誉总是特定的和不可改变的。首先，对于名誉主体来说，公众的社会评价不会受其主观态度和思维的影响。他不能对公众的评价作出时间、地点、内容等的规定，只能被动地接受这样一种评价。其次，这种评价依据的是一种客观的社会标准。社会不同成员对一个人名誉的评价会有差异，但这种差异不是本质的差异，而是一种非本质的差异，因为他们所依据的是当前社会主流的评价标准。所以，评价名誉的客观标准是会因不同的时代、国家而有所变化，同样的行为在不同的时代和国家在社会评价上可能会有本质的差异。

其三，名誉具有人格价值评价的特征。名誉评价着眼于公民或法人的人格价值。例如对一个人道德品质、生活作风的评价，或者对一个法人信用的评价等等，都着眼于人格价值的范围而不是其他。

二、名誉权的概念和特征

名誉权是指公民或法人对自己在社会生活中所获得的名誉享有的不可侵犯的权利。名誉权一直是我国法律工作者关注的一个重要概念。关于名誉权的内涵，不同的法学家有着大体相同的看法。王利明认为：“名誉权是指公民和法人依法对其名誉所享有的权利。”②张新宝认为：“名誉权作为一种民事权利，它是民事法律规定的民事主体所享有的获得和维持对其名誉进行客观公

① 黄仁宇著：《万历十五年》，生活·读书·新知三联书店，2006年，第68、69页.

② 王利明著：《民商法理论与实践》，吉林人民出版社，1996年，第440页.

正评价的一种人格权。"[①]名誉权具有其他人格权所共有的特征，即法定性、人身专有性与非财产性。

法定性。名誉权是一种法定权利，我国的《宪法》和其他法律都有关于名誉权受法律保护的规定。在相当长的时间内，由于缺少法律的保护，我国公民的名誉权曾受到过严重的伤害，直到法制逐渐健全后，这种伤害才渐趋减少。

人身专有性。名誉权和特定的名誉主体是密切相联的。公民或法人从出生或成立之日起就享有名誉权，任何个人和组织都无权剥夺。同时，这种权利只专属于名誉主体享有，不能继承或者转让。"名誉权是与特定人身不可分离的权利，它既不能像财产那样可以在权利主体间流转，也不能像肖像权那样通过合法使用获得经济利益。"[②]

非财产性。人格权本身不是财产，只是一种社会评价，所以名誉权本身是不具有财产内容的，不能直接带来经济利益。也就是说，名誉的好坏并不表明财产的多少。一个人一身正气、两袖清风，可以获得良好的名誉；另一个人贪赃枉法、家财万贯，却只能令人唾弃。同时，名誉权又和财产权密切相连。例如一位名作家的文章，其稿酬可能是一个普遍作者的数倍乃至数十倍，这个时候，名誉权就有了比较明显的与财产相关联的特征。再如，良好的声誉，可以为商家赢得更多的客户，从而带来经济利益。但是，名誉权同财产只存在关联性，名誉权本身不是财产权。

三、名誉权的法律保护

1. 名誉权的宪法保护

《宪法》第三十八条　中华人民共和国公民的人格尊严不受侵犯。禁止用任何方法对公民进行侮辱、诽谤和诬告陷害。

第三十九条　中华人民共和国公民的住宅不受侵犯，禁止非法搜查或者非法进入公民的住宅。

第四十条　中华人民共和国公民的通信自由和通信秘密受法律的保护。除因国家安全和追查刑事犯罪的需要，由公安机关或者检察机关，依照法律规定的程序对通信进行检查外，任何组织或者个人不得以任何理由侵犯公民的通信自由和通信秘密。

---

① 张新宝著:《中国侵权行为法》(第二版)，中国社会科学出版社，1998年，第307页.

② 龙斯荣等主编:《实用民法学》，学林出版社，1991年，第367页.

2. 名誉权的民法及相关法律保护

《民法通则》第一百零一条　公民、法人享有名誉权，公民的人格尊严受法律保护，禁止用侮辱、诽谤等方式损害公民、法人的名誉。

《妇女权益保障法》第三十九条　妇女的名誉权和人格尊严受法律保护。禁止用侮辱、诽谤、宣扬隐私等方式损害妇女的名誉和人格。

《消费者权益保护法》第十四条　消费者在购买、使用商品或接受服务时，享有其人格尊严、民族风俗习惯得到尊重的权利。

第二十五条　经营者不得对消费者进行侮辱、诽谤，不得搜查消费者的身体及其携带的物品，不得侵犯消费者的人身自由。

3. 名誉权的司法解释保护

(1) 1993年最高人民法院《关于审理名誉权案件若干问题的解答》的有关条款。

四、问：名誉权案件如何确定管辖？

答：名誉权案件，适用《民事诉讼法》第二十九条的规定，由侵权行为地或者被告住所地人民法院管辖。侵权行为地包括侵权行为实施地和侵权结果发生地。

六、问：因新闻报道或者其他作品引起的名誉权纠纷，如何确定被告？

答：因新闻报道或其他作品发生的名誉权纠纷，应根据原告的起诉确定被告。只诉作者的，列作者为被告；只诉新闻出版单位的，列新闻出版单位为被告；对作者和新闻出版单位都提起诉讼的，将作者和新闻出版单位均列为被告，但作者与新闻出版单位为隶属关系，作品系作者履行职务所形成的，只列单位为被告。

七、问：侵害名誉权责任应如何认定？

答：是否构成侵害名誉权的责任，应当根据受害人确有名誉被损害的事实、行为人行为违法、违法行为与损害后果之间有因果关系、行为人主观上有过错为认定。

以书面或者口头形式侮辱或者诽谤他人，损害他人名誉的，应认定为侵害他人名誉权。对未经他人同意，擅自公布他人的隐私材料或者以书面、口头形式宣扬他人隐私，致他人名誉受到损害的，按照侵害他人名誉权处理。

因新闻报道严重失实，致他人名誉受到损害的，应按照侵害他人名誉权处理。

八、问：因撰写、发表批评文章引起的名誉权纠纷，应如何认定是否构成侵权？

答：因撰写、发表批评文章引起的名誉权纠纷，人民法院应根据不同情况处理：

文章反映的问题基本真实，没有侮辱他人人格的内容的，不应认定为侵害他人名誉权。文章反映的问题虽基本属实，但有侮辱他人人格的内容，使他人名誉受到损害的，应认定为侵害他人名誉权。

文章的基本内容失实，使他人名誉受到损害的，应认定为侵害他人名誉权。

十、问：侵害名誉权的责任承担形式如何掌握？

答：人民法院依照《中华人民共和国民法通则》第一百二十条和第一百三十四条的规定，可以责令侵权人停止侵害、恢复名誉、消除影响、赔礼道歉、赔偿损失。

恢复名誉、消除影响、赔礼道歉可以书面或者口头的方式进行，内容须事先经人民法院审查。

恢复名誉、消除影响的范围，一般应与侵权所造成不良影响的范围相当。

公民、法人因名誉权受到侵害要求赔偿的，侵权人应赔偿侵权行为造成的经济损失；公民并提出精神损害赔偿要求的，人民法院可根据侵权人的过错程度、侵权行为的具体情节、给受害人造成精神的后果等情况酌定。

(2) 1998年最高人民法院《关于审理名誉权案件若干问题的解释》的有关条款。

一、问：名誉权案件如何确定侵权结果发生地？

答：人民法院受理这类案件时，受侵权的公民、法人和其他组织的住所地，可以认定为侵权结果发生地。

二、问：有关机关和组织编印的仅供领导部门内部参阅的刊物、资料等刊登来信或者文章引起的名誉权纠纷，以及机关、社会团体、学术机构、企事业单位分发本单位、本系统或者其他一定范围内的一般内部刊物和内部资料所载的内容引起的名誉权纠纷，人民法院是否受理？

答：有关机关和组织编印的仅供领导部门内部参阅的刊物、资料等刊登的来信或者文章，当事人以其内容侵害名誉权向人民法院提起诉讼的，人民法院不予受理。

机关、社会团体、学术机构、企事业单位分发本单位、本系统或者其他一定范围内的内部刊物和内部资料，所载内容引起名誉权纠纷的，人民法院应当受理。

三、问：新闻媒介和出版机构转载作品引起的名誉权纠纷，人民法院是否受理?

答:新闻媒介和出版机构转载作品,当一人以转载者侵害其名誉权向人民法院提起诉讼的,人民法院应当受理。

六、问:新闻单位报道国家机关的公开的文书和职权行为引起的名誉权纠纷,是否认定为构成侵权?

答:新闻单位根据国家机关依职权制作的公开的文书和实施的公开的职权行为所作的报道,其报道客观准确的,不应当认定为侵害他人名誉权;其报道失实,或者前述文书和职权行为已公开纠正而拒绝更正报道,致使他人名誉受到损害的,应当认定为侵害他人名誉权。

七、问:因提供新闻材料引起的侵权纠纷,如何认定是否构成侵权?

答:因提供新闻材料引起的名誉权纠纷,认定是否构成侵权,应区分以下两种情况:

(一)主动提供新闻材料,致使他人名誉受到损害的,应当认定为侵害他人名誉权。

(二)因被动采访而提供新闻材料,且未经提供者同意公开,新闻单位擅自发表,致使他人名誉受到损害的,对提供者一般不应当认定为侵害名誉权;虽系被动提供新闻材料,但发表时得到提供者同意或者默许,致使他人名誉受到损害的,应当认定为侵害名誉权。

九、问:对产品质量、服务质量进行批评、评论引起的名誉权纠纷,如何认定是否构成侵权?

答:消费者对生产者、经营者、销售者的产品质量或者服务质量进行批评、评论,不应当认定为侵害他人名誉权。但借机诽谤、诋毁,损害其名誉的,应当认定为侵害名誉权。

新闻单位对生产者、经营者、销售者的产品质量或者服务质量进行批评、评论,内容基本属实,没有侮辱内容的,不应当认定为侵害其名誉权;主要内容失实,损害其名誉的,应当认定为侵害名誉权。

另外,一些国际性、区域性的公约,也为我国考察名誉权保护问题提供了参考。《世界人权宣言》第十二条规定:“任何人的私生活、家庭、住宅和通信不得任意干涉,他的荣誉和名誉不得加以攻击。人人有权享受法律保护,以免受这种干涉和攻击。”我国作为人权委员会的创始国,领导并参与了《世界人权宣言》的起草。我国作为联合国的重要成员国(安理会常任理事国)理应承担《宣言》所规定的义务。《公民权利和政治权利国际公约》第十七条规定:“任何人的私生活、家庭、住宅和通信不得加以任意或非法干涉,他的荣誉和名誉不得加以攻击。人人有权享受法律保护，以免受这种干涉或攻击。”我国已经加入了该公约。

四、新闻侵害名誉权

新闻侵害名誉权是指用发表新闻的方式使公民或法人的名誉权受到伤害的行为。公民或法人的社会活动是新闻传播的主要内容，而名誉权与之密切相联，所以，新闻媒体和新闻记者稍有不慎，就有可能构成对公民或法人名誉权的伤害。

新闻媒体以报道新闻事实作为自己工作的基本职责。这种职责同时也是《宪法》赋予每一个新闻工作者的一种权利。报道新闻事实的行为也是新闻媒体及其从业人员获得经济利益的需要。新闻媒体通过报道新闻事实，一方面传递信息，另一方面则通过发行量、收视率、收听率的提高获取经济回报，这是无可厚非的合法行为。为了更好地传递信息和获得经济回报，新闻媒体会想尽一切办法争取受众对自己的关注，满足受众的兴趣。在市场竞争日趋激烈的今天，各新闻媒体会想方设法报道社会热点，传递奇闻轶事，甚至会刊播小道消息，而这种做法又极易对公民或法人的名誉权构成侵害。可以说，越是涉及名誉评价的报道，越能引起受众的兴趣，同时也越容易引发名誉权纠纷。

从新闻自身的要求看，新闻的真实性原则决定了新闻报道本身不应该构成对公民或法人名誉的伤害。各国的法律、新闻管理机构以及新闻媒体自身也是力戒失实新闻的，但是，由于各种主客观原因，使新闻侵害名誉权的案件层出不穷。这些新闻侵权案主要表现为如下这样一些形式：

(1) 报道内容无中生有，凭空捏造，造谣中伤他人。例如李谷一诉南阳《声屏周报》及汤声午案件就是一例。1991 年 1 月 16 日，《声屏周报》在一篇题为《著名歌星韦唯接受本报电话采访道出个中原因》的文章中称：“在 1990 年亚运会期间的一次演出中，四年前以一曲《乡恋》名噪大陆的某位乐团领导，不知心怀何意但却明显险恶地抓起话筒，向在座各位愤愤宣告了一个大胆的谣言：韦唯得艾滋病了……”此文一经刊出即产生了轰动效应。李谷一认为该文无中生有侵害了自己的名誉权，遂起诉《声屏周报》及汤声午。南阳地区中级人民法院经审查认定文章内容失实，文章构成了对李谷一名誉的侵害，判决被告败诉。本案中，新闻失实是引起诉讼并导致被告败诉的主要原因。

(2) 采访时偏听偏信，未找被批评人核实情况以至于报道的主要事实失实。例如中国新闻史上第一起新闻诉讼案件——《二十年“疯女”之谜》作者诽谤案。1983 年第 1 期《民主与法制》杂志刊登记者沈涯夫、牟春霖的文章《二十年“疯女”之谜》，称：杜融（文中化名杜勇）为了达到从武汉调回上海的目的，采取欺骗、毒打等手段，诱逼妻子狄振智（文中化名田珍诛）装疯，并先后多次将田送进精神病院，致使田戴了二十年的“疯女”帽子。后来，沈、牟两人又撰写了《“疯女”之谜的悬念……》再次在《辽宁妇女》杂志发表。杜融据此起诉沈涯夫、牟春霖侵权。经审理，上海市长宁区人民法院判处沈、牟两人犯有诽谤罪。两名记者之所以成为罪人，就在于采访时偏听偏信，主要事实失实，致使原告名誉权受损。

(3) 使用了侮辱性的语言诽谤他人名誉。有些新闻作者在报道新闻时，为了表达自己的某种情感，表达对某种现象的贬褒，会在新闻中使用一些情绪化的语言，最后导致侵权。以有网络博客第一案之称的程老师诉杭州博客信息技术有限公司案为例：“通用网址‘中国博客网’以及 blogcn. com 的域名注册者均为杭州博客信息技术有限公司。网络用户 K007 在中国博客网上注册了名为‘长套袜’的博客。2005 年 6 月 24 日，K007 在该博客中发表了题为《烂人烂教材》的日记，该日记中描述：‘程××果然是个猥琐人，从他写的书可见一斑，没有任何逻辑可言，甚至没有自己的观点……举例而言，老程每次在概括类型时不是按照一定的逻辑归类，而是想到几个例子，就一一列举，为一二三四类，最后加上一条，除此之外的其他类型为……简直就是流氓。难怪一遍下来什么都记不住。最烂的教材……’等。2005 年 11 月 1 日，程××向南京市鼓楼区人民法院递交诉状，起诉中国博客网侵害其名誉权。原告程××诉称，被告拥有的中国博客网站上的一网页自 2005 年 6 月 24 日至原告诉讼时，一直登有《烂人烂教材》的帖子。原告曾于 2005 年 10 月 24 日电话联系被告，向被告明确提出该帖侵犯原告的名誉权，要求被告删除。但是被告以该帖不违反发帖原则拒绝删除，使得该帖一直公开传播，直至原告起诉后的 11 月 3 日才被隐藏。原告认为，该帖中指名道姓将原告斥为‘烂人’、‘猥琐人’、‘简直就是流氓’，对原告直接辱骂和攻击，构成对原告人格尊严和名誉权的严重侵害。在该帖发布后被告没有及时删除，接到原告通知后又拒绝删除，原告起诉后该帖被再次公开，被告的一系列过错行为直接导致原告的名誉受到严重损害。为此，原告请求法院：判令被告停止侵害，删除《烂人烂教材》以及中国博客网站上对此事件的评论中所有辱骂原告的言辞，并在中国博客网站首页刊登致歉声明，保留时间为 242 天，赔偿原告经济损失 1 324 元、精神损害赔偿金 10 000 元。2006 年 7 月 20 日，鼓楼区法院作出一审判决：一、杭州博客信息技术有限公司于本判决生效之日起 5 日内在中国博客网首页刊登致歉声明（内容须经本院审核）并保留 10 天；二、杭州博客信息技术有限公司于本判决生效之日起5日内赔偿原告程××经济损失1 000元;三、驳回原告程××的其他诉讼请求。本案受理费100元、其他诉讼费用160元由原告程××负担50元,被告负担210元。杭州博客信息技术有限公司不服一审判决,向南京市中级人民法院提起上诉。2006年11月16日,南京市中级人民法院作出终审判决:驳回上诉,维持原判。"①

新闻侵害公民或法人名誉权的形式是比较多的,因此,只有严格按照新闻采写的规律办事,才能防止侵权行为的发生。

第二节 新闻侵害名誉权的构成要件

一、行为人实施了侮辱、诽谤等侵害行为

我国《民法通则》第一百〇一条规定,侵害名誉权的行为主要有侮辱和诽谤两种形式。新闻侵害名誉权,主要表现为新闻作品中存在有侮辱和诽谤的内容。所以,我们在讨论新闻侵害名誉权行为时,重点讨论侮辱和诽谤这两种行为。

1. 侮辱行为

侮辱行为是指行为人以暴力、语言或文字等形式贬低他人名誉、毁损他人人格的行为。侮辱行为主要有三种形式:(1)暴力侮辱。例如用大粪泼到他人身上,在公共场合扒光对方的衣服示众,在公共场合强行与异性接吻等。(2)语言侮辱。即用语言嘲笑、辱骂他人。(3)文字侮辱。即用文字形式,如大、小字报,匿名信等形式,对他人进行侮辱。新闻侵权即属于此种形式。

新闻侵权中的语言侮辱,主要表现为新闻作者在新闻作品中,以有损名誉的不实之辞,对报道对象进行定性、评论。例如,1993年8月21日,刘忱在《法制日报》发表了题为《幼虎之死》的文章。文章称:"……带人将耿建梅找到。这个见钱眼开的河北省张家口市卷烟厂的女工,为了李皓(两次持枪抢劫犯)那点小恩小惠,便抛家弃子成了李皓的姘妇,经讯问耿建梅得知,李皓在沈阳常找一个叫刘基江的人,耿并提供了刘的电话号码。"原告耿建梅提起名誉权侵害诉讼,要求被告赔礼道歉、恢复名誉,赔偿直接经济损失和精神损失8万

① 参见刘海涛等著:《中国新闻官司二十年1987—2007》,中国广播电视出版社,2007年,第714—728页.

元。在文章中，作者使用了“姘妇”、贪图“小恩小惠”等明显具有侮辱性的语言。法院在调查中没有认定原告耿建梅存在上述事实，遂判决被告刘忱及法制日报社败诉，文中带有侮辱性的语言是记者败诉的主要原因。

需要指出的是，侮辱他人名誉并不一定用贬损的词语。有的时候，一些“不真实的好话”同样会构成对他人名誉的侵害。例如 1998 年，与余秋雨、马兰夫妇素不相识，也从未采访过他俩的一位作者写了一篇纯属子虚乌有的题为《余秋雨和马兰》的文章，在十几家报刊上发表。余秋雨为此写了题为《一个劝告》的信致这位作者，好言相劝不要说假话。信中说：“您的文章写了一些生活琐事，全为我们说好话，口气十分善意，这是应该感谢的。但这些事，我们作为当事人怎么有很大一部分都不知道呢？”对此，余秋雨认为：“不真实的好话与不真实的坏话，在社会功能上是一样的……这种吹嘘反而会让人家轻视我们，效果比骂我还坏。须知，大量不真实的传递只能加剧文化信号的无序和错乱，中国文化在这个方面吃的亏已经够多的了。”可见，新闻作品必须真实，否则，善良的出发点只能导致不良的后果。

2. 诽谤行为

诽谤是侵害名誉权的典型行为。所谓诽谤是指故意捏造或散布虚假的事实以毁损他人的名誉。侮辱和诽谤的共同特征在于，行为人主观上存在故意或者过失，而行为人的言行又造成了对他人名誉权的损害。诽谤主要有两种形式：(1)语言诽谤。即通过语言将捏造的事实加以散布。(2)文字诽谤。通过文字将不实信息加以散布以毁损他人的名誉。在美国，认定构成诽谤主要有这样四个要件：诽谤的语言；诽谤的语言必须是关于受害人的；诽谤的语言被公开给第三者；受害人的名誉受到了伤害。至于什么是诽谤语言，主要衡量标准为：“以语言将某人置于被仇恨、嘲笑的境地；诋毁某人的道德品质和人格；败坏某人在财务及金钱上的名声；暗示某人有精神疾病或传染病等。比如，‘他是一个骗子’，‘他父母没结婚’，‘他有艾滋病’等。如果这个社区的大多数人或受尊敬的一群人(即使是一小部分人)会因这些语言而瞧不起、回避或仇恨他，那么，这些语言就是诽谤语言。”[①]我国学者则认为诽谤要素主要包括三个方面：(1)行为人实施了传播有损他人名誉的内容的行为；(2)所传播的内容具有特定的指向；(3)所传播的内容具有“诽谤性”，即违法性。[②] 张新宝先生认为，构成诽谤还应包括这样一些基本要素：(1)行为人的过错；(2)不法传

① 李亚虹著：《美国侵权法》，法律出版社，1999 年，第 161、162 页.

② 参见王利明等主编：《人格权与新闻侵权》，中国方正出版社，1995 年，第 560 页.

播不利于特定人名誉的虚伪事实或者不法发表不利于特定人的名誉的评论；(3)受害人的名誉受到损害；(4)行为人的行为与受害人的损害之间存在因果关系。①

在新闻侵害名誉权案中，诽谤一般表现为文字诽谤的形式。和一般的民事诽谤相比较，新闻侵害名誉权中的诽谤除了行为人主观上的故意外，还有过失的诽谤。诽谤是捏造虚假事实的行为，所以必须具有主观上的故意。而新闻侵害名誉权除了主观上的故意外，也有可能因为采访不深入，听信了一面之辞，审稿不严等原因导致的。而这种侵权在主观上只具备了过失的情节，但同样构成诽谤。新闻诽谤在新闻侵害名誉权案中是比较多发的。例如新中国新闻史上首例因发表新闻作品而被判刑的两名记者沈涯夫和牟春霖，就是犯下了诽谤罪。再如，1988 年 12 月 4 日，《大连日报》刊登了一篇题为《辽宁商检局查获一起港商诈骗案》，《国际商报》也刊登了内容相同的文章，批评香港格莲有限公司以中国设备顶替进口设备，套取外汇的不法行径。消息刊出后，格莲公司以“诋毁诽谤原告名誉”为由向大连市中级人民法院起诉上述两家报纸。法院经审理认定“不存在虚构或编造与实际情况不符的事实”，遂判决原告败诉。可见，事实是否确凿，是决定是否构成诽谤的关键。

新闻侵害名誉权一般都以侮辱或诽谤的形式出现。在这些案件中，特别强调新闻作品的发表。只有新闻作品发表了，才构成新闻侵害名誉权案，否则，就只能算是一般民事案件中的侵害名誉权案。新闻侵害名誉权在影响和情节上，要比一般的侵害名誉权案严重。这是因为，新闻作品一旦发表，由于其传播的范围广，速度快，所以对受害人的伤害必然比较大，这样，受害人也必然会认真地来对付这种伤害。

二、受害人可以被指认

侵害名誉权是侵害了特定的名誉主体的人格权。只有这个特定的名誉主体可以被指认，才能对其名誉构成直接的伤害。这是因为，名誉权具有特定性，即只能由特定的人所享有，因而侵害名誉权只能针对特定的人实施。在新闻侵权案件中，受众在阅读了新闻后，应当知道新闻中贬损的是谁的名誉。

1. 指名道姓地贬损他人的名誉

新闻的真实性要求新闻作者在写作新闻时，要采用真实的时间、地点、姓名等，使新闻受众阅读作品后，立即知道作品所指对象。如果这件新闻作品的

① 参见张新宝著：《名誉权的法律保护》，中国政法大学出版社，1997 年，第 120 页.

内容失实而构成对他人名誉权的侵害，就是新闻侵害名誉权的行为。这是种最常见的新闻侵权形式，因为新闻作品的真实性要求，新闻作品发表后产生的社会评价和社会影响，决定了失实的有损他人名誉的行为一定会导致相应的后果。

2. 通过特定的新闻要素可以指认被侵害者

在有些新闻作品中，并未指名道姓地点明被批评者，但同样可以构成新闻侵害名誉权案。这是因为，新闻作者虽然没有指名道姓，但新闻受众可以从相关的新闻要素中获得被批评者的有关信息，从而使被侵权人得以被指认。(1)使用了绰号、荣誉称号、笔名等。如徐良诉《索价三千元带来的震荡》作者案。作者赵伟昌虽然没有点徐良的名，但“一位以动人的歌声博得观众尊敬爱戴的老山英模”这句话就足以使徐良被人指认。(2)特定的时空。还如徐良案中，报道提及了当年10月在上海举行的“金秋文艺晚会”，使得读者更容易指认被侵权者。再如，李谷一诉河南南阳汤声午及《声屏周报》案。被告虽然未指名道姓，但用了“10年前以一曲《乡恋》而名噪大陆的某位乐团领导”。根据特定的时空关系，这里对当事人的指认应该说是比较容易的。

有的作者即使变换了作品的形式，也可能构成被指认这样一个侵权要件的成立，最终构成侵害名誉权案件的成立。例如，作家唐敏于1986年2月在南京《青春》杂志社出版的《青春》文学月刊第2期上发表了中篇纪实小说《太姥山妖氛》。文中使用自诉人朱秀琴丈夫王练忠(已于1979年因工伤事故死亡)的真实姓名、真实地址，并按王练忠与自诉人的亲属称谓，把他们联系在一起，进行诽谤和侮辱，捏造王练忠生前担任民兵营长期间，倚仗其妻舅即自诉人朱良发担任公社党委副书记的权势，横行乡里，肆意抓人关人、吊打村民、抢人钱财、扫荡他人婚宴、逼死新娘、逼疯新郎等，还捏造自诉人朱良发丧失原则，为这种人出面说服大队吸收其入党。小说在历数了王练忠的种种罪行后，说其死后变成一头牛犊，侮辱自诉人朱秀琴与牛犊产生“恋情”，“忘却了人间羞耻，搂着牛脖子哭”，等等。同时，还编造朱良发的妻子自诉人沈珍珠与小裁缝搞不正当的男女关系，并怀孕四个月，被人发觉后，小裁缝觉得无颜面见人，又慑于沈珍珠丈夫朱良发担任书记的权势，便上吊自杀死亡，小裁缝的妻子为了此事病了半年就痴癫了。被告人在虚构了这些事实之后，又把逼死人命、逼疯他人妻子的罪名加在自诉人朱良发的头上。该文发表后，使三名自诉人的人格、名誉受到严重伤害。自诉人朱秀琴遭到非议，几欲自杀；其子被迫出走；自诉人朱良发无法正常工作；自诉人沈珍珠深感无颜于世，造成三名自诉人精神之极大痛苦，经济上也遭到损失。厦门市思明区法院经审理作出判决：

一、被告人唐敏犯诽谤罪，判处有期徒刑一年。二、被告人唐敏对自诉人的经济损失，应赔偿人民币 2 000 元。本案中，唐敏的作品虽然是以小说的形式出现的，但完全具备了被指认的要件，所以侵权行为成立。

被侵权人一旦被指认，那么侵权行为就成了现实，相反，如果所指的人是不特定的人，则不能构成侵权。例如，1993 年 11 月 13 日，《益阳日报》在《大家谈》栏目中发表了一篇题为《牌桌上的腐败》的文章。这篇评论文章不长，不妨抄录如下：

某部门两个工作人员最近到一家企业检查工作，公事尚未办完，他们便要求玩牌。企业头头不敢拒绝，便派两名职工"陪客"。谁知这两名职工认真得很，连连得手，且逼得"客人"掏腰包。企业头头发现情势不妙，忙向手下打招呼。再开牌局，牌桌上的形势发生逆转，"客人"反败为胜，脸上多云转晴，"赢"了十几张"工农兵"尽兴而归。公职人员参与打牌赌博为法纪所不容，这两名工作人员则走得更远，他们把歪风刮到企业，不仅败坏了本部门的形象，而且在企业职工中造成了不良影响。他们挟实权部门之声威，恃检查工作的重责，把自己的特殊权力带到牌桌上，名为玩牌，实为索要，变着花样敲竹杠。这种牌桌上的腐败现象，也必须认真加以清扫。

文章发表后，引起了益阳地委领导的重视，并责成有关部门进行调查，抓几个典型。纪检监察部门为此询问了文章作者，了解是否有生活原型。作者称，文章所写，是根据现实生活中确实存在的现象加工合成的一个典型事例，它不是一般的消息、通讯和调查报告，而只是对一种现象的评论，因此没有具体对象。但他提供了一条线索，益阳汽车运输总公司劳动服务公司负责人似乎讲过这一类的事情。1993 年 12 月 1 日，纪检监察部门在益阳汽车运输总公司劳动服务公司进行了调查。该公司提供在 1993 年 11 月 2 日，益阳市国家税务局一分局干部李克强在该公司检查工作时打牌赌博的情况，并出具了证明材料。原益阳市税务局为此组织了调查，并于 1994 年 3 月 4 日，给予李克强行政记过处分，并扣发奖金，调离稽查岗位至春晖印刷厂工作。李克强对处分不服，而导致处分的原因，他认为是《牌桌上的腐败》一文，为此，他向赫山区人民法院起诉，认为自己在益阳汽车运输总公司劳动服务公司进行税务检查时，并无打牌赌博事实。益阳日报社侵害了他的名誉权，要求报社为他恢复名誉，赔礼道歉，并赔偿经济损失和精神损失 5 万元。而益阳日报社则认为文章并未有明确所指，也无侵权内容，不构成侵权。1995 年 6 月 8 日，赫山区人民法院终于作出一审判决，认为"原告在益阳汽车运输总公司劳动服务公司进行税务检查时是否参与打牌赌博无法认定，原告所举证据也不足以证明其主张”，驳回原告李克强的诉讼请求，本案受理费 240 元，由原告承担。

新闻作品中经常会出现一些不特定的批评对象，这种批评有时可能是失实的，但由于缺乏可以被指认的对象，所以就不构成新闻侵权。

三、损害事实的存在

新闻作品发表后是否对相关当事人造成名誉权的伤害，不是以当事人的主观认识为依据的，而是以客观的标准来衡量，也即以社会主流的道德评价标准来衡量。如果某篇新闻作品发表后，相关的当事人并没有意识到自己的名誉受到了伤害，但是，在客观上可以认定其社会评价受到了贬损，即可以认定构成新闻侵害名誉权。相反，如果相关当事人主观上认为自己的名誉权受到了侵害，但事实上其社会评价并没有被贬损，则不认为侵害了名誉权。譬如，一篇新闻作品在报道某人取得突出性成绩的时候，介绍了其清贫的出身和一次次同困难作斗争、百折不挠的经历。某人可能在主观上认为介绍其清贫的出身以及他在成功前不断遇到困难是对其名誉的侵害，但事实上，他的社会评价并不会因为这篇新闻作品中这样的描述而受到贬损，故不能认定新闻侵害名誉权。所以说，这里的“损害事实存在”，指的是一种客观的存在而不是主观的感受。

新闻侵害名誉权的损害事实主要表现为：

1. 名誉贬损

一个人名誉是否受到贬损，有时是会有外在的表现形式的。例如有人对受害人进行指责、嘲笑，亲朋好友与其断绝往来等，但有时却没有直接的外在表现形式，而是表现为新闻受众内心对受害人的鄙视。那么，到底该如何认定受害人社会评价已经降低呢？有的学者认为，只要有第三人知道即可认定侵权，“除行为人和受害人之外的第三人知道行为人所实施的侮辱和诽谤等行为，是认定名誉受损的标准。因为第三人也是社会公众的一员，只要第三人知道就足以影响社会对受害人的评价……”[①]对于新闻侵权而言，只要新闻一发表，其侵权行为就完全成立。反之，如果没有第三人知道，就不能构成侵权。“两人关起门吵，一个把另一个骂了，不管多凶多恶毒，外人不知，面子没伤，不构成名誉侵权。”[②]这个特征同样说明了名誉的社会性。

关于名誉贬损这种损害性后果的认定，目前我国的法律中没有作出明确

---

① 王利明等编著：《人格权法》，法律出版社，2000 年，第 131 页.

② 姚辉著：《民法的精神》，法律出版社，1999 年，第 162、163 页.

规定。我们认为，鉴于名誉权纠纷案件中，受害人对自己名誉受贬损这样一种损害性后果举证的困难性，也鉴于受害人因新闻侵害名誉权后果的严重性，应该免除受害人关于名誉权受损害事实的举证责任。在讨论侵害名誉权案件的举证责任时，王利明先生认为："受害人应提供证据证明针对自己的诽谤和侮辱性内容已经为自己以外的第三人所知。在这个基础上，法官提供一般的经验法则推定必然产生损害结果。这种推定属于事实推定的范畴。"①张新宝先生则进一步认为："推定损害事实是指人格方面的损害或者说外部名誉的损害，而不包括对精神损害之存在的推定。受害人应当对自己受到的精神损害予以举证和证明。受害人的反常精神状况通常能为其亲友、同事感知，这些人的证词是证明精神损害的重要证据材料。受害人请求精神方面专家的帮助、进行有关咨询、寻求心理医生的治疗等，也是证明精神损害之存在的重要证据。受害人只有通过为法律所认可的方式(即举证和证明)将精神受到损害的情况表示出来，才有可能获得相应的救济。"②事实上，在新闻侵害名誉权案件中，侵权内容被第三人所知是不需要举证的，因为新闻一旦发表，这种知晓便成人所共知的事实，相应的损害后果也就随之发生。

2. 精神痛苦

新闻侵权往往会导致受害人精神上的痛苦、悲伤、怨恨、失望等，使受害人的精神利益受到损失。拥有一个良好平和的心境是每个人的权利，对这种心境的破坏就会导致其精神利益的损失。当然，由于每个人的知识、学养、心理承受能力等的不同，新闻侵害名誉权给受害人心理上所造成的伤害可能是不同的。有的人可能会暴跳如雷、饮食不思；有的人则可能会无动于衷、坦然处之，但只要受害人对侵害行为有所反应，为此引起诉讼的，就可以认定为侵权。

在新闻侵害名誉权案件中，受害人社会评价的降低和精神损害的结果在大多数情况下会同时出现，因为这是受害人一种正常的心理反应。但是，也有的人却并不因为名誉受损而感到精神痛苦，或者精神痛苦的程度差异会比较大。精神痛苦是一个主观色彩很强的概念，就是一种主观心理感受。法律不允许对同一种侵害行为实施不同的惩罚标准——用主观痛苦的轻重来决定接受惩罚的轻重，因此，精神痛苦只是新闻侵害名誉权案件常见的损害后果，但不是必要要件。只要社会评价降低这一客观标准成立，就可以认

① 王利明等主编：《人格权与新闻侵权》，中国方正出版社，1995年，第578、579页.

② 张新宝著：《名誉权的法律保护》，中国政法大学出版社，1997年，第139、142页.

定侵权行为。

3. 财产损失

名誉权本身不具有财产权内容，但是，名誉权与财产权又有着很大的关联性。一个人名誉权受到贬损，很有可能直接导致其财产损失。例如，一篇新闻报道对某公司员工的名誉进行贬损，使其受到公司的解聘，正常的工资奖金因此而受到损失。这种情况还比较多地发生在法人名誉权的受损上。企业法人十分在意自己的名誉。有些著名企业法人的品牌价值很高，如果新闻报道用无中生有的事实或诽谤性的语言对这些企业的产品质量、管理水平等进行抨击，一定会造成难以预计的严重后果。所以，新闻媒体要特别防止侵害法人的名誉权，以防止将法人辛辛苦苦建立起来的企业形象毁于一旦。

但是，我们必须注意到，名誉权毕竟是一种精神权利而不是财产权利，所以名誉权的受损和财产损失之间的关系有时并不表现为正相关关系，也就是说，名誉受损可能不一定带来财产的必然损失。这可能是由于两方面的原因：第一，受害人可能及时采取了补救措施，使这种损失没有出现；第二，出于目前社会上的某种群体逆反心理，人们普遍有同情弱者的心理。另外，社会上还有对许多东西都充满着好奇的受众存在。譬如，一篇新闻作品称某人创作了一部“黄色小说”，实际上这不是一部“黄色小说”，这就构成了对某人名誉权的侵害。但是，由于社会上尚有一些人对类似的作品充满好奇，所以，某人名誉权的受损可能不仅不使其财产受损，反而有所增加。但某人财产没有受损或有所增加的事实并不能否认新闻侵权事实的存在。所以，财产受损不是构成新闻侵害名誉权的必要条件。

这里需要特别强调的是，上述损害事实的存在和新闻作品的发表之间应该有一种必然的因果关系。因果关系是现象与结果之间存在的、客观的、必然的联系，新闻侵害名誉权行为与损害后果之间的因果关系也同样应该是客观的、必然的联系。新闻侵害名誉权行为与损害结果的因果关系的客观性表现在，侵害行为造成损害是一个客观事实，不以人的主观意志为转移。

四、行为人主观上的过错

过错是指行为人在实施侮辱、诽谤等行为时的某种心理状态。这种主观上的过错分为故意的过错和过失的过错。有些人，特别是新闻界的人士，从新闻传播过程的复杂性、舆论监督的重要性出发，认为过失不能构成新闻侵权，但多数人主张新闻单位的过失同样构成侵害他人名誉权，应承担民事责任。我国《民法通则》第一百〇一条关于侵害名誉权的规定没有明确故意和过失的区别，但结合第一百〇六条第二款的规定，“公民、法人由于过错侵害国家的、集体的财产，侵害他人的财产、人身的，应当承担民事责任”，可以认为过失与故意一样可构成侵害名誉权。

1. 新闻故意侵害名誉权

新闻故意侵害他人名誉权，其前提条件是新闻作者或新闻媒体的审核人明知新闻作品中有损害他人名誉的内容，但是，依然希望作品发表或放任作品的发表，使新闻侵权由可能变为现实。新闻故意侵害名誉权在情节上比较严重，所以法院在处理上，也会考虑到新闻作者主观上的恶意而给予较重的处罚。例如李某诉杨某、某报侵害名誉权案。杨某根据李某与比其年长近二十岁的一外商结婚（文中写为港商），婚后半年，外商病故这样一段个人经历，撰写了《遗产劫》一文，发表在某报上。文中写道：“李某曾一心梦想早一天随丈夫去香港，过几天阔太太的生活，开开洋荤，享享清福，发发洋财，最好早点继承一大笔遗产。岂料，好梦不长……”文章毫无根据地将李某描述成贪图丈夫钱财，追求享乐，想早一点继承遗产的人。本来是正常的婚姻，只是由于丈夫的意外病故，却被作者添枝加叶，杜撰出一个有损李某及其丈夫名誉的结论。显然，杨某及某报侵害了李某的名誉权。在这里，作者无中生有，凭主观想象添枝加叶，主观故意表露得比较明显。

2. 新闻过失侵害名誉权

一般侵害名誉权都要求主观上具有故意，但是，由于新闻传播过程的复杂性，也有可能因为新闻作者疏忽大意或轻信而最终导致对他人名誉权的侵害，这样的情况，在新闻侵害名誉权案中比较多见，例如刘晓庆诉新华社成都军区记者羊慧明案，刘晓庆在胜诉后考虑到羊慧明有善意和积极的一面，最终放弃了经济赔偿的请求，就是因为羊慧明有过失的因素。再如杨沫诉汪兆骞侵害名誉权案。山东科技出版社的《知识与生活》杂志发表了汪兆骞以东方笑署名的文章《梅开二度访杨沫》。汪兆骞在写作此文时，主观上没有侵害名誉权的故意，因此尽管杨沫诉其侵害名誉权，但只是认定他过失的伤害。过失伤害同样会构成新闻侵害名誉权案。

新闻过失侵害名誉权发生的原因大多是因为采访不深入、文风欠踏实或听信一面之辞等原因所致，新闻作者主观上并没有希望或放任这种结果的出现，所以，法院在审理此类新闻侵权案时，应考虑从轻处理。

第三节 新闻侵害名誉权案的处理

一、国外有关新闻侵害名誉权案的处理

名誉权作为人格权中的一项重要权利，在世界许多国家都受到严格的保护。例如，日本的刑事诉讼法规定检查身体时，应特别注意不要损害受检查人的名誉。检查妇女时，应有医生或成年妇女在场。奥地利刑事诉讼法规定，进行住宅和人身搜查，尽可能保护被搜查人的声誉和不扩散与调查目的无关的私人秘密。①

美国的有关法律规定：构成诽谤须具备这样一些要素：第一，诽谤性陈述。"一般而言，诽谤诉讼倾向于涉及以下几个范畴的虚假指责：(1)犯罪指控；(2)不当性行为或其他不道德行为；(3)染有讨厌的疾病或心智残疾；(4)职业上的不称职或渎职；(5)破坏、财务方面的不负责任或不诚实；(6)不名誉的行为如虐待儿童或滥用钱财；(7)对产品的批评(贸易诽谤)。"②第二，公布于众；第三，识别确认；第四，经济损失。

对于名誉因诽谤而受到损失的补偿，在美国主要是经济补偿。对于侵权责任的抗辩理由，美国法律主要从这样一些方面来衡量：第一，新闻的真实性。第二，法律规定的特许权，包括绝对特许权(参众两院的议员在立法会议上的发言)和有条件特许权(包括新闻媒体报道政府及有关组织以监督政府组织和满足公众的知情权)。第三，公正评论。"公正评论辩护的独特之处主要包括：(a)其强调基于事实的意见而非对事实本身的报道这一特质；及(b)其宽延的范围，允许评论各种公共利益事宜而非仅仅限于有公开性质的活动。"③第四，局部辩护。

1952年，英国制定了现行的名誉侵权法，规定："公布使普通人对某人评价下降的言论"即构成名誉侵权。英国法中名誉权侵权罪构成要件有三个，受害者必须予以证明：第一，名誉侵权的言论；第二，提及被害者；第三，公布。④ 而免责要件则包括合法性、特权和公正性的评论三项。

---

① 参见胡锦光等著：《当代人权保障制度》，中国政法大学出版社，1993年，第145—147页.

② [美]T.巴顿·卡特等著：《大众传播法概要》，中国社会科学出版社，1997年，第32页.

③ 同②，第47页.

④ 参见刘迪著：《现代西方新闻法制概述》，中国法制出版社，1998年，第105页.

在日本，除了规定与其他国家大致相同的侵权要件外，还明确区分了刑事侵害名誉权和民事侵害名誉权，同时明确规定了免责要件：第一，与公共利益有关的事实，包括有关政府及公职人员的报道；犯罪及审判报道；其他属于社会关心的事项；第二，公益目的，即看报道是否符合公益目的；第三，真实性证明；第四，真实性误信，即错误地认为是真实的事件；第五，公正评论；第六，证明责任，即被告有举证责任。

二、我国新闻侵害名誉权案适用法律

除了前述名誉权法律保护的内容外，还应适用以下法律法规。

最高人民法院《关于贯彻执行〈中华人民共和国民法通则〉若干问题的意见（试行）》第一百四十条 以书面、口头形式宣扬他人的隐私，或者捏造事实公然丑化他人人格，以及用侮辱、诽谤等方式损害他人名誉，造成一定影响的，应当认定为侵害公民名誉权的行为。

以书面、口头等形式诋毁、诽谤法人名誉，给法人造成损害的，应当认定为侵害法人名誉权的行为。

第一百四十九条 盗用、假冒他人名义，以函、电等方式进行欺骗或者愚弄他人，并使其财产、名誉受到损害的，侵权人应当承担民事责任。

《民法通则》第一百二十条 公民的姓名权、肖像权、名誉权、荣誉权受到侵害的，有权要求停止侵害，恢复名誉，消除影响，赔礼道歉，并可以要求赔偿损失。

法人的名称权、名誉权、荣誉权受到侵害的，适用前款规定。

最高人民法院《关于贯彻执行〈中华人民共和国民法通则〉若干问题的意见（试行）》第一百五十条 公民的姓名权、肖像权、名誉权、荣誉权和法人的名称权、名誉权、荣誉权受到侵害，公民或者法人要求赔偿损失的，人民法院可以根据侵权人的过错程度、侵权行为的具体情节、后果和影响确定其赔偿责任。

第一百五十条 侵害他人的姓名权、名称权、肖像权、名誉权、荣誉权而获利的，侵权人除依法赔偿受害人的损失外，其非法所得应当予以收缴。

《中华人民共和国国家赔偿法》第三十条 赔偿义务机关对依法确认有本法第三条第（一）、（二）项，第十五条第（一）、（二）、（三）项规定的情形之一，造成受害人名誉权、荣誉权损害的，应当在侵权行为影响的范围内，为受害人消除影响，恢复名誉，赔礼道歉。

《国家公务员暂行条例》第八十四条 国家行政机关对国家公务员处理错误的，应当及时予以纠正；造成名誉损害的，应当负责恢复名誉、消除影响、赔礼道歉；造成经济损失的，应当负赔偿责任。

《中华人民共和国消费者权益保护法》第四十三条 经营者违反本法第二十五条规定，侵害消费者的人格尊严或者侵犯消费者人身自由的，应当停止侵害、恢复名誉、消除影响、赔礼道歉，并赔偿损失。

《中华人民共和国刑法》第二百四十三条 捏造事实诬告陷害他人，意图使他人受刑事追究，情节严重者，处三年以下有期徒刑、拘役或者管制；造成严重后果的，处三年以上十年以下有期徒刑。

国家机关工作人员犯前款罪的，从重处罚。

不是有意诬陷，而是错告，或者检举失实的，不适用前两款的规定。

第二百四十六条 以暴力或者其他方法公然侮辱他人或者捏造事实诽谤他人，情节严重的，处三年以下有期徒刑、拘役、管制或者剥夺政治权利。

前款罪，告诉的才处理，但是严重危害社会秩序和国家利益的除外。

《中华人民共和国治安管理处罚条例》第二十二条 有下列侵犯他人人身权利行为之一，尚不够刑事处罚的，处十五日以下拘留、两百元以下罚款或者警告……（三）公然侮辱他人或者捏造事实诽谤他人的；……

三、新闻侵害名誉权的抗辩事由

抗辩事由，是指被告针对原告的诉讼请求而提出的证明原告的诉讼请求不成立或不完全成立的事实，又称免责事由或减压轻责任事由。一般分为两类，即正当理由和外来原因。所谓正当理由，是指损害确系被告的行为所致，但其行为是正当的、合法的；所谓外来原因，是指损害并不是被告的行为造成的，而是由一个外在的原因独立造成的，如意外事件、不可抗力等。所以，一旦产生新闻侵权诉讼，新闻记者或新闻媒体应首先寻找抗辩事由。以下事由一般可以成为抗辩事由。

1. 内容真实

内容真实是指新闻媒体发表的新闻作品主要内容是真实的，符合客观实际的。这种真实并不意味着一切枝节都正确无误，而是指主要内容和情节的真实。为此，我国的司法解释也予以肯定。1993 年最高人民法院《关于审理名誉权案件若干问题的解答》（以下简称《解答》）第八条中规定："文章反映的问题基本真实，没有侮辱他人人格的内容的，不应认为侵害他人名誉权。"这里强调的是"基本真实"，也就是说，只要内容基本真实，对某些细枝末节的失实，只要文章中没有侮辱人格的内容，就不应认定为新闻侵害名誉权。当然，具体到何谓"基本真实"，则必须根据案件的实际情况细加区分。

值得注意的是，在新闻侵害名誉权案中，虽然内容基本真实，但只要有侮辱性的内容，同样不能成为抗辩事由，对此《解答》第六条也有规定："文章反映的问题虽基本属实，但有侮辱他人人格的内容，使他人的名誉受到损害的，应认定为侵害他人名誉权。"1998年，最高人民法院《关于审理名誉权案件若干问题的解释》(以下简称《解释》)第九条规定："新闻单位对生产者、经营者、销售者的产品质量和服务质量进行批评、评论，内容基本属实，没有侮辱内容的，不应当认定为侵害其名誉权；主要内容失实，损害其名誉权，应当认定为侵害名誉权。"从1993年的《解答》到1998年的《解释》，两者都把内容"基本真实"、"基本属实"作为不承担侵权责任的条件，可见"内容真实"之于新闻的重要意义。

只要做到了内容真实，新闻媒体和新闻记者即使被告上法庭，也可以从容面对了。例如《邵阳日报》曾刊出一条新闻，报道某地发生一起凶杀案件，并批评镇干部对群众呼救态度冷漠，不到现场救护。被批评人以新闻失实、侵害名誉权为由，诉至法院。所举新闻失实处为：新闻说，有人在镇机关门外大喊："镇里有人吗？街上杀了人！"有几个干部"把头伸出窗外"，回答："没有人"。其实，窗户上安装了钢栅，"头不可能伸出窗外"。原告坚持认为，只要报道有失实，就构成侵权。显然，这个失实并不足以影响被批评的镇干部见难不救的基本事实以及对于这种失职行为的基本评价。也就是说，新闻的基本内容是真实的，法院据此于1990年2月判决驳回原告之诉。

由于新闻传播的特殊功效，我们应该要求新闻作者力戒失实，而不能因为有内容真实的抗辩事由，并且是"基本真实"的抗辩事由，而放松对新闻真实性的严格要求。事实上，近年来新闻侵权诉讼案之所以呈逐年上升趋势，并且屡屡有新闻媒体和新闻记者在诉讼中败诉，重要的原因之一就是违背了新闻真实性的基本原则。所以，新闻从业人员必须时刻把真实性作为新闻的生命。

2. 公正评论

西方许多国家都将"公正评论"作为新闻侵权的抗辩事由。美国的有关法律规定，只要评论的意见是公正的，即可不负名誉权侵权责任。日本则根据英美法的这个原则，明确公正评论包括三个条件：构成评论的前提是真实的事实；评论与公益有关而不是单纯的人身攻击；评论的对象也与公益有关或一般公众关心的事件。

新闻媒体在发表新闻评论时，应考虑到评论的对象与公共利益有关，如党和政府的政策主张，与社会公益事业有关的企事业单位的行为。新闻记者的评论是善意的，是根据客观事实作出的。相反，如果违反了以上原则和要求，则不能成为抗辩事由。例如，1996年9月，河南省高级人民法院法官刘某依据该院已发生法律效力的民事判决书，撰写了《煤气罐爆裂失火引出的官司》一文，于同年9月13日发表在《河南法制报》上，文中涉及的河南送变电公司职工刘岂认为此文严重侵害了其名誉权，遂一纸诉状将作者刘某及河南法制报社送上了郑州市金水区人民法院的被告席，要求作者及报社赔礼道歉，消除影响，赔偿名誉损失费4 000元。金水区人民法院审理认为，作者对事件进行报道，属于正常的舆论监督，其目的在于提醒有关人员加强安全意识，内容基本属实，不构成对刘岂名誉权的侵害。一审判决后，刘岂不服，提出上诉。郑州市中级人民法院二审认为，该文中涉及刘岂的内容来自发生法律效力的终审判决，内容基本属实，并无构想成分，故驳回上诉，维持原判。

对于相同的新闻事实，每个人的评判标准是不同的，所以我们应该允许不同的人对此发表不同的评论，这也是我国宪法赋予公民的一种言论自由的权利。但是，言论自由是不应该以侵害他人的包括名誉权在内的一切权利为前提的。"公正评论"和"言论自由"是相互联系的，"评论不得侮辱他人人格，是指批评只应限于事实和对事实本身的评论，而不应伤及被批评者的人格"[①]。

3. 正当的舆论监督

新闻媒体承担着十分重要的舆论监督功能，而舆论监督又对整个社会的发展具有十分重要的作用。它是维护社会正常运行、维护国家利益和公共利益的重要功能，因此，必须加以保护。同时，由于新闻采写的过程、时效性要求等，均不能保证新闻作品绝对不失实，对此应从维护公众知情权及公共利益的要求出发加以保护。吴祖光案及其审理，就很好地体现了这一原则。这起名誉权诉讼案始于1992年11月，起因是剧作家吴祖光在报纸上发表了题为《高档次事业需要高素质员工》的文章，抨击中国国际贸易中心侵害两名青年女顾客人身权利的行为。国贸中心向北京市朝阳区人民法院提起诉讼，认为该文捏造事实和使用侮辱诽谤性语言，侵害了国贸中心的名誉权，要求吴祖光赔礼道歉，消除影响，恢复名誉。法院判决认为吴祖光的文章属于正当的舆论监督范围，不构成对国贸中心名誉权的侵害，应受法律保护。吴祖光的文章之所以不构成新闻侵权，就在于文章是基于事实进行评论，随后发表的言论也没有背离事实根据。吴祖光的评论及有关言论，从目的上看是基本表达对受损害者的同情以及改变不良社会现象的愿望，因此可以认为他的行为出自善意，且同社会的公共利益有关，是与保护公民的人格权密切相关的，虽然有言辞偏激、语气过重之处，但仍符合客观公正与善意原则，是正常的舆论监督，于是构成抗辩事由。

---

① 魏永征著：《中国新闻传播法纲要》，上海社会科学院出版社，1999年，第224页.

舆论监督对于一个国家而言，具有十分重要的意义。正如一位学者所言："新闻舆论监督让腐败分子胆战心惊，使一切腐败者、渎职者和毫无作为的当权者成为众矢之的……"[①]事实上，在我们的生活中舆论监督在社会生活中尤其在政治生活中的纠偏作用也在为越来越多的人所认同。即使在进行舆论监督的过程中有一些枝节性偏差，法律仍应从保障宪法所赋予公民的言论自由的权利出发，保护舆论监督，以形成健康、公正、平衡的舆论环境，促进社会的文明和进步。

4. 当事人同意

新闻作品的发表只要获得当事人的同意，即使发表后构成了对他人名誉权的侵害，也可以减轻或免除法律责任。新闻作品发表前，当事人没有意识到新闻作品发表可能构成对自己名誉权的侵害；但是，新闻作品发表后，又确实构成了对其名誉权的侵害。对于这种情况，应该认定当事人同意新闻作品发表是"抗辩事由"。一位法学家在论及这个问题时补充指出，"当事人同意"作为抗辩事由应具备以下构成要件："(1)作为受害人表示的'同意'是其真实的意思，而不是受到欺诈、胁迫等而表示的不真实的意思；(2)行为人不得具有显著的恶意；(3)传播不利于受害人名誉权事实的内容不超过受害人同意的内容和范围；(4)受害人同意的意思表示一般应当在发表有关不利于其名誉的事实之前作出，事后的同意是一种追认，也可承认其效力。"[②]当然，对于这种情况，新闻作者应承担举证责任，也就是说，新闻作者应该能够提供证据，证明作品的发表是获得当事人同意的，否则就不能构成抗辩事由。

抗辩事由的研究对于新闻媒体和新闻记者而言，其意义都是十分显著的。对于未涉及新闻侵权的媒体和记者来说，了解抗辩事由可以使他们在新闻工作中心中有数，不至于在涉及名誉权新闻报道时谨小慎微或为所欲为；对于已涉及新闻侵害名誉权纠纷的媒体和记者而言，他们可以通过对抗辩事由的研究，了解自己的行为违法与否以及能否减轻或免除违法责任，从而在涉讼时保持主动。

四、法律责任承担

构成新闻侵害名誉权要承担侵权责任这是不言而喻的。参照我国一般民事侵害名誉权的责任承担方式和相关的法律规定，我们认为新闻侵害名誉权

---

① 刘建明著：《天理民心——当代中国社会的舆论问题》，今日中国出版社，1998年，第204页.

② 张新宝著：《名誉权的法律保护》，中国政法大学出版社，1997年，第160页.

应承担以下责任。

1. 停止侵害

如果新闻侵害名誉权的行为正在实施或可能继续存在，受害人有权要求人民法院作出责令侵害人停止侵害的决定。例如，具有侮辱、诽谤他人名誉内容的书刊正在发行、节目正在播出时，应当停止发行或播出，并可要求进行销毁。当然，如果侵权行为已经终止或中止，则不必作出这样的决定。例如，王国藩诉名誉权受侵害案，涉讼小说《穷棒子王国》称主人公是“靠三条驴腿起家”的黎明农业合作社社长殷大龙，在政治上搞权术整人，经济上贪污投机倒把，生活上腐化玩女人。王认为殷就是特指自己，对他进行了侮辱诽谤，于1991年状告作者古鉴兹和作家出版社侵害名誉权。被告辩称殷大龙是一个拼凑起来的角色，没有写王国藩。1993年3月，法院一审判王国藩胜诉，同时作出了在15日内全部销毁《穷棒子王国》的决定。

2. 恢复名誉，消除影响

用适当的方式消除因侵害他人名誉在社会上造成的不良影响，力争使受害者的名誉恢复到被侵害前的正常状态。这是最常见的新闻侵害名誉权的责任承担方式。我国《民法通则》第一百二十条规定：“公民的姓名权、肖像权、名誉权、荣誉权受到侵害的，有权要求停止侵害，恢复名誉，消除影响，赔礼道歉，并可以要求赔偿损失。法人的名称权、名誉权、荣誉权受到侵害的，适用前款规定。”最高人民法院《关于审理名誉权案件若干问题的解答》第十条第三款规定：“恢复名誉，消除影响的范围，一般应与侵权所造成的不良影响的范围相当。”这里的“恢复名誉”和“赔礼道歉”，实际上包括要侵权者对失实内容进行更正，从而达到“消除影响”的目的。在新闻侵害名誉权的诉讼中，媒体及有关人员败诉后，法院一般都要判其在曾刊载侵权内容的媒介的显著位置上，刊登书面声明，对错误内容进行更正，并向被侵害者赔礼道歉。惟其如此，判决才能为受害人恢复名誉，消除影响。

3. 赔礼道歉

指新闻侵权人向受害人承认错误，表示歉意，以求得受害人的谅解。这种责任承担方式有书面和口头两种。最高人民法院《关于审理名誉权案件若干问题的解答》第十条第二款规定：“恢复名誉、消除影响、赔礼道歉可以书面或者口头的方式进行，内容要经人民法院审查。在审判实践中要注意适用这种责任形式应以侵权人自愿，受害人同意为前提，只要有一方当事人不自愿，法院就不宜判令侵权人采用口头的方式向受害人赔礼道歉，否则难以对侵权人强制执行，达不到保护受害人目的。如果双方当事人都同意采用口头方式赔礼道歉，可以在法院主持调解程序中，先由侵权人向受害人口头表示道歉，受害人谅解后再做其他调解工作。”

4. 赔偿损失

指新闻侵权人用金钱赔偿因新闻侵害名誉权而造成的受害人的物质损失和精神损失。赔偿损失包括了赔偿受害人直接的物质损失和精神损失两大方面。相对而言，赔偿直接的物质损失在法律的衡量上要容易一些。例如受害人的路费、误工费、诉讼费等，精神损失的赔偿则相对复杂一些。康长庆先生曾这样表述：我国的精神损害赔偿与西方一些国家精神赔偿是有区别的，精神损害赔偿是民法发展到一定时期以后确立的一种对人身权的保护制度。在大多数国家，精神损害赔偿包括两个部分，即精神利益的损失赔偿和精神损害的抚慰金。我国的《民法通则》规定则只包括前者，而不包括后者，即我国的精神损害赔偿制度，并不包括精神抚慰金制度，这是一个重大的区别。我认为：精神损害赔偿对受害人应当给予受害人精神抚慰金，以弥补受害人精神上的创伤，这也是加重侵权人的民事责任的措施，由于我国的文明程度有了较大的提高和发展，公民对自身的名誉保护意识增强了，所以对侵害名誉权的侵权人应加处民事责任的承担，同时也是对侵权人的一种经济制裁。至于具体数额的多少，我们同意有些学者提出的法官行使自由裁量权，由法官们根据具体情况规定。这些情况包括当时社会的经济发展水平、侵权人的财产情况和经济收入情况等。

第九章　新闻侵害隐私权

近年来，隐私成了社会上一个十分流行的时髦字眼。不仅文艺作品中反映人们隐私内容的多了起来，在新闻作品中，隐私也得到了新闻记者格外的关注。但是，由于相当长时间内我们对隐私权问题的漠视，使隐私权成为除名誉权外最容易受到新闻侵害的另一种人格权。与新闻侵害名誉权不同的是，当公民或法人的名誉权受到伤害时，人们能比较明确地感受到这种伤害，但是，由于历史和文化的原因，当人们的隐私权受到侵害时，当事人对伤害的感受未必明显。许多人常常将知道对方隐私的多少作为衡量彼此感情深浅的一种尺度。在整个社会中，人们对隐私权的认识也经历了一个比较长的过程。但是这样的社会和生活现实并不意味着公民的隐私权不需要保护，恰恰相反，这种社会现实从另一个侧面表明着公民的隐私权需要特别的保护。从统计数字看，新闻侵害隐私案件在所有的新闻侵权类型中仅次于新闻侵害名誉权案（占七成左右），约占二成，可见，我们今天探讨新闻侵害隐私权问题无论是对于今天还是长远的未来，都有着十分深远的意义。

第一节　隐私和隐私权

1. 隐私的产生

隐私是一个有着漫长产生过程的概念。我们相信，当我们的先民们在太古时代赤身裸体同自然进行艰苦抗争时，他们的头脑中是不可能有隐私的概念的。而当他们开始用兽皮、树叶等御寒，随后又将其遮掩身体上的某些特定部位以后，他们的头脑中必定已有了最为原始的关于隐私的概念。西方传说中的亚当和夏娃在偷吃禁果之前是赤身裸体的。当他们偷吃了禁果以后，便对于自己的裸露行为有了羞耻感，于是，用无花果叶编成裙子用于遮羞。时至今日，羞耻感依然是隐私的一项最为基本的内容。当然，对于羞耻的认识，在不同国家、不同地区和不同文明程度的地方因为历史、文化、观念的不同，是存在差异的。有些地方人们认为不是隐私的内容，在其他地方人们的心目中都是隐私。例如，长期以来，我国公民之间从未把个人年龄和财产收入等情况视作隐私。一群人相聚在一起，即使在此之前素昧平生，也首先要问问年龄分分长幼，然后便可称兄道弟联络友谊。如果拒不将自己的年龄告知对方，轻则受到冷落，重则打入另类。财产收入情况也是如此。当然，随着社会的文明和进步，不去随意打听别人的年龄（尤其是女性）和财产的观念，已逐渐为人们所接受。

2. 隐私的定义

隐私是指公民个人生活中不愿向他人公开或被知晓的秘密。隐私的内容包括个人的健康状况、生理缺陷和残疾、婚恋经历、财产状况、私人日记、信函、生活习惯等。隐私确实是一个中性的词。但是，在相当长的时期内，有人将隐私和“阴私”混为一谈了。连 1989 年版的《辞海》都有将“隐私案件”和“阴私案件”混为一谈的记录。即使是 1994 年出版的《新闻侵权法律辞典》，也对“隐私”作出了这样的定义：“阴私（privacy），参见隐私”。遗憾的是，在这本词典中并没有“隐私”这一条目，所以，其实际上还是把“隐私”等同于“阴私”了。我国 1979 年制定的《刑事诉讼法》第一百一十一条对私人生活中不足为外人道的事实，采用“阴私”这一表述：有关个人阴私案件，比如强奸妇女、奸淫幼女等，不公开审理，目的是为了保护被害人的声誉，防止对群众和社会产生不良影响和造成不应有的后果。幸运的是，1996 年开始公布施行的《刑事诉讼法》第一百五十二条第一款已改为：“人民法院审判第一审案件应当公开进行。但是有关国家秘密或者个人隐私的案件，不公开审理。”这使“隐私”一词在法律上得到了认可。

“隐私”是“不愿为人知道的事”，“阴私”是“不可为人知道的事”，这两者是有质的区别的。“阴私”通常是指不可告人的丑事，是为社会公德所不容的，是带有贬意的；而“隐私”却是公民的一种私人生活内容，本身不带有褒贬色彩。对此，梁治平先生 1996 年在《南方周末》有一段论述也可以成为一种佐证：“今天，在我们的日常生活当中，‘隐私’这个词出现的频率有越来越高的趋势，这或者可以部分地表明民众权利意识的某种发展。不过，据我的观察，在许多人（也包括那些主张保护个人隐私的人）的观念里面，‘隐私’总是被有意无意地跟不名誉的事情联系到一起。甚至在法律上明确提到‘隐私’的场合，其受保护的范围也是以个人名誉是否受到损害划定的。而这意味着，一个侵犯了他人隐私的人，可以用‘我没有损害他（她）的名誉’这样的说辞来为自己辩护。循着这种逻辑再进一步，我们就可以看到这样一些大家都熟悉的场景：明明是侵犯了别人的隐私，却总是振振有辞：‘如果不是见不得人的勾当，为什么不能让别人知道？’这后面的潜台词则是：‘既然是见不得人的事情，就不但要把它揭露出来，更可以群起而攻之！’这种可怕的逻辑实际是建立在一种扭曲的‘隐私’观念上面。在现实生活中，我们每一个人都有一些个人的‘秘密’不希望别人知道，这并不是因为它们是丑事、坏事，而仅仅因为它们纯属私事（私密）……一般所谓‘隐私’的内容实际要广泛和丰富得多。比如，我们不希望别人知晓的秘密，不单是私下的言行，而且可能包括我们的年龄、经历、收入、家庭、健康状况等等。此外，我们可能去到一个地方而不希望被人认出；我们还可能希望安静地过活，不受外界的骚扰。自然，这些希望和要求对于不同的人有着不同的意义，在不同的文化和社会里，‘隐私’的内容以及它在法律上应受保护的程度和强度也不尽一致。不过，有一点可以肯定，那就是我们每一个人都希望有一个只属于自己的、安全的小天地，在那里，我们可以完全地放松，不必扮演任何角色，就好像回到了一个完全是属于自己的房间里，不用担心受人窥视。否则，我们将时时处处感到精神紧张，无法把握自己的生活。”随着社会的文明和进步，人们越来越关注个人的生存空间。于是，有越来越多的学者，开始对隐私问题进行踏踏实实的研究。人们对隐私的认识，也越来越趋向理性和科学。

“隐私”之所以在相当长的时间里背负着一个并不好的名声，实际上和它的“私”有着极大的关系。在中国的传统文化中，“私”在道德评价上具有天然的劣势——私利、私欲、私自……而与之相反的“公”却有着无可置疑的优越性。但今天，我们对这个“私”有了一个科学的认识，对“私密性”这个关乎个人生存空间的尊重，实际上是对人格权的尊重，是对人性的尊重。现代文明社会，理所应当用法律来保护公民的隐私。正因为我们的国家已经具备了对“隐私”的科学认识，才使我们关于隐私权的讨论具有了法律的意义和长远的价值。

二、隐私权的概念和特征

在我国，和名誉权在相当早的文献典籍就可以找到应该得以保护的记载不同，隐私权开始受到保护还仅仅是近现代的事情。19 世纪下半叶的西方国家，由于报业自由化、商品化的作用，黄色新闻、犯罪新闻占据了新闻媒体的大量版面，一些低级趣味的社会新闻也频频粉墨登场。在这样的大气候下，刺探和刊登隐私成了许多新闻媒体刺激和吸引读者的重要手段，许多公民的隐私受到了肆无忌惮的侵害。1890年，美国私法学者沃伦和布兰戴斯在《哈佛法学评论》上发表了《论隐私权》，首次提出了隐私权的概念，即“不被了解的权利”。两人在文中指出：政治、社会及经济的变革不断提出承认新权利的要求，而青春永驻的普通法也在发展中回应着社会的需求。历经几个世纪的慢火铸炼，普通法已衍生出一种基本权利——隐私权。这种权利是指个人对其自身事务公开披露的决定权利，侵犯隐私权的行为伤害了个人自我唯一感，阻碍了个人独立，侵犯了个人尊严，贬抑了个人荣誉。隐私权是与人类不可分割的条件和权利，是对人的平等的尊敬和一种人格权。鲜为人知的是，这项权利提出的一个直接触发因素，正是新闻媒体对作者之一——沃伦权利的无休无止的侵扰。沃伦的妻子梅布尔·贝亚德是美国特拉华州的美国联席议员、前总统候选人，此后还曾担任国务卿的托马斯·弗朗西斯·贝亚德之女。梅布尔·贝亚德也是当时第一夫人的闺中密友，这样的身份自然受到当时媒体的普遍关注，这对夫妇的私人信息也被媒体报道，这令沃伦非常生气，并促成他邀请布兰戴斯合作完成了《论隐私权》。[①] 这项新的权利在1903年被纽约州通过立法方式承认。该项权利确认的背景来自一起侵权诉讼：1902年，罗伯逊诉罗切斯特侵权。“在这一案件中，被告非法将一个年轻的漂亮女子的照片用在他们公司的面粉广告中。上诉法院拒绝承认任何‘隐私权’的存在，认为如果承认隐私权，这方面的诉讼将大量增加，不仅牵涉到照片的使用，对一个人形象、行为、家庭关系和习惯等的评论都可能成为诉讼的对象，他们认为这样重大的变化应该留给立法机关去考虑。然而，这种判决受到了广泛的批评。最后，在1903年，纽约州制定了一项法律，现称《纽约民权法》。该法规定，任何人不得在未得到本人同意的情况下将他人的姓名、画像或照片用于广告或贸易的目的，其他州后来也逐渐制定了类似的法律。第一个正式保护隐私权的案件是1905年的帕维斯诉新英格兰人寿保险公司（Pavesich v. New England Life Ins. Co., 1905）一案，该案案情与罗伯逊案相同，结果则不一样，被告被判决侵犯了受害人的隐私权。现在，除了两三个州，全美国都承认了隐私权。”[②]随后，他们所主张的隐私权逐渐为世界其他国家的法学界所接受。在大陆法系的国家中，对隐私权的保护同样也存在着一个过程。在第二次世界大战前，在德国、日本等国的法律中，隐私权并不受到保护。第二次世界大战后，隐私权才首先在判例

① 参见冷霞：《隐私权的诞生》，载《中国社会科学报》2010年3月30日.

② 李亚虹著：《美国侵权法》，法律出版社，1999年，第179、180页.

中得到保护。

严格地说，世界范围内对隐私权的保护是从对人权的保护开始得到重视的。1948 年 12 月 10 日，联合国大会通过了《世界人权宣言》。该《宣言》第十二条规定："任何人的私生活、家庭、住宅和通信不得任意干涉，他的荣誉和名誉不得加以攻击。人人有权享受法律保护，以免受这种干涉或攻击。"1966 年 12 月 16 日联合国大会通过的《公民权利和政治权利公约》，沿袭了 1948 年《世界人权公约》中关于对个人的私生活、家庭、住宅和通信不得加以非法干涉的规定。该《公约》第十七条规定："一、任何人的私生活、家庭、住宅或通信不得加以任意或非法干涉，他的荣誉和名誉不得加以非法攻击。二、人人有权享受法律保护，以免受这种干涉或攻击。"1973 年，联合国秘书长在题为《尊重个人隐私》的报告中，也详细列举了现代生活对个人隐私所带来的冲击，强调对隐私权加以保护的重要性。这样，隐私权的保护呈现出一种国际化的趋势。需要说明的是，我国是人权委员会的创始国，中国代表于 1948 年领导并参加了《世界人权宣言》的起草工作。我国已加入《公民权利和政治权利国际公约》。

强调对公民的隐私权进行保护在我国还是近十来年的事。建国初期的十余年间，新闻媒体很少刊登社会新闻，所以一般不会涉及公民的隐私权。十年"文化大革命"中，公民的人格权受到了空前粗暴的践踏。在我国的公检法体系遭到严重冲击的大背景下，公民的人格权受侵害是无法寻求法律保护的，所以，隐私权的保护就无从谈起。到 1982 年的《宪法》中，才开始规定："中华人民共和国公民的人格尊严不受侵犯。禁止用任何方法对公民进行侮辱、诽谤和陷害。"这里虽然没有直接提及公民的隐私权，但《宪法》所保护的"人格权"，理所当然地包含了隐私权的内容。最高人民法院《关于贯彻执行〈中华人民共和国民法通则〉若干问题的意见》第一百四十条规定："以书面、口头等形式宣扬他人的隐私，或者捏造事实公然丑化他人人格，以及用侮辱、诽谤等方式损害他人名誉，造成一定影响的，应当认定为侵害公民的名誉权的行为。"1993 年，最高人民法院又公布了《关于审理名誉权案件若干问题的解答》，在第七条第三款中又规定："对未经他人同意，擅自公布他人的隐私材料或者以书面、口头形式宣扬他人隐私，致使他人名誉受到损害的，按照侵害他人名誉权处理。"在这里，虽然司法解释存在着将隐私混同于名誉的缺陷，但明确规定对隐私权加以保护，无疑具有十分积极的意义。

当然，在我国，隐私权还没有作为一种独立的权利存在。公民隐私权受到侵害的，在法律上被视作名誉权受损加以处理。如果我国的法律中能将隐私权作为一种单独的人格权来加以保护，这无疑是一件有意义的事，这也是世界隐私权保护发展的普遍趋势和法律界的共同追求。

在人们对隐私权这项人格权寻求法律保护的过程中，隐私权内涵的发展本身也经历了一个不断丰富的过程。许多专家学者从不同的角度，对隐私权进行了定义。美国法学家威斯廷认为："所谓隐私权，指个人、集团或组织，拥有决定在何时、以何种方式、在何种程度上将自己的信息传达给他人的权利。"①英国学者威廉·般尼认为："隐私权的内涵，与一个人的人格尊严有极大的关系。使一个人的私生活受到干扰，将他的姓名、照片、肖像等未经同意而公开刊布，使他在精神上感到不安、痛苦、羞耻或惭愧，显然其人格尊严已受到侵害。"日本资深新闻工作者前田雄二写道："所谓隐私权利，可以说是保护个人私生活的权利。"②对隐私权问题颇有研究的张新宝先生认为："隐私权是指公民享有私人生活安宁与私人信息依法受到保护，不被他人非法侵扰、知悉、搜集、利用和公开等的一种人格权。"③王利明等先生认为："隐私权，是自然人就自己个人私事、个人信息等个人生活领域内的情事不为他人知悉、禁止他人干涉的权利。"④魏永征先生认为："隐私权，就是个人有依照法律规定保护自己的隐私不受侵害的权利。"⑤

隐私权是指公民享有的不愿公开的个人生活秘密和个人生活自由的权利。隐私权具有这样一些特征：第一，权利主体是自然人。隐私是和自然人个人生活密切相关的个人秘密，只能由自然人享有，因为隐私产生和存在的依据，都在于人的精神活动而引发的各种利益需求。法人和其他社会组织也有诸如商业秘密等，但这些秘密与他人和社会公共生活有关，它们本身不属于精神活动的范畴，所以适于用其他法律进行保护。第二，隐私权的案件内容比较丰富，通常有私人通信秘密、生活秘密、身体秘密等，这些内容都具有真实性和隐秘性的特征。一旦这种隐秘的但又真实的内容公之于众，当事人就会感到精神痛苦。所以在侵害隐私权案件中，加害人不能因为真实而主张免责。第三，隐私权的内容包括隐私主体对隐私的控制权，如收藏、收集、传播和活动的权利，也包括隐私主体对其隐私的利用权，如利用个人的隐私写成自传体小说或回忆录以获得报酬的权利，通过新闻媒体的适度传播实现某种目的等。第四，隐私权保护的范围受公共利益的限制。也就是说，隐私权保护的隐私必须

---

① 刘迪著：《现代西方新闻法制概述》，中国法制出版社，1998年，第119页.

② 转引自魏永征著：《被告席上的记者》，上海人民出版社，1994年，第99页.

③ 张新宝著：《隐私权的法律保护》，群众出版社，1997年，第21页.

④ 王利明等编著：《人格权法》，法律出版社，2000年，第147页.

⑤ 魏永征著：《中国新闻传播法纲要》，上海社会科学院出版社，1999年，第261页.

是合乎社会公共道德和法律规范的。如果这种隐私对社会公德、社会公共利益构成侵害,就不能主张对这种隐私的保护。

三、隐私权的法律保护

我国法律的隐私权的保护可以从相关的法律条文中得到体现。

1. 宪法保护

(1)《宪法》第三十八条

“中华人民共和国公民的人格尊严不受侵犯。禁止用任何方式对公民进行侮辱、诽谤和诬告陷害。”

(2)《宪法》第三十九条

“中华人民共和国公民的住宅不受侵犯。禁止非法搜查或者非法侵入公民的住宅。”

(3)《宪法》第四十条

“中华人民共和国公民的通信自由和通信秘密受法律的保护,除因国家安全或者追究刑事犯罪的需要,由公安机关或者检察机关依照法律规定的程序对通信进行检查外,任何组织或者个人不得以任何理由侵犯公民的通信自由和通信秘密。”

2.《刑法》的有关规定

(1)《刑法》第二百四十五条

“非法搜查他人身体、住宅;或者非法侵入他人住宅的,处三年以下有期徒刑或者拘役。司法工作人员滥用职权,犯前款罪的,从重处罚。”

(2)《刑法》第二百五十三条

“隐匿、毁弃或者非法开拆他人信件,侵犯通信自由权利,情节严重的,处一年以下有期徒刑或者拘役。”

3. 诉讼法的有关规定

(1)《民事诉讼法》

A.《民事诉讼法》第六十六条

“证据应当在法庭上出示,并由当事人互相质证。对涉及国家秘密、商业秘密和个人隐私的证据应当保密,需要在法庭出示的,不得在公开开庭时出示。”

B.《民事诉讼法》第一百二十条

“人民法院审理民事案件,除涉及国家秘密、个人隐私或者法律另有规定的以外,应当公开进行。”

“离婚案件，涉及商业秘密的案件，当事人申请不公开审理的，可以不公开审理。”

(2)《刑事诉讼法》

1996年《刑事诉讼法》第一百五十二条规定：“人民法院审判第一审案件应当公开进行。但是有关国家秘密或者个人隐私的案件，不公开审理。”“十四岁以上不满十六岁的未成年人犯罪的案件，一律不公开审理。十六岁以上不满十八岁未成年人犯罪的案件，一般也不公开审理。”

4. 民法的有关规定

我国《民法通则》第一百○一条规定，公民和法人享有名誉权，公民的人格尊严受法律保护。《民法通则》没有直接规定对公民个人隐私权的保护，但由于一般性地规定公民的人格尊严受到法律保护，这便为司法解释留下了较大的空间。一般认为，隐私权应当属于人格尊严的一个部分。

最高人民法院《关于贯彻执行〈中华人民共和国民法通则〉若干问题的意见》第一百四十条第一款规定：“以书面、口头等形式宣扬他人的隐私，或者捏造事实公然丑化他人人格，以及用侮辱、诽谤等方式损害他人名誉，造成一定影响的，应当认定为侵害公民名誉行为。”

最高人民法院在《关于审理名誉权案件若干问题的解答》(1993年8月7日)中再次强调指出：“对未经他人同意，擅自公布他人的隐私材料或以书面、口头形式宣扬他人隐私，致人名誉受到损害的，应按照侵害他人名誉权处理。”“文中有……披露隐私的内容，致使名誉受到损害的，应认定为侵害他人名誉权。”

所有这些，都为我们今天讨论隐私权的法律保护提供了法律基础。

四、新闻侵害隐私权

新闻侵害隐私权，是指在新闻作品中公开他人隐私而使他人隐私权受到伤害的行为。新闻报道的原则是向受众传达真实的受他们关心的事实信息。因此，越是真实的信息，就越符合新闻报道的要求。但是，并不是所有真实的受众关心的事实信息都是可以报道的，有关公民隐私的信息就是如此。涉及公民个人隐私的信息，越是客观、真实、全面，对公民隐私权的侵害就越严重。这是因为，隐私权的一个显著特点，就是隐私的主体希望隐私“不为人知”，而新闻报道的一个显著特点，就是让新闻信息“广为人知”，这两个显著的特点构成了新闻报道要求和隐私权要求的严重冲突。冲突的结果是，如果新闻媒体将涉及公民隐私的事实加以报道，必然使公民的隐私权受到严重的侵害。

新闻媒体热衷于传播隐私,和隐私自身的特点以及人们对隐私的热衷密切相关。香港作家董桥曾说:“英国人整了一肚子好奇不敢问,英国人于是沉默得很。他们爱看书,公共交通工具上所有的英国人都在埋头看书看报,目的不外两个:避免邻座的搭讪;从书报上储存一些知识,随时应付社交场合里断了话题的尴尬。书报印出来的隐私不再是隐私,是酒余饭后的甜点。”[①]隐私是道“甜点”,真是一个绝妙的比喻,把新闻媒体为何热衷报道人们隐私的动因巧妙地点破了,当然,对隐私过度的关注,也会导致某些难以预计的问题的出现。在世界范围内引起对侵害隐私权问题强烈关注的,是1997年英国王妃戴安娜的死亡事件。1997年8月30日,英国威尔士王妃戴安娜与她的新男友、埃及百万富翁多迪·法耶兹所坐的梅塞德斯—奔驰600房车,8月30日午夜(格林威治时间22点)在巴黎塞纳河北岸的阿尔马桥下的隧道突发车祸,戴安娜本人和她的保镖被撞成重伤,住进了附近的比基—萨尔贝特里医院,经紧急抢救,终因肺部大出血而不治身亡。法耶兹和司机当场死亡。据悉,戴安娜乘坐的房车经过桥下隧道时,几名专门偷拍名人照片的摄影记者驾驶摩托车在一旁紧追不舍。司机为摆脱他们的追逐,掉转车头,慌乱中不幸撞上了路边的一根水泥柱,最后梅塞德斯轿车碰在隧道内的一堵墙上,车体几乎解体。法国警方当即拘留5名肇事的摄影记者,并没收了3辆摩托车。

这一事件发生后,西方舆论开始了一场有关“帕帕拉齐”及公民隐私权问题的争论。据国际广播电台驻意大利记者金力介绍,“帕帕拉齐”(单数形式为帕帕拉佐)一词为意大利文,意为专门追逐名人偷拍照片的摄影者或记者。这一角色最初出现于意大利著名导演费利尼1960年拍摄的电影《甜蜜的生活》中。在这部电影里,一个名叫帕帕拉佐的摄影师因追逐名人偷拍照片“享誉”欧洲。从此,“帕帕拉齐”在意大利便成为一项专门职业。“帕帕拉齐”骑着小型摩托车,身背照相机,到处追拍娱乐圈中名人的相片。之后,这一职业由意大利传遍全世界。“帕帕拉齐”无孔不入,对他们来说,名人无隐私可言。他们把偷拍来的照片卖给喜欢登小道消息的报刊,并换得巨额的财富。戴安娜生前身着泳装与男友法耶兹在海滩亲吻的照片,是一个名叫布雷纳的意大利籍“帕帕拉佐”偷拍的。据说,他的这张照片卖得数十万英镑。

近年来,在西方从事“帕帕拉齐”职业的人越来越多。他们把自己的财富建立在暴露他人的隐私之上,其手段也越来越恶劣。他们的名声越来越坏,善

---

① 董桥著:《从前》,三联书店,2002年,第106页.

良的人们视他们为过街老鼠。戴安娜死后，西方各界对“帕帕拉齐”的行为进行了强烈谴责。戴安娜的哥哥斯潘塞伯爵一直担心戴安娜将死于西方媒体之手。他说，他只是没想到媒体竟如此“直接地”杀害了她。据在戴安娜弥留之际守候在她身旁的医生称，戴安娜去世前留下的最后一句话是：“别打扰我，别打扰我——”曾深受“帕帕拉齐”之害的意大利歌唱家帕瓦罗蒂说，现在已到了限制“帕帕拉齐”活动的时候了，必须制订法律来保护公民的隐私权。德国前总理科尔对西方媒体的作用提出疑问，他说，戴安娜的死应该引起西方媒体中“有责任感”人士的反思。巴西总统卡多索说，戴安娜的死应迫使新闻工作者重新检讨他们在专业方面的限度，“自由意味着责任，从事一项职业的人必须界定他们的责任，并确定其限度”。法国文化部长和通讯部长卡特琳·特劳特曼在发表电视谈话时认为，有必要为报界规定一个良好的行为准则。英国公民则强烈呼吁政府制订隐私权以保护知名人士，使他们免受摄影记者的骚扰。

一代名妃香殒塞纳河畔，人们在为戴安娜扼腕叹息的同时，也开始认真地关注起自己的隐私、自己的隐私权以及和新闻媒体、新闻记者之间的关系。当然，政府官员们比较多地关注此案，可能也与他们的切身利益有关。作为公众人物，他们的隐私曾经一次次地受到了新闻记者的侵扰，但他们为了取悦新闻界，只能听之任之。这一次，他们恰好得到了一次比较适宜的反击机会。但对于新闻界和普通公民而言，这恰恰也是一个认真检讨新闻报道和隐私权保护关系的好机会。

2011 年 7 月发生在世界媒体帝国——默多克新闻集团的“窃听门”事件，则又一次让全世界的人们来直面媒体和隐私的关系问题。“窃听门”直接侵害的，正是在许多西方人看来属于人格权中十分重要的隐私权，新闻媒体和新闻记者用窃听手段获取公民隐私并在媒体报道，显然严重超越了人们的心理底线和法律底线。这种行为不仅不受新闻自由的保护，更严重侵犯了法律尊严，因此，受到人们的强烈抵制是理所当然的。

第二节　新闻侵害隐私权的构成要件

一、新闻侵害隐私权行为的存在

侵权行为不应该是臆想的，而是应该客观存在的，因为在我们国家，是不存在思想犯的。新闻侵害隐私权的行为当然也不例外。新闻侵害隐私权行为的存在是指新闻作品已经公开披露了与公共生活无关的个人生活秘密和个人生活自由。具体主要包括这样两方面的要件:

第一,侵害隐私权的新闻作品已经发表。这是区别一般民事侵权和新闻侵权的标志。如果新闻作品没有发表,加害人只是以其他方式散布他人的隐私,则不构成新闻侵害隐私权,而只能构成普通的民事侵权行为。在这个过程中,即使散布他人隐私的加害人的身份是新闻记者也不能构成新闻侵害隐私权,因为这种散布并没有新闻侵权所具有的"广为传播"的特点。相反,只要含有披露他人隐私的新闻作品已经发表,哪怕新闻的作者不是新闻记者,同样构成新闻侵害隐私权。事实上,由于新闻媒体的特殊传播功效,近年来发生的影响较大的侵害公民隐私权案,大多同新闻媒体和新闻记者有关。2000 年 2 月 28 日,欧美流行歌坛巨星、法裔加拿大歌星席琳・迪翁一纸诉状,将美国《国民问询》周刊告上法庭。席琳・迪翁在屡获格莱美等音乐大奖后,1998 年又因主唱影片《泰坦尼克号》主题曲《我心依旧》而再次成为众人关注的焦点。在这种背景下,美国《国民问询》周刊以《席琳——我怀了双胞胎!》为题报道了席琳・迪翁的怀孕消息,并称她是通过人工授精的方式,将其丈夫勤内・安杰利尔的冷冻精子移入体内而怀孕的。席琳・迪翁指称该消息失实,其诉讼的罪名包括:盗用宣传权、侵犯公民隐私权等。其诉讼请求是停止侵害并赔偿她 2 000 万美元的精神损失费。由于新闻作品已经发表,其侵害行为显然已经成立,至于精神损失赔偿费用数额之所以如此巨大,就是因为新闻侵害隐私权伤害较大。

第二,作品中有他人隐私存在。如前所涉,隐私是公民不愿意为他人所知的个人秘密,随意披露并广为人知,则构成了对隐私权的侵害。这种披露表现的方式是多种多样的,其主要的方式包括:(1)有意无意地报道了不该报道的隐私材料。如前所述,隐私的内容是多方面的,而这些内容都属于不该报道的范畴。但是,有些新闻记者为了追求所谓报道的真实性和新闻的可读性,或者为了满足某些受众的猎奇心理和追求轰动效应,放任了隐私内容在新闻媒体的传播。例如:某个女性不幸成为了性犯罪的牺牲品,但是,有些新闻在报道该犯罪案件时,忽视了对相关细节的处理,使受害者的姓名地址或真实形象出现在新闻媒体上,使她"仿佛又遭到了一次强暴"。例如:原告柳甲与原告柳乙系姐妹关系。2005 年 5 月,原告柳甲的丈夫因犯强奸罪被判刑,原告柳乙是受害人。原告柳甲、柳乙及其母亲汪×就此事接受了中央电视台的有关采访,但未接受过被告江苏教育电视台采访。中央电视台有关采访的内容于同年 7 月下旬播出。之后,江苏教育电视台在《新闻地理》节目里以《姑息养奸》为题就两原告的上述家庭隐私进行了报道,并在不同时间数次播出。原告柳甲及其母亲均有被采访的正面镜头,柳乙也在片中出现。原告柳甲、柳乙诉称,该片未作任何技术处理,毫不掩饰地将强奸犯罪的受害者、未成年女孩柳乙的形象和原告柳甲及其母亲的形象公之于电视屏幕上,较详细地报道了两原告的家庭隐秘。被告既未采访过原告方,也未征得原告的同意,私自制作电视节目,多次以播放电视节目的形式向社会公众披露两原告的家庭和个人隐私,以致原告的熟人、邻居等对两原告产生较多的议论,给原告的精神产生痛苦。原告柳乙因此而不愿意再上学,身心遭受极大伤害。两原告要求判令被告的行为侵犯原告的名誉权,承担消除影响、赔礼道歉的民事责任,并赔偿两原告精神损害抚慰金 20 000 元及经济损失 366.3 元。2005 年 11 月 18 日,南京市鼓楼区人民法院作出一审判决:被告江苏教育电视台于判决生效之日起 7 日内赔偿原告柳甲、柳乙医疗费人民币 366.3 元及精神损害抚慰金人民币 10 000 元;本案受理费人民币 960 元、其他诉讼费 100 元,由被告承担 580 元,原告承担 480 元。[①] (2)在报道未成年人犯罪时,未隐去他们的姓名和形象,违反我国《未成年人保护法》等有关法律规定的。这样的事例在我们身边并不少见。(3)非法闯入私人生活领域。新闻记者在公开场合进行采访,一般不存在“非法闯入”的情况,因为在公开场合活动的人们,应该意识到自己的行为是一种公开昭示于人的行为。他们在这些场合的活动应该被认作默示同意采访。这在许多国家都被视作法定的惯例。但是,私人生活领域(私人场合)不同。我国法律对私人场合是进行保护的,非法闯入应受到法律的制裁。即使合法进入,如需进行拍摄时,也应征得主人的同意。有人将主人这种权利视作隐私权中的宁居权。在早期的新闻活动中,非法闯入私人生活领域强行进行拍摄采访的现象是比较普遍的。在一些文艺作品中,这种行为甚至被作为记者“敬业”“有能耐”来加以褒扬。但在法制日渐健全的今日社会,这种行为显然已成了一种违法行为。私人生活领域包括的领域不应仅限于我们日常生活中所习惯的私人住宅,同时也包括公共场合中的一些特殊领域,例如医院中的门诊部、心理诊所,娱乐场所的更衣室、包间等。如果记者未经当事人同意而强行进入这些地方进行拍摄采访,应视作违法行为。当然,如果这些地方本身在发生非法行为则另当别论。

---

① 参见刘海涛等著:《中国新闻侵权二十年 1987—2007》,中国广播电视出版社,2007 年,第 730、731 页.

二、受害人可以被指认

每个公民都有自己的隐私，这种隐私可能是各不相同的，也有可能是大致类似的。只有发表的新闻作品中提及隐私并使其当事人可以被指认时，才算真正构成了新闻侵害隐私权。也就是说，受害人可以被指认是新闻侵害隐私权的第二个要件。如果当事人不能被指认，尽管有隐私被披露，但仍不构成对隐私权的侵害。《北京青年报》女记者安顿所著的《绝对隐私》，尽管其内容为“绝对隐私”，且通过著述广为披露，在此之前，类似的内容也在《北京青年报》的《人在旅途·口述实录》专栏刊发过，但没有构成对隐私权的侵害，其原因就在于作者隐去了隐私主体真实的姓名、工作单位、地址等可以被指认的新闻要素。另一个原因是因为当事人同意被披露。当然，我们相信“当事人同意被披露”的前提条件也是“以不能被指认的方式”披露。也就是说，“当事人同意被披露”也是有条件的，它本身不能成为全部的抗辩事由。

法律工作者们在论及侵害隐私权的构成要件时，大都是适用民事侵权的一般构成要件的。王利明等先生认为：“侵害隐私权的民事责任，必须具备侵权民事责任的一般构成要件，即侵害行为、加害人的过错、侵害行为与损害后果之间的因果关系、损害后果。”[①]张新宝先生认为：“国内外学者一般认为，侵害隐私权作为民事侵权行为，是一种基于过错责任原则认定的一般侵权行为。因此，构成侵害他人隐私权的侵权行为，需要具备四个要件，即：(1)侵权行为人侵害他人隐私权的具体加害行为。(2)受害人受到的损害。隐私权受到损害，其后果主要是精神损害。(3)在侵权行为人的侵害行为与受害人的损害后果之间存在因果关系。(4)侵权行为人在主观上存在过错。”[②]他自己也基本赞成上述观点。刘风景等先生明确提出：“侵害隐私权的民事责任，必须具备侵权民事责任的一般构成要件，即侵害行为、加害人的过错、侵害行为与损害后果之间的因果关系、损害后果。”[③]与此相对应，一些新闻理论工作者在论及新闻侵害隐私权的构成要件时，虽然语言表述各有差异，但也基本套用了民事侵权的一般构成要件。曹瑞林先生认为，新闻侵害隐私权的构成要件包括：在新闻作品中披露了他人的隐私内容；报道的是与社会公共利益无关的个人私生活；行为人具有过错。[④] 董炳和先生认为：“根据民法学的一般原理，新闻侵权

---

① 王利明等编著：《人格权法》，法律出版社，2000 年，第 153 页.

② 张新宝著：《隐私权的法律保护》，群众出版社，1997 年，第 253 页.

③ 刘风林等著：《人格权》，中国社会科学出版社，1999 年，第 181 页.

④ 参见曹瑞林著：《新闻法制学初论》，解放军出版社，1998 年，第 338—345 页.

作为侵权行为的一种，其民事责任的承担通常需要具备以下几个条件：①发生了损害事实；②损害事实与侵权行为之间存在着因果关系；③行为的违法性；④有过错；⑤无法定的免责事由。”①

我们认为，与一般的民事侵权相比较，新闻侵害隐私权具有自身的特征，不宜简单照搬照套民事侵权的构成要件。而其中，受害人可以被指认显然是一个不可或缺的侵权要件。这种表述方法虽然不同于“侵害行为与损害事实之间有因果关系”，但“受害人可以被指认”显然是这种“因果关系”的题中之义。更何况，有侵害隐私权内容的新闻作品的发表是新闻作品受害人受损害的不言而喻的原因，以下这个案例，则比较好地说明了“受害人可以被指认”对于新闻侵害隐私权案件得以成立的重要性。两位原告陈某与汪某系夫妻关系，家庭和睦、幸福，夫妻两人的工作单位也都不错。婚后三年，正遇动迁要自行过渡，双方在城乡接合部借了他人私房住下，其间经人介绍，便领养一名刚满月的女孩作为自己的养女。时间过得很快，转眼间女儿已上三年级了，夫妻双方的老人均以为女孩是他们亲生的。过后不久，陈某自己感觉已有身孕，经医院检查得到了证实。在此情况下，两位原告商议后决定，为使养女今后能继续幸福快乐地学习和生活，而不要因为有亲生骨肉而另眼待她，一致同意做人工流产。1996 年 9 月，陈某单位知道了这一感人事例，写了宣传女性美的演讲材料，在这份材料中隐去了陈某名字，在陈某单位召开的妇代会上作了演讲。当然，听众并不知道主人公就是陈某。同年 10 月下旬，第二被告徐某作为某报社的特约通讯员，在某单位上级部门开会时了解到这一情况，他根据掌握的素材，又加了些他自己想象的情节，撰写了《失却亲骨肉，视养女为宝》的文章，并刊登在 10 月 27 日的第一被告某报上，引起社会的强烈反响。由于报刊的公开报道，原告夫妻的姓名见之于报端。不少好心人出于关心，主动去询问他们的情况；平时有些隔阂的人，也在背后指指点点；周围邻居也纷纷传说。孩子已懂事，明白了自己的身世，哭着要找亲生的父母。对此，两原告的压力非常大，陈某由于思想压力负担过重，曾想寻死。事后，两原告向被告提出交涉未果。因被告泄露了原告隐私，交涉又未果，两原告向人民法院起诉，要求第一和第二被告消除影响，恢复名誉，赔偿精神和经济损失 7 万元，并给原告调换工作单位等。因调解不成，人民法院判决：(1)两被告立即停止对两原告的名誉侵害；(2)两被告在判决生效后 10 日内，在第一被告报纸上刊登向原告赔礼道歉的启事，内容事先需经法院审定；(3)两被告赔偿两原告精神和经济损

① 董炳和著：《新闻侵权与赔偿》，青岛海洋大学出版社，1998 年，第 173 页.

失人民币4万元。在本案中,如果某报不刊发原告的真实姓名而使其能被指认,就不会构成新闻侵害隐私权。顺便说一下,我们在新闻作品中,经常可以看到隐去了一些新闻要素的所谓"新闻",这种隐去了真实的姓名、工作单位、地址等而写作"新闻"的做法虽然可以避免侵害隐私权或侵害名誉权之类的新闻侵权现象的出现,但另一方面,也容易给一些新闻作者提供制造虚假新闻的可乘之机。我们耳闻的在社会上产生了巨大消极影响的那些假新闻,就是借用诸如张三、李四、王五、赵六或A省B县C乡的形式出现的。可见,如何避免侵害公民的隐私权,维护新闻的真实性,实在是一个值得新闻从业人员认真关注的大问题。

新闻作品中披露相关隐私时,只要当事人可以被指认,就构成侵害隐私权,不管这种披露是出于什么目的。对此,我国法律界是经历过一个长期的认识过程的。例如,苏州某报曾在一篇不足300字的新闻作品中,报道了一起恶性刑事案件,该文提及了受害人的相关情况。后被害人的家属诉到法院,称报道发表后,有许多人专程到受害人家门口围观,影响了其日常生活。被告则辩称:报道纯属客观的案情报道,无任何毁损被害人及其家属的词句。经审理,法院驳回了原告的诉讼请求。这是发生在1990年的案件,经过十几年的岁月沉淀,我们再来看当初的这个案件,确实存在着值得商榷的地方:法院是以原告名誉权未受伤害而判其败诉的,但实际上,原告主张的是隐私权,因为受害人的受害经历属于个人秘密,报纸进行披露显然侵害了受害人及其家属的隐私权。法院之所以如此判决,与我国长期以来将名誉权和隐私权混为一谈的法律现实是直接相关的。在这个案件中,刑事案件的受害人及其家属被指认是构成侵犯隐私权的关键所在。一些法学专家认为有两种情况可能使被害人的隐私受到影响:其一,刑事被告人侵害了被害人的隐私权;其二,为了查清刑事被告人的犯罪事实而需要涉及被害人的隐私(如性侵犯中间女性受害人的隐私,这是一种十分普遍的现象)。在这两种情况下,被害人的隐私权有可能受到侵害。"除了刑事司法程序本身可能造成的侵害之外,被害人的隐私权所面临的最大威胁来自新闻媒体。一般说来报道某项犯罪事实,应当被认为是合法的行为,因为公众对这一新闻有兴趣,这一事件本身具有新闻价值。但是,新闻媒体对犯罪事件的报道往往会忽略对被害人的保护,使被害人的身份、住址、肖像、雇用单位等暴露于公众。这将极大地影响被害人的隐私权,破坏其本人及其家庭成员的生活安宁。"[①]除了这种刑事侵害外,新闻记者在某些

---

① 张新宝著:《隐私权的法律保护》,群众出版社,1997年,第220页.

时候不合时宜的提问，有时也极有可能使采访对象陷于十分难堪的境地。在女子足球第三届世界杯决赛中，中国女子足球队在点球大战中负于美国队而屈居亚军，刘英一个十分关键的点球被扑住。球赛结束后，电视记者非要让正陷于悲痛中的刘英接受采访。我甚至看到了刘英在难堪的微笑后眼眶中的泪光。这种采访，无疑类似于在运动员的伤口上抹盐。这样的行为是否侵害了运动员的隐私权，是大可研究的。

三、导致了损害结果的出现

侵害隐私权的新闻作品发表后，导致了受害人精神痛苦和财产损失。这种精神痛苦和财产损失就是损害结果。新闻作品发表后，新闻传递的信息就会广为传播，人们就会对这种信息进行评价，这是十分自然的事情。但是，由于新闻媒体传递的这种信息是侵权的新闻信息，就必然会导致人们对当事人评价的误差，也就是说，由于人们评价所依据的事实是错误的，因此得出的评价结论自然也会是错误的。这种评价结论自然会对被评价人造成侵害。一般认为，这种侵害表现为精神痛苦和财产损失。但是，由于具体案情的不同，这种伤害的表现形式是会有差异的。

1. 精神痛苦

精神痛苦是指受害人在受到侵害后精神上的痛苦和肉体上的疼痛两个方面。由于精神和肉体是互为一体的，所以精神损害既会导致精神的痛苦，也会导致肉体的疼痛。当然，这种精神损害大多是由人格权受到损害而引起的。

有人将某些人"自曝隐私"的行为称之为主动诉求的行为。事实上，这种主动诉求的行为在现实生活中并不少见。尤其在一些文化名人中间，经常有人希望借助这种主动诉求的行为，实现某种个人目的。即使是普通公民，也有不少人愿意"自曝隐私"的。主动诉求的隐私的增多，改变了新闻媒体名人隐私泛滥的局面，使普通人成为媒体主角。必须说明的是，通过主动诉求"自曝隐私"的人，在他们的隐私曝光后是不会感到精神痛苦的，因此也就不会构成新闻侵害隐私权。新闻侵害隐私权导致的直接后果是受害人的精神损害。因为个人的隐私被公开，受害人会感到恐惧、紧张、不安、羞辱等而"自曝隐私"的人，显然不会存在这些痛苦。

在损害事实的认定上，新闻侵害隐私权和新闻侵害名誉权不同，新闻侵害名誉权损害事实的衡量，是以客观的、社会主流的道德评价标准作为依据的，也就是说，不以受害人的主观感受作为衡量标准。而新闻侵害隐私权则恰恰相反，损害事实的衡量是以受害人的主观感受为依据的。隐私的主体对隐私是否公开，公开后是否会对自己的精神造成伤害，凡此等等，都是取决于隐私主体的主观意志。如果一个人认为公开隐私对自己不会造成伤害，对隐私的被披露不存在任何不安和精神痛苦，就不构成新闻侵害隐私权。例如，因“拒拍三级片”和在《生活导报》扩版时花十万元广告征婚而闹得沸沸扬扬的青年演员李怡青，在其自传体小说《我一直在等你》的封面，就标上了“自曝隐私、袒露心迹”等字样。她自然认为“自曝隐私”不会给她带来精神的损害。这就是我们前面所述的主动诉求的行为。

如果一个公民认为披露自己的隐私会造成自己精神的痛苦，那么即使这种披露是出于善良的愿望，是褒扬先进，也会构成对公民隐私权的侵害。例如，南京某报在报道一起刑事案件的侦破过程时，将其中的某些细节作了过于详细的描述：南京某大学女学生（真实的校名、姓名、年级等）主动向公安机关报案，使从武汉流窜到南京来躲避追捕的犯罪嫌疑人、该女学生的男朋友被捉拿归案。该女生的举报举动在此之前并不为其他人所知，而该报道的发表，使该女生的隐私权受到侵害，其人身权也处于潜在的危险之中。虽然未闻该女生起诉南京某报及新闻作者的消息，但类似的教训，无疑是值得记取的。实际上，在我们国家，对举报人的姓名一直是保密的。该新闻作者在写作这条新闻时，显然忽视了这样一个法律现实。这个案例也进一步说明，精神损害和生理上、肉体上的痛苦是密不可分的，精神损害不仅会带来受害人肉体上的疼痛，严重者，甚至会影响到他们的生命安全。

2. 财产损失

和新闻侵害名誉权所可能导致的受害人财产损失一样，新闻侵害隐私权不一定必然导致受害人的财产损失。这里的财产损失是指受害人因人身受到侵害而造成的经济损失。财产损失是可以计量的。臆想的、虚构的财产损失在法律上是得不到支持的。财产损失分为直接财产损失和间接财产损失。一般情况下，新闻侵害隐私权不会导致直接财产损失，因为隐私权是人格权，直接财产损失源于直接作用于财产权的客体而导致的损失，这两者之间不存在必然的直接关系。但是，在某些情况下，新闻侵害隐私权是会导致公民财产的间接损失的。例如，受害人可能会因为隐私被曝光而被单位辞退；因为隐私被披露不愿多见人而可能失去生意机会；因为精神受到伤害而致病引发医疗费的增加等。受害人财产损失的大小，应以受害人提供的相关证明为依据。

值得注意的是，损害结果的出现应该以侵权行为的存在为直接前提。也就是说，新闻侵害隐私权的行为必然导致受害人精神损害和财产损失，才应该承担相应的法律责任。我们不能把或然的因果关系作为衡量侵权的标准，而应把必然的因果关系作为衡量侵权的标准。对此，对精神损害这种损害结果不会存在什么问题。关于财产损失的因果关系，我们是指如果新闻侵害了隐私权而导致了财产损失，那么这种财产损失的结果应与新闻侵权的行为间有一种必然的因果关系。如果没有导致财产损失，这种必然的因果关系当然无从谈起。从前述分析我们可以得知，由于新闻侵害隐私权的侵害行为直接作用的是人格权而不是财产权，所以，对财产损失之侵害只会是间接侵害而不会是直接侵害。间接侵害导致的财产损失该不该得到赔偿？我们认为，答案取决于未来这种财产得到的可能性的大小。如果这种财产得到的可能性很大，就应该获得赔偿。譬如，该受害人因直接损失失去的是正常的工资福利收入，显然就应获得赔偿，因为这种收益是近乎必然的收益。反之，如果这种财产得到的可能性很小，就不该获得赔偿。

四、行为人主观上的过错

新闻侵害隐私权的过错，和侵害名誉权的过错一样，同样分为故意的过错和过失的过错，在绝大多数情况下，新闻记者披露他人的隐私是出于过失。他们主观上并不认为自己报道的内容属于隐私，也没有征得当事人的同意，并且，大多数情况下是出于良好的主观愿望而过失地披露了他人的隐私，构成了对公民隐私权的侵害。

除了过失侵害公民的隐私权外，也有一些新闻侵害公民隐私权是新闻作者故意的行为。例如，1996 年，比利时摄影师斯特丹·里斯基就刻意曝光了他人的隐私，在世界上产生了广泛的影响。斯特丹是一个“帕帕拉齐”，专以偷拍名人私生活赚钱。由于窥探他人隐私的行为激起了越来越多的公愤，名人们也加强了自卫防范，因此，他的目的很难达到。一次，他混进在蒙特卡罗举行的摩纳哥王室的盛大宴会以图有所收获，结果被王室的保镖们强行推出。于是，他决心报复。1996 年，他借自己以前的脱衣舞“女友”施展“美人计”，结识了摩纳哥王国的驸马、二公主斯丹法尼的丈夫达尼埃尔·特里埃，并拍摄他们两人在一座海边别墅亲热的照片，以 200 万法郎的价格出售给意大利的《人物》周刊和《夏娃》杂志发表，后又以 500 万法郎的价格将其拍摄的录像带出售给英国一家电视台播出，最终导致摩纳哥王室宣布斯丹法尼与达尼埃尔离婚。雷尼尔亲王还下令禁止达尼埃尔再出现在摩纳哥的国土上。在这个案件中，侵害他人隐私权的新闻图片的摄影者不仅是故意所为，而且精心设计了圈套，其主观恶意昭然若揭。对于不听劝告，刻意通过新闻媒体披露他人隐私权的加害者，必须承担更为严重的民事责任。这是对其主观恶意的惩罚，也是对受害者一种更为有力的精神救济。

第三节 新闻侵害隐私权案的处理

一、国外有关新闻侵害隐私权案的处理

隐私权虽然是在本世纪以来才受到重视的一种人格权，但世界各国对其的保护可谓不遗余力，并且普遍有立法保护的趋势。

日本：引起有关侵害隐私权的理由有：(1)可能被误认为是私生活事实；(2)本人不希望公开的事件；(3)一般人尚未知道的事情。其报道的原则有如下规定："第一，着力准确报道与嫌疑、怀疑及社会关心的事实有关的内容，省略相关性较小的事件。第二，关于一般人前科，不论是否使用真名都不披露。但是，如果与嫌疑、怀疑有密切关系而需要报道，作例外处理。第三，对于公共性人物及有影响人物，其前科如需作为背景资料报道，可以披露。第四，对于嫌疑者、被告的前科及逮捕经历，不作背景介绍。第五，传染病、艾滋病患者的报道原则匿名。第六，对于死者报道也适用上述原则。"①

美国：在美国构成侵害隐私权须具备三项条件：(1)公开的信息是私人性的；(2)由于公开造成了被公开人极度烦恼；(3)该情况没有公开价值或"报道价值"。隐私权应在法律上得到保护这个观点得到了美国社会各界的普遍支持和立法界的普通认可。"根据新闻自由记者委员会的一项研究，至 1993 年止，在 49 个州以及哥伦比亚特区，隐私权要么在普通法上，要么在法规上得到认可，或两者都予以承认。4 个(内布拉斯加、罗得岛、弗吉尼亚和威斯康星)仅在法规上承认隐私权的存在。明尼苏达是惟一的至今尚未承认至少是某些方面的侵权上的侵犯隐私的州。"②

据有关研究专家统计，1973 年，瑞典制定了世界上第一部国家信息保护法。1974 年美国各州开始制订隐私法，目前，已有成文法和判例法正式明确了对隐私权的保护。1977 年德国制定了关于防止滥用个人信息的法律。1978 年法国制定了关于数据、数据库及个人自由的法律。1980 年，英国制定了数据保护法。目前世界上已经有近 20 个国家制定了个人信息保护法。这些法律

① 刘迪著：《现代西方新闻法制概述》，中国法制出版社，1998 年，第 143 页.
② [美]T. 巴顿·特等著：《大众传播法概要》，中国社会科学出版社，1997 年，第 75、76 页.

都从不同的侧面，强调对公民隐私权的保护。我们相信，随着世界各国对人权、公民权的日益重视，必将会有更多的保护隐私权的成文法出台。

二、新闻侵害隐私权的抗辩事由

1. 保护公共利益

在新闻报道中，如果出于公共利益的目的而报道了他人的隐私，或者是出于保护公共利益的需要而必须公开他人的隐私，就可以成为新闻侵害隐私权的抗辩事由。在这个时候，个人的隐私已不再是和公共利益无关，而是与公共利益密切相关了。例如，政府官员作为人民的公仆，应当受到人民群众的监督，受到舆论的监督。新闻媒体对他们非法收入等腐败行为的揭露，不是侵犯其隐私权，而是一种正常的舆论监督，这对一个社会的健康发展是不可或缺的。对他们的财产收入情况规定申报制度，也不是侵害其隐私权。对此，马克思曾经有过一段相关的论述："报刊有责任揭示一般的情况，但是我们认为它不应该揭发个别的人；指出个别的人，只有在不这样做就不能防止社会的某种祸害，或者事情在整个政治生活中已经公开，因而揭发一词在德文中已完全失去原意的时候，才是必要的。"①这段论述说明，如果不揭露"个别的人"的情况可能会成为"社会的某种祸害"时，那么这种"个别的人"的情况（隐私）就不属于不应公开的个人私事。也就是说，这个时候，报刊对这种个人隐私的报道，不构成对公民隐私权的侵害。当然，这里所指的"公民"主要是指掌握了某种权力的政府官员。如果不是掌握某种权力的"公民"，而是一个普通的公民，只要他的隐私构成了对公共利益的侵害，那么，他的隐私权就不再受到法律的保护。

除了一般公民个人的隐私与公共利益有关外，一般而言，公共利益与公众人物也是经常相关的。高层的政府官员作为公众人物，他们的隐私和社会的公共利益密切相关，所以，其隐私权的范围就受到限制。高层政府官员的隐私权之所以应该受到限制，是因为他们的隐私已成为社会政治生活的一部分。例如，只有对高层政府官员的行为背景、财产状况、个人品德、廉政勤政情况有所了解，作为选民的公民才能正确地行使选举权、罢免权等民主权利。这个时候，公共利益的价值已高于他们的隐私权。例如，美国总统一向是报刊记者重点关注的对象，总统日常生活中任何一点鸡毛蒜皮的小事，都能成为他们的花边新闻。1963 年，肯尼迪遇刺后，约翰逊继任总统。他最讨厌记者，把自己比

① 《马克思恩格斯全集》（第 1 卷），人民出版社，第 212 页.

做“一只被猎人追杀的鹿”，被“该死的报界”搅得不得安宁。一张偷拍的照片记录了约翰逊一边抽雪茄，一边旁若无人地在白宫大草坪上小便；还有一张约翰逊的生活照，照片上的约翰逊拎起女儿养的小狗的耳朵，小狗痛得吱哇乱叫，此事见报后引起爱狗的广大美国人一片声讨。与约翰逊相反，尼克松言行谨慎，连新闻发布会这样的例行公事也不办。尼克松 1960 年与肯尼迪竞选时，因与记者们交恶而落榜。当上总统后，他索性把美联社的办公室迁到游泳池边的男厕所。记者们的反击也够令他苦不堪言：卡通画家把他画成一个白痴、恶魔；大报小报常披露他读淫书的怪癖，甚至还有他和夫人的床头悄悄话。这些东西有许多是毫无根据的，但是，因为他是总统，是公众人物，所以他无计可施。试图把自己装在套子里的尼克松，到头来还是毁在记者手里——在“水门事件”中，他被新闻记者的穷追猛打搅得焦头烂额，最后只得狼狈地下台。在美国，要么放弃部分隐私当总统；要么放弃总统保护隐私，这是有志于总统职务的人都要面临的两难选择。关于这个问题，恩格斯曾经有过一段论述：“个人隐私一般应受到保护，但当个人私事甚至阴私与最重要的公共利益——政治生活发生联系的时候，个人的私事就已经不是一般意义的私事，而属于政治的一部分，它不受隐私权的保护，应成为历史记载和新闻报道不可回避的内容。”①

在我国，由于干部管理体制与西方国家相比有许多不同之处，即使在公众人物概念的认定上，也还存在着许多值得研究的问题，所以，不宜简单套用西方国家关于公众人物隐私权限制的全部规定。但是，出于保护公共利益的需要，对他们的隐私权作出必要的限制，对于整个国家的健康发展无疑是十分必要的。我国 1993 年 8 月 13 日颁布的《国家公务员暂行条例》，已对国家公务员中的领导职务和非领导职务作出了初步的界定，那么，可以根据领导干部领导级别的高低和权力的大小，作出相应的限制：级别越高，权力越大，对公共利益的影响也就越大，对其隐私权的限制也就越多；反之，级别越低，权力越小，对公共利益的影响越小，对其隐私权的限制也就越小。而非领导职务的人员，其隐私权可以不受限制。我们认为，各级政府官员同样要自觉接受新闻媒体的舆论监督。我们讲公众人物的隐私权应该受限制，其前提是看这种隐私与公共利益的关系。如果因为公共利益而侵害了这些隐私，在一定的范围内应该成为新闻侵害隐私权的抗辩事由。当然，我们需要强调的是，这种被侵害的隐私应与其所履行的职务行为有关。如果是纯私人领域的隐私，与公共利益

---

① 转引自张新宝著：《隐私权的法律保护》，群众出版社，1997 年，第 97 页.

毫无关系，就必须严加保护。

2. 受害人同意

在民法中关于隐私权的保护问题上，受害人同意是指受害人同意将自己的部分或全部隐私加以公布的行为。向他人公布隐私会使公布隐私者受到伤害，成为受害人，但是，受害人在权衡之后，作出了愿意公布的承诺，这样，受害人的这部分隐私权就不再受到法律的保护。这与其说是受害者放弃隐私权，还不如说是受害者行使隐私权。我们在前面论述到隐私权的特征时曾经说过，隐私主体可以行使隐私权，即可以决定是否将隐私公开，是否通过撰写回忆录，披露隐私，获得报酬或其他收益。这些行为都属于行使隐私权的行为。新闻报道涉及公民的隐私也不例外。在新闻报道发表后，当受害人认为侵害了其隐私权时，只要新闻作者能提供受害人允许发表的证据，就可以成为抗辩事由。如前所述，隐私具有可“公开”性，一切属于隐私的内容，只要经过隐私主体的同意，就可以公开。当然，公开的范围有多大，是否允许新闻媒体公开，应该听从当事人的意见。也就是说，隐私主体有权对隐私公开的范围、内容、限度等作出规定，超过了这些规定，就会构成对隐私权的侵害。

隐私是否公开，或者说，是否行使自己的隐私权，决定权只属于享有隐私的当事人。也就是说，每个公民只有权公开自己的隐私，而无权公开任何其他人的隐私。这些人包括父母、兄弟、姐妹、夫妻等。某法院就曾受理过这样一件新闻侵害隐私权案：刘某丧夫后与丧妻的陈某相爱成婚。胡某采写了一篇通讯，经陈某同意后发表，文章中有刘某与陈某的一段隐私。此时刘某出差在外，对此事一无所知。待刘某看到报道后，即控告胡某侵权。在这里，胡某侵害的正是刘某的隐私权。胡某虽然以正当的方式取得了刘某和陈某的隐私，但未经刘某和陈某共同同意，就无权公开，否则就构成侵权。所以，能构成新闻侵害隐私权抗辩事由的，只能是当事人同意。

3. 公共场合的隐私

在第七章讨论隐性采访问题时，我们专门讨论了隐性采访中的场合问题，强调在公开场合可以适用隐性采访。其实，公开场合的隐私也可以成为新闻侵害隐私权的抗辩事由。如前所述，人们在公开场合的行为是一种可以（主动）昭示于人的行为，既然是可以昭示于人的行为，又发生在公开场合，即便是隐私，当然也可以成为侵权的抗辩事由。《扬子晚报》2010 年 12 月 20 日报道的一起新闻纠纷也许可以说明这一点：无锡一家媒体头版新闻图片《今冬第一场雪》，记者街拍路上行人，结果没想到的是，照片中的一对情侣原是“私密情人”，属于被“不慎”拍了进去。结果当事男子的妻子在看到报纸后勃然大怒，地下恋情曝光，该男子因此致电媒体声称起诉被“侵权”。在新闻图片刊登的当天上午10点多，媒体新闻热线接待人员接到了一男子电话。该男子声称就是新闻图片的当事人，图片中的情侣男子即是其本人。当天见报后，他的亲戚都打电话跟他讲起这个事，而他的老婆更是非常的愤怒。“当时就很直截了当地说，图片中男子就是自己和情人，现在他老婆也知道了。他觉得媒体未经允许就把他拍了进去，侵犯了他的隐私权，要讨个说法。”据当事记者回忆，当天恰逢无锡迎来今冬第一场雪。当天下午2点多，其正在崇安寺二泉广场老图书馆附近的地铁施工现场周围进行抓拍，想要拍出今冬第一场雪给市民出行造成的影响。第二天，该图片为头版主图，出现在了报纸上。“当时好不容易抓到雪花，就赶紧拍了，确实没想过会是这个样子。”在这个纠纷中，当事男子和情人约会当然属于他们的隐私，但是，这个隐私产生于公开场合，是属于“可以昭示于人”的范畴，新闻媒体对此无需承担法律责任。

当然，在这里需要说明的是，除了上述案例中新闻媒体的“无心之过”外，对于那些尽管有一定的可读性、可看性的公共隐私，只要没有太大的新闻价值，也尽量少去关注，这里不仅因为新闻是否侵害隐私权的度较难把握，同时，较多隐私的报道也不太容易提升新闻媒体的品位。

三、新闻侵害隐私权的责任承担及私了原则

1. 新闻侵害隐私权责任承担的特殊性

由于目前我国民法还没有将隐私权作为一种独立的人格权加以保护，而是作为名誉权的一部分来保护的，所以，新闻侵害隐私权的责任承担可以参照新闻侵害名誉权的责任承担方式，即《民法通则》第一百二十条规定的停止侵害、恢复名誉、消除影响、赔礼道歉及赔偿损失这五种责任承担方式执行。但是，由于新闻侵害隐私权和新闻侵害名誉权相比较还有其自身的特点，所以，在责任承担时应体现出其自身特点。这个特点主要表现在“恢复名誉”这一责任承担方式上。

恢复名誉是新闻侵害名誉权的一种十分有价值的责任承担方式。既然新闻作品通过诽谤、侮辱等给名誉主体造成了名誉伤害，那么，只有新闻媒体通过发表“更正”“致歉”之类的声明，才可能在与当初侵害大体相当的范围内，给受害者恢复名誉。这是因为，原来新闻作品报道的本身不是事实，是对名誉主体进行捏造、歪曲的虚假事实信息。但是，隐私本身是真实的事实信息，是希望不为他人所知晓的事实信息。已经通过新闻媒体传播而广为人知的隐私，不可能再要求人们处于“未知”的状态而令受害者免遭损害，所以新闻侵害隐

私权应该强调以停止侵害、赔礼道歉和赔偿损失来承担责任。在新闻侵害隐私权的案件中，不能机械地套用新闻侵害名誉权责任承担方式中“恢复名誉”方式。这是因为，这种责任承担方式在侵害隐私案件中缺少可操作性。如果一定“恢复名誉”，最大的可能是导致隐私权在更大的范围内受到伤害，所以，我们应该考虑在“赔偿损失”上加以补偿。这种赔偿损失可以是经济上的补偿，也可以用其他方式来体现。当然，这样的建议也不是绝对的。对某些新闻侵害隐私权案件，也可以适用新闻侵害名誉权案的一般责任承担方式，并可以判决侵权者支付一定的经济赔偿金来补偿受害者的精神损失。在现实生活中，已经有了这样的案例。武汉大学女大学生张勇在大学二年级课余为一台商进行家教时，结识了台商的朋友、台湾新竹人曾清炎，并确立了恋爱关系。1996 年毕业前夕，她带着男朋友回老家宜城市。张勇的父母为稳妥起见，悄悄通过熟人向宜城市台湾事务办公室主任程天友核实曾清炎的身份及家庭情况。同年 6 月 6 日的《湖北日报》和 1998 年 6 月 19 日的《襄樊晚报》分别刊出了署名“程帆”的文章《校园惊梦》、《他只是想玩玩》，文章以“唐琼”为主人公，讲述了张勇与曾清炎的恋爱故事，并用了“置学业于不顾，双双游山玩水”、“他走了，留下将带她赴台定居的承诺”、“纸包不住火，他只是感情骗子”……张勇、曾清炎及张勇父母以文章披露了自己的隐私(《襄樊晚报》在文末还注上了“考虑到隐私问题，主人公姓名系虚构”字样)，构成对自己名誉权侵害为由，将《湖北日报》、《襄樊晚报》及作者程天友告上法庭。1999 年 2 月，武汉中院驳回了原告的诉讼请求。但是 1999 年 10 月 19 日，在两报社在此之前作出了道歉声明后，湖北省高院判决作者程天友在上述的报社再次刊登道歉声明，并赔偿原告精神损失费 1 万元，原告诉讼费用 8 200 元。在这个案例中，作者程天友不仅因侵害他人隐私权作出了经济赔偿，还承担了对方的律师费用。

2. 私了原则

私了原则在新闻侵害隐私权的责任承担方式中具有特殊意义。隐私的特征之一是“不愿为他人知晓”。它要求该隐私知道的人越少越好，但是一旦发生公开的纠纷乃至诉讼，这种隐私权纠纷就很有可能在更大的范围内被报道，使隐私主体受到更大的伤害。例如，有一次，上海一名女性在暑期值夜班时，被歹徒闯入对其侮辱猥亵，并抢去戒指一枚。该妇女及家属在报案时仅说了戒指被抢这一情节而隐匿了受辱过程。后来此案告破，某报作了报道。报道虽未点名受害者姓名，却提到了真实的单位及该女受辱的细节经过。报道发表后产生了十分消极的影响，受害人经常受到指指点点的议论，丈夫因此要求与其离婚。该女痛不欲生，只得告到法院。经法院多方调解并为该妇女换了单位和住所，并由报社向其赔礼道歉后，事件才告平息。这起诉讼中，报社先是侵害了该女的隐私权，但该女状告到法院，又使其这段隐私进一步受到伤害，不如“私了”为好。当然，我们强调私了原则时，还是强调一切依法办事，并力求杜绝侵权案件的发生。只有这样，才能使公民的隐私权得到切实有效的保护。

第十章　新闻侵害著作权和肖像权

新闻侵权是以人格权为主要侵害内容的，其中尤以名誉权和隐私权为主。除此之外，也会涉及对公民著作权、肖像权、姓名权等的侵害，但相对较为少见。本章将主要分析新闻侵害著作权和肖像权。由于新闻传播活动的特点，决定了新闻传播的从事者一定会经常与著作权和肖像权打交道。作为一种人格权利，公民的著作者和肖像权不仅具有精神权利的特征，同时也具有物质权利的特征，因此，研究对这两种人格权利的保护具有特殊的意义，至于姓名权等公民的其他人格权利，由于在新闻传播活动中鲜有侵害，所以不费篇幅加以分析。

第一节　新闻侵害著作权

新闻传播活动是以智力劳动为其特征的，而成果的最终实现形式，是各式各样的作品。在现实生活中，新闻作者和他人围绕著作权问题的纠纷层出不穷，其中，有的是新闻作者在自己撰写新闻作品时，侵犯了他人的著作权，有的则是他人侵犯了新闻记者撰写的新闻作品的著作权。对于发生侵权行为后如何调处，如何防止侵权行为的发生等一系列重要问题，必须在相关的法律中加以专门的规定。由于目前我国还没有制定新闻法，没有对新闻作品的著作权问题作出明确的规定，所以，我们以我国《著作权法》为核心，探讨新闻侵害著作权问题。

一、新闻作品及其法律保护

1. 作品

作品是著作权法律关系中的客体，是我国《著作权法》保护的对象。关于作品的定义，我国《著作权法实施条例》第二条作了明确规定："著作权法所称作品，指文学、艺术和科学领域内，具有独创性并能以某种有形形式复制的智力创作成果。"从这条法律规定中我们可以看出，《著作权法》保护的作品有这样三个特点：

第一，作者创作的作品产生在文学、艺术和科学领域内。这是对作品范围的明确限制。在日常生活中，每个人经常会有自己得意的"作品"，或者说，每一件劳动产品都是某一个劳动者的"作品"，但并不是所有的劳动产品都是作品。如工人在生产中改进了某一项工艺而使劳动效率大幅度提高，教师在教学过程中主动采取了一系列新的教学方法而使学生的学习效率大幅度提高，但如果工人或教师没有将他们的创新形诸文字，就不算作品。再如，在商业竞争日趋激烈的今天，许多商家、厂家每每会推出一些颇有创意的促销手法，但如果这些促销手法没有形诸文字或图案，同样也不算作品。

第二，具有独创性。作品是作者运用自己的方法和习惯将思想和情感通过文学、艺术形式表达出来。《著作权法》中的作品所表达的思想或情感以及它们的文学、艺术形式，都不要求一定是前所未有的。在文学、艺术作品中，思想、观点、情感以及它们的表现形式并不具有排他性和独占性。如《红楼梦》的表现形式是小说，《平凡的世界》、《红与黑》等作品也采用小说形式。很多作品所要表达的思想感情几乎没有太大的区别。可见，《著作权法》所保护的对象不是思想或情感本身，而是赋予思想或情感以文学、艺术外观的表达。只要作品是该作者自己完成，而不是抄袭他人的现成之作，即使这些作品相互近似或雷同，也被认为具有独创性。

作品的独创性，并不意味着在作品中不能借鉴他人的写作技巧，采用他人的创作风格，甚至引用他人作品词句，只要符合合理使用的要求，都是法律所允许的，并不妨碍作者对作品享有著作权。"独创性是作品的重要特征，世界上大多数国家的著作权均有作品必须具有独创性的规定。例如，美国著作权法规定，对于固定于任何有形的表现媒介中的作者的独立创作予以著作权保护。德国著作权法第二条(二)规定，本法所称著作只指个人的智力创作。"①

第三，必须以一定的客观形式表现或固定下来，并能够被复制。这种有形形式可以是文字、语言、符号、声音、线条、造型、色彩等一定的客观形式，并且能通过人的视觉、听觉等感官感受其存在，相反，如果不能以一定的有形形式表现出来，只是一种内心的思维活动，那么，即使这种思维活动是再伟大的创

① 金眉等著：《著作权法原理》，南京大学出版社，1994年，第75、76页.

见，也不可能成为受著作权法保护的作品。

另外，受著作权法保护的作品还必须是合法作品，违反我国法律的作品不受我国《著作权法》保护。我国《著作权法》第四条规定："依法禁止出版、传播的作品，不受本法保护。著作权人行使著作权，不得违反宪法和法律，不得损害公共利益。"我国《宪法》规定，公民有言论、出版等自由，但这种自由的既定前提是"合法性"，如果这种言论自由构成了对我国法律的侵害，自然不可能受到法律的保护。不合法的作品在具体内容上主要为反动的、淫秽的、封建迷信的作品，是不利于我国精神文明和物质文明的作品。这些作品不仅不能受到我国法律的保护，而且应该受到我国法律的追究。

2. 新闻作品

新闻作品是指新闻记者或新闻采写者在新闻传播活动过程中，通过采访等形式反映新闻事实的作品，从我国新闻作品现有的形式看，新闻作品主要有两类：一类是通过物质媒体传播的文字作品；另一类是通过电子媒体传播的录音、录像作品。另外还有新闻摄影作品等。这些作品都属于受我国《著作权法》保护的作品形式。

我国《著作权法》第三条对作品的形式进行了列举：文字作品，口述作品，音乐、戏剧、曲艺、舞蹈作品，美术、摄影作品，电影、电视、录像作品，工程设计、产品设计图纸及其说明，地图、示意图等图形作品，计算机软件，法律、行政法规规定的其他作品。而《著作权法实施条例》则对相关作品的含义进行了定义："文字作品，指小说、诗词、散文、论文等以文字形式表现的作品"；"电影、电视、录像作品，指摄制在一定物质上，由一系列有伴音或者无伴音的画面组成，并可借助适当装置放映、播放的作品"。在这里，虽然没有明确表明新闻作品中的文字作品和录音、录像作品，但对照作品的定义，我们完全可以看出新闻作品是符合《著作权法》保护的作品的定义的，文字作品是我国新闻作品最为常见的形式，我国的报刊主要以文字作品来传递新闻信息。电影、电视录像作品则同样为我国的电视台、新闻电影制片厂等采用。而口述作品、摄影作品也在我国新闻传播过程中发挥着独特的作用。

3. 新闻作品的法律保护

一般的新闻作品同样具备我国《著作权法》规定的作品四个特征。首先，新闻作品产生在文学、艺术和科学领域内。这里的文学领域不是专指狭义的诗歌、戏剧、小说、散文等艺术形式，同时也包括通讯、消息、报告文学等新闻作品。对于这一点，我们可以从《著作权法》第三条对作品的限定中得出结论："本法所称作品，包括下列形式创作的文学、艺术和自然科学、社会科学和工程技术等作品……”显然，新闻作品是和文学相关的一种社会科学方面的作品。其次，新闻作品具有独创性。对于新闻作品的独创性问题，曾经有人提出过不同的看法，认为新闻作品不会有或者不能有独创性。其实，这是一种错误的看法。新闻事实本身是一种客观存在，它不能任意构思杜撰，从这一点来说，不能有独创性。但是，新闻作品不是新闻事实本身，而是反映新闻事实的作品，如何反映事实，如怎样开头和结尾，怎样组织新闻素材等，都是具有十分明显的独创性特征的，否则，我们就难以理解，面对同样的新闻事实，为什么有的新闻记者会写出传世的获奖作品，而有的新闻记者却只能写出很平庸的新闻。在这里，起决定性作用的正是独创性问题。再次，新闻作品是智力创作成果，对于这一点，应该不会有什么疑义。新闻作品，是通过高度的智力思考创作而成的，有些优秀的新闻作品如《包身工》、《谁是最可爱的人》、《党的好干部焦裕禄》等等，本身就是一篇篇优秀的文学作品，其感人的艺术魅力，正是这些新闻记者复杂智力劳动的结晶。最后，新闻作品有一定的客观表现形式。从新闻作品的客观要求看，新闻作品必须进行传播，不传播就无所谓新闻，而要实现传播的目的就必须借助有形的形式，否则，受众就无法接受这种传播的信息。从新闻作品的现实看，新闻作品都是借助文学作品、录像作品等形式表现出来的，是可以复制的。

从对一般新闻作品的以上特点的分析中我们可以得出结论：一般的新闻作品是符合我国《著作权法》规定的作品的要求的，所以，它是著作权的客体，应该受到我国《著作权法》的保护。

二、新闻记者和新闻媒体的著作权

1. 著作权和新闻作品著作权

(1) 著作权

著作权也称版权，是法律赋予创作文学、艺术和科学作品的作者享有的专有权利。著作权是以民事权利的形式出现的，因此，它具有民事权利所应具备的一切特征。“著作权法以权利为核心，只规定权利人所享有的权利，权利人以外的其他人都是义务人。义务人以不作为保证权利人权利的实现，任何人都不得侵害著作权人所享有的权利，这一点与所有权的本质特征一致，因而著作权属于专有权、绝对权。”[①]著作权是一种知识产权，和物权、债权、人身权一起成为民事权利的四大类型。著作权和其他知识产权一样，具有排他性、时间

① 金眉等著：《著作权法原理》，南京大学出版社，1994 年，第 5 页.

性和地域性的特征。所谓排他性,是指这种权利为权利人专用,其他人不得擅自行使。所谓时间性,是指这种权利都有一定的保护期,过了保护期,作品便进入了公有领域。所谓地域性,是指只有在相应的领域内才产生效力。简而言之,著作权是作者享有的一种权利。衡量一个国家著作权保护水平的高低主要看著作权的内容。

著作权的内容主要包括人身权和财产权两个方面。所谓人身权,是指与人身不可分离而又没有直接的经济内容的权利,包括发表权、署名权、修改权和保护作品完整权四项。例如,作品的作者可以署名,但署名本身不含有直接的经济内容,所以属于人身权的范围。所谓财产权,是指作者或其他著作权所有者享有的转让、授权或许可他人以复制、表演、播放等方式使用其作品并由此获得报酬的权利。这种权利主要包括使用、收益和转让的权利。作者通过使用作品,可以获得相应的报酬。例如作者发表作品后,可以获得相应的稿酬。在这里,著作权又具有了财产权的性质。

(2) 新闻作品著作权

新闻作品著作权是指作者创作完成新闻作品后所享有的和新闻作品相联系的专有权利。新闻作品著作权是著作权利中的一种普通权利,和其他作品的构成要素一样,新闻作品同样是具有独创性并能以某种有形形式复制的智力创作成果,它独有的特点在于:第一,这种作品产生在新闻活动之中。新闻记者创作新闻作品产生于新闻传播活动之中,这是没有疑义的。非新闻记者创作新闻作品,表面上看,他们是以从事非新闻传播活动为特征的自由撰稿工作,但实际上,这种"自由撰稿工作"同样具备了新闻传播活动的相应要素,我们仍然视之为"新闻传播活动"。第二,作品是新闻作品而不是其他作品。根据我国《著作权法》关于作品的定义,作品的种类有多种,但我们这里讲的作品是专指"新闻作品",其他具有"新闻作品"的某些特征但不属于"新闻作品"的作品,不在我们讨论的范围之内。第三,新闻作品是具有强烈时效性的以传递为目的的作品。任何作品一旦形成都可能传递信息,但其传递信息的目的性并不十分显著。同时,和任何作品相比较,新闻的时效性是最强的,时效性的强弱是决定新闻价值大小的一个重要因素。

创作作品的作者是作品著作权的主体。关于作品著作权的主体,我国《著作权法》规定,著作权人包括:(一)作者;(二)其他依法享有著作权的公民、法人或者非法人单位。根据这一规定,我们认为:新闻作品著作权的主体主要有两个:新闻记者(通讯员)和新闻媒体。有人认为通讯员是单独的新闻作品著作权的主体,这是有一定道理的,因为新闻记者和通讯员在工作性质、工作方式上有诸多不同之处，但是，在有关新闻作品著作权问题上，通讯员和新闻记者的主体地位是相同的，因为他们最终同样创作了新闻作品，同样通过新闻媒体发表，所以，我们将通讯员和新闻记者放在一起来讨论他们的主体权利。另外，我国的新闻媒体一般都属于法人单位，即使有非法人单位的新闻媒体，在《著作权法》中，他们的主体地位和法人单位也是相同的，因此我们也不再加以细分。

2. 新闻记者的著作权

(1) 新闻记者对职务行为产生的新闻作品享有著作权

在我国《著作权法》保护的作品中，作者的作品大多为非职务作品，也就是说，作者创作作品不是为了完成本单位的工作任务。而新闻作品却不同，绝大多数新闻作品都是新闻记者创作的职务作品。所以，我们要探讨新闻作品中新闻记者的主体权利，就必须首先探讨《著作权法》中关于职务作品的著作权的归属。也就是说，新闻记者创作的新闻作品作为职务作品，其著作权归谁所有？

我国《著作权法》第十六条规定："公民为完成法人或者非法人单位工作任务所创作的作品是职务作品，除本条第二款的规定以外，著作权由作者享有，但法人或者非法人单位有权在其业务范围内优先使用。作品完成两年内，未经单位同意，作者不得许可第三人以与单位使用的相同方式使用该作品。"第二款规定："有下列情形之一的职务作品，作者享有署名权，著作权的其他权利由法人或者非法人单位享有，法人或者非法人单位可以给予作者奖励：(一)主要是利用法人或者非法人单位的物质技术条件创作并由法人或者非法人单位承担责任的工程设计、产品设计图纸及说明、计算机软件、地图等职务作品；(二)法律、行政法规规定或者合同约定著作权由法人或者非法人单位享有的职务作品。"根据上述法律规定可以看出，职务作品具有以下三个特征：第一，创作作品的主体是与单位存在劳动法律关系的公民。这里的"公民"应指本单位的在职工作人员。《现代汉语词典》对"职务"一词这样定义："工作中所规定担任的事情，这是他的职务要求。"例如医院规定医生为病人治病，商店规定营业员为顾客服务，工厂规定工人生产劳动产品等等。非本单位工作人员不会享有职务要求，也无此义务。第二，创作作品的具体内容由职务作者决定。法人或非法人单位虽可将某一作品的初步设想当作工作任务要求职务作者完成，但作品具体的内容只能由职务作者自己完成。这样的作品会反映职务作者的个性意志和他的独创性劳动，所以，《著作权法》对与其相关的权益也给予了保护。第三，创作此作品是职务作者在单位的"工作任务"。职务作者只有在本单位的“工作任务”范畴之内，才有创作职务作品之可能与职责。应当注意的是，法律并没有规定在本单位的“工作时间”之内创作的作品都是职务作品，也就是说，“工作时间”并不是职务作品成立的惟一要件。

职务作品在其形式上可以分成两大类。第一类是一般职务作品，即著作权由职务作者享有的作品。这种职务作品的产生是职务作者完成自身工作任务的必然结果。但作者在完成工作任务时主要不是利用单位的物质技术条件，也不要求单位承担责任。在这个过程中，职务作者享受法人或非法人单位提供的时间、资料、福利待遇等。第二类是特殊职务作品，即职务作者除享有署名权外，著作权的其他权利归法人或非法人单位享有。这种职务作品又分两种：(1)单位提供物质技术条件并承担责任的职务作品。这种作品有两个要求：职务作者主要利用了单位的物质技术条件；职务作者创作的职务作品其责任由单位承担。(2)依法规定或合同约定由单位享有除署名权外的著作权的职务作品。

从上述关于职务作品问题的分析中我们首先可以得出第一个结论：除一般通讯员写作的新闻作品外，新闻作品均属于职务作品。这是因为新闻作品具备了职务作品的三个特征，即：新闻记者是新闻媒体的在职工作人员；新闻作品的内容由新闻记者决定；创作新闻作品是新闻记者的工作任务。

我们可以得出的第二个结论是：新闻记者享有新闻作品的著作权。这个结论的作出稍显复杂一些，我们主要从《著作权法》第十六条第二款规定的除署名权外的著作权由法人或非法人单位享有的两种情况去论证。第一种情况，新闻记者创作新闻作品是否主要利用了新闻媒体的物质技术条件并由新闻媒体承担了责任。从现有的情况看，纸质媒体对新闻媒体物质技术条件的依赖是很小的，所以，新闻记者在这点上即可排除——他们应该享有著作权。电子媒体对本单位物质技术条件的依赖较大，所以，可以说他们创作作品是“主要利用”了本单位的物质技术条件。但是，电台、电视台的新闻记者创作的新闻作品并不是仅由新闻媒体承担责任的。这是因为“文责自负”一直是我国社会的现实。在我国曾经发生的新闻侵权诉讼中，新闻记者一直在为自己的新闻作品承担着侵权的责任。另一方面，法律也没有规定新闻记者创作的新闻作品要由新闻媒体来承担责任，尽管在许多情况中，新闻媒体也是会承担相应的责任。这样，也就可以排除“新闻作品的著作权由新闻媒体享有”的结论。第二种情况，法律、行政法规或者合同也没有约定新闻记者的新闻作品由新闻媒体所有。据此，我们可以看出，新闻作品不符合我国《著作权法》第十六条第二款规定的作品由法人或非法人单位享有著作权的两种情况，所以，我们可以得出“新闻记者享有新闻作品的著作权”的结论。戴建志先生还从另一个侧面佐证了这一结论:“记者为报纸撰写的稿件属于职务作品,这在通常情况下是这样。尤其是那些新闻稿件,大多是记者的职务行为,虽然文章是以记者名义发表的,但那仅仅表明是报社分工的身份。有意思的是,多数报社记者也是要拿稿费的。这就是说,记者得到的是两份报酬:一份是报社支付的福利工资,一份则是稿酬。前一个原因是记者与报社之间为劳动法律关系,后一个则因为记者是文章的作者。为什么会出现这种情况?大致有两个理由:第一,多数报刊社实行的是编采合一制,既组织和编改别人的稿件,又根据报刊社需要的记者身份采写稿件,这其中是做出了超负荷劳动的。第二,稿件报酬往往比非报刊社人员少,因记者毕竟有福利工资待遇和刊登稿件便利的优越性。所以,报刊记者所撰写的稿件著作权应属于作者,但其所供职的报刊社有优先使用的权利。”①

(2) 新闻记者对非职务行为创作的新闻作品享有著作权

新闻记者主要在为新闻媒体创作职务行为的新闻作品,这是一种十分正常的新闻活动。但是,有的时候,有些新闻记者也会创作非职务行为的新闻作品。这主要有三种情况:第一,该记者在完成本单位工作任务的前提下,尚有余力创作其他新闻作品提供给非本人所隶属的新闻媒体发表;第二,该记者创作的新闻作品不被本单位刊播或不适宜被本单位刊播,于是转而投送其他新闻媒体并获刊播;第三,该记者有可能创作的其他作品,由于属于“非新闻作品”,在此我们不作讨论。新闻记者非职务行为创作的新闻作品,其作品著作权的归属应该说是很清楚简单的,那就是该记者享有该作品的著作权。在这里,新闻记者实际上就是我国《著作权法》规定的一般作者,其主体地位类似于一般作者的投稿行为,其作品著作权当然由作者享有。

我国《著作权法》规定“创作作品的公民是作者”,“著作权属于作者”。作者对作品享有的著作权包括人身权和财产权两个方面。人身权包括发表权、署名权、修改权和保护作品完整权。我国《著作权法》第十条规定:“(一)发表权,即决定作品是否公之于众的权利;(二)署名权,即表明作者身份,在作品上署名的权利;(三)修改权,即修改或授权他人修改作品的权利;(四)保护作品完整权,即保护作品不受歪曲、篡改的权利;……”财产权即指对作品享有使用、收益和转让的权利。我国《著作权法》第十条还规定:“(五)使用权和获得报酬权,即以复制、表演、播放、展览、发行、摄制电影、电视、录像或者改编、翻

① 戴建志著:《合作作品的著作权》,法律出版社,1998年,第60页.

译、注释、编辑等方式使用作品的权利;以及许可他人以上述方式使用作品,并由此获得报酬的权利。”对于我国《著作权法》中规定的作品作者享有的这些权利,新闻记者无疑是应该完全同样享有的。我们在讨论新闻作品著作权的法律保护问题时,也是从这样一些基本权利出发的。

(3) 新闻记者根据委托合同创作的新闻作品,其著作权由委托合同约定

一般情况下,新闻记者创作新闻作品是一种自主行为,属于职务作品但不属于委托作品,但也有一些例外,即新闻记者根据委托合同创作的新闻作品是委托作品。对于委托作品的著作权问题,必须由委托合同作出明确的约定。在一般情况下,新闻作品是不以委托作品的形式出现的。但是,一旦出现委托创作新闻作品的情况,只要在委托合同中作出明确约定即可。不作约定的,则根据《著作权法》第十七条的规定,其著作权归受托人所有:“受委托创作的作品,著作权归属由委托人和受托人通过合同约定。合同未作明确约定或者没有订立合同的,著作权属于受托人。”

3. 新闻媒体的著作权

(1) 新闻媒体对编辑作品的整体享有著作权

新闻记者对单独的作品如一条新闻、一篇通讯、一篇评论等享有著作权。但是,新闻媒体不可能单独为一位记者的一篇新闻出版一期报纸或期刊,而是必须根据自身的需要进行编辑,行使编辑权。所谓编辑权,是指根据特定要求选择若干作品或者作品的片段汇集编排成为一个完整作品的行为。我国《著作权法》第十四条规定:“编辑作品由编辑人享有著作权,但行使著作权时,不得侵犯原作品的著作权。编辑作品中可以单独使用的作品的作者有权单独行使其著作权。”从这条法律规定中我们可以看出,编辑作品具有这样三个特征:第一,编辑作品的编辑在编辑作品时,需经作品著作权人同意,并支付报酬,否则将构成对作者著作权的侵害。第二,编辑作品的整体著作权归编辑人所享有。第三,对于编辑作品中可以单独使用的部分,其著作权归单独使用部分的著作权人所有。这是因为,新闻媒体既不是独立作者,也不是合作作者,编辑过程只是进行润色和改错,不是创作。

根据编辑作品的上述特征,我们可以得出这样的结论:新闻作品的整体著作权归新闻媒体所有,也就是说,作为编辑人的新闻媒体,他们对每一期报纸或杂志,对于电视台、电台播出的每一档节目,享有整体的著作权。需要说明的是,新闻记者向本单位递交根据职务行为采写的新闻作品,通讯员向新闻媒体自由地投递新闻作品,自然被认为是同意自己的作品被编辑,因此无须做出专门的授权。当然,新闻媒体应该为这些单独作品的作者支付报酬。新闻媒

体在编辑作品过程中是有创造性劳动的。“作为一个整体的版面，在编排稿件时，讲究突出主题，明确报道思想，这些都需要创造性劳动，特别是在有些新闻报道中，包含有作者对背景材料的取舍和对事实的分析，是属于创造性智力劳动，应该受到《著作权法》保护。”①

需要说明的是，对于编辑作品中，可以单独使用的作品，如具体的一篇新闻或一幅新闻照片等，其著作权归这些作品的作者即新闻记者或通讯员所有，新闻媒体不能借口对新闻作品享有整体著作权而剥夺新闻记者对单独作品著作权的行使。

（2）新闻媒体可以通过委托合同获得单独作品的著作权

关于委托作品问题，我国《著作权法》第十七条有相应的规定：“受委托创作的作品，著作权的归属由委托人和受托人通过合同约定。合同未作明确约定或者没有订立合同的，著作权属于受托人。”受他人委托而创作的作品是委托作品。这类作品有以下几个方面的特点：(1)委托作品的产生是因委托合同的成立而产生的。这里的委托合同可以指向特定的对象，也可以指向非特定的对象。(2)受托人能完成委托人交付的创作作品的任务。不能完成的，则合同不能成立。(3)委托人对委托作品的内容和形式负责。(4)委托人应向受托人支付报酬。“在国外大多数国家采用了雇佣作品的概念，就是将创作作品的人与需要作品并为之支付创作报酬的人之间的关系，作为一种雇佣关系，即雇员与雇主的关系。实质上，这与我国的委托作品和职务作品从作品产生的方式上看是大致相同的，只是已更加强调用金钱购买劳动力的特点，带有较强的经济色彩，是一种临时的劳务关系。”②委托作品的财产权可以通过合同实现转移，但著作权是以人身权的存在为前提的，人身权是不能随合同转移的。但是，在习惯性的做法中，委托人是能通过合同取得受托人创作的委托作品的著作权的，而受托人也是愿意根据委托人的合同要求转移其著作权的。一般情况下，作者在创作作品时，是以自己的个性特征、爱好等来创作作品的，其作品体现了创作者的情感和意志，所以，其作品的著作权理应归作者所有。但是，在委托作品的创作中，作者的创作意志受到了委托者的限制，作者必须根据委托者的意志和要求去创作作品，所以其创作的作品不一定全部反映作者的思想，而只能表现作者的独特构思和写作技巧。在这种情况下，委托人与受托人之间可以设定著作权转移的权利义务关系。但必须注意，著作权的转移不是

① 戴建志著：《合作作者的著作权》，法律出版社，1998年，第79、80页.

② 同上，第50页.

自然包括在委托合同中的，而是必须在合同中写明明确的条款。

新闻单位可以通过委托合同，获得委托创作的新闻作品的著作权。新闻单位创作的委托作品，一般会以社论、特约评论员文章、编者按等形式出现。由于这些作品代表着新闻媒体的主导思想，其导向作用十分明显，所以，新闻媒体在约请作者创作这些作品时，往往会给这些作者提出一些明确的要求和承担相应的责任：第一，作品表达的思想必须代表编辑部的意志。虽然作者在创作过程中，可以根据自己的行为习惯、表达风格等结构文章，但中心思想必须代表新闻媒体的意志。在相当多的情况下，新闻媒体会直接给作者明确这种中心思想。第二，新闻媒体承担这些作品所产生的责任。由于文章代表了新闻媒体的思想和意志，所以，这些作品的责任不是由作者承担，而是由新闻媒体承担。第三，新闻媒体为作者提供相应的物质条件，这些物质条件包括创作场所、文字图片资料和创作经费等。因此，这样的作品个人色彩已经十分淡薄了。同时，从作者的署名看，这些作品往往署着“××报社论“、“本报评论员”、“编者按”的字样，根据《著作权法》“如无相反证明，在作品上署名的公民、法人或者非法人单位为作者”的规定，其著作权归属新闻媒体的特色也非常明显。

（3）除新闻作者和新闻媒体以外的任何人都不能获得新闻作品的著作权

与一般作品相比，新闻作品所产生和发生的作用十分独特。从新闻作品的产生看，具体的执行编辑到最终的审稿人，都有可能决定一篇新闻作品的“生死”。很多时候，新闻源提供的报道线索可以直接决定一篇有影响的新闻能否产生。从新闻作品的作用看，新闻作者传递的信息，有可能对社会和个人产生十分重大而又迅速的影响作用，这是任何其他作品所无法比拟的。也就是说，新闻作品的产生凝结了无数人的劳动和心血。这些为新闻作品产生和发表付出心血的人是否应享有著作权呢？答案是否定的。我国《著作权法》第十一条明确规定：“著作权属于作者，本法另有规定者除外。创作作品的公民是作者。……如无相反证明，在作品上署名的公民、法人或非法人单位为作者。”由此可见，虽然上述诸多人员都为新闻作品的创作完成付出了劳动，但由于他们没有参与新闻作品的创作，也没有在作品上署名，所以，他们不具有新闻作品著作权的主体资格，当然也就不能享有著作权。

三、若干特殊的著作权问题

1. 时事新闻作品的著作权问题

关于新闻作品中的时事新闻问题，从我国《著作权法》正式颁布之日起，就在新闻工作者和法律工作者之间产生了不同的看法，但是不管双方的观点有何不同，我国《著作权法》对这个问题的规定应该说是明确的。我国《著作权法》第五条是这样规定的："本法不适用于：(一)法律、法规，国家机关的决议、决定、命令和其他具有立法、行政、司法性质的文件，及其官方正式译文；(二)时事新闻；(三)历法、数表、通用表格和公式。"在《著作权法实施条例》第五条中，又对时事新闻进行了定义："著作权法和本条例中下列用语的含义是：(一)时事新闻，是指通过报纸、期刊、广播电台、电视台等媒体报道的单纯事实消息；……"对于《著作权法》和《著作权法实施条例》中这样的规定，如前所述，我国的新闻工作者和法律工作者是存在不同看法的。事实上，只要在以下几个问题上形成共识，分歧是可以消除的。

第一，"时事新闻"是不是《著作权法》所规定的"作品"。新闻本身要求广泛传播，这无论是新闻工作者还是受众来说对此的看法是一致的。我国《著作权法》对"时事新闻"作出"不适用"的规定，有促进传播的目的，但这不是法律的出发点。法律的出发点在于：时事新闻不是"作品"。我国《著作权法实条例》第二条即明确了"著作权法所称作品，指在文学、艺术和科学领域内，具有独创性并能以某种有形形式复制的智力成果。"这里包括三个要件：(1)独创性，即作者带有个性特点的独立的有创意的构思创作；(2)可复制性，即在离开作者本人的情况下，其作品仍能被别人感知和获得；(3)是智力创作成果。众所周知，劳动成果有体力劳动成果和智力劳动成果之分。能称作"作品"的成果必须是智力劳动成果，这种劳动是一种智力的创造性行为和过程。对这一点，我们在前面已有比较详细的论述。从"时事新闻"的特点看，它能满足"可复制性"和"是智力成果"两个要件，却难以于满足"独创性"的要求。"独创性"要求作者有独立的构思和创意，有自己独特的感情表达方式，有独立的个人风格。但从"时事新闻"的写作要求看，它仅仅是一些新闻要素的比较简单的组合，难以满足独创性的要求。所以，"时事新闻"不是《著作权法》所规定的法律上的作品，不能成为著作权的客体。

第二，如何来区别"时事新闻"和一般的"新闻作品"。据《现代汉语词典》解释，"时事"即"最近期间的国内外大事"。"新闻"在《辞海》中解释为："报社、通讯社、广播电台、电视台等新闻机构对当前政治事件或社会事件所作的报道。""时事"与"新闻"相结合，"时事新闻"可理解为报社、通讯社、广播电台、电视台等新闻单位对最近期间国内外大事包括政治事件、社会事件所作的报道。《著作权法实施条例》又将"时事新闻"限定为"单纯事实消息"，据《辞海》对"消息"的解释，"消息"即"广泛使用的一种新闻体裁，简要和迅速地报道新闻事实”。可见，这里的“时事新闻”是狭义的时事新闻，内容有别于通讯、消息、特写、新闻调查、新闻评论等，通讯等往往具有评论性、描述性，凝结着作者的独立的构思和创意，这些显然具备了《著作权法》所规定的“作品”的三个要件。遗憾的是，我国《著作权法》既没有明确“时事新闻”广义和狭义的区别，又没有明确具体的新闻体裁，造成一些争议就在所难免了。这需要在以后的法律修订中加以完善。

第三，如何理解《著作权法》关于“不适用”的内涵。有人片面地理解我国《著作权法》中“不适用”的规定，认为“不适用”就是不受法律保护，这种理解是完全错误的。“不适用”《著作权法》，并非意味着“不适用”任何法律。依照民事权利保护的一般规定，有特别法保护的应当首先考虑适用特别法，没有特别法规定的，则可以考虑适用普通法保护。对于“时事新闻”的民事权利保护，完全可以适用我国《民法通则》第五条的规定：“公民、法人的合法民事权益受法律保护，任何组织和个人不得侵犯。”在类似问题上，公民的相关民事权利如“时事新闻”报道者的姓名权不能侵害，报道内容不应受到歪曲，报道者在采访撰写乃至送发稿件的过程中，付出了相应的劳动，应该获得相应的报酬(稿酬)，凡此种种，必须依法得到保护。

如果有关争论各方在上述三个问题上能形成共识，许多类似纠纷是可以避免的。我国《著作权法》在关于“时事新闻”适用法律上的规定是明确的，但遇到具体问题时显得比较抽象，以后需要得到进一步的明确和具体化。

其实，对“时事新闻”作品的著作权不作保护，也是一种国际惯例。例如《伯尔尼保护文学和艺术作品公约》(简称《伯尔尼公约》)第二条第八款就明确规定：“本公约的保护不适用于日常新闻或纯属报刊消息性质的社会新闻。”作为《伯尔尼公约》的签约国，我国在著作权法中作出类似规定也在情理之中。

2. 关于因创作新闻作品而使用他人作品问题

作品的使用权是作者的一项基本权利，除《著作权法》规定的“合理使用”情况外，任何人都不能随意侵害。记者在创作作品时，要使用他人的作品，必须同样遵守《著作权法》的有关规定。我国《著作权法》第二十二条规定：“在下列情况下使用作品，可以不经著作权人许可，不向其支付报酬，但应当指出作者姓名、作品名称，并且不得侵犯著作权人依照本法享有的其他权利……(三)为报道时事新闻，在报纸、期刊、广播电台、电视台等媒体中不可避免地再现或者引用已经发表的作品。”从这条规定中我们可知：(1)新闻记者为创作新闻作品可以引用他人的作品；(2)引用他人作品是不可避免的行为，也就是说，不引用他人作品就不能很好地完成新闻报道的任务；(3)引用他人的作品必须是他人已经发表的作品，未经作者同意，不能引用他人未发表的作品；(4)这种引用必须适度，一般情况下，引用他人的作品的内容不能成为自己创作的新闻作品的主体部分。另外，使用他人作品必须依法注明作者姓名及作品的出处。

在创作新闻作品时可以合理使用他人作品，这也是受到一些国际公约保护的。《伯尔尼公约》，是世界上第一个国际版权公约，1886 年 9 月 9 日在瑞士首都伯尔尼签订。到 1993 年 12 月止，该公约已有成员国 92 个(我国已参加了该公约)。该《公约》第十条第一款规定："从一部合法公之于众的作品中摘出引文，包括以报刊提要形式引用报纸期刊的文章，只要符合合理使用，在为达到目的的正当需要范围内，就属合法。"第十条之二第一款还规定："本同盟各成员国的法律得允许通过报刊、广播或对公众有线传播、复制发表在报纸、期刊上的讨论经济、政治或宗教的时事性文章，或具有同样性质的已经广播的作品，但以对这种复制、广播或有线传播并未明确予以保留的为限……"世界上许多国家都对这种合理使用进行了保护。"如日本著作权法第四十一条规定，通过摄影、广播或者其他方法报道时事事件时，对构成该事件的著作物或在该事件过程中所见、所闻的著作物，出于报道目的，在正当范围内，可以进行复制并可在报道该事件时使用，但应注明出处。匈牙利著作权法第十九条规定，只要注明出处，允许复制包含事实和消息的通讯报道；允许使用公开会议和公开讲演的内容，但是出版讲演的汇编应取得作者同意。该条还规定，允许报纸、期刊、广播、电视在指明作者出处和作者姓名的情况下，复制有新闻价值的经济和政治性文章，只要最先发表的这些文章未排除此类复制。第二十条规定，在新闻纪录片中，以及在广播和电视新闻节目中，可以传播与时事有关的作品，其传播程度应与传播的场合相称，在此种使用的情况下，无须指出作者姓名。在《突尼斯样板版权法》里，我们也可见到有关这方面内容的规定，该法第十七条规定，为了用摄影、电影或向公众传播的方式报道时事，无须经作者同意，即可将上述时事中可见或可闻的任何作品进行复制或使公众得到，但是限于报道消息目的的合理范围。"①

四、新闻侵害著作权及其法律责任

1. 侵犯新闻作品著作权的行为

和所有作品的作者一样，新闻作品的作者享有著作权法规定的五种权利，即发表权、署名权、修改权、保护作品完整权、使用权和获得报酬权。对这些权

① 金眉等著：《著作权法原理》，南京大学出版社，1994 年，第 129、130 页.

利的侵犯都会导致作者著作权受损。

侵犯新闻作品著作权的行为，主要表现为抄袭和剽窃。剽窃和抄袭行为在性质上有相近和相似之处。剽窃，一般是指以抄袭的方式将别人作品的全部或部分窃为己有，并以自己的名义发表的行为。抄袭是将他人的作品当做自己的作品发表的行为。可见，剽窃和抄袭在现实生活中是很难区别的。这里所侵害的他人的作品，既包括他人已发表的作品，也包括他人尚未发表的作品。抄袭的表现形式一般有两种，一种为直接抄袭。这种抄袭形式比较直露，表现为将他人的作品整篇、整章、整段或稍加改动加以抄袭，变成自己的作品发表。这种抄袭形式在辨认上比较容易，例如有人将他人发表的文章，仅将题目更改后就投寄报刊发表；也有人将他人发表的作品保留部分内容，另外增加一些内容后，以自己的名义发表。对这样的作品，在认定抄袭上困难并不是很大。

另外一种为间接的抄袭形式。抄袭者对他人的作品斩头去尾、改头换面，在语句等一些枝节方面进行增减和删改，然后作为自己的作品加以发表。这种形式比第一种形式在手段上更加隐蔽，他人较难发现，所以在认定上有一定的困难。对于这种抄袭行为，在认定的时候必须进行严格的比较鉴别，注重从作品的实质性内容、专门的用语等方面细细加以辨别，才能找到破绽。例如：2009 年 6 月 17 日，内蒙古乌兰察布市的一名出租车司机李强写了一篇关于竞技体育的文章《西方理念是科学，东方思想是宗教》(以下简称《西》)，发表在自己的博客“西北风的空间”上。此后，著名跳水教练于芬曾多次访问他的博客，并对这篇文章进行评论。但在去年 8 月 2 日，他发现于芬在自己的博客上发表了一篇名为《如何突破难度与稳定的瓶颈，继续领跑世界跳坛》的论文，其中整段地引用了他的文章，却未以任何形式注明引文的作者和出处，事后也根本没有向他说明。李强认为，于芬的行为侵犯了自己的著作权，起诉请求法院判令于芬停止侵权、赔礼道歉并赔偿经济损失及维权费用 7 000 余元。开庭时，于芬承认自己的博客中有《西》一文的内容，但提出异议称，李强不能证明他本人就是涉案博客“西北风的空间”的所有人，也不能证明他就是《西》的作者。此外，她引用部分的字数只占自己全文字数的 10%左右，属于合理使用，而且两篇文章只是发表在博客上，不构成侵权。法院审理后认为，李强通过输入用户名和密码可以登录博客“北西风的空间”，而且博客首页显示的也是李强本人照片，可以证明李强就是博主，依法对《西》文享有著作权。于芬的行为侵犯了李强的署名权和信息网络传播权，因此判决于芬停止引用李强的文章，在博客中和网友圈子里公开刊登致歉声明，并赔偿李强经济损失和维权费用

1 800 元。

在认定某一作品是否存在抄袭行为时，必须注意抄袭和“合理使用”的界限。抄袭是一种为著作权法所禁止的侵权行为，而“合理使用”是著作权法所允许的合法行为。直接抄袭和“合理使用”间当然不存在什么是非界限的混淆问题，在间接抄袭行为中，可能会存在抄袭和“合理使用”界限的模糊。但可以从是否标明了原作者的姓名和原作品的名称等方面来加以仔细的辨别。另外还可以从引用的目的、引用的数量等方面来加以区别。有的学者在研究了我国台湾在处理类似问题的做法后发现，他们的某些做法是值得我们借鉴的。他们认定抄袭的一些量化指标是：(1)连奇特的标点、符号都相同；(2)仅改动一两个字；(3)文字、内容、书名完全照抄，只有少数文字略加修改；(4)内容、专用名词、大部分文字均相同；(5)绝大部分相同，结构、举例一致；(6)百分之九十相同；(7)误写之处也照抄；(8)略增不相干的文字；(9)抄袭大部分内容，封面、颜色、设计、图案、字型、编排无不相同。

剽窃和抄袭不仅侵害了著作权人的精神权利，也侵害了著作权人的财产权利，所以，每个国家在其著作权法中，都将剽窃和抄袭行为列为严重的侵权行为而严加禁止。

2. 新闻记者要学会依法保护自己新闻作品的著作权

对抄袭和剽窃行为的违法性质，在法律是没有什么认定的困难的，但是，有些新闻记者由于对著作权法不够熟悉，所以，不知道依法去保护自己的权利。例如，南京一位新闻记者撰写了一篇题为《中国历代名画流失海外知多少？林树中教授最新查录高达 2.3 万件》的独家报道，字数约近 2 000 字，结果被多家媒体以莫名其妙的署名所发表。有些人甚至以“专电”形式，将此文传往日本、新加坡、巴黎、纽约等地的海外报纸发表。对于这样的抄袭剽窃行为，其违法性是十分明显的，该文作者完全有理由依法保护自己的权利。但是，可能由于该文作者对《著作权法》不太熟悉(此结论从以下引文中得出)，所以，他只能呼吁要保护自己的新闻作品著作权，却不知他的这件新闻作品是受著作权法保护的。他要做的不是呼吁，而是采取行动。该作者在一篇题为《从“有人说我发财了”谈起》(刊于《新闻广场》1998 年 2 月号)的文章中写道：“有人说，新闻作品没有著作权，虽然也被称为‘作品’，由于发表后从理论上第二天就成了旧闻，用过的新闻别家报纸当然不会再用，因此，新闻作品此后便没有(也是理论上)出售的价值，所以谈不上新闻著作权保护。”这里的“有人说”的那个“有人”，显然是对《著作权法》缺乏了解，因为《著作权法》只是规定不保护“时事新闻”，而没有规定对所有的新闻作品都不保护。而一篇长近 2 000 字的独家报道显然不属于“时事新闻”的范围。

该文作者还写道：“又有人会说，报纸转载文章(如《报刊文摘》)按《著作权法》和《版权法》相应支付被转载报纸和作者的版酬和报酬即为合法。这早已成定论……为什么作为大众传媒和监督社会舆论工具的新闻著作权和版权都得不到保护呢?”在这里，我们姑且不去探讨作者这句话表述的意思，仅他将《著作权法》和《版权法》并列使用，将著作权和版权并列使用，说明作者对我国的著作权法是缺乏了解的。从文章随后出现的“版酬”和“稿酬”推断，他这里的“版权”、“版酬”当是指版面的著作权和版面报酬。我国《著作权法》同样将版面视作美术作品加以保护，但没有专门的版权法。《著作权法》则还专门强调“本法所称的著作权即版权”。

从上述事件中我们可以看出，我们的有些新闻记者对类似《著作权法》这样一些和自己工作息息相关的法律是缺乏了解的，这就很有可能使自己的权利受到伤害而得不到应有保护。所以，强调记者知法懂法，无论对于记者个人还是整个社会都是十分重要的。

3. 新闻记者侵犯他人著作权的行为

一方面，新闻记者撰写的新闻作品的著作权可能会受到伤害，另一方面，新闻记者也有可能在撰写作品时侵犯他人的著作权。我们先来看这样一个案例。1996年7月5日，“黑龙江省第三届宣传中国共产党领导的多党合作和政治协商制度好新闻”颁奖大会在黑龙江省政协礼堂隆重举行，记者何健、栾新波、陈跃的电视新闻《北大荒拆除“篱笆墙”》获二等奖。在颁奖大会上，《北方时报》记者姜国和《黑龙江日报》记者焦明忠惊奇地发现：何健、栾新波、陈跃的获奖作品与自己的作品从标题到内容甚至标点符号都完全相同。经过仔细对比、分析，姜国、焦明忠认为，何健等三人的稿件是剽窃他们在《北方时报》发表的作品。1996年7月18日，姜国、焦明忠向哈尔滨市中级人民法院递交了《民事起诉状》。记者状告记者剽窃作品获奖的案件，在全国尚属首例。法院受理了此案。法院经审理认定，被告剽窃二原告作品并参加评选活动属实，经查二原告作品不属时事新闻类，因此，被告的行为侵犯了原告的著作权和荣誉权。被告强调该作品得自王文义手中，是王文义令其参照的，但王文义并非该作品的共同作者，且参照不能等于可以原文照抄，因此被告不能免除侵权的责任。1997年1月8日，哈尔滨市中级人民法院对此案作出宣判：被告立即停止对二原告著作权的侵害；判决生效后十日内在《北方时报》第一版公开向原告赔礼道歉，消除影响，并赔偿二原告精神损失费用及诉讼代理费。在这个案例中，尽管原告和被告分属于纸质媒体和电子媒体，被告是以不同的形式“使用”原告的作品的，但由于侵犯了原告的新闻作品著作权，所以必须承担相应的法律责任。

在新闻记者的新闻活动中，类似案例的事实是比较清楚的，但也有一些新闻记者的侵权事实比较难以认定。例如，新闻记者经常会采用访谈形式撰写新闻作品。对于访谈作品，尤其是一些专业特色非常明显的访谈作品，被访者所谈的内容常常是作品的主体，这样的作品是访者和被访者共同智力劳动的成果，因为口头作品也受我国《著作权法》保护，所以，必须保护被访者的作品著作权。对于这类作品，首先在发表时应征得被采访者同意。尽管我国《著作权法》规定"为报道时事新闻"可以不经作者许可而引用他人作品，但这里被引用的作品必须是"已经发表的作品"。被访者在采访时提供的口头作品没有发表，所以引用时应征得其同意。其次，应用适当的方式注明作者。可以在文章上直接署记者和被访者的名，也可以在文章中用适当的方式注明。最后，相互间应合理分配报酬。也就是说，如果这类访谈作品是以被访者所谈的内容为主体的，应该向被访者支付报酬。

4. 新闻作品侵权行为的法律责任

无论是新闻作品的著作权受到侵犯，还是新闻记者在撰写新闻时侵犯了他人作品的著作权，都必须承担法律责任。

我国《著作权法》对侵权行为的法律责任有专门规定："第四十六条[承担民事责任的侵权行为]有下列侵权行为的，应当根据情况，承担停止侵害、消除影响、赔礼道歉、赔偿损失等民事责任：

（一）未经著作权人许可，发表其作品的；

（二）未经合作作者许可，将与他人合作创作的作品当做自己单独创作的作品发表的；

（三）没有参加创作，为谋取个人名利，在他人作品上署名的；

（四）歪曲、篡改他人作品的；

（五）剽窃他人作品的；

（六）未经著作权人许可，以展览、摄制电影和以类似摄制电影的方法使用作品，或者以改编、翻译、注释等方式使用作品的，本法另有规定的除外；

（七）使用他人作品，应当支付报酬而未支付的；

（八）未经电影作品和以类似摄制电影的方法创作的作品、计算机软件、录音录像制品的著作权人或者与著作权有关的权利人许可，出租其作品或者录音录像制品的，本法另有规定的除外；

（九）未经出版者许可，使用其出版的图书、期刊的版式设计的；

（十）未经表演者许可，从现场直播或者公开传送其现场表演，或者录制其表演的；

（十一）其他侵犯著作权以及与著作权有关的权益的行为。

第四十七条[承担民事责任、行政责任和刑事责任的侵权行为]有下列侵权行为的，应当根据情况，承担停止侵害、消除影响、赔礼道歉、赔偿损失等民事责任；同时损害公共利益的，可以由著作权行政管理部门责令停止侵权行为，没收违法所得，没收、销毁侵权复制品，并可处以罚款；情节严重的，著作权行政管理部门还可以没收主要用于制作侵权复制品的材料、工具、设备等；构成犯罪的，依法追究刑事责任：

（一）未经著作权人许可，复制、发行、表演、放映、广播、汇编、通过信息网络向公众传播其作品的，本法另有规定的除外；

（二）出版他人享有专有出版权的图书的；

（三）未经表演者许可，复制、发行录有其表演的录音录像制品，或者通过信息网络向公众传播其表演的，本法另有规定的除外；

（四）未经录音录像制作者许可，复制、发行、通过信息网络向公众传播其制作的录音录像制品的，本法另有规定的除外；

（五）未经许可，播放或者复制广播、电视的，本法另有规定的除外；

（六）未经著作权人或者与著作权有关的权利人许可，故意避开或者破坏权利人为其作品、录音录像制品等采取的保护著作权或者与著作权有关的权利的技术措施的，法律、行政法规另有规定的除外；

（七）未经著作权人或者与著作权有关的权利人许可，故意删除或者改变作品、录音录像制品等的权利管理电子信息的，法律、行政法规另有规定的除外；

（八）制作、出售假冒他人署名的作品的。”

《著作权法实施条例》第三十六条规定：“有著作权法第四十七条所列侵权行为，同时损害社会公共利益的，著作权行政管理部门可以处非法经营额三倍以下的罚款；非法经营额难以计算的，可以处十万元以下的罚款。”第三十七条规定：“有著作权法第四十七条所列侵权行为，同时损害社会公共利益的，由地方人民政府著作权行政管理部门负责查处。”由此可见，剽窃和抄袭等侵权行为是被我国《著作权法》所严格禁止的行为。一旦有相应的行为，所应承担的法律责任是十分明确的。

第二节　新闻侵害肖像权

公民的肖像权同公民的名誉权和隐私权等一样,也是受我国法律保护的公民的重要人格权。在新闻活动中,公民的肖像权是较易受到伤害的公民民事权利。当然,由于在对公民肖像权的法律认识上,新闻媒体和新闻记者有一个比较清晰的概念,因此,这种权利受到侵害的概率相对要小一些。但是,概率的减小并没有最终消除这种侵权行为的发生,所以,我们依然有必要对这种新闻侵权行为进行研究。

一、肖像权和新闻侵害肖像权

1. 肖像

肖像最初是作为造型艺术的专门概念而存在的,时至今日,肖像依然在艺术院校和艺术专业学生的专业学习中具有十分重要的地位。随着文明程度的提高和权利意识的增强,人们逐渐意识到,肖像不仅仅是个造型艺术概念,更是一个和自己的人格权利密切相关的法律概念。肖像的法律地位最早是在1876年德国颁布的《美术著作之著作权法》和《不法模仿之照相保护法》中得到初步确定的,随后逐步得以完善。就法律意义而言,我们认为,所谓肖像,是指自然人的外在形象通过特定的客观载体得以再现的视觉形象。

肖像具有这样一些特点:第一,肖像是自然人的外在形象。肖像是对自然人形象的一种客观表现,通过这种形象,人们对特定的自然人进行确认。鉴于这样的特点,有学者将肖像定义为“公民以面部为中心的形态和神态的客观表现形式”。之所以强调“以面部为中心”,是“因为人的面部特征最能直观、准确地反映一个人的形象和神态”[①]。我们认为这种观点是十分有价值的。人的外在形象多种多样,唯有脸部最具有指向性特征。一个人的背面、侧面可能和他人极其相似,但脸部极其相似者较为少见(双胞胎、多胞胎除外)。第二,肖像要通过一定的物质载体加以表现。人的肖像是一种客观存在,但这种客观存在必须借助一定的载体才能表现出来。缺少相应的载体,这种存在是无法想象的。目前,比较常见的物质载体表现形式有照片、录像、电影、绘画、雕塑等。这一特点使公民的肖像与公民的名誉、隐私等区别了开来。公民的名誉、隐私

① 张新宝著:《中国侵权行为法》,中国社会科学出版社,1995年,第296、297页.

等是无法通过一定的物质载体表现的。第三，肖像是自然人专有的视觉形象。肖像是一种视觉形象，通过这种视觉形象，人们可以清楚地知道这种视觉形象所指向的专门的自然人而不是普遍意义上的自然人。特定自然人的肖像可以把自己和他人区别开来。与之相对应，艺术家面对非人体模特而创作的人像之所以不是法律意义上的肖像，就是因为这种人像不是特定的自然人。

2. 肖像权

肖像权是指公民对自己的肖像所享有的使用、许可他人使用的权利。作为一种人格权利，肖像权包括精神权利和物质权利两个方面。就其具体内容而言，肖像权主要包括制作权、使用权和维护权。

(1) 制作权。即公民通过相关手段，在一定的物质载体上把自己的外在形象重现出来的权利。制作权是每个公民的一种合法权利，是对自己肖像权的一种具体行使行为。肖像只有通过一定的物质载体显现出来才具有法律意义。是否要实现这种重现是由肖像人（公民）自己决定的，如果未经他人同意而擅自制作他人的肖像，便是对他人肖像权的侵害。

(2) 使用权。即公民可以使用自己肖像的权利。公民通过一定的物质手段将自己的形象再现出来后，可以自己拥有，也可以赠送给他人。使用权包括自己使用和他人使用两个方面。例如，公民通过照相，可以将自己的照片放在家中自我欣赏，也可以让他人共同欣赏，还可以将这些照片赠与他人。这种使用的方式是自己使用。公民还可以将自己的照片投送给报刊社发表，或允许摄影图片社、有意使用自己照片的厂商作为广告照片使用，这是行使被他人使用的权利。

(3) 维护权。即公民对自己的肖像进行保护的权利。这种维护一是表现为未经本人许可，禁止他人擅自使用自己肖像的权利。未经同意而擅自使用他人肖像是一种侵权行为。二是表现为不得歪曲使用自己的肖像。即使肖像人允许他人使用自己的肖像，但这种允许一般总是和一定的条件相联系的。超出条件允可的范围，或对肖像权人的肖像损毁、玷污、丑化，同样可以视作侵权行为。

3. 新闻对肖像的合理利用

新闻活动是经常和公民的肖像发生关系的，尤其在电视新闻、图片新闻中，更是须臾也离不开对公民肖像的利用。那么，是不是这些新闻涉及了公民的肖像，就是对公民肖像权的侵害呢？答案显然是否定的，即使是我国的《民法通则》也没有全部认定所有未经许可使用肖像的行为是侵权行为。这样的法律精神也是许多法律发达国家的惯例。例如，前苏联的民法典第一百五十四条就规定："如果发表、复制和散发公民的肖像是为了国家和社会的利益，……则无须经被描绘人的同意。"意大利的版权法也在第九十七条规定："如肖像权人为知名人士或在政府部门供职，或因司法、治安需要，或因科学、教育、文化方面的理由，或涉及公共利益和发生在公共场所的事实、事件，或与庆典有关，复制肖像不必经肖像人许可。"从这些规定中可以看出，肖像在一定条件下是可以合理使用的。许多专家学者对此进行了研究，得出了合理使用公民肖像的一些情况。例如张新宝先生认为："（一）新闻出版自由与肖像权保护。新闻出版部门刊登、发表社会公众人物之肖像，无须事先征得本人同意，但须无恶意且无侮辱、丑化等情节。某些漫画作品不认为是侵害肖像权的行为。在新闻图片中，虽有某人之形象，但该图片的主题不在于其肖像，而是体现某一事件、场面或背景，不认为该行为是侵害肖像权的行为。即使该人为非公众人物，也不认为新闻报道为侵害肖像权。新闻出版部门为行使舆论监督职能，而拍摄、刊登某人在从事违法犯罪或损害公益、社会公德时的图片，即使该图片有肖像属性且客观上不利于当事人之名誉，也不认为是侵害肖像权的行为。（二）司法行为与肖像权保护。为了司法目的而拍摄有关人员之照片、公告被通缉者之肖像等，不认为是侵害他人肖像权的行为。但司法行为一定应依照法定程序合法进行。（三）角色形象与肖像权保护。角色形象是指演员和其他文艺工作者在文化作品（如电影、电视、戏曲、戏剧等）中创造出来的艺术形象。如猪八戒、孙悟空、包公等。一般而言，这些形象不是演员真实肖像的表现，因此对这些形象的侵害一般不构成对肖像权的侵害。如果他人以营利为目的加以利用，权利人可依著作权法的有关规定起诉。因为这种角色形象实质上是一种艺术创作品。但是，如果角色形象与演员的真实肖像并无区别，他人非法侮辱、丑化、毁损该形象，致使受害人受到精神损害时，受害人也可以主张侵害肖像权。"[①]再如王利明等先生认为："1. 使用具有新闻价值的人物的肖像……在我国，对于党和国家领导人、地方各级党政领导人、人大代表、政协委员、著名社会活动家、学者、演员、运动员以及其他社会知名人士，为了报道其活动和事迹而使用其肖像，不构成侵权。2. 使用参加集会、游行、仪式、庆典或其他公共活动的人的肖像。因这类活动往往具有新闻报道价值，所以任何人在参加这些社会活动时，都应允许将其肖像用于宣传报道。3. 国家机关为执行公务而使用公民的肖像。如公安机关为识别、辨认、通缉犯罪分子而使用其肖像；司法机关在诉讼活动中作为证据而使用当事人的肖像等等。

---

① 张新宝著：《中国侵权行为法》，中国社会科学出版社，1995 年，第 301、302 页.

4. 为了公民本人的利益而使用公民的肖像。如为了寻找下落不明的公民，在寻人启事上使用该公民的照片。5. 为了行使正当舆论监督而使用他人肖像。例如拍摄他人破坏文物、翻越交通隔栏的照片并予以公开，这属于正当舆论监督，不构成侵权。6. 为了科学、文化、教育、卫生、体育等公益事业的需要而有限度地使用公民的肖像。所谓有限（度）是指只能在一定范围内使用，如为了医学临床教学、研究而在教室、医院展示病人的病理照片或者在专业书报杂志上撰写文章时使用这些照片，不得随意扩散使用的范围。7. 基于肖像作品著作权的使用。这种使用是根据著作权法的有关规定而进行的。"[①]诸多专家的论述已经比较明确地说明了肖像合理使用的情况。我们认为，在新闻活动中，享有合理使用相关新闻人物肖像的权利对于保证新闻活动的顺利开展具有特别重要的意义。因此，在新闻活动中，只要能够满足上述关于肖像合理使用的相关条件，就不应该认定新闻侵权。在以后的相关立法活动中，必须将这些情况在法律中明文规定下来。

4. 新闻侵害肖像权

新闻侵害肖像权，是指在新闻传播活动中非法拍摄和歪曲使用公民肖像，从而导致公民肖像权受损害的行为。新闻活动中可以对肖像人的肖像进行使用，但这种使用必须是"合理"的，也就是说，这种使用是有条件的，如果缺少了这种"合理性"，就有可能构成对公民肖像权的侵害。我们不妨先看以下两则案例。1988 年 2 月 24 日晚，在四川自贡演出的著名电影演员刘晓庆等在演出结束后前去观灯。当一名记者趋前拍照时，刘晓庆当即声明："未经我的允许，不准拍照。"而记者认为："我就是要拍，新闻采访自由。"双方不欢而散。事后，4 月 9 日的《法制日报》报道了刘晓庆对此事的看法："我虽然是明星，但我首先是一个人，我必须首先维护我作为一个人、一个公民的人格尊严，维护不违反我个人意愿的肖像权。""我承认并尊重新闻自由……但是，我不能同意像那位香港记者以新闻自由为旗号，随便侵犯别人的主观愿望，侵犯别人不接受不适时的采访、拍照的选择权利。"对此争执，我们当然可以为记者辩护，但是，由于没有明确的法律规定，所作的辩护往往是缺乏法律效力的。再如以下这例。郭春燕是一位小有名气的时装模特儿，艺名是"索菲"。巧合的是，郭春燕的同行，一位名叫段冬梅的女模特，也给自己起了一个与郭春燕完全相同的艺名"索菲"。段冬梅在她的模特生涯开始不久便染上了吸毒的恶习，且越陷越深，无法自拔，最终以自杀的方式离开了这个世界。1994 年新疆出版的《新晨》杂

---

① 王利明等主编:《人格权与新闻侵权》，中国方正出版社，1995 年，第 680、681 页.

志第12期上，出现了一篇署名董金胜的文章，标题是《在迷茫中凄惨死去的名模》。文章写道，1994年7月中旬的一天，在北京八宝山公墓告别厅，一位姑娘的遗体静静地躺在那里，她已永远“睡了”，不再醒来，她就是中国时装表演界年仅23岁的时装模特段冬梅，又名“索菲”。接着，文章又对段冬梅的吸毒过程进行了较为详尽的介绍。与此文同时配发的压题照片，却是依然健在、且是与此事毫不相干的名模郭春燕的肖像照片。此后，北京的另外两家传媒《法医天地》杂志及《购物导报》，分别于1995年第2期和1995年2月13日再次登载了董金胜的文章，也都配发了郭春燕的照片。1995年10月30日，郭春燕以自己的肖像权、名誉权被他人侵犯为由，将董金胜、《法医天地》、《新晨》、《购物导报》告到了法庭。北京市东城区人民法院依法受理了此案。根据法律规定，法院将董金胜、《法医天地》、《新晨》杂志三方列为被告，将《购物导报》列为第三人。在法庭审理中，被告董金胜，《法医天地》杂志社、《新晨》杂志社，第三人《购物导报》社对错将原告照片误认为是死去模特段冬梅，而将原告照片在文中使用的行为，向原告当庭表示了歉意。原告认为《新晨》杂志社态度较好，可以减少他们部分赔偿金额。关于第三人《购物导报》社所刊文章、照片为转载行为，未增加新的内容，一般不应承担审查稿件真实与否的责任。鉴于其已当庭向原告赔礼道歉，可不再承担赔偿责任。在查明事实和分清责任之后，法庭依法进行了调解，原告因对方拒不承认其侵权而放弃了调解。1996年9月12日，法院依据《民法通则》第一百条、第一百二十条规定作出如下判决：

一、被告董金胜、被告《法医天地》杂志社、被告《新晨》杂志社、第三人《购物导报》社自判决生效之日起停止使用原告郭春燕肖像。二、被告董金胜在《法医天地》杂志、《新晨》杂志上，被告《法医天地》杂志社、被告《新晨》杂志社、第三人《购物导报》社在本社刊物上，分别发表向原告郭春燕致歉声明，内容须经法院核准，于本判决生效之日起30日内执行。三、被告董金胜、被告《法医天地》杂志社分别赔偿原告郭春燕人民币3 000元；被告《新晨》杂志社赔偿原告郭春燕人民币1 000元。四、驳回原告郭春燕其他诉讼请求。

类似上述新闻侵权纠纷还有不少，这些纠纷产生的原因是多方面的，因此，对新闻侵害肖像权进行更加深入的研究，就显得十分必要。

二、新闻侵害肖像权的构成要件与法律责任

1. 新闻侵害肖像权的构成要件

一些学者在研究新闻侵害肖像权问题时，曾对构成要件进行了初步研究，

孙旭培等认为:“构成侵犯肖像权的要件有两个,一是未经本人同意,二是以营利为目的。”[①]魏永征认为:“在新闻报道中采用人物肖像作为插图或者图片报道,一般不可能涉及肖像权问题。”其理由主要是“我国的新闻事业,根本性质是党、政府和人民的喉舌,发挥宣传教育、传播信息等功能,所以新闻报道不具有营利目的”[②]。王利明等则认为,新闻侵害肖像权的构成要件为“损害结果”、“行为与结果之间的因果关系”、“过错”。[③]

上述学者是从不同的角度探讨我国新闻侵害名誉权问题的,因此其对构成要件的认识不尽相同,也不尽全面。加之由于外在因素的发展变化,其中的一些看法显然应加以补充。我们认为,作为一种民事侵权行为,对新闻侵害肖像权构成要件的探讨,应该适用我国现有民事侵权的构成要件,同时结合肖像权的特点加以探讨。因此,我们认为,新闻侵权由以下几个要件构成(前述合理使用情况除外)。

(1) 未经本人同意非法拍摄并使用其肖像

一般情况下,新闻记者(尤其是摄影记者)可以拍摄并由新闻媒体使用肖像权人的肖像,这既是新闻记者的职业要求,也是由新闻媒体传播信息的功能要求所决定的。但是,新闻传播的新闻信息必须合乎法律规范,如果不宜传播的信息作为新闻信息传播了,就可能构成侵权。具体到肖像权来说,有些肖像,是不宜作为新闻信息来传播的。例如,新闻记者经常会通过隐性采访获知新闻信息,但他们不应该通过隐性采访去采获他人在家庭中的私生活镜头加以发表。再如,我国法律明确规定某些涉及公民隐私的案件不作公开审理。因此,这种不公开审理的庭审镜头,就不能通过图片、影像加以报道,如果报道,会构成对肖像人隐私权的再次侵害。

在新闻侵害肖像权案件中,未经许可非法使用他人肖像是最为重要的侵权要件,在现实生活中,这样的案件也比较常见。作家陈丹燕撰写的《独生子女宣言》一书曾在社会上引起过不小的反响,但是,由于她在书的封面及第134页上使用了四位大学生在成人仪式上戴着帽子手拉手的照片而被告上了法庭。这四位大学生认为她的行为侵害了自己的肖像权,故向法庭提起诉讼。上海市第一中级人民法院于1999年12月24日作出一审判决,认为:“该摄影作品的作者对肖像作品中反映的肖像权没有支配权。故该作品仅能作新闻报

① 孙旭培等主编:《新闻侵权与诉讼》,人民日报出版社,1994年,第86页.

② 魏永征著:《被告席上的记者》,上海人民出版社,1994年,第143页.

③ 参见王利明等主编:《人格权与新闻侵权》,中国方正出版社,1995年,第687—691页.

道、宣传之用。该作品如用作小说封面及插图，仍应征得肖像权人的同意。”据此，法院一审判决被告在一个月之内在相关媒体上向原告赔礼道歉并支付原告经济损失费 500 元，精神损失费 2 000 元。陈丹燕在接受记者采访时认为：“新闻照片是一个照片种类，它的性质在摄影记者创作时就决定了，就像写散文，发在报上是散文，发在杂志上也是散文，性质都是一样的，为什么新闻照片就不同?”有一点是值得注意的：包括陈丹燕在内的不少人都认为新闻照片和一般照片在性质上应该是一样的，其实，这恰恰是陈丹燕在诉讼中一审败诉的主要原因——新闻照片对肖像的使用是合理使用，而用作小说封面，性质就发生了变化，因为我国法律明确规定以营利为目的未经许可使用他人肖像是侵害肖像权的行为。本案虽说不是一起严格意义上的新闻侵害肖像权案，但是，在排除了新闻合理使用肖像这种情况后，其侵权构成的性质是相同的。

(2) 歪曲使用他人肖像

在一般情况下，为新闻报道而使用他人肖像不视作侵害肖像权，因为这是一种合理使用的行为，但是，如果在新闻报道中，对他人肖像有歪曲、丑化、侮辱等情节，即使是出于新闻报道的目的，也可以视作侵害肖像权的行为。因主演《红色恋人》等影视片而在全国小有名气的南京籍影视演员梅婷，就遇到过自己肖像被歪曲使用的情况。广东出版的 1999 年第 5 期《希望》杂志刊登了一幅梅婷的半身肖像照片，但在照片上配了“女性避孕药最新情报”、“擦亮眼睛看有钱男人”等文字，梅婷以自己的肖像权、名誉权受侵害为由，将该杂志告上法庭。1999 年 12 月 8 日，北京市朝阳区人民法院经审理认为，《希望》杂志已构成对梅婷肖像权的侵害，但未构成对名誉权的侵害，判决《希望》杂志未经许可，不能使用原告肖像；在判决生效 10 日内在杂志上刊登声明向原告赔礼道歉；赔偿经济损失 4 000 元。类似的侵权行为还有不少。例如，某非法出版物《欲神》将舞蹈演员周洁的脸部肖像剪接到一个几乎裸体的女性躯体上作封面；某刊物在《神秘的日本艺伎》一文题图使用演员朱琳穿和服的照片，将朱琳肖像与日本艺伎相联系。

在新闻报道中，可以合理使用他人的肖像但不得歪曲使用他人的肖像，这应该成为新闻记者的一条职业规范。在新闻实践中，新闻编辑常随意选用照片用作刊头题图等，这很容易引起对他人肖像权的侵害。其实，这种歪曲使用他人肖像的行为，即使在征得肖像权人同意使用自己肖像的情况下，也是构成侵权的。本人同意他人使用自己肖像可以是授权他人使用，也可以由本人与使用者订立使用合同。“肖像使用合同既可以是有偿的也可以是无偿的，但在内容上应明确规定使用范围、方式、期限等问题。……使用人超出约定的使用用途和使用期限使用他人肖像或者违反合同约定的条件使用他人肖像,不仅因构成对肖像使用合同的违反,应负违约责任,而且也侵害了肖像权人的肖像权,权利人可在侵权责任和违约责任中选择一种对其最为有利的方式提出请求。"[①]违反肖像权人允许使用的方式、范围等构成对肖像权的侵害,歪曲使用他人肖像更是一种对他人肖像权的侵害。

(3) 与新闻宣传无关而使用他人肖像

这种侵权方式有一个前提条件,即这种使用是以貌似新闻宣传的形式而出现,但实际上不是新闻宣传。随着厂家商家对市场期望值的不断提高,广告成了他们一种重要的宣传手段,但市场的实践告诉他们,广告的宣传效果是远远赶不上新闻的宣传效果的。在这种情况下,将广告以新闻的面目出现,就成了众多厂家商家的共同选择。1986 年,电影演员杨在葆在安徽拍摄电影《党小组长》时,一天应邀去一家宾馆吃饭。席间,一家电视台的记者邀请杨到他们桌喝几杯,说是代表家乡人请他喝家乡酒。当杨喝了一口后,有人问他:"这酒怎么样?"杨客气地回答:"很好!"第二天晚上电视台就播出了"名人吃名酒"的广告。画面上,杨在葆举杯品酒,还称赞"很好!"在这里,有关厂家和电视台的行为显然构成了对杨在葆肖像权的侵害。特别值得警惕的是,这里的广告借助了新闻的外在形式。相反,如果是纯粹的名演员做广告,只要双方订立肖像权使用合同,就不会构成侵权,这也成了我们今天司空见惯的社会现象。近年来,随着市场经济新体制在我国的全面推行,这种假借新闻形式而行广告之实的行为有日渐增多的趋势,尤其是在"有偿新闻""广告新闻"尚未采取有效途径根除的情况下,这种侵权行为就难以避免。现实生活中,也发生了一些围绕肖像权的新闻与广告之争,在社会上引起了不小的反响。例如,1995 年 10 月,陈雯瑜小姐至上海静安区法院起诉,诉称上海画报社未经其同意,以营利为目的,私自使用了她的照片,侵犯了肖像权,要求被告承担相应的民事责任。法院审理后查明,《上海画报》是一本新闻性期刊。1994 年被告方的记者在上海华亭伊势丹有限公司化妆品专柜采访,拍摄了一组照片。《上海画报》1995 年第 1 期刊出以《青春与美丽的诱惑》为题的图文,报道了进口化妆品在上海的销售情况,其中一幅图片涉及原告形象。法院还查明,上述的这组图文已由上海市新闻出版局证实,属新闻宣传。原告诉上海画报社系以营利为目的使用其肖像,未能提供确凿证据加以证明。法院认为,公民的肖像权应当受到法律的保护,该图片虽涉及原告的形象,但并不构成侵权。第二年 1 月,法院作出

① 王利明著:《民商法研究》(第一辑),法律出版社,1998 年,第 196 页.

判决，对原告之诉请不予支持，原告未上诉。在本案中，法院最终是以《青春与美丽的诱惑》为新闻而判决原告败诉的。法院判决的重要依据一是上海市新闻出版局认定是“新闻宣传”，二是原告未能提供“以营利为目的使用其肖像”的证据。以法定案，法院的判决是有其道理的。但仔细对照配图文章，却很难将文章视作新闻。因为文章的一开头就是五条化妆品的介绍词，文中也难以见到相关的新闻要素。这样的图文在法院判决后引起新闻学、法律专家不同的争论，也是可以理解的。以后，类似的争论将会日渐增多。在广告和新闻间打“擦边球”，这往往使法院左右为难。这种现象值得我们关注。

2. 新闻侵害肖像权的法律责任

(1) 对“以营利为目的”的法律认识

关于公民肖像权问题，我国《民法通则》第一百条明确规定：“公民享有肖像权，未经本人同意，不得以营利为目的使用公民的肖像。”我们讨论公民的肖像问题，都必须将这一法律规定作为基本的出发点。但是，是不是将“以营利为目的”作为侵害公民肖像权的必要要件，长期以来，理论界对此一直存在着争论。为此，最高人民法院试图用一些司法解释来加以明确。最高人民法院《关于贯彻执行〈民法通则〉若干问题的意见》第一百三十九条规定：“以营利为目的，未经公民同意利用其肖像做广告、商标、装饰橱窗等，应当认定为侵害公民肖像权行为。”第一百五十九条又规定：“以侮辱或恶意丑化的形式使用他人肖像的，可以认定为侵害名誉权的行为。”前一条规定可以认为是对“以营利为目的”的范围采用列举的方式加以限定；后一条规定则将不以营利为目的使用他人肖像的行为排除出侵害肖像权的范围，作为侵害名誉权来对待。这样的司法解释固然使《民法通则》第一百条的法律规定更加明确一些，但对现实生活中的诸多问题，在具体调解时依然难有明确的依据。其中特别需要明确的是，未经肖像权人同意，不以营利为目的使用其肖像是否构成侵权？有两则案例可以说比较典型地说明了法律的这种困惑。朱虹幼年患“重症肌无力症”，1967 年，上海市眼病防治中心主治医生陈贯一将其基本治愈。其间，家长先后向陈提供了朱虹治病前后的对比照片各一张。1989 年，陈贯一在《上海科技报》撰文介绍该病症并配发了上述两张照片。朱虹以肖像权受侵害为由提起诉讼。最高人民法院在复函上海市高级人民法院时，同意驳回原告诉讼请求，但又指出以后未经肖像权人同意，不得使用其肖像。另一例的情况则相反。某展览馆为优生优育知识贴钱举办了一次展览。展览中，有一幅是妇产医院提供的该院为青年妇女李某治病期间拍摄的一病体裸照。李某在与展览馆交涉无效后，以肖像权受到侵害为由向法院提起诉讼。法院最终认定被告侵害肖像权行为成立，要求被告撤下展览照片，向原告赔礼道歉，赔偿李某精神损失2 000元。相似的案例，不同的判决，法律的困惑可见一斑。

在新闻传播活动中，正常利用他人肖像可以视作“合理使用”，因为这种使用不“以营利为目的”，但这种“合理使用”绝不是无节制的，对此，新闻工作者必须有清醒认识。

(2) 新闻侵害肖像权的法律责任

新闻侵害公民的肖像权，必须承担相应的民事侵权责任。这种承担主要有这样一些方式：停止侵害、消除影响、赔礼道歉、赔偿损失。这四种方式，既可以单独适用，也可以合并适用。这四者之中，停止侵害、消除影响、赔礼道歉为非财产性权利，赔偿损失为财产性权利。由于肖像权本身已包含了财产权利，而且权利人的精神权利也可以转化为相应的财产权利，还有，单纯的非财产性权利方式，不足以补救权利人所受到的损害，所以确定分割侵害肖像权的民事权利时，应重视赔偿损失的方式。赔偿损失，既包括权利人财产权利的损害赔偿，也包括肖像权受到侵犯时，对非财产权利所作出的精神损害赔偿。

在适用赔偿损失这一民事权利时，首先考虑是否有“以营利为目的”的因素。无营利目的的，按照精神损害的赔偿计算方法确定赔偿数额。有营利目的的，除了赔偿精神损害费用外，还要计算侵权人因侵权行为所获得的经济利益和肖像权人所受的经济损失，以此确定赔偿数额。另外，还需要考虑这样一些因素：侵权人的过错程度、具体情节、影响大小、受害人的痛苦程度、侵权人的认错态度等。

肖像权问题事关公民的精神权利和物质权利，自由的新闻传播活动不能成为侵犯这种权利的理由。新闻传播活动的特征决定了这个过程经常会和公民的肖像权发生联系，这就要求新闻从业者必须强化法律意识，在合乎法律规范的前提下，让新闻传播活动获得长远的规范发展之道。

第三节 新闻侵权的预防

在讨论了新闻侵权的几种主要类型后，我们有必要讨论新闻侵权的预防问题。

预防新闻侵权是对新闻从业者权益的最好保护，也是对新闻业声誉的最好保护。新闻纠纷或新闻诉讼会令新闻从业者身心交瘁，为了避免这种局面的出现，应当采取多种措施，防止新闻侵权行为的出现。

一、新闻侵权的一般预防

1. 全面提高新闻从业人员的业务素质

新闻侵权的出现，具体追究起来，或者是因为新闻从业人员能力有限，不能及时发现侵权内容，最终导致了新闻侵权的出现；或者是因为某些新闻从业人员主观上有故意，他们希望借助新闻媒体和新闻作品，实现自己的个人利益。在市场经济社会，新闻媒体要通过开展新闻活动实现自己的道德追求和商业利益，但是，新闻媒体本身只是一种信息载体，并不产生思想，新闻媒体要实现自己的终极目的，必须借助新闻记者来实现。可见，新闻记者实际上是新闻媒体赖以存在和发展的关键因素，也是媒体品位与素质的决定因素，所以，必须全面提高新闻从业人员的素质，从思想素质和业务要求上对他们进行教育和提高。具体而言，可以实行新闻采编人员上岗证制度，规定只有通过相关内容的学习获得了上岗证，才能获得从事新闻采编工作的资格。在此基础上，开展中期再培训制度，类似于我们在教育理论中所说的终身教育制度，即根据社会和形势发展需要不定期地对新闻从业人员进行终身培训。这项制度可以促使新闻从业人员的思想业务水平和道德水准始终处在一个较高的层面上。早在1999年，笔者就在《新闻法学》一书中提出了这一设想。令人欣喜的是，我国的新闻出版主管部门在进入新世纪以后，逐渐认识到这一问题的重要性并着手开始相关措施的实施，并已取得了一定的成效。从我国的新闻实践看，在当前形势下，上岗证制度显得十分必要。近年来，随着我国新闻业的飞速发展，大批没有受过专门新闻理论和新闻业务教育的人进入了新闻工作者行列。他们虽然经过短期的突击培训，具备了一定的新闻采访技巧，但对相关的法律法规、规章制度知之甚少，所以给他们补上这一课就显得十分必要。即使是对那些受过专门知识教育的人来说，中期培训也十分必要，这是因为，人的思维有一种惯性，陈旧的、过期的知识并不会随着社会的发展而自然消失，人们与生俱来的惰性，会让那些惯性思维发生作用，从而影响新闻工作的时代性。同时，随着时代的发展，新的知识正在不断产生，旧的知识需要得到更新，其中也包括法律知识和规定。新闻从业人员只有及时了解社会的发展趋势和知识的更新情况，才能适应新形势对新闻工作者提出的客观需要，为社会提供合格的新闻信息。

2. 不断强化新闻从业人员的法律意识

新闻媒体和新闻记者是以追求和维护社会公平和正义作为自己的工作职责的，只有在享受权利的同时，履行相应的义务，才能维护社会的公平和正义，维护法律的尊严。我们国家正在全面建设法制现代化的国家，法制现代化的一个重要标志，就是一切依法办事，确保权利和义务的平衡，新闻从业人员进行新闻采编工作自然也不例外。通过法律知识教育，让全体新闻从业人员明确自己的权利和义务，知道在哪些事件上新闻从业人员应当作为或不作为。同时，随着我国立法进程的不断加快，新闻媒体的主管部门在新的法律颁布后，要及时组织有关法律专家通过专题讲座等形式，向全体新闻从业人员介绍该法律与新闻活动的关系，以保证新闻活动在法律所允许的范围内进行。

3. 加强对在校新闻院系大学生预防新闻侵权知识的教育

新闻院系在校大学生是新闻单位主要的人才后备队伍，他们素质的高低，将在不久的将来对我国的新闻业产生直接的影响。所以，对他们加强预防侵权知识的教育，对于预防未来新闻侵权行为的发生，具有举足轻重的意义。从我国新闻媒体的实际情况看，新闻院系的毕业生在新闻媒体中是主体队伍、骨干队伍，他们守法意识的强弱，将对其他专业毕业生产生广泛的影响，所以必须对这一群体加强预先教育。近年来，我国高等院校新闻教育的发展速度十分惊人，据 2005 年 5 月教育部新闻教育指导委员会负责人在南京师范大学新闻与传播学院举行的一次会议上披露，当时全国的新闻院系和教学点就有 660 余家，时至今日，数量想必又有不小的增加。这么大的办学规模，这么多的学生人数，如何保证办学质量确实是一个十分重要的问题。

二、新闻侵权的工作预防

1. 与人为善，改进工作

新闻工作是我国现代化建设事业的一部分，我们工作的出发点，应该是促进我国社会的文明和进步。所以，不管是在进行舆论监督时，还是在进行正面报道时，都应抱着与人为善的良好愿望，抱着改进工作的良好愿望，这样，即使出现一些轻微的侵权，也比较容易获得受害人的谅解。动机良好，与人为善，总是会得到更好的效果。

新闻媒体对社会的影响作用是有目共睹的。一条好的新闻，可以凝聚起强大的社会力量，推动社会的发展；一条不好的新闻，可以产生极为重大的破坏力量，对社会的发展起到严重的阻碍作用。在我们这样一个国家，全体人民的利益是一致的，新闻媒体和报道对象的根本利益是一致的，所以，新闻媒体必须始终抱着与人为善的心态开展新闻活动，通过新闻活动推动社会向前发展。具体而言，通过新闻的舆论监督工作，发现问题，分析原因，从而为解决问题寻找到良好的对策。当然，这样说并不意味着新闻媒体不要曝光社会丑恶，不要批评社会不良，而是说这种批评应该有着良好的目的，是“恨铁不成钢”式的。

2. 公正评论，不当裁判

公正评论是对一切新闻从业人员的法律义务性要求，任何人都无权对某人某事随心所欲地妄加评断，否则就有可能沦为“媒体审判”。新闻记者的主要职责是传播事实而不是评定真伪是非，只要摆出了真实的事实，我们就应该相信广大受众会作出合乎事实本来面目的判断。相反，如果妄下裁决，就有可能导致侵权。新闻工作是一项需要付出巨大热情的工作，如果心如止水，对外界的一切缺少兴趣，是无法干好这项工作的，但是，新闻工作又是特别需要理智的，感情用事必然会带来十分严重的后果。所以，我们一贯强调“激情看世界”的职业精神，同时又强调“理智写新闻”的职业修养。

近年来，社会各界对新闻界“媒体审判”颇多微辞，这从一个侧面说明了新闻媒体“喜当裁判”、好为人师已经成为一个顽症，需要新闻从业人员认真对待。从新闻侵权发生的具体案例来看，近年来我国发生的许多案例，都与新闻媒体妄下断语有重要的关系。江苏某杂志曾刊载过一篇题为《遭遇劣媳》的报道。在文章中，作者介绍了一位媳妇对待婆婆种种不公行为。文章发表后，这位媳妇找到杂志社要求赔礼道歉。她的理由是：自己刚过门时，婆婆对自己就“不公”、“不好”，今天自己对她“不公”也算是一种对等行为，没有什么不妥，所以杂志定性自己为“劣媳”是侵犯了自己的名誉权。最后杂志社被迫向当事人赔礼道歉。这是一起比较典型的新闻侵权案件，而侵权行为之所以发生，就是因为杂志社当了裁判，可见不当裁判对新闻媒体防止新闻侵权行为发生十分重要。现在，有一些记者自我感觉良好，特别愿当裁判，遇到纠纷时指手划脚任意定性，这是非常危险的，一定要认真加以制止。

3. 文风朴实，不违法律

新闻记者应当疾恶如仇，有满腔的正义感，所谓“铁肩担道义”，讲的就是这种正义感。但是，这种正义感不应表现为新闻作品的情绪化。新闻作品的情绪化是最容易导致新闻侵权的。所以，记者即使在主观上对某人某事有不良看法，也不应该在新闻作品中出现过激的言语，用新闻作品去伤害对方的名誉权和隐私权，以致触犯法律规定。

在很多时候，笔者一直建议新闻记者少用形容词，因为形容词的使用容易涉及对当事人的评价和定性，稍有不当，就会引发侵权纠纷，许多新闻记者疾恶如仇,对社会的不公不良深恶痛绝,觉得不骂不解恨,不骂不过瘾,于是“贪污犯”、“色狼”、“变态狂”、“心理阴暗”、“居心叵测”等词就在自己的笔端喷涌而出。用这样的词,文风华丽,也可以表达出强烈的感情色彩,但是,这样的词直接涉及对人的人格的评价,往往经不住推敲,缺少足够的事实支撑,一旦较起真来,就会陷于被动。江苏某报曾报道过南京一市民因赌博而导致家庭破裂的新闻。这则新闻报道说,这个当丈夫的十分好赌,一周要赌三四次,妻子多次劝说无效,最终家庭解体,孩子无人过问。在新闻的副标题中,记者使用了“嗜赌成性”一词,就因为这个词,导致这个丈夫多次到报社纠缠。他认为自己一周“只赌三四次,又不是每天都赌,说‘嗜赌成性’侵犯了名誉”。最终报社不堪纠缠而作出了一定的让步。可见,对于任何一个人来说,遵守法律始终是其行事的底线,而对他人权利尊重的底线也是守法,因此,即使是对一个有错或者有罪的人,也必须遵守法律赋予他的权利,切不可有哪怕一点点的超越。

4. 细节真实,事实清楚

新闻作品不同于文学作品的最大特点在于真实性。新闻越真实就越不会导致侵权。相反,文学越真实就越容易导致侵权。尽管在我国相关的司法解释中,对新闻真实性只要求主要事实基本真实即可,但作风严谨的新闻从业人员必须从细节真实入手,力争细节和主要事实都真实,减少新闻侵权发生的可能性。

新闻的真实性在许多时候都是不能被忽视的。“真实是新闻的生命”,这句话是没有夸张的成分的。新闻中一个个真实的细节,就像人身上的一个个细胞,众多的细胞,构成了鲜活的新闻。人身上一个细胞病变而不加医治,就可能危及人的生命,新闻也是如此。如果对细节不加重视,对新闻事实的描述任意添油加醋,在短期内也许不会出现大问题,但最终一定会酿成大错。一旦这种大错出现,危害的可能是新闻业的良好信誉,所以,对新闻的真实性在任何时候都不能掉以轻心。外地报纸曾报道过这样一则案件:某镇镇政府附近发生过一起命案。案发时,曾有目击者高喊:“街上杀人了,镇政府里有人吗?”结果镇政府的一间办公室里有人把头探出窗外说:“没人,大家都下班了。”新闻记者报道这起命案的初衷是批评镇政府的工作人员见死不救,为人冷漠。但新闻记者被政府相关工作人员以新闻失实为由告上法庭,失实的理由是镇政府的窗户上都装有栅栏,“头不可能探出窗外”。尽管法庭最终判决新闻的“细节失实,不构成侵权”,但新闻记者采写新闻时只要细致一些,这起诉讼就完全可以避免。同时,在许多时候,新闻的基本事实和细节是无法作出明确的区分的，新闻记者被认定的“细节失实”，在当事人看来都是“基本事实的失实”，双方各执一辞，就很难有定论了。所以，新闻记者必须养成从细节入手去考虑新闻真实性问题。

5. 用词准确，切忌浮夸

一些新闻从业人员非常注意新闻的时代性，注意用鲜活的语言来表述新闻，这是值得鼓励的。但是语言的鲜活必须以准确为前提，如果哗众取宠，往往会导致十分严重的后果。近年来发生的多起新闻诉讼案件，都在用词用语上出了问题，值得关注。

一位美国学者经过认真总结，归纳出了一些特别容易引发新闻侵权的词，称之为“红色信号”，希望新闻记者和编辑慎用：

冒牌货　通奸　艾滋病　篡改录音　无信仰者　自杀未遂　道德败坏　破产　重婚者　勒索　行贿受贿　妓院　贿选　骗子　阴谋　堕落　懦怯者　罪犯　恶棍　赖皮　欺诈　吸毒者　囚犯　愚蠢　诈骗　赌棍　贪污　伪君子　私生子　不正当关系　无能的人　背信弃义　阳奉阴违　堕落的女人　三K党　说谎者　精神病人　纳粹党员　窥阴癖　伪证者　无赖　讼棍　告密者　倒卖　间谍　选举作弊　自杀　狡诈　丧尽天良　外行　坏蛋

中国和美国的国情不同，所以可能引发侵权的词不一定相同，但上述这些词语还是有一定的借鉴作用的，必须慎用。

6. 严格审稿，兼听则明

每个新闻媒体都有一整套严格的审稿制度。审稿制度是防止新闻侵权的最后一道关口，所以一定要严把这道关口。同时，在可能的情况下，新闻媒体在采访和审稿时都要力争多方听取他人的不同意见，并力求从多方面对新闻事实进行核实，以保证新闻作品最大限度上的客观和公允。

一般情况下，审稿是由资深的有经验的新闻媒体负责人负责的。在这里，特别需要新闻媒体的负责人有强烈的社会责任心，要通过认真负责的审稿，防止有侵权可能的新闻稿件刊播。有的时候，一些新闻媒体负责人并不缺少判断是否可能引发侵权的眼光，但他们关心的不是“侵权”的风险，因为“轰动”能带来发行量的增加或收视率的提升，最终增加广告收入。其实，这是一种十分短视的行为，因为频繁的侵权一定会引发媒体权威性的下降，不利于新闻美誉度的提升，最终会伤害新闻业的根本。另外，新闻审稿人还应注意总结经验，借用现代化的技术手段和缜密的逻辑思维能力认真分析，尽量在可能的时间和范围内多方听取意见，防止侵权行为的出现。

三、新闻侵权的法律预防

新闻作品在写作上不仅应该合乎文法，更应该合乎法律规范，否则，一字之差就有可能导致新闻侵权的出现。1998 年 1 月 7 日《南国早报》第二版刊登一则消息《公证不公正公证处主任被撤职》，报道广西河池市公证处原主任龚某某玩忽职守，草率公证，被骗子利用公证骗取他人钱财被免职。1998 年 2 月 19 日，当事人龚某某以其不是被“撤职”而是“免职”为由，称《南国早报》报道标题中用词错误，侵犯其名誉权，并向河池市法院提起诉讼，要求报社向其赔礼道歉并赔偿 5 万元精神损失费。后被告与原告达成调解协议，《南国早报》就标题错误在报上作出更正并赔礼道歉，龚某某最终撤诉。引起上面这则新闻官司的稿件内容属实，并盖有河池市司法局公章及该市政法委领导签署同意发表的意见。这样一则看似程序规范、事实清楚的新闻之所以引起诉讼，是由于编辑制作标题时一时疏忽，在副题上把“免职”写成了“撤职”。一字之差，性质迥异，引起该报道所涉及对象的不满，认为造成了名誉损害。① 像这类由于新闻措词定性不准或用语过重的报道，常常会引起新闻纠纷，如“骗子”、“泼妇”、“劫匪”、“贪官”、“犯罪分子”等称谓，在新闻报道中，一定要有准确的事实基础和司法定性依据。除称谓外，涉及文中人物其他行为定性的词，如“免职”和“撤职”、“通报批评”和“警告处分”、“违规”与“违法”等，都有程度和性质上的不同，涉及人的名誉荣辱问题。这就要求采编人员在报道中对关键用词把握要准确，符合法律规范，绝不能为吐一时之气而使用偏激语言。

1.《宪法》层面的预防

《宪法》是国家的根本大法，其他任何法律规定的内容都来自《宪法》且不能和《宪法》精神相违背。在我国《宪法》中，第二十二条、三十五条、三十八条、四十条、四十一条、四十七条、五十一条、五十三条、五十四条的规定与新闻活动的关系比较密切，值得所有新闻从业人员认真关注。尤其是第三十五条：“中华人民共和国公民有言论、出版、集会、结社、游行、示威的自由”；第三十八条：“中华人民共和国公民的人格尊严不受侵犯。禁止用任何方法对公民进行侮辱、诽谤和诬告陷害”这两条，新闻从业人员必须深入了解并贯彻于新闻实践中。在《宪法》规定中，法律一方面规定了新闻活动主体的宪法地位，另一方面重点规定了公民和法人的权利，尤其是人格权利是一种绝对权利，任何人都不能侵犯。

① 参见李成连著:《新闻官司防范与应对》，2002 年，新华出版社，第 164 页.

2.《民法通则》、《刑法》等法律的预防

据统计，改革开放以来至 2005 年 9 月第 22 届世界法律大会在北京召开时为止，全国人大及常委会制定了现行宪法及四个宪法修正案；颁布了 200 多部现行有效法律；国务院制定了 650 多个现行有效的行政法规；地方省级人大及常委会制定了 7 500 多个地方性法规，民族自治地区人民代表大会制定了 600 多部自治条例和单行法规。在这 200 多部现行有效的法律中，有一部分法律与新闻活动关系十分密切，它们分别是《民法通则》、《刑法》、《国家安全法》、《国家保密法》、《著作权法》、《广告法》、《消费者权益保护法》、《未成年人保护法》和《妇女权益保障法》等，这些法律从各自不同的层面、重点对公民或法人的名誉权、隐私权、著作权等进行了保护，而新闻活动与公民或法人的这些权利关系十分密切，稍有不慎，就可能构成对这些权利的侵犯，所以，新闻从业者必须了解这些法律法规。新闻媒体的主管部门和负责人在这些法律修改或制定出新的法律时，应组织新闻从业人员及时进行学习。

3. 司法解释、行业规定和宣传纪律的预防

司法解释等虽然不是法律规定，其效力无法与法律规定相比较，但是，它们仍然属于刚性的、必须强制执行的规范。因此，新闻从业者在开展新闻活动时，必须严格加以执行。事实上，司法解释等规范由于规定的内容具有较强的针对性，在我国目前尚无《新闻法》对新闻活动进行规范的大背景下，具有更加实际的意义。

在与新闻传播活动相关的司法解释中，最高人民法院分别于 1993 年颁发的《关于审理名誉权案件若干问题的解答》和 1998 年颁发的《关于审理名誉权案件若干问题的解释》对新闻从业者具有十分重要的价值。这两个司法解释就新闻侵害名誉权（包括隐私权）主体的确定、新闻侵害名誉权与新闻真实性的关系等许多新闻违法的重要内容都进行了明确规定。这些规定将是我国以后制订《新闻法》的重要参考内容。除此以外，我国的《出版管理条例》、《互联网等信息网络传播视听节目管理办法》等行业管理规定以及我国有关部门制定的新闻宣传纪律，更是从可操作层面，从微观角度，对新闻活动进行了明确规范，必须严格遵照执行。

上述三个层面，是预防新闻侵权不可或缺的三个层面。新闻从业者必须了解上述三个层面的法律法规并自觉遵守。只有这样，才能有效地减少乃至消除新闻传播违法行为的出现，为社会的和谐健康发展作出积极的贡献。

第十一章　和谐社会建设中的新闻法治

法治是现代文明社会的主要标志，而法治社会的实现是社会诸多要素共同作用的产物，其中，新闻传播活动的要素又独具价值。如前所述，新闻传播活动在现代社会影响深远，而新闻的无法之忧又令人心存疑惑，新闻传播活动如何顺应社会发展的大势而行便成了问题的关键。“依法治国”的治国方略，为新闻法治提出了条件，新闻传播活动的可持续发展要求，则表达了新闻法治的内在需求，而所有的一切，实际上都是为了一个共同的逻辑前提——建设和谐社会的需要。在和谐社会建设中，社会的公平和正义是两个至关重要的要素，对公平和正义的维护，是现代社会的基本要求，也是和谐社会建设的基本要求。新闻媒体应该通过自身独特作用的发挥，为维护社会的公平和正义作出贡献。

第一节　和谐社会是人类追求的终极美境

人人有食可谓“和”，人人可言谓之“谐”。我们的先贤们造字伊始，就有了现代和谐思想的最初理念。新闻活动作为“人人可言”这样一种“谐”的思想的最广泛表达方式，承载着先贤们社会理想的重要方面。新闻要介入社会、关注社会、反映社会，必须表达和谐理想。

一、和谐社会的现代表述

当代中国对和谐社会建设的权威表达是：“民主法治、公平正义、诚信友爱、充满活力、安定有序、人与自然和谐相处。”“民主法治”和“公平正义”强调的是和谐社会的法治要求，也是保障一个社会长治久安的本质性要求。和谐社会是一种美好的社会形态，但这种社会形态的健康发展必须借助法律这一强制力的保障。“民主”就其本义而言，是人民当家做主，管理国家，保障社会的有序运行，这是法治社会的基本要求。法治的目的不是为了限制民主，而是为了保障民主。换句话说，没有法治的民主是不可想象的。因为任何社会形态下的民主都不会是绝对的和不加限制的，法治的目的除了保障民主外，还在于限制滥用民主。而“公平正义”，更是法治社会孜孜追求的终极目标。人生而对公平和正义有内在的满足要求，但这种要求常常会受到许多因素的影响，而法治社会，则要为消除这些因素建章立规，从而保障对这一要求的满足。“诚信友爱”强调的是和谐社会的道德要求。社会的运作不是冷冰冰的机器的运作，它需要有人的温情的滋润。每个人都有接受他人关爱的需要，也有关爱他人的义务，所以，在一个现代化的文明的社会里，诚信和友爱是必须强调的两个要素。没有诚信的社会，道德理想根本无法建立起来，从而也会危及法治理念的确立，而没有友爱的法治社会，也会让人生活得了无意趣，无法享受人类社会的美好和温情，这也不符合人们对和谐社会的期盼。“充满活力”“安定有序”“人与自然和谐相处”是和谐社会的应有表现形式，但这样的表现形式依然需要有法律和道德层面的要求作保障。上述 28 个字的表述中，“民主法治、公平正义、诚信友爱、充满活力”是“因”，而“安定有序、人与自然和谐相处”是“果”。和谐社会的建设，就是要由“因”而“果”。对这种“果”的追求，正是中国传统文化以人为本、观感化物、中道和谐和天人合一人文精神的核心内容。无“因”就不会有“果”，但无“果”的“因”也是不完善的。“因”“果”合一，和谐乃成。

二、和谐社会的诗化表述

在源远流长的中国传统文化中，和谐始终是最具传世意义的文化精髓。在中国的传统节日中，有两大节日是最为庄重的，首要的当然是春节。在那样的时刻，无论是出人头地的社会精英还是碌碌无为的城市弃民，无论是远隔千山万水还是近在咫尺，都有一个共同的愿望——回家、团圆。于是在爆竹声声里，有兴高采烈的激情释放，也有“执手相看泪眼”的无奈感怀，但团圆本身已了却了一年又一年的生活夙愿。另一个节日则是中秋节，与春节相比，中秋对和谐、团圆意味的表达更为丰富。中秋节又称团圆节，团圆是中国人“道法自然”的产物，是“天人合一”文化理念的典型表现。人们首先借物寄情，寄语圆月：

花间一壶酒，独酌无相亲。举杯邀明月，对影成三人。月既不解饮，影徒随我身。暂伴月将影，行乐须及春。——（唐）李白《月下独酌》

满月飞明镜，归心折大刀。转蓬行地远，攀桂仰天高。水路疑霜雪，林栖见羽毛。此时瞻白兔，直欲数秋毫。——（唐）杜甫《八月十五夜月》

天将今夜月，一遍洗寰瀛。暑退九霄净，秋澄万景清。星辰让光彩，风露发晶英。能变人间世，攸然是玉京。——（唐）刘禹锡《八月十五夜玩月》

西北望乡何处是，东南见月几回圆。昨风一吹无人会，今夜清光似往年。——（唐）白居易《八月十五日夜湓亭望月》

十轮霜影转庭梧，此夕羁人独向隅。未必素娥无怅恨，玉蟾清冷桂花孤。——（宋）晏殊《中秋月》

目穷淮海满如银，万道虹光育蚌珍。天上若无修月户，桂枝撑损向西轮。——（宋）米芾《中秋登楼望月》

暮云收尽溢清寒，银汉无声转玉盘。此生此夜不长好，明月明年何处看。——（宋）苏轼《中秋月》

明月几时有，把酒问青天。不知天上宫阙，今夕是何年。我欲乘风归去，又恐琼楼玉宇，高处不胜寒。起舞弄清影，何似在人间。　转朱阁，低绮户，照无眠。不应有恨，何事长向别时圆。人有悲欢离合，月有阴晴圆缺，此事古难全。但愿人长久，千里共婵娟。——（宋）苏轼《水调歌头》

城西日暮泊行船，起向长桥见月圆。渐上远烟浮草际，忽依高阁堕檐前。——（明）徐渭《十五夜抵建宁》

品读这样的诗文，我们的眼前会自然想起先人前辈们对团圆的期盼和对社会和谐的追求。在汗牛充栋的中国古籍中，有大量关于对“团圆”“和谐”的描述和追求，而唐诗宋词中的描述，只是更具有理想化色彩，表述更加华美而已。在中国传统文化的长期浸润下成长起来的中国人，或多或少有一些浪漫的情结，对天望月，“月圆”就成了他们最可期盼的一件事了。每月的“月圆”，可以寄托他们内心的诸般精神需求。感怀伤物，“月圆”最能体现那种泪眼观花的悲情效果：一边是圆月高悬，一边是黯然神伤，当然令人极度感伤。功成名就，“月圆”也最能表达内心兴高采烈的喜悦心情：一边是朗月高照，一边是志得意满，正所谓天遂人愿，此情此景，夫复何求？先贤们借助“月圆”，表达的实际上是对“社会和谐”的一种心愿。在古代社会，“成功”的意义不像今天这样繁杂，金榜题名、仕途顺畅，这是对“成功”最经典的诠释，而“金榜题名”和“仕途顺畅”都需远离家门，出游在外，在交通不便的古代社会，不远千里万里归家团圆，是何等不容易的事情！因此，那时的“团圆”便有了更多的意味，而诗人们笔下的团圆，也就有了更为丰富的内涵。

有学者甚至曾专门分析了唐代诗人杜甫诗中关于社会和谐思想的表述，

以建构人与自然共荣关系为例，他们提出杜诗中的理念值得关注。这样的角度颇有意味。特引述如下："首先，他能摆正人与自然的依存关系。他把人类的生命放置在同宇宙众生平等的地位。他不将人类看成宇宙众生的主宰，不以奴役的心态对待天地万物，而是将自己的血肉之躯、心灵情感，与大自然作亲密的融合。他说：'一重一掩吾肺腑，山鸟山花吾友与。'这种天人一体、物我同构、生灵同亲的思想感受，表现的是一种博大的宇宙精神。在杜甫的眼中，大者山川，小者花草，都是有性灵的，都是对人有感情的。他多次赞美矫鹰、骏马、劲鹘、白鹤、花鸭，又为病马、病鹘、病柏、病橘、枯棕、枯楠伤叹不已，对白鸥、小鹅的命运表示忧虑，还请求鸬鹚不要对自己生疑。其二，杜甫主张有节制地从自然界中猎取食物，反对滥捕滥杀的罪恶行径。对于那些荼毒生灵、毁坏山林的行为，杜甫给予严厉的斥责和警告。他在客居川北的日子里，曾到涪江边观看渔民捕鱼。当看到渔民'截江'拉网，大肆捕捉，连小鱼都被浑水呛得难以存活时，感到非常震惊，认为这是'暴殄天物'，要受神的惩罚：'潜龙无声老蛟怒，回风飒飒吹尘沙。'杜甫不是拒食腥膻者，这里也不是佛家戒生的说教，他所反对的是竭泽而渔、毫无节制的捕杀，他所说的蛟龙震怒，实际上说的是自然规律要对人类实行惩处。其三，杜甫提出了保护弱小生灵的主张。他尤其珍惜弱小动物的生命，对于鸟雀以下的微小生灵，至如蝼蚁之类，杜甫亦能予以关爱。杜甫客居夔州期间，受夔州都督柏茂琳之托，管理公田的水稻，在修筑打稻场的时候，他想到有可能会毁坏蚂蚁窝，就格外精心地对场地的位置进行了选择。他虽粮食紧缺，看到溪水中的小鱼无食，却能分减一些饭粒去喂鱼。这不仅是仁义之举，更是智慧之心，对于保存物种，维持生态平衡，具有积极意义。"①杜甫的这些思想，可以看做是中国传统文人对和谐思想态度的典型表现。对于这些先贤来说，在当时的历史条件下，他们可能未必对和谐思想有多高的理性认识，但从感性上，他们对和谐思想的价值已经有了比较全面广泛的认识，并通过诗文，将这种思想表述出来。

无论是由衷的期盼还是美好的祝愿，无论是美妙的感怀还是淡淡的乡愁，都在表达对"月圆、人圆"这样一种社会和谐的文化价值追求。在相当长的时间里，中国的先人们是求团圆、求和谐不得的，所以，他们对团圆和和谐有着异乎寻常的期盼，真所谓拥有未必珍惜，失去才知珍贵。中国的封建社会有相当长时间是在战乱中度过的。从春秋战国开始，中国真的进入了"战国时期"，几千年的时间在历史的长河里并不算漫长，但朝代变迁久无停歇。而朝代的变

① 韩成武、张岚：《杜甫的社会和谐思想》，载《光明日报》2005年11月18日.

迁,无一不是借助战争和动乱完成的。即使在唐代这样的大唐盛世,中原边塞也是风云变幻。面对远戍边关的夫君,面对望眼欲穿的妻子,面对流放他乡的大臣,面对发配充军的义士,人们自然从内心深处升腾起对团圆、对安宁的强烈愿望,希望这个国家早日化干戈为玉帛,国泰民安,社邦和谐。当这样的政治理想无法借助言语直接地表达出来时,能"言志"的"诗"自然是最好的替代品。文人雅士借诗言志、以物喻人,便有了无数委婉表达对美好社会理想期盼的精妙绝唱。

三、和谐社会是人类自下而上追求的至境

诗人们关于和谐社会的描述是浪漫和虚幻的,优雅的诗文无法把理性的社会进行完整的表达,尽管这并不妨碍诗人们浪漫的想象。其实,除了诗人以外,先贤们已有了诸多关于和谐社会建设理念的表述。孔子提出:"有国有家者,不患寡而患不均,不患贫而患不安。盖均无贫,和无寡,安无倾。"并强调"知之用,和为贵"。《礼记·社运》更提出了"大道之行也,天下为公"这样一个影响深远的博爱思想。宋代王安石推行变法,主张抑制豪强,促使社会公平正义。近代,康有为则在《大同书》中提出要建立一个"人人相亲、人人平等、天下为公"的理想社会。孙中山把"三民主义"作为改造中国的根本,其民生主义则明确表达了对均贫富、人平等的追求。另外,我们在日常生活中,也时时能感受先人们这种和谐思想。例如,讲治家,我们知道"家和万事兴";讲治国,我们强调"政通人和";讲经商,我们强调"和气生财";讲处世,我们强调"和衷共济"……这样一些思想尽管带有时代的局限和空想的成分,但其对美好社会追求的愿望,是永存史册的。"关注天人关系是中国文化和人生智慧的显著特点。""百家争鸣,百花齐放,观点各有差异,但主张天人和谐是一致的……传统的天人和谐一方面强调天、地、人相统一,另一方面强调人的特殊性,将人与自然的关系定位在一种积极的和谐关系上,不主张片面征服自然。它肯定天道之创造力充塞宇宙,而人则'与天地合其德,与日月合其明,与四时合其序',并能够将仁的精神推广及于天下,泽及草木禽兽有生之物,达到天地万物人我一体境界,天、地、人合德并进,圆融无间。"①无论从文学家们的诗文作品中,还是从思想家们的理论阐述中,我们可以看出中国社会自古至今对和谐社会一以贯之的追求。这种追求的起点源于对一个美好社会的向往,惟其如此,一代代中国人才会锲而不舍地表达着对这样一个理想的期盼。

---

① 冯之浚:《中国人的人生智慧》,载《光明日报》2007 年 6 月 7 日.

从哲学的角度看，人与自然的和谐相处以及人在社会中的和谐生存是和谐社会建设的根本目标，也是理想境界。人与自然的和谐相处，表现为人和自然之间相互的平等与尊重。在相当长的时期里，我们较多地强调了改造自然、征服自然，于是，我们看到了沙尘暴频发，洪水泛滥，土地贫瘠，空气污染……这样一些景象几乎无可阻挡地出现在我们面前。很多人关于童年的记忆中，都会有这样的场景：远方青山隐约，近处垂柳摇曳。一汪清流中，有小鱼潜游，水草摇弋。几个调皮的孩童，或击水岸边，或翻腾水中，闹乏了，玩累了，他们会躺在青草地上，看白云飘浮，听野鸟清啼……而时至今日，这样的场景几乎被人视作桃花源的生活了。千百年来山清水秀的美境，未及一代人的折腾，便变成了山秃水污的窘境。对美好生活的追求，因为对环境的过度索取而变得遥不可及。2007 年初夏时节，数百万无锡市民打开水龙头准备用水时，发现从水龙头中流出来的水竟然发出阵阵腥臭味——他们知道，一年一度的蓝藻污染又开始了，只是今年的蓝藻暴发得更早，污染得更厉害。一个个惨痛的教训终于让我们明白，人与自然是互为效用的，只要一方对另一方的支配地位存在，和谐共存就无从谈起。例如人与土地，人不能一味强调对土地开发利用这样一种支配地位，还必须强调人对土地的爱护服务功能，这样的人与土地的地位才是和谐的，类似的例子可谓举不胜举。多少年关于人与动物和谐相处意义的教育，几乎抵不上 2003 年的一场“非典”的教育，人对动物的不敬，终于在这场变故中获得了一点教训。这样的例子，也许只是一个开始，如果人类不能从这个事件中吸取教训，继续竭泽而渔，相信会受到更大的惩罚。所以我们强调要在尊重自然规律的基础上开发利用自然，真正做到彼此和谐共存。

人与社会的和谐相处，表现为社会各个不同主体之间的公平和社会利益的公正分配。主体公平不仅是文明社会的客观要求，也是人自主意识充分觉醒后的内在要求。人生而求平等，这几乎是一种存于本能中的天性。从某种意义上说，人类消除社会不平的努力，是推动社会进步的一个十分重要的力量。社会主体平均权利的每一次增加，都意味着我们向文明社会的又一次迈进。路见不平，挺身而出，拔刀相助，这不仅仅是金庸笔下的江湖，更是我们面对的社会，这样做的目的，仅仅是为了获得一种平等生存的权利。利益的公正分配，则是人与社会和谐相处的另一个关键因素，贫穷的社会不可能有和谐。但是，富裕只是和谐社会的一个前提，因为和谐不会从富裕中自然而然地产生。在我国，当物质财富能在较大程度上满足人们的需求后，我们才开始提出“共同富裕”的口号，进而提出要建设和谐社会的目标。其实，在“共同富裕”的口号中，已经包含了和谐思想的重要内涵。这里需要说明的是，“共同富裕”不是平均富裕,因为平均富裕并不是和谐社会的必然标志,共同富裕强调为社会成员提供公正平等的富裕的社会机制,通过社会成员的共同努力,促使社会成员共享社会进步的成果。这是因为,当一个人不思进取,只愿坐享其成,那么,平均富裕的目标就会变成懒惰的催生器。另外,人与社会的和谐相处还包括人在社会中心情愉悦的精神状态,人需要通过在成功、尊重、肯定的评价中,获得精神的愉悦;人需要通过对精神产品需要的满足,如对影视作品的欣赏,对书画艺术的鉴赏,对文体活动的参与,获得心灵的满足;人还需要通过人与人、人与社会之间诚信相处、友爱关怀、彼此认同,获得人际交往的满足。在今日中国,"共同富裕"还只是一个社会发展的目标,还没有成为社会的全部现实,所以特别需要强调对贫困群体、弱势群体的关爱,使他们在现有的生存状态下,获得相对多的精神愉悦。

最后,和谐社会建设还需要提供一种保障,即对人与自然、人与社会和谐相处的保护以及对背叛的惩罚机制。我们的社会尚未进入到理想社会状态,因此,不能奢求所有的社会成员都具备发自内心的自觉意识和崇高的道德品质。在这样一种情态下,对和谐社会保障机制的健全是必然的,而这种保障机制也理所当然地包括了惩罚机制,否则,正面的保障机制将会显得软弱无力。

和谐社会是人类的一个梦想,一个至境,只有有了这样的梦想,我们才能迈开走向至境的第一步。

第二节　公平和正义是和谐社会的本质要求

从宏观的层面看,新闻业是一群满怀社会美好理想的人们从事的一种社会活动,尽管这种社会活动需要全社会的参与,但新闻从业者无疑是其中的主角。新闻业追求的和谐社会,是对公平这样一种社会规则的普遍遵守和对正义这样一种社会规则的广泛维护。

一、和谐社会需要公平和正义

和谐社会是人类社会的理想状态。但这种理想状态必须借助一定的标志物才能体现。在阶级社会里,和谐社会的标志物就是公平和正义。

公平和正义是构建和谐社会的起点、过程和结果。和谐社会的公平保障体系表现为"权利公平、机会公平、规则公平、分配公平"。在现代法治社会,权利公平是保障其他公平的前提。我国改革开放三十多年来民主法治建设的努力，最主要的就是为了实现社会成员权利的公平，通过权利公平的实现，获得其他公平的逻辑起点，从而也能有效地保障社会正义。现代社会是一个机会社会，社会为所有成员提供了成功的诸多机会，学会抓住机会，就掌握了取得成功的钥匙。当然，社会为全体成员提供的机会应该可以为具备相同条件的成员共享。这种机会共享性是保证公平正义的基本要求。规则公平则是法治社会的基本特征。规则公平从根本上说，就是“法律面前人人平等”原则的落实。没有法律面前法律主体地位的平等，其他平等是无从谈起的。在“法律平等”的基础上，再去促进和保障其他规则的平等。分配公平是前述公平的必然结果。目前，由于诸种原因，分配公平在我国还没有真正实现，但这并不能成为我们否认“分配公平”的理由。有学者还提出了“法治幸福”的理论，他认为法治的实现可以带给全体社会成员普遍的幸福感：“在法治状态下，由于法律调整的普遍性，加之优异稳固的法律秩序，社会主体生活在一个民主的、自由的、安康环境之中，人类与自然的和解也是前所未有的静谧与和善。”[①]这种状态，是和谐社会建设目标的主要内容。

人类社会千百年来对和谐社会建设的努力与追求，就是为了实现社会的公平与正义。如前所述，我国的先贤们对和谐社会的目标有过内涵相同的不同语言表述，先贤们也为此付出了努力，西方国家的思想家和革命家们也有着大体类似的理论与实践。我国现代社会党和政府工作的宏观目标，就是为了实现社会的公平和正义。近年来，我们把“依法治国”作为治国方略，制定了一系列法律法规，从制度上保障公平和正义的实现。同时，我们通过大力发展生产力，通过创造社会的物质和精神财富，为公平和正义的实现创造相对应的社会条件。所有这些，都是基于对社会发展规律科学认识后的一种主动认同。

二、公平和正义的内涵

1. 公平的法律内涵

在中国传统文化中，和谐社会构建的一项核心内容就是建立社会平等。和谐在中国的传统文化中并非不讲原则，不分是非，而是处理问题时不偏不倚，恰如其分，强调一种公平意识，对此，我们必须有足够的认识。例如，在中国思想史中存有重要地位的“均富论”，是这种平等思想的集中体现。从法律的层面看，公平和平等具有同等的法律意义。平等是法律的核心原则。法律的科学标志之一，就是权利和义务的平衡和平等。中外法律家们捍卫的法律

① 眭鸿明著：《法治实现论》，南京师范大学出版社，1999 年，第 49 页.

的最为重要的原则,就是平等的原则。在现代社会,“法律面前人人平等”是妇孺皆知的一个基本常识,这从一个侧面说明了平等这一法律原则的深入人心。

皮埃尔·勒鲁认为:“平等是一种原则,一种信条……当今社会,从某方面观察,除此原则之外,别无其他基础。”①卢梭认为:“至于平等,这个名词绝不是指权力与财富的程度应当绝对相等;而是说,就权力而言,则它应该不能为任何暴力并且只有凭职务与法律才能加以行使。”②博登海默说:“平等乃是一个具有多种不同含义的多型概念。它所指的对象可以是政治参与权利、收入分配制度,也可以是不得势的群体的社会地位与法律地位。其范围涉及法律待遇的平等、机会的平等以及人类基本需要的平等。它可能关注保护诺成合同的义务与对应义务间的平等,关注在因损害行为进行赔偿时作出恰当补偿或恢复原状,并关注在执行刑法时维护罪行与刑罚间的某种程度的均衡。”③人与人的关系是一种社会关系,那么,作为讨论人与人关系的平等问题,首先必须把它作为一种社会关系来考察。在现代社会中,人与人相处时,彼此寻求获得一种对等的地位,获得同样的尊重,在同样的机会中获得相似的利益。这种“对等”、“同样”、“相似”的地位不容侵犯,一旦被侵犯,就是对平等原则的侵犯。在现代社会,平等原则应该获得外在的强制力的保护。即使在处理人和社会组织的关系时,彼此之间也应该是一种对等的关系,任何社会组织不能借助自己的强势地位强加于个人之上。总而言之,平等(公平)是指人与人之间的一种对等对待的关系。

社会公平原则,是法律平等原则的具体体现。在现代社会,人人追求公平,追求平等相待,这和法律的平等原则是一致的,同时,社会的公平原则需要法律的平等原则进行保护,在法律完备的现代社会,任何对社会平等原则的侵犯,都会导致相应的法律后果。换言之,对社会公平原则的侵害,实际上也是对法律平等原则的侵害,所以,法律不会容忍这种侵害的存在。

2. 正义的法律内涵

正义是现代社会的一个重要的要素。有些媒体在表述自己的新闻理念时,宣称“维护社会良知,追求社会正义”。在这里,“正义”和“良知”一样是一种社会价值概念。在许多时候,正义也常常作为一种道德品行来对待。“舍生取义”是对人道德品行的一种极高评价。可见,正义是一个内涵丰富的概念。

---

① [法]皮埃尔·勒鲁:《论平等》,王允道译,商务印书馆 1988 年,第 19—25 页.

② [法]卢梭:《社会契约论》,何兆武译,商务印书馆 1962 年,第 34 页.

③ [美]博登海默:《法理学:法律哲学与法律方法》,邓正来译,中国政法大学出版社,2001 年,第 280、281 页.

我们认为，正义是指人们对外在物的一种理想评价尺度。在这里，外在物包括社会制度、人的行为和思想、社会价值体系等。

正义的内涵具有极大的丰富性，但它的一个基本特征是“理想状态”。这种理想状态实际上也是和谐社会建设的一个目标。人人都追求生存的“理想状态”，所以，对“理想状态”的保护，实际上也是对人权的一种保护。既然是一种“理想状态”，法律就会对其加以保护，法律对社会正义的保护就如正义的内涵一样，是通过丰富的外在形式体现的，例如分配制度，我国强调“各尽所能，按劳分配”。在现代社会中，“按劳分配”是一种理想的分配状态（尽管“按需分配”是一种更高级的分配形式，但当社会财富还没有极大涌流，人们的思想觉悟尚未达到足够高度时，尚无法实施“按需分配”的分配原则），法律就会对这种分配制度加以保护，以保证“多劳多得，不劳不得”，对社会加以正向的引导。再如人们的行为方式，法律会规定人们在多大程度上对自己的行为有自主权，在许可范围之内，法律会严加保护，而许可范围之外，则无法获得法律的保障。

三、公平和正义是和谐社会的两大要素

公平和正义是和谐社会建设的重要内容，也是和谐社会的两大要素。“平等、自由、守信、尚法，是和谐社会与契约精神共尊的理念。就人与人之间的和谐而言，必须树立人人平等和机会均等的理念，以保证起点平等与过程平等。为此，需给予困难群体以更多关怀，致使结果相对平等。对中国这样有着‘身份社会和伦理法律’传统的国家来说，社会和谐事实上意味着社会关系和生活方式的改变，意味着要建立起平等、和谐的新型人际关系。只有这样，才能为和谐社会奠定深厚的价值底蕴和坚实的社会基础。”[①]不能想象，一个缺少平等或正义中任何一个要素的社会，会是一个和谐的社会。

我国目前正在致力于法治社会的建设，而法治社会建设和和谐社会建设的目标是相同的：公平与和谐是法治社会的两个主要要素“社会主义法治状态下，社会主义市场经济已得到长足的发展，社会主体的应有权利得到广泛的法律确认，社会主体的自由、平等得到充分的体现，社会正义和公平已经实现。”[②]所以我们说，法治社会建设与和谐社会建设的目标是并行不悖的。从平等的角度看，平等使所有的社会成员都获得了公平相处、平等对话的机会，使共赢和和谐有了可能；从正义的角度看，正义使所有的社会成员有了共同的价值判

① 张万洪：《和谐社会需要契约精神》，载《光明日报》2005年11月30日.

② 眭鸿明著：《法治实现论》，南京师范大学出版社，1999年，第48页.

断标准和理想追求目标。社会成员可以在共同目标的召唤下，鼓起向前的勇气。在平等的社会里，拥有共同的生活目标，理想的和谐社会的建立就有了可能。

在中外历史上，都曾存在过长期的动荡和战乱的社会，这样的社会拥有同样的特征：缺少平等，社会理想相悖。在描述战争和动荡的起因时，人们都喜欢使用类似“哪里有压迫，哪里就有反抗”的言语。这样的话尽管有套话之嫌，但它反映了一个朴素的真理：不平等的、存在压迫的社会，不可能获得持久的和平和安宁。如前所说，人生而求平等，不平等，人的天赋权利就受到了侵害，于是就会有维权行为出现。而战争，则可以视作为不平等者剧烈的维权行为。另一方面，社会理想相悖，和谐社会也不会出现。正义是对理想生活场景的共同拥有，但在缺少平等的国度里，由于平等受到冒犯，社会成员中的一部分对另一部分具有支配地位，那么，“共同拥有”一定是一句空话——支配者的“理想生活场景”是永远处于支配地位，被支配者的“理想生活场景”是翻身得解放，当家做主人。在这样的状态下，共同的正义也就无从谈起。因此，我们可以得出这样的结论，和谐的社会，一定要保证对平等和正义的足够尊重。

第三节　和谐社会建设中的新闻法治

社会的生存和发展是在诸多要素的共同作用中实现的，其中新闻要素又独具价值。在建立社会公平和正义这样一种理想社会的过程中，新闻媒体必然会发挥独特的引领和维护功能。这既是新闻权利的一种表达方式，也是新闻义务的一种确认方式。

一、新闻在和谐社会建设中的作用

新闻媒体在和谐社会建设中的作用，首先表现为舆论环境的引领作用。舆论环境是由多种因素共同作用形成的。在诸多的因素中，新闻舆论是对舆论环境起引领作用的因素。在信息化时代，人们生活在错综复杂的信息之中，而这些信息又对舆论的形成产生了直接的作用。人们根据什么信息形成对社会的评价态度？当对信息无从鉴别判断，受主要影响的，依然是新闻舆论。“新闻舆论是自觉的、自为的，是对舆论的能动反映，它与社会舆论不完全一致，社会舆论是复杂多样乃至杂乱无章的，而新闻舆论是丰富多彩而有秩序的，它建立在社会舆论基础之上。新闻舆论所代表的不仅仅是群众的利益，它还代表了支配和控制新闻机关的政治力量和新闻机关本身的利益。这种利益有一致的时候，也有不一致的时候。”“新闻舆论实质上是一种传播活动。正是借着传播的管道，舆论才发生飞跃性的质变，并获得巨大的能量。新闻传播一方面选择舆论，另一方面放大舆论、引导舆论，把一点上的舆论造成面上的乃至全民的舆论。正是这一特点，使得新闻舆论比社会舆论具有更大的威力。”①新闻舆论不仅无所不在，它通过报刊、网络、广播电视等媒体立体式地传递着，而且在人们的潜意识里，它还始终是更加权威、更加正统、更可接受的信息。虽然我们知道，从传播学的角度分析，新闻媒体可以通过议程设置决定人们思考什么问题，但不能决定人们如何思考问题，但是，当我们经年累月接受了主流媒体的大体相同的信息以及支撑这些信息的观念后，新闻舆论自身的引领作用就自然地体现出来了。“虽然传播的竞争促进了其产业化的发展，在运作机制上也逐渐与国际接轨，制播分离的体制改革和稿件审查制度的相对宽松，形成了多样的文化生产方式和市场，甚至开始出现了‘个体电视人’和‘自由撰稿人’的现象。但是，无论生产方式和传媒内部如何动作，从总体上说，传媒仍然拥有话语支配权，特别是电视。”②

其次，新闻媒体能帮助社会确立社会和谐的理念。公平和正义是和谐社会的两大要素，但人们对这两大要素意义的认识，更多的是从他们生活中的感性体验中获得的。一方面人们当然会从自身切身的体会和经验中得出。作为生存的一种幸福状态，人们对和谐社会的价值更多的是从和谐的对立面来体会的。建国以来，人们经历了太多的社会动荡，身心疲惫，对社会安宁和谐便有了迫切的追求。最近三十多年社会虽然偶有风波，但总体国泰民安，公平和正义得到了较好维护，人们的幸福感便日益增强起来。正反两方面的经历使现代人越来越感到“和谐”两字的弥足珍贵。另一方面，人们对和谐社会建设价值的认识，还需要借助新闻媒体的灌输来领悟。从政治的角度看，政治清明、社会稳定是社会和谐的重要标志。人们是否能接受这样的观念，同样有一个过程。在20世纪六七十年代，运动不断，斗争不歇，许多人并没有觉得这是一个不和谐的社会，而今天，当人们渐渐接受“稳定是压倒一切的大局”后，一次地方性的骚动，就足以让人们体味到不和谐因素的存在。从社会可持续发展的角度看，平等相处，彼此关爱，也是社会和谐的重要标志。平等意识的确

① 杨明品著:《新闻舆论监督》，中国广播电视出版社，2001年，第7页.

② 孟繁华著:《传媒与文化领导权——当代中国的文化生产与文化认同》，山东教育出版社，2003年，第172页.

立,是和我国社会的文明进步平行发展的。而在现实生活中,弱势群体之所以能得到社会其他成员前所未有的关爱,重要的也是新闻媒体不遗余力地着力倡导。平等和正义是需要通过一系列具体的实例来体现的。和谐这样一个宏观的概念,需要有一系列微观的积极要素组成,而新闻媒体是这些微观的积极要素中最有活力的要素。新闻媒体通过对社会各层面体察入微的关注,发现矛盾和问题所在,寻找消除不平的途径,这对于社会的健康发展无疑具有十分重要的意义。在这个过程中,新闻媒体对和谐这样一个价值理念的倡导,对于和谐社会的实践举足轻重。新闻媒体倡导和谐理念并不是靠空洞的道理,而是借助触手可及的新闻事件,在潜移默化中让受众领悟和谐的价值。这里没有疾风暴雨式的激进举动,也没有强人所难的勉强要求,有的只是春风化雨般的自然状态,甚至还有家长里短式的市井新闻,而就是生活中这些最常态的部分,最能产生持久的教导作用。社会也只有在这样的努力中趋向"理想的生活场景"。

再次,新闻媒体还可以激发出全体社会成员建设和谐社会的热情。清华大学李希光教授等通过研究认为,在现代社会,新闻媒体的"社会动员"作用十分突出。"动员是指某个政府、政党发起的一场社会动员或政治动员,目的是在某个政治议程上获得社会其他成员的支持。动员是通过各种媒介手段如演讲、电话、宣传、谈判、抗议、示威等达到目的。动员的对象可能是本国公众、社会精英(美国主流媒体的报道),也可能是外国公众和社会精英(如"美国之音"的国际广播)。比如,1991年,美国总统布什通过电话外交,争取盟友支持他发动海湾战争。1999年,美国利用西方主流媒体,炒作'种族清洗'新闻,进行政治动员,赢得了北约主要成员国对轰炸南斯拉夫的支持。"[①]在这里,学者虽然是用国际事件来证明新闻媒体在"社会动员"中的作用,但同样可以证明现代媒体通过设置议程,发挥深刻地影响社会的作用。和平时期的国家管理程序中,新闻媒体是管理者实现施政纲领的主要表达阵地,也是最廉价有效的表达工具。和谐社会建设需要广泛地调动社会的各种资源,形成合力,共同建设。在现代社会,新闻媒体是一种重要的组织手段和组织力量。国家重大建设政策的实行,必须借助新闻的推动力量。例如,西部大开发,推动社会平衡发展和东西协调进展,这可以看做是社会和谐发展的重大举措(尽管当时国家尚未大张旗鼓地提出建设和谐社会的口号),在这个过程中,新闻的宣传、鼓动、激励体现出了其特有的组织动员作用。

---

① 李希光等著:《媒体的力量》,南方日报出版社,2002年,第5页.

最后，新闻对社会不和谐因素的曝光作用，也有利于和谐社会建设的推进。任何一个社会，永远不要期待其发展会是一帆风顺的，和谐社会的建设也是如此。在和谐社会建设中，那些不和谐的因素会对社会的文明进步产生严重的阻滞作用。这些“不和谐因素”主要表现为社会的不公和对社会正义的肆意破坏，例如，社会的不诚信问题，曾经严重地伤害过对社会存有美好期盼的人们的心；社会的非法现象和人治问题，给我国的经济建设带来过重大损失；地方保护主义的盛行，使正义不能伸张……所有这些，都是社会不和谐的因素，是公平和正义的对立物。新闻媒体遵守职业理想，对这些现象的抨击，在一定程度上净化了社会的空气，维护了社会文明。

二、新闻业可持续发展与新闻法治

新闻业的生存和发展首先面临着政策环境和法律环境问题。新闻业作为一个对政策依赖性极强的行业，政策的变化对其存在和发展产生着十分重要的作用。我国是十分强调新闻业的政治性和阶级性的——当然，不惟中国，包括许多新闻业发达的西方国家在内，都十分关注新闻业的政治性和阶级性问题。这就决定了新闻业对现行政策的依赖性十分强。政策层面的任何风吹草动，都会直接影响新闻业的发展，从新闻业的功能来看，这种情况当然并不全是坏事，如果新闻业的存在与政策层面的变化毫无关系，那么，新闻业存在的价值实际上也是大可置疑的。但从新闻业发展的规律和其作用的发挥这个角度来看，如果新闻业对政策层面的依赖性过强，则会剥夺新闻业应有的独立性，也无法最终实现新闻守望社会的功能。这似乎是一个悖论：新闻业的可持续发展与对政策层面的依赖性到底应该是一个什么样的关系？问题的答案应该在新闻业生存和发展的法律环境中寻找。

新闻业可持续发展的最终依靠，是其法律地位的最终确定。新闻法治是保证新闻业健康和可持续发展的唯一前提条件。政策当然会对新闻业发展起重要影响作用，所以，新闻业的可持续发展应该寻求政策层面的支持。但是，与法律相比较，政策具有较多的不稳定性。在法治社会，只有在法律上明确新闻业的地位，才能保证其运行的平稳性。新闻业的这种法律地位，包括新闻业的法律主体地位（法人资格）、新闻失范的纠错机制等。和中国社会的其他行业一样，中国的新闻业吃够了无法可依的苦头。在相当长的时间里，新闻业很好地履行了政策风向标的职能，以“主题先行”为特征的报道模式，很好地体现了“政策意图”，但也极大地伤害了新闻的一些基本原则和自身声誉。而新闻法治，可以使新闻从业者清楚一个基本的是非原则，知道“可为”和“不可为”的底线在何处。这对新闻业的生存发展来说至关重要。

在我国新闻业的发展过程中，不能依法办新闻，在新闻活动中失范行为时有所见，严重影响了新闻业自身的健康发展。这些失范乃至违法的行为表现的形式多种多样，有的超越法律底线，犯下严重的错误，被取缔办报办刊资格。至于轻微的违法行为，就更为多见，譬如“有偿新闻”“有偿不新闻”行为、挟“曝光”之名行“敲诈”之实的行为、不当披露他人隐私的行为……所有这些，都与新闻法治的目标背道而驰。

法治具有普遍性、可预见性、可操作性、权威性、稳定性等特点。普遍性，意味着具有普遍约束力，有利于培养平等精神和全体从业人员的自觉意识；可预见性，意味着法律将从正向引导和反向禁止两方面对新闻从业者的行为进行引导；可操作性，意味着法治不是空洞说教，而是实际行为规范，可以比较方便地付诸行动；权威性，体现的是法律的一种威严和刚性，摒弃了人治的随意性；稳定性，则意味着法治会在相当长的时间内，对新闻业的发展起保障作用。法治和新闻法治的这些特点，决定了新闻业只有依法办事，才可获得稳定发展的空间。

三、新闻在法治国家建设中的作用

新闻业的发展需要依靠法治的保障，而我国法治国家的建设，则也需要充分发挥新闻的作用。首先，法治国家建设目标的确立需要新闻媒体发挥积极作用。一个国家某个建设目标能够得以实现，必须得到全体人民的认可和支持，我国法治社会建设目标的实现也不例外。对法治国家建设目标的内涵、价值进行宣传报道，不仅可以起到告知的作用，更能起到动员的作用。通过新闻媒体的宣传报道，国家可以把书面的目标，变成人民建设的实际行动。其次，对全社会法律意识的培养，必须借助新闻的作用。新闻媒体一方面可以借助媒体的作用，用新闻报道的形式，向全社会传播具有理性色彩的法律知识和法律文化，另一方面还可以通过生动有趣的案例报道，融法律知识于新闻报道之中，让受众通过“以案说法”的形式，培养法律兴趣，提高法律意识。近年来，新闻媒体已经在这方面作出了卓有成效的努力。最后，新闻还可以对法治国家建设中出现的问题起到舆论监督的作用，保证法治国家建设能沿着正确的轨道前进。法治过程是一个纷繁复杂的过程，也是一个极易受到诸多内外部因素影响的过程，这就决定了法治过程极有可能出现偏差，而法治过程的偏差又会严重影响法治终极目标的实现。为了防止不良因素的非法介入，必须适时引进舆论监督机制。

中国社会从人治到法治的过程中，新闻媒体发挥了十分积极的社会教育作用。中国的人治思想根深蒂固，影响深远，要加以改变不是朝夕之事。新闻媒体经年累月法治思想的影响熏陶，是使这种人治思想渐趋式微、法治思想得以确立的保障。新闻媒体传递的思想往往有领风气之先的范式作用，在人治向法治的转变过程中，这种范式作用尤为重要。在今天这样的信息时代，作为主流信息的新闻信息，依然是影响人们思考方式和思考内容的主要影响因素。因此，对法治的影响依然必须重视。

第四节　新闻媒体对社会公平和正义的追求

和谐社会建设目标对公平和正义的追求与新闻媒体追求的新闻理想是一致的。没有公平和正义，新闻人追求的理想社会无法建立，和谐社会的目标也不会实现。

一、维护社会公平和正义是新闻媒体的终极使命

一部新闻史，实际上就是人类对公平和正义的追求史。一切社会不公，总是在暗中操作运行的——因为不公所以见不得人，当然更不能见诸新闻媒体。客观、公正地报道新闻信息是新闻媒体的本质（或者说是本能）的要求。在新闻媒体无所不在的现代社会，要想防止不公行为被曝光的最好办法就是防止不公行为的出现。即使在媒体不很发达的时代，当权者为了取悦民众，争取民意，也力求借助媒体向受众传递自身公正的信息。可以这样说，新闻媒体天生是为社会公平正义而生的。英国格拉斯哥大学社会学系教授约翰·埃尔德里奇在通过对媒介的长期研究后认为："新闻产品的自然品质以及它对世界事件的直接性和接近性强调，是建立在对客观性和中立性的职业要求基础之上的……"因此，"只要电视新闻试图确立以公正、中立和客观等主张为基础的职业信誉，那些棘手的东西就会经常面临挑战并难于防御，并且他们会发现辩护是困难的"。[①] 这位教授通过研究发现，即使新闻媒体在新闻报道中由于触犯了某些利益团体或权力阶层的利益，但只要坚守"职业要求"、"职业信誉"，那么新闻媒体依然是可靠的，是不用担心外来的非议和反击的。

---

① [英]格拉斯哥大学媒介研究小组、约翰·埃尔德里奇主编：《获取信息——新闻、真相和权力》，新华出版社，2004 年，第 5、6 页.

二、新闻媒体为社会公平正义奔走呼号

现代新闻媒体总是把维护社会公平和正义作为自己的宗旨。在新闻人看来，社会公平是可见的和可操作的，所以必须身体力行去做，而社会正义更近乎于自己的职业理想，所以更多的是在营造这样一种社会状态。于是，我们就会看到这样一种情形：一方面，新闻媒体在毫不留情地批评社会不公，同时也为社会公平出谋划策；另一方面，新闻媒体也在力所能及地描摹理想社会的生活场景，在这样的场景里，社会公平始终是其中的主旋律，而社会不公一旦出现，理所当然地会受到新闻媒体的抨击。西方社会曾经盛行过影响深远的“揭丑运动”，而“丑”之根本正是社会不公。我国中央电视台的《焦点访谈》历经十余年而盛行不衰，重要的原因之一也是对社会不公的锲而不舍的揭露。同时，新闻人也刻意在新闻报道中，发掘着人性的善良和社会的温馨，力图通过可触可摸的新闻，将他们内心美好的憧憬投射到现实社会之中。

新闻媒体对社会公平正义的追求，首先体现在对新闻规律的把握和对新闻真实性原则的坚守上。社会的发展为新闻媒体的发展开辟了广阔的天地，同时也让新闻媒体面临纷繁复杂的选择，在价值多元时代，非此即彼的单项选择已不复存在，似是而非的情况却随处可见，因此，具备一双慧眼，坚守一种责任，对新闻从业者而言就显得尤为重要。对公平和正义的追求在许多时候不会显得那么直截了当，唾手可得，需要有一个判断的过程。同时，具体的一条条新闻报道，也不会让人立即感受到“我在坚持公平”、“我在追求正义”，相反，在许多时候也许会让新闻记者觉得自己的工作显得微不足道。但是，当这种坚持成了一种职业习惯，继而成了一种职业信条后，其价值就会真正体现出来。新闻记者不断坚持探寻新闻背后的新闻、假象掩盖的真实，不断还原新闻的本来面目，从长远的眼光来看，就会使社会的公平和正义得到保障。当然，我们这样说并不意味着“新闻万能”，新闻报道本身不会成为社会公平和正义的具体的保障机制，但它可以营造一种舆论氛围，使人们习惯于在这样一种氛围中解决问题。

新闻媒体对社会公平正义的追求，同时还体现在对社会弱势群体的关心上。近年来，对弱势群体的关注和关爱成了新闻媒体新闻报道的一个重要主题。在这个主题中，“帮助农民工追要拖欠薪金”是其中最有影响并持续最久的事件。这个情况的出现一方面固然和中央领导同志对农民工工资问题的关注有关，另一方面也实实在在地体现了新闻媒体对弱势群体的关注和关爱。这也许只是个案，但在个案的后面，是新闻媒体对社会公平正义的追求。目

前，我国的许多新闻媒体都有类似于“排忧热线”之类的栏目，而所排之忧，不是强势群体之忧，而是弱势群体之忧：新闻媒体期望借助自己的力量，让那些更容易受到伤害的群体有获得更多的公平和正义的机会。

最后，新闻媒体对社会公平正义的追求，还体现在对社会不公不平不遗余力的抨击上。人人期盼社会公平、人间美好，但社会不公、人间丑陋依然无法从我们的生活中删除：社会不公可能来自权力部门的权力滥用，也可能来自富裕团体的经济霸道，当然还有可能来自社会底层少数素质低下者的横行不法。不管出于何种情况，他们实际上都是在一定条件下获得了某种强势地位，并且把这种强势地位变成自己颐指气使的资本。面对这种不公，新闻媒体倾注了大量精力予以批评曝光。这种揭露性的批评曝光虽然无法使社会不公得以消除，但能使这样一些群体不至于肆无忌惮。同时，我们也高兴地看到，新闻媒体对社会性不公的报道，也促使我国一些政策法规的出台，从而使社会公平和正义得到了有效的维护。

主要参考书目

1. [美]爱伦·艾德曼、卡洛琳·肯尼迪著:《隐私的权利》,当代世界出版社,2003年
2. [法]贝尔纳·米耶热著:《传播思想》,江苏人民出版社,2008年
3. 卞建林、焦洪昌等著:《传媒与司法》,中国人民公安大学出版社,2006年
4. [英]伯特兰·罗素著:《自由之路》(插图版),文化艺术出版社,2005年
5. 陈力丹著:《舆论学——舆论导向研究》,中国广播电视出版社,1999年
6. 程燎原著:《从法制到法治》,法律出版社,1999年
7. [英]戴维·米勒著:《社会正义原则》,江苏人民出版社,2001年
8. [英]戴维·莫利等著:《认同的空间——全球媒介、电子世界景观与文化边界》,南京大学出版社,2001年
9. 董炳和编著:《新闻侵权与赔偿》,青岛海洋大学出版社,1998年
10. 董丛林著:《晚清——社会传闻研究》,人民出版社,2007年
11. [美]T.巴顿·卡特等著:《大众传播法概要》,中国社会科学出版社,1997年
12. 费孝通著:《乡土中国》,上海人民出版社,2006年
13. 高志明主编:《法律与权利》,中国社会科学出版社,2003年
14. [法]古斯塔夫·勒庞著:《乌合之众》,中央编译出版社,2005年
15. 顾理平著:《新闻法学》,中国广播电视出版社,1999年
16. 顾理平著:《新闻侵权与法律责任》,中国广播电视出版社,2001年
17. 顾理平著:《新闻权利与法律义务》,中国广播电视出版社,2010年
18. 郭建著:《中国法文化漫笔》,东方出版中心,1999年
19. 郭星华、陆益龙等著:《法律与社会——社会学和法学的视角》,中国人民大学出版社,2004年
20. 何家弘著:《域外痴醒录》,法律出版社,1997年

21. 贺卫方著:《法边馀墨》,法律出版社,1998 年
22. 贺卫方著:《司法的理念与制度》,中国政法大学出版社,1998 年
23. 胡锦光、韩大元著:《当代人权保障制度》,中国政法大学出版社,1993 年
24. 黄会林主编:《当代中国大众文化研究》,北京师范大学出版社,1998 年
25. 黄仁宇著:《万历十五年》,生活·读书·新知三联书店,2006 年
26. [美]J. 范伯格著:《自由、权利和社会正义》,贵州人民出版社,1998 年
27. [美]杰克·D. 道格拉斯、弗兰西斯·C. 瓦克斯勒著:《越规社会学》,河北人民出版社,1987 年
28. [美]杰克·富勒著:《信息时代的新闻价值观》,新华出版社,1999 年
29. [德]克里斯托夫·莱茨著:《我是帕帕垃圾——一个狗仔队员的自述与忏悔》,中央编译出版社,2001 年
30. [美]克利福德·G. 克里斯蒂安等著:《媒介公正——道德伦理问题真的不证自明吗?》,华夏出版社,2000 年
31. [美]L. 亨金著:《权利的时代》,知识出版社,1997 年
32. 雷启立著:《传媒的幻象——当代生活与媒体文体分析》,上海书店出版社,2008 年
33. 李良荣著:《新闻学概论》,复旦大学出版社,2001 年
34. 李留澜著:《契约时代——中国社会关系现代化研究》,社会科学文献出版社,2006 年
35. [美]利昂·纳尔逊·弗林特(Leon Nelson Flint)著:《报纸的良知——新闻事业的原则和问题案例讲义》,中国人民大学出版社,2009 年
36. 梁建增著:《〈焦点访谈〉红皮书》,文化艺术出版社,2002 年
37. 林乾著:《中国古代权力与法律》,中国政法大学出版社,2004 年
38. 林语堂著:《吾国与吾民》,陕西师范大学出版社,2006 年
39. 刘迪著:《现代西方新闻法制概述》,中国法制出版社,1998 年
40. 刘建明著:《现代新闻理论》,民族出版社,1999 年
41. 刘建明著:《舆论传播》,清华大学出版社,2001 年
42. 刘杰著:《知情权与信息公开法》,清华大学出版社,2005 年
43. 刘宁、张庆等著:《透视中国重大食品安全事件》,法律出版社,2005 年
44. 刘士国著:《现代侵权损害赔偿研究》,法律出版社,1998 年
45. 刘星著:《法律的隐喻》,中山大学出版社,1999 年
46. 刘星著:《法律是什么》,中国政法大学出版社,1998 年
47. 刘哲民编:《近现代出版新闻法规汇编》,学林出版社,1992 年

48. 刘智峰主编:《道德中国——当代中国道德伦理的深重忧思》,中国社会科学出版社,1999年
49. [美]罗恩·史密斯著:《新闻道德评价》,新华出版社,2001年
50. 骆汉城等著:《偷拍实录》,南方日报出版社,2000年
51. [加]马歇尔·麦克卢汉著:《理解媒介》,商务印书馆,2000年
52. 孟繁华著:《传媒与文化领导权——当代中国的文化生产与文化认同》,山东教育出版社,2003年
53. [法]米歇尔·福柯著:《规训与惩罚》,生活·读书·新知三联书店,2010年
54. [美]诺内特·塞尔兹尼克著:《转变中的法律与社会》,中国政治大学出版社,1994年
55. [美]欧文·戈夫曼著:《日常生活中的自我呈现》,北京大学出版社,2008年
56. [美]帕特里夏·尤伊克、苏珊·S.西贝尔著:《法律的公共空间——日常生活中的故事》,商务印书馆,2005年
57. 邱小平著:《表达自由——美国宪法第一修正案研究》,北京大学出版社,2005年
58. [英]萨莉·斯皮尔伯利著:《媒体法》,武汉大学出版社,2004年
59. [美]塞缪尔·G.弗里德曼著:《媒体的真相——致年轻记者》,中信出版社,2007年
60. [法]塞奇·莫斯科维奇著:《群氓的时代》,江苏人民出版社,2006年
61. 宋克明著:《美英新闻法制与管理》,中国民主法制出版社,1998年
62. 苏成雪编著:《传媒与公众知情权》,新华出版社,2005年
63. 孙长永著:《侦查程序与人权——比较法考察》,中国方正出版社,2000年
64. 孙克文主编:《焦点外的时空》,生活·读书·新知三联书店,1997年
65. 孙旭培著:《当代中国新闻改革》,人民出版社,2004年
66. [美]唐·R.彭伯著:《大众传媒法》(第十三版),中国人民大学出版社,2004年
67. 田成有著:《乡土社会中的民间法》,法律出版社,2005年
68. 田大宪著:《新闻舆论监督研究》,中国社会科学出版社,2002年
69. 童兵主编:《中西方新闻比较论纲》,新华出版社,1999年
70. 童兵著:《理论新闻学导论》,中国人民大学出版社,2002年
71. 王锋著:《表达自由及其界限》,社会科学文献出版社,2006年

72. 王利明、杨立新、姚辉编著:《人格权法》,法律出版社,1997 年
73. 王利明等主编:《人格权与新闻侵权》,中国方正出版社,1995 年
74. 王强华、魏永征著:《舆论监督与新闻纠纷》,复旦大学出版社,2000 年
75. 王四新著:《表达自由——原理与应用》,中国传媒大学出版社,2008 年
76. 王纬主编:《镜头里的"第四势力"》,北京广播学院出版社,1999 年
77. 魏永征著:《新闻传播法教程》,中国人民大学出版社,2002 年
78. 徐忠明著:《案例、故事与明清时期的司法文化》,法律出版社,2006 年
79. 杨明品著:《新闻舆论监督》,中国广播电视出版社,2000 年
80. [英]伊冯·朱克斯著:《传媒与犯罪》,北京大学出版社,2006 年
81. [美]约翰·菲斯克著:《理解大众文化》,南京大学出版社,2006 年
82. [美]约翰·赫尔顿著:《美国新闻道德问题种种》,中国新闻出版社,1988 年
83. [美]W. 兰斯·班尼特著:《新闻政治的幻想》,当代中国出版社,2005 年
84. [英]詹姆斯·卡伦著:《媒体与权力》,清华大学出版社,2006 年
85. [英]詹姆斯·库兰、[美]米切尔·古尔维奇编:《大众媒介与社会》,华夏出版社,2006 年
86. 展江等著:《新闻舆论监督与全球政治文明》,社会科学文献出版社,2007 年
87. 张巨岩著:《权力的声音》,生活·读书·新知三联书店,2004 年
88. 张新宝著:《名誉权的法律保护》,中国政法大学出版社,1997 年
89. 张新宝著:《隐私权的法律保护》,群众出版社,1997 年
90. 张新宝著:《中国侵权行为法》第二版,中国社会科学出版社,1998 年
91. 甄树清著:《论表达自由》,社会科学文献出版社,2000 年
92. 中华全国新闻工作者协会编:《新闻职业道德》,新华出版社,1996 年
93. 中华人民共和国新闻出版署政策法规司编:《中华人民共和国现行新闻出版法规汇编》(1991—1996),人民出版社,1997 年
94. 周甲禄著:《舆论监督权论》,山东人民出版社,2006 年

后 记

今日立秋。“极目处微云暗度，耿耿银河高泻。闲雅！须知此景，古今无价”，此言妙极。暑热将尽，暮雨轻洒，古城南京即将进入最美的金秋时节。人们常说南京有冬夏两季，主要原因是因为南京的春秋季比较短暂：春花刚刚绽放新蕾，夏蝉便匆匆离鸣；丹桂的幽香尚未散尽，北风便频频来袭。时光流转的短暂，这也许正是人们喜欢春秋的原因吧。不说春的绚丽，且说秋的韵味吧：苍露湛蓝高远，秋山雅致高洁，秋林丰富多姿，秋水明澈晶莹……所有的一切，都会令人神清气爽。更重要的是，秋永远和安然、静谧、收获、蕴蓄这样的词联在一起，真所谓“一年好景君须记，最是橙黄橘绿时”，说的就是秋的魅力。

“今年是兔年，兔年是我的本命年。我希望借助本书的出版，为自己的本命年留下一点有意义的印记。”这是十二年前兔年的第一天，我在《新闻法学》后记中写下的最后一句话。自此以后，我在《新闻法学》圈定的研究领域内确定了几个研究重点努力精耕细作。在孤独寂寞的研究过程中，费而不解的困顿，偶有所得的欣喜，欲言又止的纠结，酣畅淋漓的表达……所有这一切，让我欲罢不能。其间，我先后完成出版了《新闻法学》、《新闻侵权与法律责任》、《隐性采访论》和《新闻权利与新闻义务》四部系列研究著作（另有其他一些著作和论文出版发表）。回望过往的时光，也许勉强可算没有虚度这一个生肖轮回。本书中的主要内容，也是在上述几部专著（尤其是《新闻法学》一书）相关内容的基础上，增添我最新的思考，更换了一些案例后，稍作修改而成。在此，我要感谢在我研究过程中给予我各种支持的同行、朋友、亲人，更要特别感谢中国广播电视出版社及编辑李晓霖女士、新华出版社及编辑池平女士多年来对我研究成果出版的鼎力支持。

十余年前，当我带着初生牛犊不怕虎的勇气一脚踏入新闻传播法学这个陌生的领域时，不仅研究者十分稀少，连学科的框架、基本概念等也没有得到很好的明确，而今，这个研究领域已经人才济济，成果丰硕，令人充满期待。这样的局面一方面是基于我国法治国家建设推进的时代背景，也基于新闻传播业可持续发展和这门学科本身发展的需要。具体而言，一方面，我国法制现代化国家的建设要求全社会确立法治观念，新闻业自然也不能例外；另一方面，新闻法治的主观要求和新闻侵权的客观要求，也让所有的新闻从业者都必须依法办事。尤其是在今天这样一个“人人都是发布者”的网络时代，新闻传播活动成了一种司空见惯的行为，网络正义和网络暴力都在催生网络法治。当然，随着研究的推进和思考的深入，当初的豪气，正越来越多地被谨慎的情绪所取代——新闻法治的宏观目标谁都不会有异议，但法治过程中的权利义务博弈和利益平衡，会在经意或不经意间发挥重大的影响作用。“新闻法治”是一个内涵丰富博大的理念，要将这种理念付诸实践，还需所有的社会成员付出巨大的努力。

这样的过程，颇如从春到秋的时光流逝。春光灿烂，内心像张开的帆，眼前是无数可解的未知，便不管不顾地只有前行。秋风渐起，内心则如静谧的湖，眼前只会偶有涟漪。生命里不会有很多十二个生肖的轮回，那么，在博约苦索、格物穷理的过程中，我们也应努力去感恩生活的馈赠和感知人间的温情。

顾理平

2011年8月8日

书　　名　新闻传播法学
作　　者　顾理平
责任编辑　王建军
出版发行　凤凰出版传媒集团
　　　　　凤凰出版传媒股份有限公司
　　　　　江苏教育出版社(南京市湖南路1号A楼　邮编210009)
苏教网址　http://www.1088.com.cn
集团网址　http://www.ppm.cn
照　　排　南京前锦排版服务有限公司
印　　刷　常熟市兴达印刷有限公司
厂　　址　常熟市赵市镇南(邮编215518)
电　　话　0512-52381162
开　　本　787×1092毫米　1/16
印　　张　18.5
版　　次　2012年1月第1版　2012年1月第1次印刷
书　　号　ISBN 978-7-5499-1387-9
定　　价　45.00元
邮购电话　025-85406265,85400774 短信 025-85420909
E-mail　jsep@vip.163.com
盗版举报　025-83658837